TODOS OS DIÁRIOS
VOLUME 2

LÚCIO CARDOSO

Todos os diários
Volume 2

*Organização, estabelecimento
de texto, notas, apresentação,
cronologia e índice remissivo*
Ésio Macedo Ribeiro

Copyright © 2023 by Rafael Cardoso Denis
Copyright de organização © 2023 by Ésio Macedo Ribeiro

*Grafia atualizada segundo o Acordo Ortográfico da Língua Portuguesa de 1990,
que entrou em vigor no Brasil em 2009.*

Capa
Guilherme Xavier

Foto de capa
Fotógrafo não identificado/ Acervo Otto Lara Resende/ Instituto Moreira Salles

Preparação
Leny Cordeiro

Índice remissivo
Ésio Macedo Ribeiro

Revisão
Luís Eduardo Gonçalves
Huendel Viana

Dados Internacionais de Catalogação na Publicação (CIP)
(Câmara Brasileira do Livro, SP, Brasil)

Cardoso, Lúcio
    Todos os diários: volume 2 / Lúcio Cardoso ; organização, estabe-
lecimento de texto, notas, apresentação, cronologia e índice remissivo
Ésio Macedo Ribeiro. — 1ª ed. — São Paulo : Companhia das Letras, 2023.

    Bibliografia.
    ISBN 978-85-359-3458-8

    1. Cardoso, Lúcio, 1913-1968 – Crítica e interpretação 2. Diários
brasileiros (Literatura) I. Ribeiro, Ésio Macedo. II. Título.

23-150283   CDD-B869.35

Índice para catálogo sistemático:
1. Diários : Literatura brasileira   B869.35
Aline Graziele Benitez – Bibliotecária – CRB-1/3129

Todos os direitos desta edição reservados à
EDITORA SCHWARCZ S.A.
Rua Bandeira Paulista, 702, cj. 32
04532-002 — São Paulo — SP
Telefone: (11) 3707-3500
www.companhiadasletras.com.br
www.blogdacompanhia.com.br
facebook.com/companhiadasletras
instagram.com/companhiadasletras
twitter.com/cialetras

Sumário

DIÁRIO II (1951-1962), 7

    1951, 11

    1952, 38

    1953, 59

    1954, 62

    1955, 66

    1956, 69

    1957, 77

    1958, 102

    1959, 136

    1960, 140

    1961, 147

    1962, 165

PARTE 2

NO MEU TEMPO DE ESTUDANTE..., 185

LÚCIO CARDOSO (PATÉTICO): "ERGO MEU LIVRO COMO
    UM PUNHAL CONTRA MINAS", 189
DIÁRIO PROIBIDO — PÁGINAS SECRETAS DE UM LIVRO
    E DE UMA VIDA, 195
DIÁRIO DE TERROR, 213
PONTUAÇÃO E PRECE, 225
CONFISSÕES DE UM HOMEM FORA DO TEMPO, 231
LIVRO DE BORDO, 237
[HÁ MUITOS ANOS], 245

PARTE 3

DIÁRIO NÃO ÍNTIMO (30 AGO. 1956-14 FEV. 1957), 251

Bibliografia, 383
Índice remissivo, 403

DIÁRIO II
(1951-1962)

Dedicado a Octavio de Faria

1951

Março

18 — Resposta não enviada a um inquérito do *Diário da Noite*:

Por mais que indague de mim mesmo, não consigo saber de que modo poderia o Governo auxiliar eficazmente um escritor. Por meio de um grande prêmio? Talvez isso ajudasse a *um* escritor, de ano em ano, caso ajudasse... Por meio de leis sobre direitos autorais, sindicatos etc.? Mas isso já deveria existir há muito, e se não existe ainda, que fizeram até agora os escritores, que não reclamaram coisas tão primárias para suas atividades profissionais?

No mais, em que poderia o Governo ajudar os escritores? Criando um ministério de sinecuras? Instituindo o título de "poeta do rei", como na Inglaterra, e nomeando um vate profissional, como Tennyson[1] o foi, ou um protegido do tsar, como o foi Púchkin? Talvez fosse melhor assim — poeta oficial do sr. Getúlio Vargas — se entre tantos, escolhesse o mais vil de todos.

Mas não, inútil zombar. Nenhum escritor que se preze viveu à sombra do Estado; muitos, ao contrário, morreram contra ele. Que significa proteger

---

1. Alfred Lord Tennyson (1809-1892), poeta inglês. Em 1850, foi nomeado "poeta laureado" pela rainha Vitória.

oficialmente um Dickens, um Balzac, um Proust? Trucidá-los sob que glória mesquinha e humana? Esta história de escritor sob proteção do Estado é uma reminiscência de aspecto puramente totalitário — e somente por isto é que veio encontrar eco na velha mente viciada do sr. Getúlio Vargas.

*

19 — Janto com Roberto Burle Marx, na casa do alto onde há uma grande varanda cheia de plantas e parasitas pendentes. Copacabana aos nossos pés, com um rumor distante e pastoso; percebe-se a vida das plantas através da brisa cheia de eflúvios vegetais que percorre a atmosfera.

O atelier me parece em muito maior desordem. Não tarda muito em surgir Cavalcanti. Parece-me um homem vencido e cansado; converso um instante à parte com Eros Gonçalves,[2] que me transmite idêntica impressão, confirmando: "Desde que morreu a mãe dele que Cavalcanti submerge aos poucos". Não, não — continuando a examiná-lo, quase chego à certeza de que jamais fará cinema no Brasil — seria preciso uma outra fibra, a força de uma nova mocidade.

Mais tarde, mostrando-me as garrafas amontoadas, Roberto Burle Marx me diz: "Que decadência". E há uma espécie de terror na sua voz.

*

21 — Depois de muito tempo reencontro Almir Castro, e rememoramos, por um instante, enquanto a tarde fatigada se estende ao longo da Cinelândia, coisas do velho tempo. Ouvindo sua voz, lembro-me, não sei por quê, do [Les] Grand Meaulnes[3] que li naquela época e, especialmente, de certo verso de Schmidt, que muito recitávamos então: "Sinto que o tempo é bom porque não para nunca".[4] Não para, e aqui estamos nós, bem diferentes do que fomos, sem nenhuma alegria, antes, apenas unidos agora pela certeza de que marchamos implacavelmente num tempo que não mais nos permite vagares para as grandes amizades.

*

22 — Nilton Cardoso de Morais, que fiquei conhecendo através de Almir Castro, adverte-me com muita simpatia que falam bastante mal a meu respeito no Norte. Acredito — mas como lhe fazer ver que isto em nada me interessa, que

2. Eros Martim Gonçalves (1919-1973), cenógrafo e diretor teatral brasileiro.
3. *Le Grand Meaulnes*, único romance do escritor francês Alain-Fournier (1886-1914).
4. Verso do soneto "Canção da breve serenidade", de Augusto Frederico Schmidt.

esse Norte é uma coisa vaga, acumulado numa distância incerta, uma espécie de rumor que me dizem existir sem que eu escute coisa alguma? Também aceito, os olhos quase cerrados — sinto que é inútil conversar mais tempo e que ambos falamos, cada qual do lado oposto do muro.

*

23 — A grande novidade: José Lins do Rego ressuscita a velha querela Norte--Sul que há anos atrás fez a carreira de tantos plumitivos. Distraído como sempre, o autor de *Menino de engenho* ainda não percebeu que os tempos são outros e que essas ideias são moinhos de vento que ninguém mais combate.

Maio

3 — Regresso hoje a este *Diário*, depois de um longo período de ausência. Cansaço? Não: a desconfiança de que esteja repetindo sempre as mesmas coisas… a necessidade de amadurecer outras… e a consciência muito íntima de estar atingindo a um ponto de fixamento em minha vida, onde cessam as flutuações e onde afinal me vejo estruturado nas linhas fixas e ideais que me compõem, depois de uma tremenda luta com os fatores mais diversos e as mais perigosas solicita-ções que podem ocorrer a uma imaginação inflamada. Decerto eu hoje posso falar com muito maior calma; posso defender-me com muito maior segurança; posso dizer que não deparei com uma "verdade feita" em meu caminho. E nisto que sou hoje, essencial por tantos lados, e por tantos adaptados às minhas incer-tezas e insuficiências, posso vislumbrar perfeitamente o que trouxe do berço e o que adquiri ao longo do caminho, [permitindo]-me dizer como Shakespeare — *I am what I am* —,[5] consciente de que muita coisa em mim é insolúvel, destinada a não ter solução, possivelmente, e formando essa parte de sombra, de areia movediça e de sentimentos caóticos que sedimentam todo o meu ser e floresce num grande lírio negro — tangível dentro da pouca luz que consegui acumular pela minha diminuta vontade.

5. Em inglês: "Eu sou o que sou". A frase de Shakespeare, em *Otelo*, é "*I am not what I am*" (Eu não sou o que sou).

Junho

3 — Com uma noite fria e seca, saímos eu, V. Pentagna[6] e João Augusto caminhando até o largo do Boticário. As árvores quietas no seio da sombra, pareciam escutar o rumor de um regato invisível. O mesmo encanto de sempre, um pouco envenenado pela lembrança dos esnobes que dão gritos ao falar no pequeno largo.

*

V. Pentagna lê alguns de seus poemas, que me parecem excelentes. Todos eles misteriosamente entrelaçados, com certa pompa de expressão ligeiramente fora da moda, e que traduzem tão bem sua curiosa personalidade, aliás das mais autênticas, das mais "vivas" que tenho encontrado ultimamente. Tudo que o cerca, móveis, cortinas, livros e objetos de adorno, lembram esse gosto um pouco rebuscado e fora de uso que exprime o mundo secreto de um homem realmente sensível — e revelam o artista, até seus menores detalhes. Não creio que seja estritamente um poeta, mas um romancista também. A qualidade de sua inteligência, seu dom de analisar e compreender, fazem suspeitar a presença de um criador de tipos, amadurecido e grave, que ainda não ousou encetar a grande tarefa que provavelmente o espera.

*

21 — Recomeço, recomeço sempre. Não há nenhum cansaço nisto, mas uma espécie de desespero, um desejo único e misterioso de sobreviver, de existir ainda, de atingir o cerne que só eu conheço. Recomeçar é apenas tatear, os olhos úmidos, as mãos secas de tanto desperdício.

Leitura: Jean Genet. Como compreendo esse dom de insuflar poesia a um mundo árido, de embelezá-lo, de torná-lo único e grandioso, apenas pela força do amor... Tudo o que se desprende desse livro é um longo, um patético grito de nostalgia, de alguém que soube compreender uma atmosfera até sua mais recuada projeção; e esse grito parte de alguém que já atingiu um outro estado e contempla o mundo com uma dose superior de inteligência.

---

6. Vito Pentagna (1914-1958), poeta e advogado brasileiro. Foi grande amigo de Lúcio e inspirador do romance *Crônica da casa assassinada*, para quem, inclusive, a obra é dedicada.

Agosto

17 — Ontem, numa mesa de café, conversa com Lygia de Moraes,[7] que se queixa do seu próprio irmão. "Creio que o Vinicius não tem mais, disse-me ela, nem mesmo o instinto de preservação, ele se destrói calmamente."

Como não reconhecer, em tudo o que nos conta, já em plena eclosão, o que já era possível vislumbrar naquela época em que se produziu a grande mudança da vida dele? Algumas vezes deixamos as coisas a arrastarem ao sabor da corda livre, mas é preciso saber recolhê-la.

*

A consternante peça de Nelson Rodrigues: durante uma hora uma pobre mocinha deblatera inutilmente para chegar ao ápice de uma inacreditável filosofia: a de que os mortos esfriam depressa.[8]

*

Paquetá: durante o almoço em casa de Vito Pentagna, o vento faz vibrar uma harpa eólica. Na varanda cheia de sombra é como se de repente o mar e o sol irrompessem pelas pedras com toda a nostalgia da distância. Embaixo, as charretes passam e o trote dos cavalos nos chega através dos bambuais.

*

Retomo a vida depois de um estágio de férias: os acontecimentos se tornam mais lentos ao longo das horas vazias. Recomeço a escrever *O viajante*.

*

18 — O que me afasta deste caderno é a minha impossibilidade de concentrar o pensamento, tal o acúmulo de coisas dispersas e sem interesse em que venho consumindo o meu tempo. Ora, já disse não sei onde, o que para mim faz o interesse de um Diário não são os fatos, mas a ausência deles, pois só o sossego pode nos trazer a emoção necessária e a lucidez para escrever. Que dizer então dessas famigeradas horas que passo à procura de dinheiro, preso à engrenagem de mil pequenos compromissos que me surgiram nesses dois últimos anos (poderia dizer que eram consequências de minhas relações com X., mas seria fácil demais lançar assim a culpa sobre os outros; sou eu, apenas eu mesmo, e o meu instinto perdulário, que me levam a essas complicações em que me

---

7. Lygia da Cruz e Mello Moraes (1911-2004), irmã de Vinicius de Moraes.
8. Provavelmente Lúcio se refira a *Valsa nº 6*, que estreou em 1951.

debato...) e em que me meto ainda, movido por uma intranquilidade, esse desespero das coisas, cujo nome ignoro, e é como uma febre antiga e sem remédio que me exaurisse. (Ah, sei no entanto, e com que certeza, até onde me levará isto... É tempo, é mais do que tempo de deter-me neste caminho.) Confesso no entanto que o dinheiro é um dos mistérios da minha vida — não o dinheiro que guardo, não o que reconheço como valor essencial de economia e de equilíbrio, mas o que desprezo loucamente, atirando fora aos punhados, certo de que irei reconquistá-lo depois da maneira mais fácil possível...

Ainda aqui tenho de bater humildemente no peito e pedir a Deus que me dê serenidade e discrição para o futuro; que depois de tantos desastres causados por essas inadvertências na mocidade, seria horrível ter de repeti-los na velhice. Os velhos pródigos têm alguma coisa de insanável demência; são como essas flores monstruosas que irrompem nas estações proibidas, grandes e sinistras, com as bordas aleijadas e as pétalas mutiladas de uma aberração.

*

Mais do que tudo aquilo que dói em meu espírito, o abandono do trabalho e a distância do que me é mais caro se evidencia pela mão que pesa e se arrasta sonolenta pelo papel; vê-se bem que o esforço não a tem feito um dócil animal familiar — é antes um instrumento livre que luto para atrelar a um carro mais leve — ai de mim, bem mais leve — da imaginação.

*

Seria inútil enumerar aqui minhas últimas leituras: leio de tudo, sem interesse e sem cuidado, num desses períodos de dispersão que nem mesmo uma crise, um problema grave, um drama justificam. Apenas preguiça, ou melhor, esse terror do papel branco que me faz rodar horas inteiras pelas ruas, antes que venha para casa e encontre à minha espera o bloco aberto e sem inspiração...

Releio em volume, o artigo que Álvaro Lins dedicou às minhas duas últimas novelas publicadas (*O anfiteatro* e *A professora Hilda*) e, se acho razoáveis muitas das suas restrições, uma me parece perfeitamente injusta: a de que não obedeço na elaboração da trama a nenhum plano preliminar. Creio que na *Professora* a linha desse plano é bem visível — e em *O anfiteatro* como em *Inácio*, a desordem é apenas aparente, um efeito procurado com esforço e depois de um plano cuidadosamente elaborado. *Hélas*, em ambas, o que me desagrada é justamente esse excesso de ordem em obter a desordem; de tão conscientes, concordo em que se tornaram obras frias. É o defeito capital do virtuosismo de que essas novelas sofrem com relativa exuberância.

*

Charles Du Bos, numa das suas intermináveis *bavardages*[9] sobre estudos e planos de edições, diz que "… estas questões de dinheiro são talvez a chave melhor que abre as últimas profundezas humanas" — o que não é bem novo, mas de qualquer modo é confortador. Pois a verdade é que sob o jugo desses constantes atropelos, alguma coisa se abre, rompe-se definitivamente em nossa alma, uma espécie de chão inteiriçado pelo cotidiano, e de onde escapam negros e sulfurosos vapores de uma vida mais real do que a própria realidade.

*

19 — Hoje, domingo, sentimento de vergonha por não ir à missa como todo mundo. Indago a mim mesmo se me falta essa fé mínima que alimenta tanta gente que lá se acha de joelhos — e, forçoso é confessar, o que me impede é simplesmente preguiça, ou melhor, falta-me esse élan de força de vontade sem o qual toda fé é impossível.

*

Ontem à noite, visita de Vito Pentagna que traz alguns discos de *cante jondo*[10] gravados pela [La] Niña de los Peines.[11] Alguns de grande beleza, profundos e tristes, como o gemido de uma raça secreta que se redescobrisse no exílio e no cativeiro. Lembro-me particularmente de um da autoria de García Lorca, que me pareceu superior aos outros.

*

Leio *Mardi* de Herman Melville, que abandono sem conseguir dominar o tédio. Não é o gênero de leitura que me retém mais, e se volto a ele, é com certa impaciência, sem nenhum entusiasmo pelos seus reis bárbaros e filosofantes.

*

Continuo a escrever *O viajante*, mas sem encontrar a forma adequada à história. Além do mais o estilo é arrastado, não vive e nem explode como eu desejaria. Mas tenho a impressão de que conseguirei melhores resultados quando

9. Em francês: conversas.
10. *Cante jondo* (canto fundo) é um estilo vocal flamenco, a forma mais genuína de música folclórica andaluza.
11. La Niña de los Peines (1890-1969), cantora espanhola de flamenco.

a história avançar, e é isto que me anima a trabalhar matéria que me parece tão fria e sem ressonância.

*

20 — Não se pode escrever sob o domínio de maior desassossego e nem de maior nervosismo. Só mesmo por um esforço de vontade, uma tensa ambição de progredir e ir adiante, é o que me leva a prosseguir *O viajante*. Todas essas páginas são formas sensíveis. Não sei se sou eu que me torno mais exigente ou se realmente são minhas possibilidades de escritor que diminuem — o certo é que este trabalho me custa, terrivelmente.

Durante todo o tempo, o que me preocupa é a possibilidade de que possam aproximar o retrato d'*O viajante* com *Inácio* — o que seria errado, pois não há na natureza do primeiro nenhum lado ostensivamente sombrio, e o mal, nele, caracteriza-se por uma espécie de inocência. Inácio, ao contrário, era o ser perfeitamente consciente de tudo.

*

O sol que arde e a incrível, a incoerente cidade em que vivem os homens. Terrível reconstruí-la em pensamento: o asfalto, as pontes, as janelas fechadas, os becos onde constante a cachaça escorre e fumega, as vitrinas que se acendem com olhos cativos, as pessoas que caminham entre a luz e o luto.

Espanta-me de que tudo prossiga sem uma catástrofe. O sol gira, (gira, perpétua rosa!) entre milhões de faúlhas inocentes e azuis.

Um soldado, no bar, lava as mãos junto a mim, enquanto a boca do esgoto suga a água com avidez. Vejo o revólver que traz à cintura, ao alcance apenas de um gesto. (Ah, quantas vezes sonhei a morte, escura e derramada, nesses antros criados pela noite humana…)

O soldado lava as mãos e as sacode como Pilatos. Cessa a ânsia do esgoto. E há uma tão espantosa, tão definitiva coerência no seu movimento, que sente-se o ar gravitar em torno dele como sob uma espécie de fascínio.

*

Todo o meu ser é uma aventura impossível de sonho e de: extermínio.

*

21 — Ontem, num bar com Vito Pentagna, conversamos longamente sobre X. Talvez eu tenha exagerado os meus sentimentos, mas hoje, procurando examinar com atenção o que se passa comigo, sinto que não tenho muito o que discordar do que disse: mais ou menos os meus sentimentos permanecem os

mesmos. Não sei o que mais lamentar — mas nesta fidelidade, apesar de tudo, encontro uma garantia contra as minhas tendências à desordem e à dispersão. É pelo menos o que recolho de melhor nesta pesada prova que já tem a duração de dois anos.

*

Esforço-me para romper *O viajante* dos quadros de simples novela; sua trama me parece bastante complexa e não conseguirei em poucas páginas obter o resultado que pretendo. Em todo o caso o trabalho avança, e isto é o essencial.

*

22 — A pobre coisa que somos... Tudo isto me desgosta, esses recuos, esta duplicidade, estas meias mentiras que provavelmente não existiriam, caso tivéssemos coragem de ser cruéis. Cruéis como todos os homens inteiramente puros. Mas, ah! que estranha fraqueza nos devora, que massa desalentada e eivada de mil pequenos relâmpagos de piedade, em que ser monstruoso nos constituímos, com os nossos desentendimentos e os nossos recuos! Talvez seja isto o dom de ser humano, mas confesso que em determinados instantes, e não raros, gostaria de ser duro e transparente como o diamante, tão gelado e tão onipotente como o mais egoísta, o mais intratável dos seres!

*

Sensação ontem, num desses pequenos teatros de Copacabana, de que já não existíamos e éramos apenas reminiscência de um passado caduco e tão vulgar como quase todos os passados; pessoas que riam de graças chulas, a casa, o palco, os artistas, tudo, como que se diluía numa poeira antiga de mediocridade. De coisa alguma do que ali se achava outros seres se lembrariam: ríamos como outros haviam rido, em lugares diferentes, sem também deixar o mais leve traço de sua existência. E havia uma grande melancolia em constatar a pobreza daquelas faces mansas e uma certa angústia — por que não dizer um certo espanto — ante uma tão numerosa identidade de seres tristes, anônimos e totalmente isentos de qualquer ambição ou grandeza. Não há dúvida de que a força do mundo é feita dessa grama miúda que irrompe de todos os cantos. A coesão desse nada é um dos fatores que tornam a vida irrespirável.

*

Falei ontem com Rosário Fusco sobre o apartamento que ele vai abandonar. A necessidade de reorganizar minha vida — ou pela primeira vez organizá-la definitivamente.

*

23 — A impossibilidade de organizar de pronto a minha vida leva-me ao desespero de ontem; sob um dia cinzento e chuvoso, passei horas e horas inteiramente inúteis, distanciado de qualquer sentimento calmo e sensato. A mesma ronda de bares, o mesmo desperdício de energias, o mesmo sono pesado e sem horizontes para acordar hoje com o coração transido de remorso e um grande sentimento de culpa.

Não, a vida assim não é possível. Há muito compreendi isto, e querer continuar esta ilusão de fuga, é nadar em vão num charco de águas lamacentas. O remédio é a paciência, mas de todas as qualidades que me faltam, esta é sem dúvida a de mais alto coeficiente. Tenho de aprender primeiro a saber o que é a paciência e depois a empregá-la com resultados positivos — este é o único meio de levar a cabo o plano que tracei e do qual dependem as únicas coisas que para mim contam nesta vida.

*

Nenhuma leitura; vivo apressado e com uma espécie de febre. Nenhum livro me retém, nenhum jornal — as horas são cheias de uma angústia cuja origem não consigo explicar.

*

É com surpresa que recebo, vindo da Alemanha, um cartão assinado por Orlando Guy... E o mais curioso é que representa uma das paisagens de Van Gogh que mais me agradam, o "Campo de trigo com corvos".

*

Acredito que muitas vezes costumo inventar para mim um segundo "eu" mais legendário do que outra coisa — e é estranho que surpreenda este outro vivendo quase sempre com mais intensidade do que eu mesmo...

Eis um dos dias em que me parece difícil domesticar todas as sombras que se erguem aos meus lados. Junto a mim, respirando comigo, todo este mal que modela a minha mais viva identidade — e neste céu turvado onde procuro em vão subsistir, é a perfeita demência que reconheço em tudo o que faço, o outro "eu" que vaga um instante livre de sua prisão...

*

31 — José Lins do Rego que encontro por acaso em Livros de Portugal, indaga-me dos meus livros e promete levar *Reaparição*[12] a José Olympio.

12. Esse livro não foi publicado.

20

*

Acredito que o problema agora não é propriamente mudar de vida — mas encontrar um equilíbrio que ainda não tinha tido, coordenando os elementos que me são necessários. Pois é inútil tentar experiências radicais: volto sempre ao ponto antigo e, assim, é melhor equilibrar o antigo, do que viver um novo desequilíbrio.

*

Nem a vida e nem a morte se unem, nem uma é prolongamento da outra, nem são partes dependentes; enquanto seres materiais realizamos o que se chama viver, e que é um todo completo, fechado. Mortos, quer dizer invisíveis, ausentes, realizamos outro todo, também independente, fechado em si — e que talvez seja matéria, verdade concreta, num espaço que não conhecemos. E que começa no instante exato da nossa morte.

Setembro

4 — De novo me sinto penetrar no mesmo ciclo de preocupações: dinheiro, dívidas, falta de repouso para escrever o que pretendo. As horas se sucedem mornas e difíceis. E como tantas vezes, acordo com a sensação do tempo passando e de estar desperdiçando momentos essenciais. Em dez anos, conseguirei levantar todos os romances com que sonho? Mas onde, com que elementos materiais de tranquilidade, como resolver o meu problema?

*

6 — Ontem, dia depressivo e quente, fui a um cinema de segunda classe para ver de novo *Ivan, o terrível* de Eisenstein. Desta vez não me impressionou tanto quanto da primeira, e, a par de seus verdadeiros valores plásticos, pude distinguir, sem grande entusiasmo, todos os elementos eminentemente teatrais que constituem este filme e que, confesso, foi o que há alguns anos atrás me levou a imaginá-lo tão maior do que realmente é…

Por que sempre escrever neste mesmo estado de espírito? Um Diário assim com o risco de se tornar um simples anotado de sensações mesquinhas e melancólicas? Mas eu próprio serei muito diferente disto? Cansado de tudo.

*

Paquetá se distancia dentro do alegre sol da manhã. Entre as pedras e os verdes onde palpita uma e outra flor vermelha guarda um pequeno ar de festa e de aconchego.

A lancha *ronca* sem descanso — e em breve, desaparecida a ilha, só o mar existe cheio de miúdas vagas cariciosas.

*

8 — Revi mais uma vez *Ivan, o terrível* e nada tenho a acrescentar à minha opinião acima.

*

Almocei ontem com Rosário Fusco em casa de uma pintora casada com um violinista aposentado. No quarto pequeno e atulhado de [seu] apartamento. Nos velhos cartazes de Viena e Londres anunciando *The Brazilian Violinist*. O artista mostra-me antigos retratos seus quando possuía ainda vasta cabeleira — e num violino ensurdecido por causa da vizinhança, toca uma *romanza* de Beethoven. Tudo isto é horrivelmente melancólico.

*

O tempo passa, os dias passam. E que faço eu à espera de que momento excepcional para escrever o meu romance? *O viajante*, abandonado, cobre-se de poeira na minha gaveta. E eu passeio pelos bares, pelos cafés, desperdiço o tempo em conversas e empreendimentos inúteis, sem a menor responsabilidade. Que espécie de vida é esta que escolhi, qual a força que me leva a essa dissipação constante, a essa impossibilidade de sentar-me para escrever e meditar numa obra séria? Oh, Deus, a idade não trará para mim nenhum repouso?

*

É curioso, em dois artigos sucessivos, Augusto Frederico Schmidt fala da decadência do "patriotismo". Que entende o nosso poeta por "patriotismo"? Qualquer coisa no espírito de Maurice Barrès, misturado ao amor pelos hinos, pelas datas cívicas e pelas paradas militares. Qualquer coisa enfim de extremamente decorativo, e que nos lembra um arroubo romântico do século passado. No fundo, porém, o que derrota Schmidt é a nostalgia do Estado forte, do ideal político nacionalizado e erguido em dogma indestrutível.

*

9 — Domingo. Missa por alma de meu pai.[13] Numa igreja cheia, com os joelhos doloridos, leio o Evangelho no livro que meu irmão ao lado, me empresta.

---

13. Treze anos da morte de Joaquim Lúcio Cardoso, ocorrida um dia antes: 8 set. 1951.

Tudo me distrai, tudo serve para desviar minha atenção e reprimir meus melhores impulsos; no entanto qualquer coisa muito antiga vinda da infância ainda fala dentro de mim.

*

Ontem, de novo, em casa de Rosário Fusco.

À noite com Sábato Magaldi que me pergunta "honestamente" o que achei da peça de Nelson Rodrigues. É claro, execrável.

*

Mas como tarda, como demora este domingo, idêntico a todos os domingos, a romper suas amarras, esgotar-se, transformar-se em passado! Quem me salvará das horas brancas e sem consolo que ainda me restam?

*

Sete horas da noite: aos domingos, atualmente, é a hora em que me sinto mais sozinho. Inútil disfarçar: escorreguei fora das engrenagens. Devo ter envelhecido bastante, as pessoas já não se interessam mais por mim. Ou são elas que tomaram o partido de viver diferente, enquanto é tempo? Olho os amigos que se despedem com o coração transido.

Marcos [Konder Reis] fala-me de São Paulo. Alguém diz ao lado que não suporta Goethe. Mais tarde, no carro de [Fernando] Sabino, rodamos pelas estradas até a Barra da Tijuca — e toda a paisagem quieta dentro da tarde enevoada guarda uma expressão estranha de recolhimento.

Regresso, estou de novo em meu quarto, remexo velhos recortes — vagarosa, inútil, a noite avança.

*

Leitura: as comédias de Shakespeare.

*

10 — Escrevi hoje várias páginas de *O viajante* com bastante facilidade. Não fosse o contratempo que surgiu logo pela manhã, e que me obrigou a vagar horas à procura de X. (que encontrei à uma hora, perto das Barcas), teria avançado ainda mais. Mesmo assim regressei cedo para casa e escrevi ainda várias páginas, que considero até agora das melhores do livro.

*

12 — Toda a tarde de ontem com Vito Pentagna, que regressa de Valença. Ele me falou sobre *A luz no subsolo* e me fez rememorar os meus vinte e poucos anos, quando aquele livro foi escrito — e durante algum tempo eu me esforcei para reviver

as coisas que viveram comigo durante a elaboração do romance e lembrei-me de Octavio de Faria e seus amigos, que na época eu frequentava diariamente. Não sei bem o que eu era como pessoa, mas tenho nítida consciência de que não constituía mais do que um ser selvagem e completamente irreal. *Hélas*, continuo sendo irreal, mas a minha selvageria, tão pura e tão saudável, há muito que não existe mais...

*

Ainda com Vito Pentagna assisto mais uma vez à exibição de takes de *A mulher de longe*, que deve seguir para São Paulo. É curioso como tudo isto está morto para mim — pântano, praias, ondas que justamente naquele instante...

No entanto, quanto de mim mesmo estava encerrado naquelas latas — que lutas e que tristes combates para fazer sobreviver aquele sonho! Hoje já não me diz mais nada, é como se fosse a obra de um estranho.

*

13 — Discurso de Octavio Mangabeira ao se empossar na direção da UDN.[14] As mesmas coisas de sempre, a respeito de Rui, a democracia etc. Um programa político à base de sabedoria, compreensão e liberdade.

Lembro-me de duas vezes que estive com o sr. Mangabeira, na Bahia, quando ele era então governador do estado. Falou-me exatamente sobre essa "densa massa humana que morre no sertão de miséria e doença". Continuará acreditando, depois de cinquenta anos de vida pública, que o remédio esteja nesta política amena de tolerância e liberdade?

Neste caso, que espere, pois esperará em vão o milagre idêntico ao dos Estados Unidos, isto é, que de uma hora para outra nós sejamos capazes de prover a todas nossas necessidades, inclusive as de defesa continental. Com ópios dessa natureza é que a UDN tem perdido todas as suas partidas.

*

Começo finalmente a vislumbrar a saída do longo túnel em que me meti; os horizontes se aclaram; os projetos parecem mais viáveis. Assim, não adianta nada correr na frente do tempo: as piores feridas se curam e as questões mais penosas se tornam menos pesadas, ao impulso de um único fator: a paciência.

---

14. Otávio Mangabeira, nascido Octavio Mangabeira (1886-1960), engenheiro, professor e político brasileiro. Foi governador da Bahia e um dos fundadores e primeiro presidente da União Democrática Nacional (UDN) partido político brasileiro fundado em 7 abr. 1945, frontalmente oposto às políticas e à figura de Getúlio Vargas e de orientação conservadora.

*

14 — Almoço, ontem, com Vito Pentagna, em casa de Rosário Fusco, que oferece uísque e fala sobre Faulkner. Passo o dia todo num doce vapor de embriaguez e afinal, ao escurecer, vou tombar no Café Vermelhinho, onde se reúne hoje a fauna "artística", isto é, todo o rebotalho plástico, teatral e literário da cidade. É curioso, vi seguidamente o Campos, o Amarelinho nos seus grandes dias de glória — e fora a natural impiedade do escritor, a tolice mais ou menos generalizada dos artistas plásticos e a incurável imbecilidade dos artistas de teatro e cinema, posso afirmar tranquilamente que o que é tão desagradável nesses ambientes, o que me causa sempre uma impressão de desassossego e a sensação de estar cometendo um crime, quando penetro nesses lugares, é que tais assembleias se formam unicamente de *ratés, ratés*[15] de qualquer ramo que vejo e de idiotas que sempre imaginam os *ratés* grandes e luminosas figuras do mundo artístico. A verdade é que de toda essa gente se desprende uma horrível sensação de apodrecimento, de mesquinharia e de vileza nas atitudes mais simples.

*

Leio *Le Sabbat* de Maurice Sachs,[16] de que já ouvi falar tanto e que não conhecia ainda. O livro é curioso pelos detalhes que nos dá de tanta gente ilustre — e terrível pela sua veracidade. É um gênero de confissões que se lê com o coração um pouco transido.

*

15 — Aqui estou no Café Cinelândia que outrora tanto frequentamos, Octavio [de Faria], Cornélio [Penna], Rachel de Queiroz, Adonias [Filho] e eu. Acredito que para mais ninguém isto tenha importância, mas como são duas horas e quarenta, quase a hora antiga, compenetro-me quão pouco mudei, e que, após tantos anos, eles poderiam entrar agora, e eu seria o mesmo. É este o privilégio dos corações secos, como diria Cornélio Penna.

O que eu espero, espero com a mesma ansiedade daquele tempo. Mudei, mudamos todos, mais ai de mim, continuo desesperadamente igual. Decerto, de um momento para outro, tudo vai se resolver — mas até lá (quando? em que céu? em que distância?) e nestas cadeiras que de repente me parecem eternas, pergunto que castigo espero, quem sou eu.

15. Em francês: perdedores.
16. Maurice Sachs (1906-1945), escritor francês.

*

18 — Sábado e domingo em Valença, onde sob um céu frio e cor de cinza (bem diferente do azul intenso que vi de outras vezes) reencontro as mesmas flores que tanto lembram a minha infância: violetas, malvas, camélias, e onde de repente essa *féerie* ingênua e meio agreste dos jardins, desvenda pequenos paraísos que há muito eu julgava extintos. Doçura de passear meu olhar e minhas mãos por toda essa ourivesaria de seda e sombra — e ainda no trem, de regresso, aspiro de vez em quando um pequeno buquê de violetas que trago comigo e onde rememoro — cada vez menos, cada vez mais extintas — essas vozes que entoaram comigo, nos jardins de Belo Horizonte — o de Tidoce onde pela primeira vez aprendi a distinguir as papoulas, os heliotrópios e as rosas — o da Escola Normal, com suas variadas petúnias, suas glicínias, seus girassóis — o do vizinho da esquina, onde existiam crisântemos e miosótis — essas vozes que entoavam, repito, os primeiros cantos do alvorecer, com suas promessas de morte e de esponsais, diluídas com o correr do tempo em formas frias de vida, sem lei e sem significado...

*

Não há dúvida, é o período novo, onde não mais existe a sombra de X. — e sem temor, sem ânsias, o horizonte clássico da minha reforma e da minha maturidade.

*

Num carro, a caminho do Alto da Boa Vista, sigo com alguns jovens — alguns extremamente jovens — que se embriagam e rompem ampolas de Kelene,[17] em cujo rótulo leio anestesiante. Sim, é fértil em recursos essa mocidade, mas do que precisamente procura ela se anestesiar? Nenhum deles sofre de algum mal profundo — e no entanto, esse mal pior de não sofrer de mal nenhum... — e são hábeis e versados nessas coisas de éter e entorpecentes, pronunciando esse nome — Kelene — com familiaridade, nome sem dúvida mais que usual nos hospitais, mas que ouço pela primeira vez e onde julgo distinguir inquietas ressonâncias, sombrias previsões e não sei que tom amputado e doloroso, que reflete salas de hospitais, asilos de alienados e antros escuros de vícios — todos os lugares enfim onde a alma impaciente pode passear sem arroubos finais seus gritos destrui-

17. Lúcio fazia uso de vários tipos de entorpecentes, o Kelene (cloreto de etila) era um deles. Era um anestésico fornecido aos médicos em ampolas fechadas a fogo, às quais se adaptava uma tampinha móvel.

dores. Kelene, mesmo inocente, tem no frio do seu jato efêmero e cristalino, toda uma melodia secreta de delírios fúnebres, alvorecer em êxtase e desabrochamento de deliquescências reprimidas. E o que me espanta é que esses jovens moderados, de atitudes e costumes mais que burgueses, a isto se atirem com gritos de prazer e estremecimentos animais: como que da sombra alguma coisa mais primitiva e mais antiga do que o próprio homem, acorda em suas faces necrosadas o gosto do imundo.

*

20 — Escuto meu irmão[18] conversar com Hamilton Nogueira e salientar a série de crimes que se tem cometido à sombra da apregoada ideia de "unidade militar". Ora, não há ideia que corresponda a qualquer ideal superior do homem, que não tenha arrastado à sua sombra os mais torvos crimes, pergunto agora — e sem a conservação da ideia de "unidade militar", contra ela, que piores e mais nefandos crimes não seria possível cometer?

*

Octavio de Faria me envia, a pedido meu, mais um livro de Jean Genet. Curiosa, a ideia de preservação de valores fundamentais do homem através do mal. Com que acentos novos, com que resplandecente inspiração o poeta nos fala do crime e dos criminosos: através dessa aparente decomposição, velhas noções de heroísmo, lealdade e integridade última da natureza humana reerguem seus dilacerados espectros. E Jean Genet, como outros desta época, é um sintoma vivo, um grito de repulsa, de violência e de audácia, contra esse sistema uniformizador e constante que vem reduzindo, cortando e planificando os alicerces fundamentais da existência humana, como a fé, a moral, a política etc. A um homem despido de objeção e mecanizado no seu mundo de virtudes burguesas e sem viço, opõe com toda a sua pujança seus sombrios e fascinantes criminosos — Harcamone, Stilitano, Notre-Dame des Fleurs.[19] Num certo sentido, corresponde Jean Genet ao que poderíamos esperar de uma revolta contra todos os que nesta época de nivelamento e de ausência de mistério pretendem nos impor um Cristo limpo e distante, um Cristo adomingado e sem abjeção. Seus heróis no compulsivo caos de seu reduto prenhe de valores primitivos e especiais, são testemunhas da

18. Provavelmente, Adaucto Lúcio Cardoso.
19. Personagens criados por Jean Genet.

sombra, da existência do pecado, do mal entranhado na natureza do homem — e compondo-o apesar de tudo.

*

23 — Creio que esta já é a sétima vez que venho a Valença. A tarde esmorece sob um sol muito quente e um céu intensamente azul. Há no ar um perfume de limoeiro — e o silêncio seria absoluto se não fosse lá fora o ruflar das asas de alguns pombos.

Foi bem próximo daqui, em Taboas, que nasceu meu pai. Não sei se estas ruas, se estas casas que vêm de um passado longínquo tiveram alguma influência em sua mocidade. Lembro-me que nos seus últimos dias de vida ele falava muito em Taboas e no sítio em que nasceu. Mas que lembranças propriamente teria ele deste lugar e das ruas em que hoje caminho?

*

(Valença) — Uma das coisas que eu mais gosto aqui é, na curva poeirenta de uma estrada, o cemitério dos pobres que se ergue no sopé de um barranco — terra vermelha, cor de sangue, com algumas cruzes e poucos túmulos de tijolos. No fundo, contra o céu azul, um renque escuro de ciprestes. Através das grades do portão, há uma certa grandeza no longo muro branco que o circunda — e calma, uma calma ingênua e pobre de bom quintal da província.

Não é aqui, no entanto, que vou encontrar o túmulo de meu avô — José Lúcio Cardoso —[20] mas no outro, no cemitério grande, onde um pequeno anjo barroco vela sonolento o mar calado e anônimo dos mármores.

*

(Valença) — Compreendo agora por que, fugindo desta cidade meu pai foi parar no interior de Minas; há aqui um constante influxo mineiro e é este — dos Mineiros — o nome da rua principal de Valença. Outrora, aqui vinham eles vender suas mercadorias e era aí que amarravam seus cavalos. Ainda hoje, na praça onde se erguem grandes e sombrias árvores, é possível encontrar caboclos que vêm do sertão e que amontoam na calçada sua mercadoria de couros e arreios.

*

(Valença) — Uma flor de maracujá, exótica, misteriosa e com uma vaga reminiscência de animal — uma aranha talvez. E as pétalas em torno, de um vermelho cor de ferida.

---

20. Avô paterno de Lúcio; foi casado com Maria José da Conceição.

Ah! Esse doce e enjoativo perfume... Fecho os olhos um pouco, a flor colada às narinas. E lembro-me — tanto, tão vivamente! — do tempo em que eu era menino e vinha do grupo escolar, descendo uma rua de Belo Horizonte. Havia um rio que hoje está canalizado e, muitas vezes escorregava eu pela sua ribanceira, a fim de sondar lá embaixo os seus mistérios. Em certo trecho a água era acumulada e profunda. Junto, uma pedra, e um pouco acima, uma árvore por onde subia[m] tumultuosamente as folhas de um maracujazeiro. Era aí que meus olhos se detinham, nas belas e trágicas flores que embebiam o ar de perfume — desse mesmo perfume que agora aspiro e me faz voltar de repente, com dolorosa intensidade, ao tom dessa água, ao silêncio do lugar, ao meu coração de criança que batia de medo, de êxtase, de amor.

*

(Valença) — Anoitece — os pássaros piam no côncavo das árvores. O ar se torna mais frio, enquanto ao longe estouram os fogos da procissão de são Cristóvão.

*

24 — Depois de sete horas de viagem (os nomes das estações soam aos meus ouvidos, familiares: Chacrinha, Bacia de Pedra, Palmeira da Serra, Japeri etc.), aqui estou de novo no Rio, pronto para recomeçar a vida. Recomeçar sempre, o que quer que seja — eis o lema. Toda a casa tem um odor familiar e antigo.

*

27 — Estive ontem com Fregolente e combinamos uma série de programas para a televisão. Diz ele que aí é que está o futuro do escritor. Concordo, com uma mágoa que ele não percebe. Proponho escrever os sketches sem assinar meu nome, mas ele insiste, convicto de que aí se encontram minhas verdadeiras possibilidades.

*

Meu irmão[21] fala-me ainda sobre filosofia e política. Tento discernir qual é o fundo de seu pensamento e creio que ele pretende impor a uma estrutura vazia (democracia) um corpo de ideias, uma projeção espiritual e idealista que na realidade se desajusta ao seu plano de ação, é excessiva para o trabalho que empreende, dadas as bases de que parte. Queixa-se da incompreensão de elementos udenistas — e no íntimo, pergunto a mim mesmo se não será ele o único a querer

---

21. Provavelmente, Adaucto Lúcio Cardoso.

impor uma chama onde ela não existe? Os outros, os de que se queixa, são perfeitos espécimes democratas.

*

Rearmamento da Alemanha. — Acredito que seja um dos fatos de maior importância no domínio internacional. Os Estados Unidos, com todas as bombas atômicas não poderiam ganhar uma guerra contra a Rússia, pois não possuem um ideal convicto, arraigado em seu espírito nacional — quer dizer, jamais poderiam com o surto, certo ou errado, mas existente, do espírito russo. Para uma nova guerra eles têm necessidade da Alemanha, dos seus ideais, do seu espírito nacional e europeu, do seu martírio.

*

28 — Recopio o primeiro volume do meu *Diário* com grande morosidade, sentindo que envelheci, que minhas ideias mudaram. É difícil resistir à tentação de intervir, de reformar tudo — mas então já não seria um Diário e sim uma obra composta, um livro de ensaios.

*

Aí está: "... o instante perigoso que vive a nossa mocidade". Perigoso por quê? Todos vivemos um instante perigoso. E nada nos salvará de nada. Somos o preço da geração talvez pacificada de amanhã. Se houver um amanhã de paz para o mundo.

*

29 — Releio algumas páginas do último *Journal* de Green — e o tom é tão certinho, tão límpido nas suas intenções como intencional nas suas obscuridades, que não posso esconder a impressão de que o autor é exatamente o que se chama "um menino bonzinho". O primeiro da classe, naturalmente. Pode ser que reunido ao que ele diz ter guardado para publicação após a sua morte, esta opinião desapareça. Mas tanta tranquilidade afinal exaspera um pouco.

*

Conversando hoje pela manhã com Lourdes,[22] disse-lhe que o meu ideal seria o de ser fazendeiro. Isto há muitos anos que me preocupa — e creio que essa nostalgia de terra e de solidão, do cheiro bom de mato e das largas manhãs do interior, foi de meu pai que eu herdei. Leio que Faulkner é fazendeiro, e Huxley[23]

22. Maria de Lourdes Cardoso de Barros, irmã de Lúcio.
23. Aldous Huxley (1894-1963), romancista e crítico inglês. É autor de *Admirável mundo novo*.

também. Já não estou sozinho e portanto a ideia não é tão extravagante assim. A verdade é que me sinto saturado da cidade, da vida da cidade, do seu tédio rumoroso e cor de asfalto. Tudo o que imagino como pureza e tranquilidade, vem da paisagem boa de uma fazenda, de um quintal, de uma horta grande cheirando a funcho e malva — como as que sempre estiveram presentes na minha infância.

*

Não tenho nem mais vontade de falar e de discutir com as pessoas; e mesmo pensar sobre elas me cansa, já que tão continuamente sou obrigado a pensar mal. Se volto a elas, se torno a procurá-las, só vejo uma explicação para isto: um grande amor. Um grande e doloroso amor por essa coisa triste e castigada que é a face humana.

*

No *Journal* de Green, em qualquer parte, ele fala da estupidez das guerras. Não. Não, sinceramente, não creio que as guerras sejam estúpidas. Se Deus intervém no destino do homem como outrora destruía e flagelava cidades pecadoras, é pelas guerras que ele hoje se manifesta; a única diferença é que o castigo foi deixado ao nosso cuidado, e como soubemos adorná-lo de requintes sinistros!

Não, as guerras são necessárias. Caminhando na Cinelândia ou defronte do Café Vermelhinho, sinto que não é possível que tudo prossiga assim, nessa eterna espera, nessa angústia do nada e da mediocridade. No fundo do coração é a catástrofe que chamamos. Ninguém suporta a horrível monotonia da vida — e para quem quiser sentir, não sei que trágico acontecimento, que revolução já ergue no horizonte seu estandarte de sangue.

Outubro

1 — Recomeço de novo, num plano completamente diferente, *O viajante*.

O difícil é vencer a minha indolência — tudo estaria perfeito se pudesse apenas imaginar os romances sem escrevê-los. Não há descoberta quando me lanço ao trabalho material — a visão já é completa — e vem daí, certamente, a monotonia do empreendimento e minha dificuldade em levá-lo a termo. Ah, como invejo um escritor como Octavio de Faria, por exemplo, em que os caminhos se delineiam à medida que escreve, e tudo é frêmito e novidade no seu trabalho! Quanto a mim, componho como quem copia um quadro; o original foi visto, mas não sei onde.

*

8 — Contam-me ontem o suicídio de Carlito. A notícia é tão inesperada que não me desperta nenhum sentimento, fora a surpresa. Não me é fácil imaginá-lo morto — eu que sempre o vi tão vivo, tão febril, andando sempre sem tocar o chão...

Lembro-me de fatos, encontros, bares em que nos vimos, tudo o que sucedeu naquela época. Eu mesmo era bastante desnorteado e deixei-me levar embriagado com tudo que via e ouvia; depois deixei de ver Carlito e a seu respeito, vagamente, contavam-me histórias. E não sei por quê, para mim é como se ele tivesse morrido há muito, desde que nos afastamos, e que só agora me contassem a história de sua morte.

*

9 — Encontro nos jornais o retrato de Carlito. Há quanto tempo não o via? Apesar de tudo não posso deixar de sentir uma grande pena, uma grande tristeza. Leio e releio o seu nome impresso, esforçando-me para me acostumar à ideia de que esteja morto. Quer me acostume ou não, a verdade é que ele não existe mais — e talvez tenha sido muito melhor assim.

*

O horrendo jornal em que agora trabalho absorve-me quase todo o tempo. Não resta dúvida de que ganhar dinheiro é uma coisa muito penosa. Como nunca assino os artigos que escrevo, tenho a nítida impressão de ser uma coisa alugada, servindo a uma horrível voz, rouca e cheia de nuances canalhas, que é a do diretor e que se situa do outro lado do tabique, mesmo ao meu lado.

*

12 — A ordem, também, não é tão simples quanto parece à primeira vista. Embrenho-me nela como numa floresta desconhecida, cheia de obstáculos e de precipícios que me parecem brancos de toda pureza e de todo sacrifício.

Durante o dia as horas passam rápidas, mas ao cair da noite fazem-se longas e cheias de difíceis encontros. Uma nostalgia pesada envolve meu coração e começo então a andar de um café para outro, escutando pessoas que eu desprezo, conversas que me provocam a mais violenta repulsa, enquanto, no íntimo, acuso-me pela minha fraqueza. Ah, que é pior do que desunir um hábito assim da carne? Pela manhã, espero, nem eu mesmo sei o quê... que o telefone toque, talvez, e recomece a vida antiga, a vida que eu sei morta, completamente morta.

Recado de frei Gastão — mas que dizer, que fazer neste momento?

*

13 — Humberto de Alencar fala na praia de Pituba. De repente, este nome que tinha completamente esquecido, opera qualquer coisa mágica, a Bahia como que surge inteira dentro do ambiente acanhado da boate em que nos achamos. Pituba. Praia em que uma noite em que eu já não sei mais — igual em si a tantas noites de febre e inquietação deitei-me na areia, com o vasto céu do Brasil por cima de mim — um céu tão calmo, tão indiferente das ânsias que me dominavam…

Pituba. Repito o nome baixinho, uma, duas vezes, esperando que o encanto se renove. E pergunto a mim mesmo: o que sinto agora é diferente daquela época? É a mesma coisa, sinto-me continuamente fiel aos meus fantasmas. Vi outras praias, algumas mais belas, outras mais sujas, mas todas com essa respiração cheirando a sangue que vem do mar. Mas lembro-me que nunca, nunca fui tão só nem tão desgraçado como na praia de Pituba.

*

15 — Segunda-feira, e a vida ancorada numa pequena pausa de sono recomeça. Quem sabe a velhice não é esta pouca vontade de continuar, esta ausência de curiosidade. Neste caso sinto-me velho de uma infinita idade, pois nada me interessa. (Quando menino, costumava dormir à tarde; acordava já noitinha, e ouvia lá fora, através da brisa morna da Tijuca, as vozes e os risos dos outros que brincavam. Sentia-me enfermo sem o estar, tudo me parecia turvo como se uma vidraça me separasse do resto do mundo. Hoje, tantos anos depois, é ainda assim que me sinto. E a verdade é que não tenho nenhuma vontade de me levantar do lugar onde me acho.) Bem pensado, acredito que a ordem é uma espécie de doença para certas almas. Sem ela não posso viver — mas somente ela aniquila e torna exaustos os meus menores gestos. Sinto-me uma cópia de mim mesmo e não eu mesmo. Olhar-me em tal repouso e isto me causa um terrível sofrimento.

*

Voltará ele um dia? Até há bem pouco tempo sobrava-me a certeza, e eu sentia crescer nestas ausências uma árvore nova e secretamente carregada de cristalinas flores de boas-vindas. O que hoje há dentro de mim é uma árvore seca de espanto; não que eu sofra intensamente, mas poder contemplar a vastidão do vazio em que caminho — até onde? quando? — causa-me uma amargura pequena e constante, um sofrimento prolongado mas em tom menor. Decerto não é mais a grande paixão, mas o rompimento de hábitos tão renitentemente estabelecidos, soa com todas as aparências de um sentimento forte. Ou sou eu que cada vez sou mais fraco e envelheço. Já não sei me desprender das coisas com o coração sem fadiga de outros tempos.

*

Faz, ó Senhor, com que nos suceda uma catástrofe imensa e coletiva. A inundação ou destruição das cidades condenadas. Queremos uma guerra forte e sem piedade. Queremos uma morte egoísta e adornada de cruéis heroísmos. Queremos o nada como uma grande convulsão. Que venham os tempos musicais do castigo, que a peste penetre com seus andrajos no coração das cidades, e que sinos violentos toquem a hora nova da ressurreição.

*

17 — Noite estranhamente sensível em que, meio adormecido, senti a vida marulhar e escorrer no fundo do meu ser. Acordei muitas vezes, num estado que me pareceu uma sobrevivência de coisas antigas. Adormecido, inúmeros sonhos me sucederam, entre eles um, mais forte, mais nítido, singularmente parecido com outros do mesmo gênero. Estava eu na Fazenda dos Javalis (de onde me vem este nome? quando sucedeu?) e montava a cavalo, com botas, chapéu de couro e uma espingarda a tiracolo. Era noite, ventava e eu percorria quase a galope uma estreita vereda. Alguém me disse: "É a hora em que ele se transforma em animal". Engatilhei a espingarda, esperando que as folhas se movessem. Era um homem que eu procurava e eu dizia comigo mesmo que não poderia voltar à fazenda sem tê-lo morto.

O ambiente em que decorria tudo isto era de enorme angústia. Ao mesmo tempo eu já me achava na fazenda, e tudo nela me era familiar, inclusive a presença de X. Quando acordei, compreendi que não era apenas um sonho, mas a memória de alguma coisa real que eu tinha visto há muito tempo.

*

18 — Uma única nota de piano — insistente, prolongada, como um longo suspiro dentro de uma manhã meio nublada. Tudo em mim se confrange e durante um minuto a nota única parece vibrar dentro de mim, crescer, latejar, assenhorear-se dolorosamente do coração — e de repente a nota se converte em escala, irrompe no espaço vazio, enquanto dentro de mim como que as veias intumescem e o sangue se precipita através das veias, ardente e musical.

*

29 — Desci hoje de Valença de ônibus e, como estivesse me sentindo pessimamente, desci em Barra do Piraí. Sou informado aqui que o primeiro trem que passa para o Rio está marcado para as 4h30 da tarde...

É este o motivo por que vagueio num dia de chuva peneirada e triste, na mais triste e desalentada das cidades do mundo. Impossível imaginar gente mais feia e que transmita com mais intensidade a atmosfera humilde e pobre que me cerca; tudo tem um ar de fuligem e respira ao transitório. Caminho, antes de comprar este caderno — e sonho que seria numa cidade assim, num dia em tudo idêntico a este, que regressaria ao seu pequeno burgo o personagem sem nome de *Crônica da cidade assassinada*.[24]

Há uma volta, um pequeno desvio, e ao fundo [um] paredão semiarruinado. Aproximo-me e de repente, lamacento e vagaroso, descubro o Paraíba que vai contornando sombriamente as casas da Barra [do Piraí]. Este fundo tem qualquer beleza: com os esteios fincados n'água, as velhas varandas debruçadas sobre o rio sujo, lembra qualquer coisa de uma cidade italiana, acanhada e vermelha, com o ar estranho de um animal aconchegado à beira das águas.

*

Um rio nunca deixa de ser misterioso: ele passa, há qualquer coisa de um adeus no seu movimento e segue, soturno, cegamente em demanda de algo que ignoramos o que seja.

*

Em primeiro lugar eu queria dizer — não ter medo da morte.

Não traduzir em segredo os seus signos, não parodiá-la, não inventar-lhe veste de bruma ou de falso luxo — pois só ela existe, e tudo o que tocamos é uma representação da morte. Mocidade, alegria, desejo — não conheço nada que nos seja de um modo mais definitivo uma tradução da morte. Eu espero morrer, não da morte que me foi dada, pois esta conheci longa e intimamente ao longo dos

---

24. Mario Carelli, em *Corcel de fogo: Vida e obra de Lúcio Cardoso (1912-1968)* (1988, p. 181) e Júlio Castañon Guimarães, na edição crítica da *Crônica da casa assassinada* (1991, p. 646), defendem a ideia de que já se tratasse do romance, mas ainda com o título não definitivo. Já Cássia dos Santos — em ensaio intitulado "Escatologia e mito cosmogônico na obra romanesca de Lúcio Cardoso", a ser publicado na revista *O Eixo e a Roda*, em 2023 — defende que o título designaria um projeto ficcional em torno de uma cidade imaginária, chamado também de *Apocalipse* nos manuscritos dos diários e em entrevistas do escritor. A *Crônica da cidade assassinada* seria, assim, um ciclo, que teria o romance de 1959 como primeiro volume, a que se seguiriam *O viajante*, *Réquiem*, *O menino e o mal* etc.

meus dias, mas da minha vida, que me foi dada como uma máscara contra tudo o que me revelava a nupcial presença da morte.

Morrer da minha vida, como quem esculpe um destino.

*

31 — Tantos dias passados já, e tão pouca coisa escrita neste caderno! Agora eu me assisto viver, mas sem nenhuma paixão. Sei o que é ser sozinho e não me animo mais aos meus grandes espetáculos. Os dias passam, mornos e iguais; às vezes, tomado de uma súbita e furiosa nostalgia, caminho pelas ruas, vou até à Cinelândia, investigo os cafés, volto. Nada existe, nada houve. Regresso mudo e com o coração tomado por um certo espanto. Não há dúvida que é esta a vida, mas apesar de tudo, considerando bem, não deixa de ser uma coisa extraordinária.

*

Leitura: *Judas*, de Lanza del Vasto.[25]
Diário de um escritor, de Dostoiévski. É a segunda vez que leio este.

Novembro

1 — Trabalho todo o dia, até dez horas da noite, e se bem que o jornal seja horrível, há um certo prazer neste modo de vida. Ainda não tinha me experimentado tão arduamente no trabalho; e, sem dúvida, quando regresso cansado e "sozinho" — nisto tudo, a impressão de "solidão" é o mais importante — não estou longe de pensar que isto é a "paz", e a paz finalmente que chegou para mim como para outro qualquer, numa profissão modesta e triste.

*

Muitas vezes pensei nestes últimos tempos que o dom de "criar" estava morto em mim, e que eu conseguira "secar" os terrenos mais úmidos da minha imaginação, não sei por que espécie de detestável ciência. Para esta convicção concorria a opinião de toda gente, sempre tão apressada em julgar o pior a respeito dos outros e a ajudá-los a submergir, o que é ainda mais fácil. Mas agora, quando regresso à noite para casa, compenetro-me de que me é inteiramente possível escrever; o que se passara comigo é que eu me desabituara de ser sozinho, não sabia mais sondar meus pensamentos, nem pesar minhas tendências. Despertei-me até onde

25. Lanza del Vasto (1901-1981), filósofo, poeta e católico italiano, ativista contra a violência.

pude, mas em vez de perder-me, um maravilhoso instinto criou para mim não sei que espécie de defesas e me reencontro íntegro, com todas as capacidades de trabalhar e de conversar ainda com o velho "eu" que há tanto me acompanha...

Dezembro

3 — Depois de uma longa pausa recomeço a escrever neste caderno. As condições de minha vida são atualmente completamente diferentes. Para trás, bem para trás, ficou tudo o que tanto me absorveu, desde Itaipu. X. é um nome completamente esquecido e eu trabalho sem descanso procurando recuperar tudo o que perdi nestes últimos tempos. Escrevo novamente *O viajante*, uma versão que me agrada bem mais do que a primeira. E quando posso viajo, renovando a minha sede de paisagens; as cidades desfilam através de uma bruma. Às vezes vou com um amigo, às vezes sozinho. A minha impressão é de ter estado longamente doente e ter agora regressado à saúde. Assim seja.

*

6 — Como tivesse ido ao hospital de meu irmão,[26] e lá devesse esperar algum tempo, informaram-me que Manuel Bandeira se achava recolhido a um dos quartos. Resolvi fazer-lhe uma visita rápida. O poeta se achava deitado e não me pareceu muito satisfeito com a visita. O que pode ter sido um engano, pois ele é sempre amável. Trocamos algumas rápidas palavras e eu me despedi, convencido de que a visita em vez de agradá-lo apenas o incomodara.

---

26. Fausto Cardoso, médico, fundador do Hospital Samaritano do Rio de Janeiro.

1952

Março

17 — Depois deste longo hiato, aqui estou de novo. Ah, um *Diário* não é jamais um relato constante, um rio contínuo e sem desfalecimento que fosse delineando a nossa vida... Um *Diário* é apenas uma crônica de gemidos.

De novembro para cá ainda não realizei as grandes coisas que sonhei... Mas elas serão realizadas, tenho certeza.

*

Leio *Lições de abismo* do sr. Gustavo Corção.[1] O que é insuportável em livros como este (há várias coisas insuportáveis no livro do sr. Corção) é o esforço para se provar o processo de fé. A fé [é] um absurdo, um estado de loucura, um movimento sem provas. Tudo poderia caminhar certo, até o instante em que, oscilando, todo o edifício vem abaixo, porque a partir do momento onde a fé é verdadeira, não há mais romance possível.

*

18 — Sonhei esta noite que alguém havia anunciado a minha morte.

1. Gustavo Corção (1896-1978), escritor e jornalista católico, conhecido pelas ideias conservadoras.

Houve depois uma espécie de reconsideração da sentença e pude me ver, estendido, que regressava à vida meio cambaleante. Vi-me depois caminhando como se estivesse bêbado, um saco na cabeça enterrado até à cintura. Talvez fosse por isto que eu cambaleasse. Acordei com uma voz que me dizia: "É a sua alma".

*

30 — Em casa de Hildon Rocha, caio, sem querer, sobre um trecho de Tristão de Athayde que faz a diferença entre o "Cristo Agônico" e o "Cristo Irradiante". O primeiro seria o Cristo de Unamuno, o segundo... o de Romano Guardini.[2] Leio com ceticismo, imaginando o tremendo esforço para se acreditar perpetuamente num Cristo de alegria. Evidentemente estamos aqui muito longe do "Cristo em agonia até a consumação dos séculos...". Mas não há dúvida de que isto me leva a outras leituras e, em particular, a Unamuno, que conheço mal.

Maio

12 — Aniversário de minha mãe.

Junho

(Estão cessados os grandes motivos; nenhuma tormenta me sacode. Olho os dias escorrerem num clima branco e cheio de atrozes indiferenças. Tudo esmaece em mim como um instrumento que silenciasse sua música de desespero. Não destruo e nem sou destruído. Torno-me igual e sem identidade. Assim as minhas palavras se pacificam, e a morte, que tanta vez caminhou comigo passo a passo, abandona-me, deixando-me intacto no meu posto de poeta sem voz e sem inspiração.)

---

2. Miguel de Unamuno (1864-1936), pedagogo, filósofo e ensaísta espanhol, perseguido pelo regime fascista de Francisco Franco. Romano Guardini (1885-1968), padre católico, escritor e acadêmico italiano.

Agosto

(És tu, Anticristo. Da tua mão que pende entre as franjas da liteira, nasce o limite do mundo novo, e o sol novo do último dia, e o último dia.)

*

14 — Há três anos atrás recomeçava eu o meu *Diário*, interrompido há tanto tempo. Não sei que força esquisita me empurrava a recomeçá-lo, numa situação tão diferente, mas com o coração tão seco, e tão opresso quanto antigamente. Ai de mim, hoje é fácil traçar o caminho da minha vida, fazer a soma de meus haveres — que ainda são pobres, como sempre o serão. Mas a vida que desertou de mim, que fluiu e se esgotou no tempo, essa não sei mais onde está, e é sua ausência, sem dúvida, que compõe este eu de hoje, com suas certezas e suas renúncias.

Não há mais tempo para hesitações; a estrada que devo palmilhar é certa e definitiva; qualquer desfalecimento agora é a minha perda.

E é isso que me faz contemplar meio cético o retrato de V. que Giudicelli hoje me deu como presente de aniversário, e onde reencontro a única pessoa neste momento que poderia me interessar apaixonadamente. É inútil esconder, tenho medo. Miro e remiro o retrato, e o faço como quem escuta a nota de uma música conhecida, vibrada no vento; o som é autêntico, e é novo, mas desperta em mim a sensação de ter tocado num lugar já ferido em outros tempos. E ao mesmo tempo...

O que eu leio, o que eu faço. A certeza de que farei alguma coisa, apesar de todos os empecilhos que descubro. Tudo o que eu leio, tudo o que eu vivo, possui uma única direção. Nesta noite de 14 de agosto, sozinho, escrevendo no meu quarto, encontro-me maravilhosamente intacto.[3] Obrigado, meu Deus.

*

17 — Domingo. Lelena, Vito [Pentagna] e [Fernando] Sabino escutam música de Bach, Maria[4] apronta-se para ir ao encontro de alguns cadetes do *Américo Vespúcio*. Dito assim, nada parece mais banal, um dia como os outros, mas eu imagino, por exemplo, o quanto será estranho descobrir estas coisas aqui escritas depois de vinte anos. Daqui a vinte anos, se viver, serei um homem velho,

---

3. Neste dia, 14 ago. 1952, Lúcio completava quarenta anos.
4. Pessoa não identificada.

e é assombroso o quanto posso lembrar-me do que aconteceu há vinte anos atrás comigo mesmo (a casa da rua Visconde de Pirajá, minha amizade com Clístenes, um romance que escrevi com o título esquisito de *Ilha*) e o quanto tudo isto parece recente e próximo de mim. Às vezes, em instantes como este, sou mesmo capaz de imaginar a minha vida toda já passada, extinta, um fato consumado. É talvez que as linhas que me compõem são demasiado simples, e é fácil prever o que acontecerá — de onde uma certa melancolia e também, por que não dizer, uma certa paz.

*

Leitura: um livro de Jean Genet, que ainda leio com grande admiração, mas sem os transportes da descoberta.

Um autor novo: Truman Capote.

*

É tarde, dia ainda, mas já se pressente a chegada da noite. Vozes distantes, pios de pássaros. Em silêncio, sinto revolver-se em mim um domingo informe de sonho e de evasão: qualquer coisa não falada ainda, mas que reponta para ser descoberta como uma ilha desconhecida.

Setembro

5 — Mamãe acaba de partir para o hospital. Desde ontem que se acha de cama, com dores do lado, provavelmente uma cólica renal. É esquisita a casa assim vazia, com os objetos, as coisas, testemunhos de uma vida tão prodigiosamente intensa. É mesmo difícil crer que essa energia possa ter os seus momentos de desfalecimento; e ela própria, saindo, é quem comenta o acontecimento, lamentando que sua vivacidade possa ter desaparecido.

*

Todos esses dias em companhia de X.,[5] a quem tento adaptar-me quase num gesto de autodefesa. Dentro de mim já não restam grandes energias para o amor, e vejo a paixão de longe, como um esforço imenso a que é preciso a maior dose de imaginação possível. Ah, os sonhos são caros e difíceis — e eu me acho precisamente na época em que se pagam maiores preços pelos enganos que são comuns na mocidade. Talvez me ache no período definitivo de minha vida, não sei, não

5. No manuscrito: V.

ouso afirmar, tantas vezes tenho me enganado a esse respeito. Mas uma certa distância, uma calma maior, são sintomas de que enfim me afasto do longo *Sturm und Drang* em que tenho vivido.

X.,[6] certamente eu poderia amar — mas em outra época. Hoje, através de sua imagem, apenas relembro o que fui.

*

Leitura penosa sobre Gide e Proust. Que estranha época a nossa, em que esmiúçam sobre sepulturas quentes ou ainda quase quentes, mazelas de grandes homens, inventário doloroso e triste de roupas conspurcadas, num afã, num delírio quase de rebaixá-los, que evidentemente é um sintoma de uma mediocridade, de nossa incapacidade de suportar os que se acham acima da bitola comum...

Ah! Mas como se abrigam eles, permanecendo indiferentes e altos — permanentes, insolúveis ante toda a grosseria da multidão ignara...

*

É indubitável que haja certas pessoas que trazem em si uma força criminosa; seriam assassinos se os impulsos não fossem domados e transfigurados em gestos superiores. Mas esse esforço contido, essa promessa tão longamente postergada, não criará uma nova e estranha arma, um dom de matar sem violência, de destruir sem terror? Clara sentia que dentro dela havia uma profunda predisposição para o mal, se podia perceber com tão grande clareza o que era bom e nobre nesta vida, é que sabia também avaliar o outro lado. Algumas vezes ela tinha medo de si própria e olhava suas próprias mãos, ágeis, vibrantes, prontas a atenderem ao negro apelo dessa voz que comandava das regiões mais recusadas da sua natureza, essa, a que nem todos descem, mas que existe, como o mais recuado limite em que o homem se liga a Deus.

*

6 — De novo a caminho de Valença. O tempo amanheceu chuvoso e escuro. Lembrei-me da manhã em que desci em Barra do Piraí, e da desoladora impressão que tive. Vou hoje, deixando mamãe no hospital, se bem que bastante melhor.

Sentimentos calmos, pensamento lúcido.

*

6. No manuscrito: V.

Ontem à noite, encontro na rua com Vera Mogilka,[7] uma pequena gaúcha que se acha aqui, e colabora numa revista de novos chamada *Crucial*. Pareceu-me desamparada e aflita. Levei-a ao teatro — um espetáculo ultrabanal de revista — e admirei-me [com] o modo excessivo, ingênuo, pelo qual se divertia; no fundo, pensando bem, deve ser bastante triste, se bem que me garanta, com essa empáfia da gente moça, que "nada tem de mórbida". Ai de mim, confesso eu, só tenho morbidezas.

*

7 — Chove e faz frio em Valença. Através do vento, pela janela aberta, o mesmo cheiro de rosas e de glicínias que já conhecia de outras vezes. Às vezes espio, e nada vejo na escuridão — só a chuva, cujo ruído monótono escuto.

*

Passeio ao cemitério: um anjo ajoelhado, o rosto escurecido pelo tempo. Dois homens, de joelhos, tentam acender uma vela sobre um túmulo recente.

Almoço na chácara com d. Maria Clara, na grande sala de jantar onde ainda resplandecem restos de um passado recente. Sinto-me cercado de flores, de conforto e de calma — ao longe, pássaros piam incessantes contra o céu cor de chumbo. A conversa rola macia e antiga, enquanto os pratos desfilam, e Valença toda se faz presente, pelas suas mil vozes de conforto e de sedução.

*

8 — Partida. Viagem num trem de segunda, repleto e enfumaçado. Tristes paisagens se sucedem (lembro-me do passeio a cavalo que fizemos ontem à tarde, pela estrada cercada de campos secos onde pasce um gado triste. Uma cruz de repente, assinalando o local onde tombou um assassinado. Vito [Pentagna] conta histórias dos sítios e das terras que vejo. Uma capela humilde. Depois, de novo incansável, a pobreza e o silêncio). Em torno de mim, crianças e embrulhos — e este cheiro peculiar a pobreza, a mofo e a doença. Um cansaço animal sobre todas as coisas. O trem rola aos arrancos, e eu tento dormir, fugindo ao mundo que me cerca.

*

9 — Hoje pela manhã, em companhia de Almeida Filho, ligeira estadia no

7. Vera Margot Mogilka (1931-2012), escritora brasileira.

consultório de Jorge de Lima. Fala-me ele que Murilo Mendes parte esta noite para a Europa e eu lhe envio um bilhete de despedida.

Apesar da *Invenção de Orfeu* (cujo elogio sobe tanto nestes últimos dias através dos nossos pseudocríticos...), apesar de tudo o que sinto Jorge de Lima capaz de realizar (lembro-me, em particular, d'*A mulher obscura* que na época tanto me agradou) há nele, em tudo o que o cerca, na sua própria obra, uma parte indisfarçável de farsa. O que espanta a todo mundo, e lembra os processos de um feiticeiro, não é propriamente a sua fecundidade, nem a "qualidade" de suas obras, mas isto que é essencial a toda obra de arte que se admira: o sofrimento. Jorge de Lima compõe e cria num terreno tão fácil, tão gratuito, que quase chega a assustar. E nesses longos poemas isentos do pecado original, há beleza sim, mas uma beleza factícia, inerme, feita da espuma e da moleza vã da fantasia que cria como a roda que agita automaticamente a água — e não com a força, o ímpeto, a grandeza cataclísmica que suspende as marés e põe a nu a profundeza lacerada dos mares. Sente-se que ele poderia escrever sucessivas *Invenções de Orfeu*, mas Dante não poderia escrever novamente sua *A divina comédia*.

*

Além de tudo, além de todos os inimigos que temos a vencer — o mundo, a sociedade, os amigos, as facilidades, os bares, o dinheiro, o conforto e as palestras fáceis — o que mais duramente temos a combater somos nós mesmos. O talento é uma conquista como outra qualquer. E toda a marcha para o talento é uma conquista solitária. Somos nós mesmos, autênticos, quando formos, integralmente a nossa solidão.

*

11 — Reaparece [Augusto Frederico] Schmidt, e no mesmo velho tom, e com os mesmos termos que deve ter aprendido, quem sabe, na adolescência. Desta vez é sobre os "tempos agônicos" que o sr. Negrão de Lima[8] preconiza numa entrevista ou num discurso feito há dias. Extraordinário! Os "tempos agônicos" (do "*agon*" grego, que significa luta, combate contra a morte, segundo o poeta nos explica) serão constituídos desses próximos dez anos, período em que o país entrará numa fase de desagregação e entrega total às forças da demagogia. Concordamos com o termo "agônico", se bem que não o empregamos do

8. Francisco Negrão de Lima (1901-1981), político brasileiro, governador do estado da Guanabara (atual Rio de Janeiro) de 1965 até 1970.

mesmo modo que Schmidt — "agônico", mas de vigília, de transe, de atenção, como a chama no interior do corpo já meio enriquecido pela morte. Porque dez anos é um suspiro, é uma brincadeira junto ao estado putrefato do gigante. Os povos não se medem pelos anos mas pela força de seus abalos sísmicos. Que a nossa longa agonia preceda uma morte rápida e vitoriosa; que desapareça de vez o "espírito agônico" que não há dez, mas há vários anos nos mantém à superfície da mediocridade (mediocridade real, profética e demagógica) e venha de vez o estado puro de catástrofe, de morte e de espanto, que nos permitirá inventar de novo o Brasil futuro, a salvo desses detestáveis corvos que a democracia sem autenticidade ergueu melancolicamente nos pórticos nus da nossa história.

*

Prazer em se descobrir de novo: o romance ressurge e é como uma fonte que no escuro da noite recomeçasse a jorrar...

*

Leitura a escuro e sem interesse. Nada definitivo. Sonho os grandes planos de leitura e solidão. A vida recomeça em mim com calma e solenidade — e no fundo, um pouco angustiado, pergunto: até quando?

*

17 — Comecei ontem as notas de um pequeno livrinho a que dei o nome de "Esboços para uma teoria da danação".[9] Não sei ao certo o que sairá daí, mas não posso negar que iniciei o trabalho com entusiasmo, amontoando tudo como se atirasse as palavras num escoadouro...

*

Sairá certo o sonho de Ibicuí? Longos minutos deitado, imagino a casa, as salas, as horas de trabalho. O tempo urge, e é necessário que eu resolva todos os meus problemas.

*

Escutei esta manhã, um pouco distraído, a *Missa* opus 86 de Beethoven.[10] Todo o tempo no meu pensamento projetaram-se imagens de cinema, talvez porque ontem eu tenha me encontrado com Décio Vieira Ottoni[11] que transmitiu as impressões que Cavalcanti teria tido de *A mulher de longe* e que não podem

9. Trata-se do título primitivo do "Diário de terror", presente neste livro.
10. A *Missa em dó maior*, opus 86, foi composta por Ludwig van Beethoven (1770-1827), em 1807.
11. Décio Vieira Ottoni, crítico de cinema brasileiro.

ser mais lisonjeiras para mim. Segundo ele, nada havia visto aqui que exprimisse tanto gosto. Isto reacendeu minha chama cinematográfica e passei todo o dia imaginando possibilidades de recomeçar o trabalho abandonado. Hoje, a mesma inquietação me trabalha. Se viesse o Instituto de Cinema, quem sabe Cavalcanti não poderia me ajudar?

*

18 — É curioso que durante toda a minha vida eu tenha lido tanto sobre Gide, que chegue a perder um pouco de vista sua figura real. Não há um só de seus livros — salvo talvez os dedicados exclusivamente à crítica, e portanto grande parte do *Journal* — não há um só dos seus livros que me agrade de modo absoluto. Gosto de parte, ou por citações, ou por intenções. E no entanto, o homem me interessa profundamente, pois tudo o que se refere a ele desperta logo a minha curiosidade. Mas não é o escritor que me interessa, e sim a atitude moral por assim dizer, o comportamento diante da vida de alguém que sempre pretendeu inaugurar uma palavra nova e que, ao contrário de um revolucionário, sempre foi apesar dos seus compromissos e dos seus desvios, um homem que soube como ninguém a difícil arte de se conduzir através da vitória.

*

Provavelmente o que faço agora é o que sempre deveria ter feito, mas confesso que há nisto uma grande dose de tédio. Desconfio da minha idade, eis tudo. Não há aqui uma conquista, mas um arrefecimento. Não há o termo de uma escalada, mas a consequência de uma queda brusca. Qual a sabedoria que há nisto? Sinto-me como um homem inesperadamente paralítico, que não soubesse o que fazer com as suas muletas. Não há dúvida, procurarei ser sábio, mas sem esconder a minha pungente, a minha horrível nostalgia de outros tempos, quando era livre e podia correr com as pernas desembaraçadas...

*

Leitura dispersa, Péguy, Huxley, Proust. Um livro sobre Dostoiévski que ainda não conhecia. Um romance brasileiro: *Tempo de amar*.[12] Poemas de Marcos Konder Reis, que Octavio de Faria já havia me elogiado bastante e que não me agradam particularmente. Belos, perfeitos, realizados — mas que ausência de sofrimento, que valsa imoderada e contínua, que contínuo fogo de artifício! Não é o dom que nego, é a profundidade.

12. *Tempo de amar* (1952), livro do escritor Autran Dourado (1926-2012).

*

19 — Releio *Monsieur Ouine*, que há alguns anos atrás não me causou grande impressão, e apesar do prazer que encontro, admiro-me que conheça tão bem o estilo, a "marca" de Bernanos. Certas palavras violentas, certas imagens cruéis e fortes, não o caracterizam somente, mas aos romancistas católicos em geral. Diante de certas "estradas desenlaçando-se com víboras", certos "corações devorados por ignominioso câncer", lembram irremediavelmente Mauriac. Eu o prefiro, independente dos seus grandes temas ("… uma mocidade autêntica é tão rara quanto o gênio…") quando nos levanta um dos seus magistrais retratos ou quando, baixando subitamente o tom, lembra nostalgicamente qualquer burgo perdido ou um ramo de flores ao vento…

*

Mesmo dia à noite:

É tolo dizer que nada devemos fazer porque tudo se acha feito. Cada grande homem inaugura para nós possibilidades novas — e dificuldades que serão nossos atributos. Por exemplo, depois de Proust, é difícil a um romancista imaginar uma vasta obra cíclica. É preciso imaginá-la "além" e mais do que isto, visioná-la "diferente". É este o motivo por que cada dia os grandes homens são mais difíceis.

*

20 — Intolerável sábado cinzento e cheio de monotonia. Um desses dias em que eu me sinto inundado de alguma coisa escura e amarga que me parece arrebatar a minha realidade e transformar-me num fantasma. Lembro-me de Bernanos, que diz em qualquer parte (creio que no *Journal d'un curé de campagne*) que o tédio é uma poesia invisível que nos devora a alma. Lembro-me de Romano Guardini, que afirma que o tédio é uma nostalgia do amor, ou coisa parecida. Estendido na minha cama, sonho em vão com devoradoras, catastróficas paixões. Mas ai de mim, são paixões frias, paixões a serem utilizadas num romance. Minha época está terminada e se hoje guardo a nostalgia do grande amor que nunca vi realizado (talvez não haja) é como quem rememora o som de uma música ouvida não sei onde, e que nos persegue, sem que saibamos mais completar a sua melodia.

*

Atravesso páginas e páginas de *Monsieur Ouine* distraído e sem compreender direito o que leio. Não é nem mesmo porque o livro seja obscuro — Bernanos faz questão, é a sua técnica, de subtrair-nos o[s] fato[s], para deles só nos fornecer os comentários… — mas porque a minha atenção não se prende à extensa dialogação do autor. O que Bernanos mais estima é o monólogo — todos aqui não dialogam, mas monologam uns com os outros, misturando frases e injúrias, num tom encachoeirado, abundante, que é o tom do autor…

*

Sonho, sonho incansavelmente a minha casa de Ibicuí. Vejo-a plantada de eucaliptos, à beira-mar; vejo-a não muito distante da linha férrea, clara ao sol de um domingo. Vejo-a de tantas formas diferentes, que ela se mistura ao meu pensamento a todas as casas que vi e ambicionei nesta vida. Que casa é esta, onde será a "minha" casa? Existirá, eu a verei um dia? Não será um sonho disperso entre tantos nomes que desejei — Paquetá, Coroa Grande, Valença, Itaipu, Teresópolis, Resende, Mangaratiba… — e que se esfumam uns após outros, sem que eu tenha possibilidades de atingi-los? Oh o destino através de todas essas esperanças truncadas, a figura do judeu errante que cobiça todas as paisagens através das janelas aflitas de um trem…

*

22 — Levanto-me com a impressão de que esta semana coisas muito importantes se decidirão na minha vida. Não sei de onde me vem este sentimento de que atravesso dias decisivos, mas a verdade é que não posso mais adiar a minha obra e sinto aproximá-la com a força de uma lei escura que se aproximasse e dominasse a minha vontade. Que lei, diferente desta solidão que sinto com tanto ímpeto em torno de mim e cava esses infinitos desertos onde vivemos, desde que não tenhamos vontade de ser como os outros, e nem a eles podemos nos igualar em sua mediocridade? Não há nisto nenhum orgulho, mas uma grande tristeza. O preço que pagamos pelas obras que tentamos é uma grande, uma infinita solidão, mas num país como o nosso, esta solidão é acompanhada de vergonha e de achincalhe. Não é mérito pequeno chegar-se até o fim, e é forças para isto o que peço a Deus neste princípio de semana, convicto também de que não poderei viver caso não faça alguns livros que redimam aos meus próprios olhos, meus erros, meus enganos e minhas fraquezas.

*

Ontem, falando em casa de Raul Giudicelli com uma senhora, qualquer coisa em suas palavras embaraçou-me de repente, e verifiquei logo depois que foi o encontro com uma palavra que não ouvia há muito tempo: personalidade.

Curioso, como as coisas tendem a desaparecer, independente quase de nossa vontade. Personalidade, tal como aprendemos [a] distinguir desde a infância, como sinônimo de caracteres singulares, inalienáveis a um temperamento, é uma forma vazia de considerar as coisas; indivíduo, ou pessoa, eis o valor que substituiu o termo antigo, não mais para designar o excepcional de cada natureza, pois o mundo técnico em que vamos viver admite mais tais singularidades, mas a unidade constante e produtiva que cada um representa, neste grande todo acordado e em movimento que é a massa. Houve tempo em que esta massa adormecida servia de fundo à projeção da personalidade — hoje em dia, consciente e cheia de fatalidade, devora a personalidade, coloca-se no lugar dela, e o grande problema futuro é saber se a personalidade encontrará meios de sobreviver sob a maré, ou se desaparecerá para sempre com ela.

*

23 — Sombrio, entro numa igreja que me acolhe como uma ilha de paz e de conforto. Sombras ternas ao longo das pilastras, um silêncio que não pertence mais ao nosso tempo. Ah, como é bem a igreja que sempre vi arrefecer os sentimentos mais exaltados e mais puros, que imagem de satisfação e de conforto, que tanto me irrita nesses dias que correm! Onde encontraremos uma igreja tonitruante e áspera, uma igreja que nos fustigue a miséria, cujo[s] ladrilhos pisemos como brasas vivas e cujas paredes, sem descanso, se ofereçam nuas à nossa dor e ao nosso pranto? Ah, como compreendo o muro das lamentações! Uma igreja não devia jamais ter uma imagem do céu, pois não é possível ao céu ter uma imagem neste mundo. Uma igreja deveria ser o local convulsionado onde fôssemos clamar a nossa nostalgia e a nossa necessidade do céu. No mundo, tentemos encontrar a paz, a serenidade e o silêncio, que é este o melhor meio de nos aproximarmos de Deus — mas na igreja, choremos em altas vozes, clamemos o nosso desespero de não poder aceitar a paz, a serenidade e o silêncio do mundo. Uma igreja é a visão mais funda da nossa alma, e para o cristão em transe neste mundo, nossa alma não é uma mansão de delícias, mas um reino conturbado de remorsos e de secretas ânsias. Não é o silêncio que nos indicará que Deus se acha presente — não há silêncio mais definitivo do que o da ausência. É a força dos nossos rogos, os clamores com que iremos pedir ao Pai que volva para nós os seus olhos cheios de misericórdia. A oração não é só um movimento secreto da alma, mas um rugido contínuo e dilacerado que é a expressão mais viv[a] do espírito encerrado neste triste envelope humano.

Exagero, dirão os cautelosos. Mas a penitência é um sentimento dramático, uma confluência de contingências em ebulição. A igreja é um adro de Paixão, uma grande cena mística de remorso, de constrição e de noção da miséria humana. Só assim poderá estar incorporada à nossa essência, e será comparsa definitiva e letal desse permanente tumulto que é a nossa paixão.

*

24 — Ontem, jantando com Vito Pentagna, falei durante todo o tempo sobre o meu romance, sentindo que muitas coisas esparsas se cristalizam no momento. Depois, não me é fácil falar noutro assunto, já que nada mais me interessa ao ponto que o romance me interessa neste momento.

Dormi cedo e acordei pela madrugada com a mesma sensação de angústia e de remorso de antigamente; várias coisas aparentemente fáceis pareceram-me insolúveis, e rolei sobre a cama, durante muito tempo, sentindo através da vidraça aumentar a luz da manhã. Assim que me levantei fui ao espelho e deparei com um rosto pálido, de olheiras fundas, como se me lavrassem no íntimo fundas inquietações. Pergunto então a mim mesmo se acaso realizar um dia isto que imagino essa inquietação desaparecerá, ou se serei sempre assim, consumido por essa chama que eu não sei de onde vem e que reponta às vezes, como um sinal de alerta ante um misterioso perigo...

*

Nada ainda sobre a casa de Ibicuí. Talvez não se resolva, sob a força dessa secreta lei que comanda a minha vida. Mas é com o coração pequeno que vejo o fim da semana se aproximar e pressinto os dias claros, cheios de sol, que virão decerto e que me encontrarão emurado como sempre...

*

25 — Como é difícil encontrar a si mesmo: tanto tempo perdido, tantas amizades destruídas, tanta palavra esquiva e abandonada que mais tarde se transforma em veneno, tanto rumor, tanta vaidade inútil, para finalmente encontrar um pouco de mim mesmo — esta leveza, esta ausência de paixões, este coração de criança — ouvindo três sonatas de Schubert. Andamos a esmo, até que o minuto, o milagre exato se produza (quem sabe a perfeição existia menos nessas três obras (opus 137) do que no meu coração farto de andar pelas estradas do mundo[]). Afinal, corromper-se também é um dom; e se tanto sofremos em nossas inumeráveis fugas, não será porque talvez exista um fundo intocado, um terreno vedado à nossa fúria de destruição, e capaz de mostrar-se vivo e autêntico às primeiras notas de uma sonata romântica?

*

O meu esforço agora é para nunca deixar o dia passar completamente inútil. Quero chegar à noite, sozinho na minha cama, e indagar à minha consciência, sem grande remorso, de que modo aproveitei o tempo que me foi dado. Pode ser, como dizia Baudelaire, que o ócio seja a mãe de todas as artes, mas não há dúvida de que é o pai dos maiores vícios. Não resiste à inutilidade quando se tem um pouco de imaginação. E eu, que já desperdicei o meu tempo tão lamentavelmente, quero agora contar os minutos com avareza e tentar fazer alguma coisa que mais tarde não me faça envergonhar da minha existência.

*

Acabei *Monsieur Ouine*. Não há dúvida de que o livro atinge instantes de verdadeira grandeza, dos melhores de Bernanos (penso em particular no sermão do cura à paróquia morta e todas as páginas que se seguem. Bernanos não sabia fazer nada melhor que fazer falar um cura de aldeia tocado pela raiva…) mas não há dúvida também que a intriga, o romance propriamente dito esmaece quase sempre para ceder a uma espécie de discurso arbitrário, muito à moda do autor, como por exemplo, a arenga final de M. Ouine, tão estranha e inoportuna nos lábios de um agonizante.

"*Quand même…*"[13]

*

Manhã de sol. A alegria das folhas, imóveis em plena luz, rompendo a massa escura dos caules, contra o branco cintilante das paredes…

Lembro a esta hora o mar azul de Ibicuí.

Citam-me uma palavra do sr. Gustavo Corção, segundo o qual "Graham Greene é um romancista que pactua excessivamente com a parte degradada da natureza humana". Certo, talvez, mas a falta de pacto com essa degradação tem produzido sempre católicos como o sr. Gustavo, mas nunca romancistas que mereçam realmente este título.

*

27 — Conversando hoje com meu irmão,[14] que me contava por alto alguns casos de desquite que lhe vêm às mãos como advogado, e como indagasse ele minha opinião, e eu a manifestasse, disse-me ele que eu era um "niilista". Pensei

13. Em francês: apesar de tudo.
14. Adaucto Lúcio Cardoso.

em tudo o que eu calo, e que no entanto alimenta o fundo das minhas ideias. Que nome não daria ele a esse total desgosto por quase tudo o que sinto e que vejo, por quase tudo o que me ensinaram como justo e como certo? Certo, como ele diz, a liberdade que eu pretendo só conduz à destruição — mas não é a liberdade que eu pretendo, pelo menos no sentido que ele encara e que tudo, minhas inclinações e meus defeitos, levam a crer que seja a minha intenção — mas no restabelecimento de uma justiça, que talvez já não seja mais humana, e que à força de apelar para as forças principais do homem, transformam-no, quem sabe, num ser solitário, carrasco de si mesmo e dos outros. Porque, a bem dizer, conservar *de certo modo*, não constrói coisa alguma, apenas faz durar, com aparência de saúde, um velho corpo carcomido, e já empestado por todos os miasmas da morte.

*

Atirei-me, desde cedo, à leitura do *Pecador justificado* de Hogg.[15] É um pouco mais do que bem-feito: é cruelmente desenhado e tem um sabor absolutamente particular, que denuncia o temperamento de um visionário e de um artista consciente que vibra certas notas com especial carinho e natural grandeza.

*

Outro livro que trouxe ontem da rua: *Justine* de Sade.[16]

*

29 — Ontem, domingo, o dia todo em Ibicuí para ver a casa que imagino comprar. (Coloco a palavra "imagino" em lugar de "pretendo", o que me parece mais honesto, pois as condições são realmente tão difíceis…)

Mesma paisagem que desde Junqueira eu conheço tanto: pedras, mar e o verde das montanhas, desta vez sob um manto cinza de neblina. Durante longos momentos vaguei pela praia belíssima, devorado por um sentimento de angústia que coisa alguma podia aplacar. A própria beleza da paisagem não me trazia

15. *Memórias e confissões íntimas de um pecador justificado* (*The Private Memoirs and Confessions of a Justified Sinner*), livro publicado em 1824 pelo escritor escocês James Hogg (1770--1835).

16. Marquês de Sade (1740-1814), aristocrata francês e escritor libertino. Foi preso diversas vezes, inclusive por Napoleão Bonaparte, e muitas das suas obras foram escritas enquanto estava na prisão da Bastilha. *Justine ou os infortúnios da virtude* (*Justine ou les malheurs de la vertu*), clássico erótico, é de 1791.

nenhuma impressão de serenidade; antes o vazio de tudo, o enorme silêncio, como que tornavam mais nítida a inquietação existente dentro de mim.

Regresso hoje pela manhã, depois de ter passado uma noite mais ou menos em branco, cheia de curtos períodos de sono, cortados por um despertar brusco e ansioso.

*

Não sei que encanto misterioso encontro nas linhas da estrada de ferro; o coque queimado, os dormentes, o capim em touceiras à margem. Seria capaz de caminhar horas e horas seguindo os trilhos, sem destino certo. Montanhas próximas, com veios abertos por onde escorre ainda a água de chuvas recentes.

*

30 — De que eu me sinto particularmente cansado é de encontrar sempre as mesmas faces; o que me agrada em Ibicuí são os grandes passeios solitários, as praias e o tempo que assim parece maior. Lembro-me do tempo que já desperdicei em bares, em conversas que não sobraram nada, senão uma impressão penosa de desgaste — e sinto que cada dia me é mais difícil falar, e que as conversas em geral não querem dizer coisa alguma, e perdemos tempo trocando banalidades. Não, este é o gênero de vida que não suporto mais: prefiro a isto, qualquer coisa, o trabalho bruto, a cadeia, seja o que for. Não há nisto nenhum puritanismo, mas uma certa vergonha de que tudo se processe com tal superficialidade.

Outubro

1 — Manhã inteiramente inútil, nada fiz, nem li, nem escrevi, nem escutei música. Evidentemente, assim a vida não pode continuar, mas também que adianta pensar em trabalhar a sério ou fazer qualquer coisa no ambiente em que vivo atualmente?

*

2 — Lentidão das coisas. Há momentos em que os meus esforços parecem inteiramente inúteis, nada se resolverá. Estendido na minha cama, lembro-me de todas as manhãs iguais a esta, com o mesmo futuro incerto diante de mim, a mesma hostilidade. Estamos no entanto no fim deste ano que jurei ser decisivo para mim; não posso dizer que não tenha lutado, mas é extraordinário como todas as coisas me fugiram das mãos. Sei que nem mesmo estes lamentos

adiantam coisa alguma, mas nada mais há a fazer, num momento como este, em que tudo me parece tão triste e tão incerto...

*

Por falar em tristeza, que prazer a redescoberta da sonata opus 69 de Beethoven,[17] exatamente aquela que ele dedicou ao barão Gleichenstein "*inter lachyma et lutum*". Depois de tanto tempo, é extraordinário como o mundo de Beethoven é novo: senti o mesmo prazer e a mesma emoção de uma descoberta. Talvez o meu estado de espírito me predispusesse a isto, mas confesso que há muito tempo nenhuma música me causou um prazer tão completo, com seus motivos profundos, tão bem acentuados pela voz grave do violoncelo.

*

Nunca deixar um dia passar completamente inútil...
Ah, que vã esperança!

*

6 — Ainda procurando a famosa casa que não aparece nunca, estive ontem em Paquetá. Opressiva, gordurosa atmosfera: o próprio mar tinha alguma coisa de lasso, de sujo, de conspurcado — e era visível que esta impressão vinha dos seres humanos que enchiam a paisagem, tão pobres e feios que chegava a ser humilhante. Não é possível nenhum rasgo de grande orgulho, diante desse rebotalho que se exibe despudoradamente ao sol — ah, e que melancólica coisa é a fertilidade dessa carne, que floresce em tantas enxúndias e equimoses, e que por todos os lados, num esforço sobrenatural, grita a sua fraqueza, como um imenso monturo pronto para ser despejado em não sei que monstruosa e invisível boca de um bueiro...

*

Tudo posso pensar e decidir durante o dia, mas assim que acordo, entre o meio sono e o despertar, o que me vem do fundo da natureza, num jato quase inconsciente, é o cansaço e o desejo da solidão. Uma solidão total, completa. Aos poucos vou regressando à realidade, e chegam então os desejos e as ambições. Mas é impossível esquecer o ser transido e nu que por um instante adquiriu voz — talvez a certa, a autêntica — em meu espírito cansado e sem subterfúgios.

---

17. A *Sonata para violoncelo e piano nº 3 em lá maior*, opus 69, foi escrita em 1808 e dedicada ao barão Ignaz von Gleichenstein (1778-1828), amigo próximo de Beethoven e violoncelista amador que o ajudava nas negociações com seus editores e mecenas.

*

Em Paquetá, revi lugares que nestes últimos tempos…

É espantoso como somos continuamente idênticos ao que somos. Mudaram-se as circunstâncias, mas naqueles caminhos tão meus conhecidos, diante daquelas pedras e atravessando precisamente aquela hora do dia, sofri das mesmas coisas do passado — e não era o que eu vivia, mas eu mesmo, que assim se manifestava, com uma precisão carregada de espanto e de monotonia.

*

Começo a passar a limpo o volume II deste *Diário*[.]

*

26 — Rememoro coisas que tenho perdido. Meu Deus, haveria outro que igual a mim houvesse largado tanta coisa ao longo do mundo? Assusto-me: vejo objetos, livros, quadros, pessoas, desfilando numa implacável marcha de destruição. Onde foram? Não sei. Mas deverei culpar-me, encher-me de tardios, de inúteis remorsos? Não. Porque a vida é um perpétuo fluxo. Se muitas coisas se vão, muitas outras vêm vindo ao longo do tempo. Não quero morrer debaixo de um *bric-à-brac*,[18] sufocado sob as riquezas. O melhor destas é inventá-las: isto eu o faço a todos os momentos, graças a Deus.

Novembro

1 — A espantosa tristeza humana. Já se terá dito o bastante sobre isto? Todos os desgastes, todos os excessos, todas as loucuras lúcidas vêm dessa soterrada essência. A mim, ela me persegue como se fosse o ar que eu respirasse.

*

22 — Os *Papéis de Boswell* com o sugestivo título de *Amores em Londres*. Páginas e páginas sem nenhum interesse. Que se viva isto, vá lá, para quem tem o gosto, mas que se anote…

Não conheço a famosa biografia do dr. Johnson,[19] mas desconfio que se trata de um grande *bluff*.[20]

---

18. Em francês: bricabraque.
19. *The Life of Dr. Samuel Johnson*, de James Boswell, foi publicado em 1791.
20. Em inglês: blefe.

*

Marcel Guersant — *Jean-Paul*. Prefiro deixar minhas impressões para quando terminar o livro. Como me acho no fim...

*

23 — *Jean-Paul*. Contra poucos livros debati-me tanto quanto contra este — com poucos fui devagar reconhecendo a implacável lógica. A verdade é que Deus nos fez assim — e nem exige que sejamos de outra maneira — mas deu-nos oportunidades e compensações, que compensem nossas inclinações más. Ainda tão tosco quanto seja o raciocínio, não há como fugir daí. Tudo o mais são invenções e fugas.

Se o livro não é propriamente um romance, é mais do que isto. E a única coisa a perguntar, depois do exaustivo calhamaço, é por que escolheu Guersant a forma de romance, quando não parece especialmente dotado para isto. Talvez a história... (Por que não, a pura e simples autobiografia? O livro vai longe demais para não imaginar-se às vezes...) Mas não. Tal como está, tantas vezes literariamente deficiente, acha-se perfeitamente realizado. E eu meço sua importância pelo eco prolongado e doloroso que acorda em mim.

*

Terminei *Jean-Paul* e, finalmente, com admiração, se bem que me pergunte se o autor não é um pseudônimo de sacerdote. Não pelo acerto das anotações religiosas, mas por um tom qualquer forçado na narrativa do pecado. Isto só me ocorreu no fim, após ter verificado a superioridade do detalhe nas últimas partes — e de ter lembrado, longinquamente, que tudo o que se acha discriminado como a primeira vida de Jean-Paul, se bem que muito próximo da realidade, tem uma nota qualquer de fatos ouvidos em confissão.

DIÁRIO DE RECIFE

Dezembro

7 — Canso-me de espiar as nuvens, e o ruído do avião me adormece. Acordo sobre maravilhosas paisagens de dunas de areia, inteiramente brancas, e que o vento bordou de curvas caprichosas. Alguém ao meu lado me informa que se

trata de Alagoas. Vejo matas de um verde intenso, abertas em súbitos e vastos lagos. Não pode haver paisagem mais bela…

*

Do alto do avião, a grandeza da foz do São Francisco. Que lentidão, que solenidade, que mistério! Não creio ter visto nada mais belo em minha vida…

*

8 — Recife. Nomes ouvidos desde há muito se incorporam à realidade que vivo neste instante: Capibaribe, Beberibe, rua da Aurora, rua do Imperador. A cidade me agrada imensamente, com sua confusão, seu mercado, seu trânsito congestionado, sua mistura de cidade moderna e cidade antiga… Ah, Recife tem de tudo. Nada das linhas severas e calmas de Belo Horizonte. Aqui tudo é colorido e áspero. Aqui tudo é confuso e arbitrário. Passeio com este sentimento de curiosidade que o Norte me desperta, olhando as águas do rio, as inumeráveis pontes, o sol dilacerante que…

*

Admira-me a quantidade de frutas: há mangas pelos passeios, pelas vitrinas, em todos os quintais. Há mangas no cemitério — e dizem-me que são as melhores. Exprimo em voz alta a minha estranheza, e alguém perto me informa que melhor do que as mangas é o aipim que dá no cemitério.

*

Como ouço dizer que Cavalcanti se acha filmando no Recife, meto-me num táxi e, depois de procurá-lo inutilmente pela cidade, vou encontrá-lo onde se aloja aqui, na Escola de Aprendizes-Marinheiros [de Pernambuco]. Já se achava deitado, mas levanta-se e proponho que ele venha comigo, provar uma salada de lagosta que me oferecem no Pina.[21]

O jantar é numa pequena casa tosca e miserável da praia, mas ainda não tinha provado nada que fosse tão delicioso. Cavalcanti fala-me com entusiasmo das sequências de *A mulher de longe* que viu. Eu o indago sobre o seu trabalho e ele, depois de enumerar dificuldades que encontra, afirma que o sertão pernambucano é a coisa mais plástica que existe para cinema. Ainda agora, acaba de vir

21. Bairro de Recife.

de São José do Egito,[22] onde filmou muitos takes dessa nova versão de *En rade*[23] em que trabalha...

*

9 — Depois de um banquete em homenagem a La Roque, voamos de teco-teco para uma cidade próxima que se chama Limoeiro. A viagem não me assusta, ao contrário, sinto-me perfeitamente seguro no pequeno avião que parece vi inteiramente ao sabor do vento.

*

26 — Acho que Deus não se interessa em definitivo senão por aqueles que, uma vez pelo menos, têm coragem para perder o céu.

Envelhecer é talvez abandonar o geral para um particular que se faz cada vez mais eminente; quando moços, participamos de tudo, à medida que envelhecemos nos cingimos a um terreno cada vez mais solitário, até o ápice, a definitiva solidão, que é a morte.

---

22. Município do estado de Pernambuco.
23. A primeira versão do filme *En rade* é de 1927. A segunda foi filmada em Pernambuco e se chamou *O canto do mar*.

1953

Janeiro

27 — Escrevo, escrevo sem parar a *Crônica da casa assassinada*. Há muito não conhecia uma tão boa disposição, nem escrever me parecia uma tarefa mais agradável. Ao mesmo tempo, surge nítido em meu pensamento o plano de outro romance: *As chaves do abismo*. Estaria assim composta a trilogia (o primeiro: *Retrato do viajante*) com que sonho há muito, e na qual o tempo, como uma música em surdina, tem tão decisiva importância.

*

Continuo os planos para a fazenda. O dia tarda em que lá me veja instalado, e chego a sonhar à noite com situações angustiosas (o que é comum) mas tudo relativo aos meus planos de campo. Biblioteca acumulada, cadernos, condução — quando chegará a hora da liberdade?

*

s/d — Todos os meus livros eu os fiz à margem de minhas paixões, quando minhas paixões é que deveriam viver à margem dos meus livros.
Felicidade de poder constatar isto a tempo.

*

s/d — Levamos a existência a nos diminuir, para que nos contenha o sistema de vida que serve aos outros, já que não é possível estabelecer regras que sirvam a um único ser, mas aceitar as que foram feitas para todos. Assim caminhamos, amputados do que em nós é mais caro e mais profundo, até o dia em que a morte nos restitua a verdadeira expressão, e descansamos altos e inatingíveis, na forma extrema que é a nossa verdade, e que em vida, massacrada, foi o elemento mais cruel de nossa constante mentira.

*

28 — Na fazenda, onde tudo me parece na mais absoluta desordem. Indago a mim mesmo, se depois de tantos sonhos é para aqui mesmo que virei. Evidentemente a terra me parece bonita e boa, e o silêncio é dos mais agradáveis, mas assusta-me o estado primitivo em que se acham as coisas.

Pios de pássaros distantes e intermitentes; cigarras próximas. Todo um mundo que recomeça diariamente a sua faina, e que é misterioso e cheio de uma força selvagem e orgânica. Há qualquer coisa em mim que vibra uníssono a esta paisagem...

[O]lhos cegos que nos fitam — e de repente saber que os muros não existem mais e estamos dentro da cidade, já somos senhores dela, que a tranquilidade nos visita enfim como a sombra acolhe o viajante exausto no caminho. Cornélio Penna, outrora, chamava a isto, se não me engano, "atingir o patamar".

*

Através de picadas, de pântanos e de selvas fechadas, numa rápida ronda às terras da fazenda, até a parte denominada Mônica, onde floresce a tabua e o açafrão. Enquanto caminhava, dizia comigo mesmo: esta terra é minha, é minha esta propriedade. E não havia nenhuma novidade, nenhum alvoroço no meu ser. Acontecia o mundo como sempre e, eterno estrangeiro, eu me reencontrava o senhor de outrora que nunca se afastava de seus domínios, e só conhecera outras regiões por meio do exílio e da desgraça. Grande, perfeito, denso mistério da permanência e do destino!

*

Os nomes, os nomes das cidades! Venda das Pedras, Rio dos Índios, Rio Bonito, Capivari, Aldeia Velha! Todo um jato de força e de fascínio me percorre e sinto que toquei alguma coisa, que a carne palpita, que o horizonte já não é tão nublado e tão distante. Aqui, até mesmo o ouro barroco das igrejas, a pompa mística e azul das cidades coloniais é um luxo e uma lembrança: o Brasil só existe através de velhas fazendas que agonizam. São Joaquim, Vista Alegre, que ainda se mostram aos passantes com suas paredes de taipa, seus engenhos mortos, suas moendas de cana e de mandioca que são os únicos testemunhos de uma opulência esquecida há muito.

O poeta da região é Casimiro de Abreu e, pelo que eu me lembro — leitura de infância, quase — neste obstinado cantor da Terra há muita juriti, muito sabiá, muita mata europeia, mas pouco, muito pouco do sentimento intenso e vivo do lugar.

1954

[*Agosto*]

[Getúlio] Vargas penetrou realmente na História, mas na que se fechou com ele. Sua grande culpa é não ter tido forças para inaugurar a História nova — e de abandoná-la pelo seu suicídio, à "sanha daqueles cuja ambição, e cuja razão", por assim dizer metafísica, só era maior do que a dele, porque era uma força, uma razão da mocidade. Vargas amadureceu durante vinte e cinco anos uma geração oprimida e que não conheceu liberdade de escolher. E que, portanto, se revelaria com muito mais ímpeto. E convenhamos que ele morreu porque não soube transformar-se nesta hora no supremo tirano, no homem acima das conveniências, no homem que ele próprio se acreditava ser.

Outubro

18 — Esta consciência agônica, de escritor, que vem apesar de tudo, como um espasmo. A tristeza de não poder [ser] senão essa doença, essa atmosfera carregada, e sem consolo, esse mar que me habita — ah, tantas horas de ausência, mas que posso eu contra as forças que me impedem de ser eu mesmo? Violência,

brutalidade da vida. Como sorrio desses que condenam, como "burguês", o prazer como recompensa do trabalho. É que não conhecem a monotonia das portas, a tristeza dos chãos batidos cotidianamente, a crueldade das faces que não podemos evitar. Só há uma cruz para o escritor: é a de ganhar o pão de cada dia com outros meios que não o da sua pena. Não digo o prazer, que é uma recompensa, um direito ao alcance de qualquer um — e é o único lado por onde [se] é "burguês" — mas a saída violenta de si mesmo, a embriaguez, o delírio — tudo isto nos é devido, é sagrado mesmo, para que possamos recompor o nosso ser autêntico, esmagado no fundo do ser pelas imposições do hábito.

*

Um rio nunca deixa de ser misterioso; ele passa, há qualquer coisa de um adeus no seu movimento e segue, soturno, cegamente, em demanda de algo que ignoramos o que seja.

*

s/d — Às vezes, quando as noites avançam para o seu ponto extremo, e a madrugada começa a envolver as árvores em seu frio sudário certos cães penetram nos cemitérios através das grades, e se misturam às apodrecidas intimidades dos mortos.

Reluz o orvalho sobre restos de veludo que compuseram flores votivas e enquanto aqueles cães se refocilam no fundo negro dos buracos, um outro cão enorme e duro, vigia de longe o pestilento trabalho.

Há uma hora em que a lua desce solitária à fímbria fria do horizonte: uma estrela ainda brilha.

À entrada do cemitério o coveiro acende a sua lâmpada.

Então os cães, unidos, esgueiram-se de novo por entre as grades, a caminho de outra noite que ainda está por suceder.

Sobre a terra, rastreiam pedaços humanos que já de há muito não significam nem sangue e nem voz.

Um sopro passa: e do sono, lentas, as rosas erguem suas corolas à luz inocente da manhã.

*

s/d — Os amores que tive foram secreções da minha inapetência.

Ó minha alma, quero-te transida e morta de saudade — de onde, de quem, como saber ao certo? Alguma coisa me esfacela e me faz cínico. Terei coragem de ir até o fim cobrindo-me de rosas?

Sobre esta face pálida, sobre este ser oculto e fremente, sobre este destino ex-crementicial. Nada renego da minha natureza, porque daquilo que me faz, de merda e sangue, construir-me-ei definitivo e avaro. A mim os lobos e os falcões, a mim os corvos e as bestas rastejantes. A mim tudo aquilo que consigo transformar em voz. A mim o ser que fui, o que sou, o que não serei mais. A mim os incontinua-dos traidores. A mim o grande doge que me habita, o carrasco e o vassalo. A mim gemidos e distâncias; reúno as partes dispersas como um grande intruso.

*

Comparei-me com alguém que arrastasse após si um imenso manto de seda escarlate; comparo-me agora a um monstro rugoso e estranho, com cem antenas e um casco imemorial de cor verde; qualquer coisa monumental e exótica que reinaugurasse o medo como um elemento de enxofre e de depuração. Com olhos secos e lúcidos contemplo a imensidão da eternidade; o solo fumega em torno de mim e sinto tristeza. A noite mais bela é a inventada. As grandes revoltas são transes de momento. Restam as minhas paisagens, e as ruínas do mundo que não consigo construir. No entanto, as visões são tão fortes, tão onipotentes, que se confundem em mim ao próprio instinto da vida — vejo, com uma intensidade e uma dor que se aproxima, que já é sangue, suor e esperma.

*

Ontem disse a Vito Pentagna: "Não sei o que me impede de trabalhar, de concluir o meu romance. Nunca tive tanta ordem na vida". E ele: "É isto, precisa-mente, o que lhe falta: desordem". Como se engana! Todo o fundo da minha na-tureza é feito de paz e de harmonia. Uma paz de elementos desencadeados — mas ainda assim uma paz.

*

Encontro o pintor Santa Rosa[1] na rua. Um pouco falo de situações e pessoas. Ele responde, mas eu sinto que há uma neblina entre nós dois. Falamos do centro de mundos diferentes.

*

Não ir à fazenda equivale para mim a uma catástrofe. O que vago, o que sofro por essas ruas de Deus. Que foi que se acabou em mim que não se reconstitui

1. Santa Rosa (1909-1956), cenógrafo, artista gráfico, pintor, gravador, professor, figurinista e crítico de arte brasileiro. Foi grande amigo de Lúcio desde a juventude; juntos fundaram, em 1932, *Sua Revista*.

mais, que poder perdi de me interessar pelo enredo dos outros? Já vi tudo, e esta certeza é o que me envenena. Não há pureza, não há confiança em mim — sou um homem que representou o seu papel mais depressa do que os outros, e estou no meio da cena, sem saber o que fazer. Sonho com o meu romance como se tivesse morrido.

*

19 — Leio e releio interminavelmente Balzac, imaginando o plano de meu caudaloso romance. Ah, sair agora, ser livre, poder escrever... Um dia quem sabe...

*

20 — Pergunto a mim mesmo como se pode construir um sistema de ideias, um programa para o pensamento, que não se suspeite falso e passível de falência. Se houvesse isto, então uma certeza, uma verdade humana seria possível. Não viveríamos este caos atormentado e sem sentido que é o nosso território de cada dia, seríamos uma espécie de santos ou de heróis. Talvez isto fosse uma certeza, uma verdade a ser alcançada, mas não por meio de uma filosofia ou mecânica de arrazoados.

*

Ah, eu luto e como, para formar uma atmosfera que seja propícia à elaboração do meu romance. Jamais o senti tão vivo, tão completo em sua extensão e profundidade — e vago entre os objetos cotidianos, obrigado a uma tarefa servil, com o pensamento cheio de imagens, e as ideias tumultuando no pensamento. Dizem que Balzac exclamava: "Uma noite de amor é um livro a menos". E quantos livros a menos são estes horríveis dias arrastados em redações de jornais, quantas obras, quantos empreendimentos, quanta glória sufocada. Nada existe de mais atroz para o escritor do que a necessidade de ganhar o seu sustento com as próprias mãos. É uma dupla condenação ao cativeiro.

*

21 — Não sei por que eu próprio invento as minhas tristezas e as minhas impossibilidades. Depois de muito tempo é o primeiro sábado que passo no Rio, longe da fazenda, mas com o pensamento inteiramente [(?)][2]

*

Desespero desses caminhos tão distantes a que me entrego — mas "caráter" não significa permanecer neles até o fim?

2. A página da continuação deste trecho foi, muito provavelmente, perdida.

1955

Outubro

7 — Há em mim uma fascinação pelos lugares, sinto que poderia viver em todos eles, que há uma vida condensada e secreta que anima as ruas dos povoados mais pobres e mais sem interesse. Miguel Pereira, onde venho esbarrar depois de uma viagem metade em trem e metade em caminhão, não é diferente de qualquer cidade do interior brasileiro: possui a sua igreja, sua rua principal e a via férrea que a decepa pelo meio. Não possui nenhum interesse especial sua paisagem, morros pelados, e, neste domingo, um céu cinzento e triste, que, no entanto, é bastante do meu gosto. Mas subindo ao hotel, entre pinheiros e eucaliptos que rumorejam vagarosamente ao vento, percebo toda a beleza do lugar, suas flores, sua alegria latente e promissora. Ah, ainda aqui eu poderia viver, não há dúvida, passear nessas belas alamedas, dedicar-me à vida que sonho. Mas tudo deve passar rapidamente, e amanhã, quando outro sol se abrir sobre esta paisagem, decerto estarei longe, e a existência recomeçará igual, angustiada, sem nenhuma clareira, como um mar fechado em seus limites de sono.

*

G. e R. sentam-se comigo à borda da piscina vazia. O gim brilha fracamente nos copos, uma rodela de limão descansa no fundo. Há um começo de sol, as folhas molhadas cintilam — e não é demais sonhar a perfeição de tudo isto, enquanto conversamos, olhando incansavelmente a cena que nos rodeia.

Novembro

1 — Ah, meu Deus, esta frase de Chaplin: "Só me resta a verdade... Nestes poucos anos de vida... E que me importa além disto?".

A verdade é a mesma de todo o tempo: o pequeno pedaço que resta e o pedaço grande que se foi.

*

13 — Hoje, domingo, retorno a este *Diário* diante da mesma janela do quarto que ocupei antigamente, em Niterói. Era em 1949, o mar era o mesmo, mas havia muita gente em torno de mim: hoje estou sozinho. Ganhei, sem dúvida, que a solidão de agora é melhor do que a companhia de outro tempo. Qualquer solidão, aliás, é melhor do que a melhor das companhias, desde que se tenha força e talento para suportá-la. Eu me aproximo da época em que a solidão não é mais uma virtude — é uma fatalidade. Que vá, pois, me acostumando desde já. Se o inevitável nem sempre é alegre, pode pelo menos ser aceito de bom coração.

(A pequena ilha ao longe, junto da qual as ondas explodem: mar! que mais extensa e duradoura companhia do que a sua?)

Envergonho-me: não ando longe de ser feliz.

*

Não dar excessiva importância a fatores de ordem secundária: isto é o que se chama um vício da imaginação. Depois de tantas experiências, é evidente, por exemplo, que o amor é um fator de ordem secundária (quanto caminho andado, e dramaticamente, para se chegar a essa triste verdade!) e se nos ajuda um pouco a dourar o tempo, nem por isto deve ocupar o lugar de coisas mais sérias, definitivas, como o trabalho. Isto é um preceito que eu gostaria de não esquecer.

*

Leitura: *A família Golovliov* — apenas para recordar um autor russo.[1] No entanto, sem nenhum interesse.

---

1. O autor deste livro é Saltikov-Schedrin (1826-1889), famoso escritor e satirista russo de tendência revolucionária.

*

O *Diário* de Kafka, em edição integral.

*

(Mesmo dia, 12 da noite) — Rolo na cama, sem sono, levanto-me, abro a janela — o mar no escuro. Persegue-me o sentimento de uma obra que não foi feita. Quando enfim serei inteiramente eu mesmo, a ponto de preferir meu trabalho às minhas inclinações? Meu delírio não me impede de viver, mas o que eu vivo me sufoca. E me perco sonhando um ser de equilíbrio e de sabedoria.

*

14 — Durante a noite, insone, levantei-me e escrevi mais um capítulo da *Crônica*. Voltei a dormir, um sono extremamente agitado. Sonhei com mortes e cadáveres. Havia um belo rapaz morto e seu corpo era conduzido por um desses antigos carros de defunto que tanto vi em minha infância, num caixão aberto. Vi a cabeça, de belos cabelos cacheados, oscilando ao passo dos cavalos. Eu estava no adro de uma igreja e, antes de parar, o carro girou em torno de mim por duas vezes. Na segunda, como passasse mais perto, vi o morto, distintamente, mover um dedo. "Está vivo" — pensei comigo mesmo. Cheio de angústia andei em torno, mas não havia ninguém para comunicar o fato. Como de quase todas as outras vezes, a luz densa, sufocante, particular, dessa espécie de sonhos.

1956

Janeiro

Nossa vida, como açucenas, é um feixe de prenúncios: o que fazemos, nossos atos, o que ousamos… Mas por trás de nós, a luz de tudo o que nos cobre, e é a projeção do que apenas pressentimos. Durante o dia, vivo — mas acordo sempre todo dourado deste sol que não vejo.

Fevereiro

2 — Noite de sonhos agitados e a mesma constante e inexplicável angústia. Acordei em determinado momento, respondendo a alguém que eu não sabia quem fosse. Faces de velhos conhecidos se misturavam no sonho a outras que eu via pela primeira vez: Paula Lima,[1] Sábato,[2] Vanessa.[3] Ruas desconhecidas, mas

1. Provavelmente, Vicente de Paula Lima (1910-1995), mais conhecido por Paula Lima, advogado e político brasileiro.
2. Sábato Magaldi.
3. Vanessa Leite Netto.

em ladeira, como as de Belo Horizonte. Um "eu" esparso e vago, flutuando sobre as coisas. E um sentimento de — há quanto, há quanto tempo.

Imagino todos esses mortos recentes que foram meus amigos — Valério, Augusto de Almeida Filho, S. Castelo Branco. Não vi este último — não tenho, como Léautaud,[4] a volúpia dos mortos. Mas algumas vezes eles vivem em mim com intensidade. Augusto, por exemplo, sinto que vou encontrá-lo em certo instante, em determinada volta de rua. Mas é um instante apenas, e tudo passa.

*

13 — Acordo em meio da noite e penso em Winckelmann —[5] seu destino e sua horrível morte. Poucas vidas consigo visualizar com tanta intensidade.

Dualidade Winckelmann-Schliemann —[6] um realizando integralmente tudo o que o outro apenas sonhou. Em ambos, o mesmo magma obscuro e cintilante do aventureiro.

*

Levado por referências de Gilberto Amado[7] num dos seus volumes de memórias, leio *O abolicionismo* de [Joaquim] Nabuco.

*

Porque o ideal de César é permanente. Porque existirá todas as vezes que o homem desejar ultrapassar a si mesmo, suas possibilidades de justiça e de tranquilidade. Há Césares e Césares — um mau César ou um César catastrófico é um César que poderá adiar ou sufocar temporariamente a ânsia de conquista e ultrapassamento. Mas nunca destruí-la completamente.

*

Sartre diz que os regimes fortes são emanações do homossexualismo. Talvez. Nunca saberemos ao certo o que houve por trás das guerras que cindiram ou fizeram crescer os povos antigos.

---

4. Paul Léautaud (1872-1956), escritor francês.
5. Johann Joachim Winckelmann (1717-1768), historiador da arte e arqueólogo alemão.
6. Heinrich Schliemann (1822-1890), arqueólogo alemão que descobriu as ruínas de Troia.
7. Gilberto Amado (1887-1969), escritor, jornalista, ensaísta, professor, diplomata e advogado brasileiro.

Maio

24 — Se me perguntassem o que mais me dá neste mundo a impressão da existência de Deus, diria: o silêncio. O que nos cerca não é um silêncio comum, abstrato e desinteressado, há nele uma funda atenção, como uma enorme sombra que se curvasse sobre o homem.

*

26 — (domingo) — Encontro-me no meu pequeno quarto, cheio de livros e de quadros — e espanto-me de que isto aconteça, como quem pisa terra firme depois de uma penosa travessia. Ah, é bom que seja assim. A idade deve ser isto: uma certa paz, uma falta de desejos, uma esperança no futuro. Começo a ver tudo mais claro, e isto me faz feliz.

*

Anoitecer. — Quero anotar aqui uma descoberta que acabo de fazer e que, se não é nova, pois há muito que vem trabalhando meu íntimo, é pelo menos de grande importância para mim, pois coloca um ponto-final num período de minha vida. É que o prazer não me interessa. Sempre o que me interessou foi o amor, e agora que vejo perder-se a possibilidade dele (ai de mim) sinto que não me interesso por outra coisa, e que o prazer sozinho não vale nada e não tem atrativos para mim.

*

E no entanto… A única coisa humana aqui são os sinos. Lentos, estrangulados, badalam na manhã fria, escorregando como o apelo de um prisioneiro de dentro do cerco tremendo dos arranha-céus.

*

Despeço-me do meu pequeno quarto de hotel, com um sentimento quase de terror. Meu Deus, como seria horrível morrer assim neste abandono, num quarto hostil como este. Que eu me lembre bem desta sensação, para que possa reproduzi-la no *Retrato de um suicida*.

*

(No avião) — Finalmente distanciando-me de São Paulo. Outra vez o branco implacável que me acompanha. Tento fechar os olhos mas não consigo dormir. Quilômetros de branco, ondulante e cheio de fulgor me acompanham — embaixo a cidade desaparece. Altura, distância, o Rio que se aproxima. Nada existe atualmente de pior para mim — será a idade? — do que romper meus hábitos. Imagino, com egoística satisfação, me reinstalar no pequeno mundo que me pertence.

*

29 — (No Rio) — De novo, sentado à mesa da redação, penso recomeçar este caderno — e levá-lo até onde? Não ouso mais prometer e nem fazer prognósticos. A vida irá como for possível. Quando durante a noite penso como tenho de lutar, de que recursos sou obrigado a lançar mão para sobreviver, desculpo meu cansaço e minha desistência literária. O ato de subsistir já é um heroísmo cotidiano.

*

30 — Cidade agitada com movimento de estudantes e bondes quebrados. Misturo-me um instante à multidão, procurando ouvir, sentir, pactuar. Não desejaria nunca que a vida fosse um ato distante de mim — nunca.

À toa, caminho pelas ruas cheias de gente.

Na volta, no lotação, encontro Aníbal Machado[8] que me fala de Kafka. E de William [G]oyen,[9] que também li com admiração.

*

31 — É verdade que muito raramente a oração vem aos meus lábios, mas não me lembro de haver me deitado uma só vez sem haver antes feito o sinal da cruz. Valerá como uma oração? Não sei, mas todas as vezes que o supus feito automaticamente, repeti o gesto uma ou duas vezes, até que sentisse o espírito concentrado sobre o que fazia.

*

Aproveito todas as aquisições da idade: afasto-me da carne pura e simples, sentindo que nela não há prazer e nem enriquecimento, mas somente melancolia e pobreza. Ah, existe um momento em que ser casto não é difícil — e a ele eu me atiro com todas as forças do ser. Não, não se pode imaginar a necessidade que eu tenho de pureza e de tranquilidade — minha impressão é a de que recomeço a viver.

*

Leitura das três partes de *Ilusões perdidas*: admirável ascensão e queda de Lucien Rubempré. Quando moço Dostoiévski me apaixonava, agora é Balzac que me importa. Leio-o cada dia com maior interesse.

---

8. Aníbal M. Machado (1894-1964), contista, ensaísta e professor brasileiro. Foi amigo de Lúcio.
9. Charles William Goyen (1915-1983), romancista, poeta, editor e professor norte-americano.

Setembro

11 — A finalidade de um retrato não deve ser a de esclarecer, mas de contornar, sugerindo o enigma. De esforço em esforço, atingir a fisionomia plena, mas com o seu segredo, que é o que importa.

*

18 — A dificuldade de manter uma atitude definitiva em relação a este *Diário*, não pela minha vontade, que existe e, em relação ao meu trabalho até me faz perder o sono, deixando-me acordado à noite — mas pelas circunstâncias que me cercam. É difícil dizer, mas ainda é mais difícil acreditar: trata-se puramente de uma questão material, de conforto. Não tenho neste momento, no meu quarto, uma mesa onde possa trabalhar. Isto, somente isto — porque, quanto à disposição, penso jamais ter tido melhores durante toda a minha vida.

*

Leitura: terminei *Madeleine et André Gide* de Schlumberger.[10] Interessado, mas um pouco fatigado de todos esses problemas. Tenho minha teoria sobre Gide, que tentarei explicar um dia desses. (Enquanto termino o *La Jeunesse d'André Gide* de Jean Delay.)

Henry James: *Carnets*.

*

19 — Hoje, aproveitando a gripe que parece disposta a não me abandonar, fico em casa a fim de recopiar os capítulos finais de meu romance. Ainda e sempre, os mesmos defeitos: necessidade de manter a mão firme e não deixar a narração escorregar numa poesia de efeito fácil. Não sei se obterei, nos quatro ou cinco capítulos que ainda me faltam, a grande abertura que imagino para servir de desaguadouro à história — de qualquer modo não posso mais reter esta conclusão, mesmo porque um enxame de histórias novas me assalta de todos os lados.

*

Voz de A. ao telefone: como sou mais sensível do que pareço, aos velhos hábitos adquiridos. Em mim, longínqua, uma coisa estremece e vibra — recordação talvez de antigos sofrimentos.

---

10. Jean Schlumberger (1877-1968), escritor e jornalista francês, cofundador do jornal literário *Nouvelle Revue Française*.

*

Henry James, como leitura ainda: como este homem é difícil de se dar a volta em torno dele, como se armou, e ocultou-se por trás de uma série de barreiras quase intransponíveis. De um certo modo, é o mais convencional dos seres — no bom sentido da palavra.

*

Acredito que aquilo que mais se paga no outro mundo, não são os crimes, nem as traições, nem as bruscas deslealdades — mas os amores, as amizades, os entusiasmos deliberadamente recebidos com desdém.

Paga-se o coração frio — e não o coração que deixou de ser quente.

*

É curioso como eu me aproximo de uma visão mais intensa e mais pacífica de mim mesmo. Como que, à medida que eu avanço no meu próprio conhecimento, e rememoro detalhes antigos ou recentes que me explicam e me acalmam, um ajustamento maior se faz daquilo que antes era apenas inadaptação e angústia em minha personalidade.

Não posso dizer que eu seja feliz, já que esta palavra me parece sem sentido e até mesmo destituída de importância — mas devagar vou sendo reconduzido ao centro de mim mesmo, recompondo-me, como quem entra em casa depois de extensa viagem pelo lado de fora.

Há uma simplificação nos meus desejos e nos meus propósitos — e enfim, eu, que tão desesperadamente desejei e jamais obtive, posso afirmar que não perdi ainda o apetite, que é sempre sinal de vida, mas que sonho com formas mais elevadas e menos traiçoeiras. Amadureço.

*

As viagens, sim — mas feitas no próprio quarto. São as únicas que, em absoluto, não nos decepcionam.

*

Minha mãe: extraordinariamente doloroso assistir a esse progresso lento da desagregação de uma pessoa. Outrora tão viva e tão atenta às menores circunstâncias da vida, hoje não existe senão por uma espécie de angústia incessante, que se cristaliza na contínua busca de um objeto perdido. Queixa-se, e ela própria não sabe de que se queixa, achando a vida aborrecida e difícil. No fundo, sente-se o desajuste de um ser que continua vivo apesar de partes que envelheceram e não se adaptam mais ao mundo. Muitas vezes, sem poder remediar o seu mal, escondo-me para não senti-la tão desesperada entre as coisas que já lhe foram familiares e que hoje não compreende mais.

*

A celeridade do tempo: sinto minha época, ou melhor, meu quinhão de vida precipitar-se a caminho de uma fixação e de um esgotamento — e o mais extraordinário é que desta consciência me vem um sentimento de regresso e de mocidade.

*

Em conclusão é fácil: esperar menos dos outros, mais de si próprio. Poder ser sozinho sem terror. É extraordinário o número de recursos que possuímos para viver — e tanto tempo perdemos, debruçados sobre possibilidades que nada nos trouxeram, que até mesmo desconheceram ou amesquinharam nossas possibilidades de existência.

Hoje, sei bem como interpretar a revolta do primeiro volume deste *Diário* — uma tomada de consciência, um ato de fé em plena tempestade.

*

21 — Creio que ainda me faltam elementos para adquirir a tranquilidade que desejo (a palavra "paz" repugna-me — há nela elementos mortos de renúncia que não me parecem traduzir exatamente o que penso…) que ainda não consegui estabelecer em mim a harmonia completa que me é necessária para uma existência absolutamente voltada para o trabalho, mas ainda assim, e comparando com alguns anos atrás, quanto caminhei, e quanto consegui, depois de quase haver me desesperado! Sem dúvida não é só o fator vontade que pesa aqui, mas o tempo também, o sábio tempo, e é pensando nele que hoje rendo graças a Deus. Afinal de contas, é certo que a idade tem suas compensações — se perdemos de um lado por assim dizer material, ganhamos de outro entusiasmos e predisposições que muito se assemelham aos nossos primeiros arrebatamentos da mocidade. Disponho-me a todos os trabalhos — e agora, que posso medir e avaliar com a segurança da experiência, sei o que posso realmente conseguir. O querer não se mistura às deficiências do poder — vai tudo de par a par, e o que penso realizar, como num espelho fixo, parece-me de caráter bem mais seguro e mais definitivo.

Outubro

20 — Domingo. Inefável felicidade de estar sozinho num apartamento *meu*.

Revejo velhos papéis e encontro antigas notas sobre romance que me dão a ideia de umas *Páginas de um romancista*.

*

Cartas de Tidoce do meu tempo de menino e que quase me fazem chorar. Descrevem-me entrando na igreja de cabeça baixa e indo para a mesa da comunhão.

*

21 — É terrível imaginar que homens tenham sofrido tanto, padecido miséria e afrontado a loucura (Van Gogh, Verlaine, Cézanne, tantos outros…) para que mais tarde homens sem escrúpulos, bem instalados na vida, egoístas e sem alma, gozem todas essas primícias da Civilização, sem remorso e sem pejo. Não há dúvida, há uma falência na história do Homem. Há uma chaga indelével e uma eterna impossibilidade de se elevar.

*

30 — Um pouco, apenas mais um pouco.

Já encontro em mim este sinal heroico — o querer. O ter vontade, e no meu caso é quase tudo. Quero tranquilidade e distância de certas angústias que tenho vivido até agora — quero poder realizar-me sozinho e sem terror. Quero.

E por isto digo: um pouco, só um pouco mais.

Novembro

Novembro começa, e o meu livro (*Crônica*) sem terminar. No entanto, lanço no papel, descuidadamente, as primeiras linhas de *Glael*.

E acho, fora o "Diário não íntimo"[11] que vou compondo aos poucos, anotações, frases, variações sobre romances já escritos ou não, que me dão a ideia de um novo livro, cujo título provavelmente seria *Papéis de um romancista*.

*

Amor[.]

---

11. Coluna que Lúcio manteve no jornal *A Noite*, de 30 ago. 1956 a 14 fev. 1957. Um total de 77 colunas, que reuni nos *Diários* (Rio de Janeiro: Civilização Brasileira, 2012), e que se encontram na Parte 3 deste livro.

1957

O LEOPARDO ACESO
(DIÁRIO)

Abril

2 — Depois de muitos anos, releio *Os irmãos Karamázov*. Lembro-me de ter lido várias vezes que Aliocha representa para Dostoiévski a imagem do homem total, e agora, nesta nova leitura, observo o quanto isto não deve ser exato. O homem total — ou o homem simplesmente — devia ser representado para ele pelos três tipos simultâneos, Ivan, Dmítri e Aliocha. Os três são dissociações de um mesmo temperamento e suas gradativas metamorfoses. Somados, completam uma imagem ideal do homem que se aproxima muito mais da verdade do que a figura isolada de Aliocha — uma idealização romântica do Bem.

*

27 — A tristeza da carne. Possuir, é como um crepúsculo que nos escurece aos poucos. Só o coração brilha como um pequeno sol.

Maio

25 — Veio-me ao pensamento que o Cristo é tão pouco presente à nossa época, pelo fato de que vivemos uma época eminentemente *popular* — ou melhor, uma época essencialmente coletiva, e o sentimento do Cristo, antes de mais nada, é evidentemente *impopular*, essencialmente solitário e individual. Num tempo em que o indivíduo desaparece, incorporado ao número, e tornando-se uma generalidade mecânica, não é possível fazer subsistir uma realidade pessoal e intransferível. A própria Igreja colabora nisto e é através de seus sindicatos que vai perdendo seu espírito secreto e cristão.

*

A força com que me sinto eu mesmo, dono de mim mesmo: para construir-me como quero, e é singular a força com que me vejo exterior a mim mesmo, como uma criação no espaço.

Separação e elaboração.

*

28 — Ninguém poderá saber jamais o que é esta espécie de tédio — um saciamento, um esgotamento, um esvaziamento mortal dos atributos da vida. Penso em tudo o que me fez viver até agora, e sinto que são formas falidas de esperança — e indago de mim mesmo o que farei ao longo do tempo, se não sustentar já não digo a fé em alguma coisa, mas a Fé pura e simples. Não sou desses que se constrangem a viver sem acreditar em coisa alguma — tenho necessidade de acreditar. Mas quando vejo dia a dia o despojamento em que as coisas vão caminhando, penso com certa angústia que já era tempo, e que de há muito eu devia estar a caminho daquilo que sempre julguei poder contar como o abrigo de minha maturidade. Mas a Fé não se inventa apenas porque não se pode viver sem ela...

*

Dois livros: *Opium*[: *Journal d'une désintoxication*] de Cocteau e *Les Enfants humiliés* de Bernanos. Ambos, a seu modo, excessivamente preocupados com as coisas deste mundo: Bernanos com a ordem terrestre, e Cocteau com a desordem pessoal.

*

Depois de meia-noite: Anoto hoje, para simples fins de curiosidade, as alianças políticas que profetizei:

— Janio Quadros — só.

— [Carlos] Lacerda — (só)

[Teixeira] Lott, aliando-se a Jango [João Goulart] (Supremo erro: um erro contra o exército.)

Juscelino [Kubitschek] — aliando-se a Adhemar [de Barros] — (os restos de uma leviandade.)

Junho

13 — Getúlio Vargas. Sua famosa política consistia em saber que os homens são fracos, e pactuar com essa fraqueza, para melhor dominar. Este método valeu sua permanência, mas viciou-o no arranjo de sua "política" — no fim da vida, à força de usá-la, cercou-se não de homens fracos, mas de miseráveis e contraventores. Quanto mais apalpava seus defeitos, melhor pensava estar governando. Sua surpresa não foi descobrir que espécie de gente o cercava, mas descobrir que este método político, como todo método que se leva ao exagero, acabara voltando-se contra ele, e confundindo-o à sua obra.

*

Depois de tantos dias inativo, e durante os quais sonhei violentamente com o romance, volto a um período mais calmo, a um encontro comigo mesmo. Aproveito o silêncio, a manhã, a paz do meu coração, vislumbrando todas as minhas possibilidades de ser, com fé e entusiasmo. Se ainda me comovo à lembrança do que passei, é um sentimento calmo, de maturidade. Começo a não ser eu mesmo, nem os meus defeitos, e os meus apetites: sou apenas o vaso onde vão se afundando as raízes da obra que imagino realizar — se Deus me der forças para isto.

*

Leitura: um livro de Bernanos. O som de sua voz, os lugares-comuns de gênio. Batalhar foi a sua paixão, mas suspeito que para o futuro ficará somente o homem de paz, o homem que inventou alguns romances extraordinários.

*

Meu Deus, é difícil não se acreditar num grande autor, mesmo porque é com esta ideia que nos defendemos da fúria e da aspereza da vida. Mas dá-nos o supremo conforto de imaginar isto à sombra de uma obra construída, porque nada existe de mais triste do que a vaidade de um homem erguida sobre o nada.

*

18 — Noite de chuva e de vento. Durante algum tempo li *Esplendores e misérias das cortesãs*,[1] depois apaguei a luz e procurei conciliar o sono. Em vão: durante todo o tempo rolei de um lado para outro, imaginando as mesmas angustiosas coisas de sempre, minha vida perdida, sacrificada por algum monstruoso erro etc. Já quase ao amanhecer escutei passos, vozes, levantei-me, abri a janela, mas não vi ninguém — na rua molhada só um leiteiro arrastava sua carroça.

Pela manhã comecei a escrever *O campo da cruz vazia.*[2]

*

Lêdo Ivo: eu me assusto ao vê-lo tentar colar-se com tanta insistência à imagem de Rimbaud. Efetivamente, é uma admiração da sua juventude, mas a fidelidade não garante a vocação. Tudo nele respira o contrário do que foi Rimbaud: a certeza, o sucesso, o amor ao dinheiro etc. Em Rimbaud, a própria fuga é um movimento de poeta — e destinada ao fracasso desde sua origem. É curioso que tão tempestuoso destino inspire sempre carreiras literárias tão bem-sucedidas — em Claudel já havíamos visto coisa semelhante. É tão grande a vastidão do gênio, que se permite desses equívocos, mas como dizia um amigo, não é possível seguir Rimbaud com um livro de cheques no bolso.

*

24 — Amar, a cada momento me parece mais difícil. Sondo a mim mesmo com inquietação, perguntando se não é a possibilidade do amor que morreu em minha natureza. Sinto-me seco e sem raízes na vida. Por dentro de mim, como uma árvore única, estende-se a ramaria desta obra que tenho de escrever. Mas é uma coisa exterior a mim, uma fatalidade que não me absorve. Longos momentos vago a esmo, revendo a face dos seres que amei, países que habitei com tanta insistência, e que ficaram longe, separados de mim. Sinto-me como um exilado, e as terras que se aproximam, longe de me causar alegria, aparecem-me turvas, e não há mais segredo para mim neste contato, mas desconfiança e medo.

*

1. *Esplendores e misérias das cortesãs* (1869) faz parte da obra-prima de Honoré de Balzac, *A comédia humana.*
2. Esse foi mais um projeto de Lúcio que não vingou. No "Diário de André (III)", em *Crônica da casa assassinada*, há menção a um lugar chamado "Campo da Cruz Vazia". Ver edição crítica de *Crônica da casa assassinada*, 1996, p. 253.

Se eu pudesse manter-me sempre assim…

*

Balzac: *Esplendores e misérias das cortesãs*. Que ligações, que aprisionamentos à realidade: nomes, lugares, postos, hierarquia de família, de ofício, de sociedade, que minúcia, que acúmulo de detalhes práticos, para servirem a uma intriga tão tênue e tão simplória…

Mas é verdade que não me acho senão no princípio.

*

Repito: a tristeza da carne. A saciedade de corpo. Que melancólico crepúsculo o que se acende acima dos desejos satisfeitos. Ou daquilo que pelo menos assim chamam, porque para mim não há desejos satisfeitos. O que procuramos é impossível. E é diante de tanta inapetência — digo mais, de tão viva repugnância — que me ponho a imaginar o que seria de nós se um dia não houvesse possibilidade da oração.

Julho

26 — A horrível tristeza de assistir, sem nada se poder fazer, à decadência dos seres que amamos. Minha mãe, que desaprende coisas essenciais, como andar ou comer, de olhar apagado e uma atitude tão humilde…

Repito, poucos suplícios são comparáveis a este.

*

Atmosfera de morte em torno de mim. Vito [Pentagna] se decompõe aos poucos, levado pela mesma moléstia que levou o irmão.

*

Notícia de que José Lins do Rego agoniza.

*

27 — Entreguei ao editor os originais de *Crônica da casa assassinada*.

Agosto

3 — Sonhei esta noite, de um modo lancinante, com a casa de Belo Horizonte onde decorreu parte de minha infância. A mim mesmo, e sem saber por quê, eu

apresentava as razões de minha permanência, a constância e a força que aquela atitude me transmitia, enquanto Maria de Lourdes, uma velha criada, cortava-me galhos de uva numa velha parreira de que eu muito gostava. De repente houve a mutação, e a permanência na casa tornou-se impossível. Comecei a soluçar, e soluçava de tal modo em meu sonho, era tanta a minha dor por ter perdido a casa, e a parreira de minha infância, que o pranto extravasava o sonho, e eu *sabia* que realmente chorava.

Acordei, lamentando ainda a paisagem que já era a minha. Ah, feliz foi Proust, que pôde a vida inteira viver, e ainda morrer no mesmo quarto.

*

18 — O adjetivo, para a prosa. O substantivo, para a poesia.

*

21 — Leitura: Aníbal Machado, *Cadernos de João*. Que quantidade diz, para quem nada tem a dizer.

*

Balzac: *Pierrette*.[3] A complicada minúcia dos parentescos de Balzac não torna seus personagens mais reais, mas empresta-lhes um ar de gente que tem ficha na polícia, e se esconde na província, por medo de ser reconhecida. Balzac cansa, não há dúvida, mas é impossível não se admirar o seu esforço: mais do que um repórter, existe nele uma alma fremente de notário ou tabelião.

*

Nós nos conhecemos tanto, sabemos tanto onde não nos admitimos, onde não nos perdoamos, que o silêncio que nos acompanha assim que nos encontramos é feito disto, de certeza e de lucidez. No entanto, ele insiste, eu insisto, e a minha inútil delicadeza torna-me igual à sua triste fraqueza.

Setembro

8 — Sinto-me de uma tristeza tal, como se me cercasse uma capa de chumbo. Praticamente não encontro interesse em coisa alguma e, em instantes assim, viver ou morrer me parecem perfeitamente iguais. Há uma tendência geral para se imaginar o suicídio um ato de desespero — é um ato de calma. Os suicidas que

---

3. *Pierrette* (1840), romance de Honoré de Balzac que faz parte de *A comédia humana*.

não são movidos por fatores imediatos — dívida, saúde, amores — matam-se por um excesso de soberana calma. No fundo de suas naturezas, essa tristeza irremovível, como um leite pastoso.

*

Trabalho: um poema "As cores", a ser refeito. Continuo as três novelas de *O menino e o mal.*[4]

Leitura: O segundo volume de *Journal*[5] de [Ernst] Jünger.[6]

*

10 — Começo bem o dia, atirando-me à redação de uma das histórias de *O menino e o mal.* Ah, o que me transtorna são as grandes voltas que dou em torno de mim mesmo, e até onde me afasto, para regressar depois, apaziguado, a este centro permanente que me compõe, e que eu nunca deveria ter abandonado.

*

12 — Dia penumbroso e feio. Nada fiz, andando a esmo, com pessoas que não me dizem nada e a quem eu nada posso dizer. Impressão de naufrágio — ah, como sou igual a mim mesmo, como me repito, febril e insaciável!

*

Morte de José Lins do Rego. Lembrei-me do tempo em que andávamos quase constantemente juntos — eu, ele e Santa Rosa. Podemos não sentir a idade, mas ela se faz presente, através dos mortos que vai semeando em torno de nós.

*

Dia de chuva e vento: queria ver José Lins do Rego morto, mas não ouso afrontar a multidão que aflui à Academia.[7]

*

15 — Entro no quarto de minha mãe e a vejo estendida, dormindo, pálida, tão semelhante a uma pessoa morta. Meu Deus, como é horrível ter de assistir isto — e estes esforços para reincorporá-la à vida, os pequenos passeios que dia a dia vão se restringindo. As palavras, que não têm mais um significado claro — e ainda são restos de entendimentos, de força e de inteligência. Minha vida inteira

---

4. Os títulos seriam "A mulher e a arara", "Casa de fazenda" e "O irmão leigo". Das três, apenas a primeira teve uma segunda versão, mas nunca foram terminadas. Os manuscritos encontram-se no ALC.

5. Título completo: *Journal II — 1943-1945.*

6. Ernst Jünger (1895-1998), romancista e ensaísta alemão.

7. Academia Brasileira de Letras.

repassa neste instante — minha crueldade, minha displicência, minha injustiça — e não poder fazer nada senão assistir, enquanto a vida se esgota, e é uma luz trêmula, um clarãozinho a se desfazer...

Seremos um dia outra vez nós mesmos, teremos oportunidade para nos redimir e sermos tudo o que não fomos, e nos compormos, perfeitos, aos olhos dos que assim nos sonharam?

*

Eu próprio me ausculto e me sinto doente: se adormeço, meus sonhos são pesados de coisas melancólicas: acordo, tudo retine como uma atmosfera de pesadelo e de fuga.

Não se abandona a morte, porque ela não nos abandona: sua intromissão é sutil e terrível — e por mais que façamos, e imaginemos a beleza do vento, das nuvens e da tranquilidade, jamais poderemos sorrir, porque tudo que existe como forma, palpita e se aquece com todo um lado crestado em sombra.

*

Meu Deus, dai-me amanhã a coragem de ser eu mesmo. Instituí-me, não perfeito, que não o serei jamais, mas digno do meu repouso. Faça-me de simplicidade, de desistência — faça-me de força e de água pura. Porque não há outra existência que eu consiga suportar, nem outra atmosfera onde possa viver sem remorsos.

*

Inútil negar: tudo o que é alto, e que em nós sobreleva a matéria bruta e corrupta, encaminha-se para a forma de oração — é súplica e gemido, é coisa atroz que vem aos lábios como uma golfada de sangue.

Acho que Deus entende esta linguagem.

*

Eu me sinto cheio de vida, mas o fogo que lavra em mim é com tal fúria, que todo o meu interior se acha como que calcinado. Não sou senão, em última instância, senão uma paisagem de desolação e de morte.

*

Sonho: minha casa de Belo Horizonte. A rua já não era a mesma, havia um intenso tráfego, e eu quase fui esmagado pelos carros em disparada. Um guarda mulato mostrou-me: "214? É ali". A casa havia sido destruída, em seu lugar estavam levantando outra. Prometi a mim mesmo apanhar, como lembrança, uma pedra antiga entre os escombros.

Essa obsessão da casa de Belo Horizonte significará apenas uma fixação na infância? Não creio.

*

Quem é este eu que, aos latidos de um cachorro na distância, recorda sempre uma casa, grades, um ambiente que não sei localizar, escuro e fechado, que insiste sempre em reaparecer ao mesmo sinal, e que me é tão familiar, sem que eu consiga fixar o que seja, do que se trata, onde, quando, como?

Há dentro de mim uma memória, um fragmento soterrado de alguém que devo ter sido, mas de que me esqueci há muito.

*

16 — Quando se é moço, é mais fácil julgar do que compreender, e no entanto é muito mais fácil destruir do que admirar. A razão é simples: moços, julgamos que criando o vazio em torno, sobressaímos melhor. O que é um erro, pois se existimos realmente, é junto do que está feito que fazemos destacar mais fortemente a qualidade de que somos formados.

*

Resplandecer só, é condição de estrela solitária — mas brilhar em conjunto, é dar vida à constelação. Shakespeare sim — mas Shakespeare, Marlowe, Ben Johnson, [Thomas] Dekker, fazem o esplendor da era elisabetana.

*

Condição de durar: desconfiança de si, confiança nos outros.

*

(Pesquisas, buscas arqueológicas, cidades desenterradas da areia — por que é que isto tanto me fascina? Se somos a exata imagem do mundo, por que não supor em nosso íntimo, no grau de nossa inteligência e nossa sensibilidade, uma superposição de datas, de memórias idas e esvaídas, de seres que já fomos, e de que só temos consciência pelos restos que vêm à tona, ou que surgem trazidos pelas escavadeiras da nossa curiosidade?)

*

Trabalho: continuo *O menino e o mal*.

*

23 — Acaso algum dia o que aqui está escrito terá eco? Um programa de vida, o anúncio de uma verdade — gostaria de escrevê-los — mas como? Tudo em mim é instável, e eu navego sem destino certo. Constituirá isto um legado?

Chegar, imagino, será como morrer — e que eco imaginar senão este, passar e acontecer, sem remédio e sem brilho?

*

Impossibilidade de conciliar o sono. Tenho sempre presente, diante dos olhos, a imagem de minha mãe, ainda tão forte há um ano atrás. Ah, as pessoas que falam na serenidade, na dignidade da velhice. Como é horrível o acabar assim, sem nem ao menos se ter consciência de que ainda se está vivo. Rememoro sua vida, suas qualidades, atos e palavras antigas — e sinto que assistir morrer um ser desses, torna nossa própria morte mais leve. Aceitamos desaparecer com menos pena, e o sofrimento que nos é destinado parece bem mais leve e bem mais fácil de suportar.

*

Em [Ernst] Jünger, uma referência a Léon Bloy. Diz ele, a respeito de um amigo, que ele foi tocado (*frappé*) pelo que há de "inumano" em Bloy. E reprova ele, "como a muitos Latinos", esse "endurecimento estranho, que confina à crueldade". Latinos, não sei — mas bem comum a certa classe de católicos. Não é com o coração, mas com o insulto, que eles pretendem arregimentar os fiéis de Deus.

*

24 — A caminho da fazenda, existia determinado trecho da estrada, com grandes pastos cercados de arame farpado. Os bois estavam sempre descansando por onde devíamos passar, e era preciso então descer e enxotá-los com gestos e gritos, a fim de que dessem passagem ao carro. É desse lugar que sinto novamente o cheiro — um cheiro puro de campo e de estrume. Sei que muitos não compreenderão, mas para mim, rememorando-o, significa o mais delicioso dos perfumes.

Um nome, um lugar: Santa Maria Madalena. Que laços ainda ocultos o prendem ao meu destino? Sinto aproximar-se, com força, essa paisagem que ainda não conheço.

*

27 — A vastidão dos dias iguais, a monotonia das faces que se encontra[m], perenemente as mesmas… Existe acaso pior coisa do que este sentimento de repetição, de permanência no ido e vivido? O inferno deve ser uma paisagem circular que exibe sempre os mesmos acidentes e as mesmas faces.

*

Novo cartão de Octavio, desta vez de Paris —[8] e com o mesmo insistente convite para que eu vá à Europa — o convite que me dirige há anos, afirmando desta vez: "Sei que você não acredita muito nesta experiência, que duvida do *seu* entusiasmo". Não, não é isto. O motivo é bem mais simples. A Europa me parece longe, e como deixar aqui, por um espaço de tempo grande, minha pobre mãe no estado em que se encontra? A Europa acontecerá um dia em minha vida, mas não é agora.

*

29 — A falta de responsabilidade para as pequenas coisas da vida, os acontecimentos cotidianos — o sentimento de responsabilidade para os grandes, os decisivos acontecimentos que nos governam — quantos o terão? E no entanto, é ao primeiro, superficial, que se dá importância e por ele que se julga o indivíduo — é ao segundo, vital, que se desdenha, nessa confusão tão comum dos valores humanos e do apreço que eles nos merecem.

Assusto-me ao ver como tantos vivem como se só importasse a consequência deste mundo, e o valor de nossas transações terrenas — quando o que importa é aquilo que fazemos e tem sua projeção não aqui, mas na eternidade. Não há brincadeira: estamos jogando algo que é muito sério, e levando a efeito marcações que se fazem e se desfazem a cada minuto, à medida que mais se aproxima o fim dessa formidável partida que jogamos com o invisível.

*

A total ausência em que mergulha minha mãe: seus olhos, tão impressionantes, que não refletem nada senão uma profunda distância. E quando supomos a comunicação definitivamente rompida, uma palavra, um gesto que nos leva a supor, pela sua coerência, que ela não se afastou propriamente, mas que espia de outro plano, bem superior, o que se desenvolve em torno dela.

*

Tentei começar hoje [O] *Mistério de Edwin Drood* de Dickens. Não passei das primeiras páginas. Mas pretendo voltar mais tarde a ele.

Terminando o *Journal*[9] de [Ernst] Jünger — segundo volume.

*

8. Dos amigos, Octavio de Faria foi aquele que mais se correspondeu com Lúcio. Estão guardadas no ALC 28 cartas de Octavio para ele, totalizando 71 folhas.
9. O título completo: *Journal II — 1943-1945*.

30 — Sinto avolumar-se em mim a necessidade de repouso — não do descanso por fadiga, mas do rompimento com as tarefas materiais que sempre compuseram meu modo de existir, e que sempre prejudicaram tanto o meu trabalho, pelo menos ao único que importa. No momento, nada mais desejo senão escrever, e é curioso que um dos característicos da idade são as exigências quanto às condições em que escrever se processa: não posso mais fazê-lo como o tenho feito até aqui, aos empurrões, em qualquer lugar — necessito calma e um certo repouso de espírito que, penso eu, melhora a qualidade do que componho. O próprio estilo se ressente, e percebo que elaboro de um fluxo mais contínuo, mais ritmado e mais constante.

*

Escrever: com as portas e janelas fechadas, e uma pequena luz de abajur acesa, mesmo [que] seja manhã, e o sol brilhe lá fora.

*

Trabalho: *O menino e o mal.*

*

Hoje à tarde fui à agência de publicidade (americana), a fim de ver se obtinha uma colocação que me livrasse da prisão ao jornalismo. Fui submetido a um longo interrogatório, e depois fizeram-me ver que eu nada entendia de publicidade. Convenci-me disto bem depressa, e eles passaram a me traçar um plano grandioso do que é publicidade — a tal ponto que, assoberbado pela complexidade do assunto, ousei declarar que em breve atingiríamos a metafísica. A observação muito naturalmente não foi levada em conta. Passaram-me depois um questionário que devia ser preenchido, tão cheio de detalhes que me fez lembrar Ernst von Salomon[10] e sua resposta magistral em *O questionário.*[11]

Mas tudo irá pelo melhor se eu obtiver o emprego.

*

A dureza das faces no período da mocidade — o que os olhos ganham, a luz parda e humana das fisionomias já trabalhadas pela experiência, a música em surdina que se eleva nos homens já maduros — ah, cruel luz da gente moça, como se aprende a desamá-la, como o seu esplendor não nos toca mais, assim que a

10. Ernst von Salomon (1902-1972), escritor alemão.
11. O título original é *Der Fragebogen* (*The Questionnaire or Answers to the 131 Questions of the Allied Military Government "Fragebogen"*) (1951).

fascinação da matéria nos abandona e somos mais puros e mais sós no caminho da vida.

*

s/d — O só humano. Esta coisa brava e quente que um dia, sem sabermos como, amanhece identificada e em transe. Não sei em que espécie de espelho te reconheceste, e saudaste através da face fria que te contemplava, a forma exangue que desde então ostentaria o teu nome e a tua consciência. Ah, que ela vinha de longe, e atravessou inumeráveis madrugadas, pisando uma seara inerte onde tudo se fazia reflexo e sentimento impreciso — até que, até que de repente tudo se fundiu, o caos formou o homem, e pela primeira vez a voz decepou clara a invasão do silêncio. A saudação foi breve, um olhar, um gesto de mão — ainda úmida dos contatos de infância, a mãe, a irmã, a janela grande sobre a paisagem de todo o dia. Aos poucos te vieste juntando, um adeus esboçado no canto, quando as primeiras flores coroavam as mangueiras do quintal. Nem sei onde, nem soube quando. Que importa? Uma pele de lontra, carinhosa e dourada, sobre o sofá grande da sala. Duas cegonhas de barro, o odor quente e nupcial das magnólias. De repente estavas completo: o ser parecia flutuar no mundo como à procura de um porto, e nesta brusca revelação da composição, adivinhaste a música chegada e o concerto impossível. Ainda tenho presente na memória a noite em que acordaste e pressentiste o mundo autônomo, girando à parte do teu acontecimento. Sim, acontecias fora dos limites, em zonas inquietas e de acesso defendido. Não houve espanto, mas uma certeza crua, um relâmpago fulgurando brusco: estava desfeita a infância.

Ah! de novo poderias correr, atingir o gramado da amizade, o sol claro, o sino tangendo na pequena igreja a cuja sombra te abrigavas. De novo poderias cumprir o rito do ser adormecido. Mas jamais poderias voltar a ser feliz como antigamente, pois tua alma refratária havia se apossado da condenação que fora lavrada contra ti. (Os juízes, alguns naquela época, mais tarde tão inumeráveis, os juízes erguidos em sua sala verde, as togas negras se arrastando pelo chão mais tarde, todos, a mão alçada, o gesto previsor do futuro, o cárcere aberto — e além o voo dos pássaros, e além o além, o além do além, tão espectral no seu desterro, tão puro e ambicionado!)

O só humano. O além tão mais ambicionado quanto mais próximo o gesto dos juízes. Não poder limitar a tua ânsia a estes quatro limites de treva — os pés, as pontas dos dedos, a cabeça erguida, território sério e de segredos domados, cerca de um mundo aberto sobre a cantiga e o conhecimento, estrada sem mistério. Ah! não poder impedi-lo o hausto, a fuga para caóticas regiões, para o país do trânsito ilícito.

O só humano. Esta coisa brava e sem aliciamentos que um dia, sem sabermos como, ergue-se a manhã e já identificada às pautas ardentes do transe. Não sei em que espécie de espelho te reconheceste — há sempre um — erguido e atento, à espera do rosto entre certeza e esperança que sobre ele se inclina — e não sei de que modo saudaste a outra face enfim que te contemplava, enorme e eterna, e que desde então, imperial, ostenta o teu nome e a tua consciência. Que ela vinha de longe, lua bêbada, e atravessou pátios abertos ao lance da aventura e do amor, searas de febre onde tudo se fazia reflexo, e tudo era inconsciente como uma orquestração da madrugada. Sei que a saudação foi breve, um olhar, um gesto de mão — por isto coloca. Adeus, Amigo.

Outubro

1 — Ah, que este mês começa cheio de esperanças e de bons prognósticos. Quando todo mundo se esforça para entrar no jornalismo, eu me esforço para sair, pois em nenhuma outra época da vida, em nenhuma outra condição, eu me senti menos jornalista e mais escritor do que agora. Não acredito que as profissões se correspondam — são incompatíveis, e mais do que isto, antagônicas. Ao jornalista é o fato que interessa, ao escritor a repercussão do fato — ao jornalista, o que importa é a dilatação do acontecido, até sua exaustão, até sua caricatura (por onde se verifica que no jornal a verdade tangencia a mentira) — ao escritor é a contenção do que se passa, sua conversão num amálgama restrito e fechado, sua estrita verdade, pois os caminhos da especulação não se dirigem ao acontecido propriamente, mas à aura que projeta, suas consequências e suas repercussões no absoluto.

*

4 — Não obtive o emprego que desejava. Depois de feitos os testes, a resposta foi negativa. Não acredito que tenha sido erro ou má qualidade dos mesmos, pois constavam de provas excessivamente banais. Deve haver um outro motivo que eu não me sinto nem [com] coragem e nem com paciência para investigar.

Apesar de tudo, sentimento de decepção. Mas precaver-se contra a mania de perseguição.

*

A dor é a única coisa neste mundo que importa. Curioso mundo desfigurado, o que nos garantisse uma felicidade total. Assim, com os seus lados lacerados, é que ele é autêntico. Assim é que conquista a sua máxima dignidade. Porque a dor humana, fulgor moral, é só o que nos distingue dos animais, e dá à nossa expressão um toque de força interior e de entendimento — de alma, por assim dizer.

*

Vi numa revista um retrato de Ezra Pound, e achei-o muito mais velho do que supunha. (Ideia ligada à noção de poeta — por que supô-los sempre moços? Velho, Shakespeare não era menos Shakespeare.) Segundo a notícia que acompanhava o retrato, Pound "aconselha abertamente a resistência à integração racial". Não compreendo bem Pound — será ele um aristocrata, imbuído de sentimentos supremistas e dominadores ou simplesmente um anarquista, como Jean Genet?

*

5 — Ânsia de paisagens: acordo como se tivesse sede. Por isto é que recolho anúncios de sítios e fazendas — é que todo o meu ser, febrilmente, anseia por espaços e regiões que não sei onde estão. Vibro pela memória de velhos espaços que conheci, e toda esta música confusa é que elabora o ser angustiado e saudoso que sou. Vejo-me a cavalo, por estradas intermináveis, ou em varandas cheias de sol e de calma — e por uma intrincada ciência, sei que existo, mas não aqui.

*

Minha irmã[12] me dá notícias de Vito Pentagna, que não vai bem. Estamos já atingindo a área dos gestos definitivos, aquela em que nos esculpimos sem remissão para a vitória ou a morte.

*

Leitura: histórias de Cesare Pavese. Releio também os contos de James Joyce.

Quanto ao trabalho, terminei a terceira história de *O menino e o mal* que se chamará provavelmente *Os ciganos*.[13] Devo iniciar hoje a segunda, *Aventura*,[14] cuja trama há tanto tempo me preocupa.

---

12. Provavelmente, Lelena.
13. Conforme os manuscritos guardados no ALC, o título foi alterado para "O irmão leigo".
14. O título foi alterado para "Casa de fazenda", conforme se poderá ler nas páginas seguintes.

*

6 — Escrevo *Aventura* de um só jato — e isto me alegra infinitamente. A história, já amadurecida em meu espírito, sai toda num clima único, o que não tenho obtido com meus últimos escritos. Creio que na repassagem, conseguirei dar às três histórias uma unidade de estilo.

*

Reli *Os mortos* de James Joyce, sem grande entusiasmo. Outrora, esta história me arrancava gritos de entusiasmo.

*

10 — Sonhei de novo, e intensamente, com Belo Horizonte. Desta vez era a Matriz do Sagrado Coração, junto da qual tanto brinquei quando menino. No sonho a igreja surgia com extraordinária nitidez.

Abrindo os olhos faço uma descoberta que me parece espantosa: sou um possesso. No sentido literal, imbuído de uma outra personalidade que não a sua. Ou melhor, com duas personalidades coexistindo. Uma, a que se prende à minha infância em Belo Horizonte, e cuja melancolia de se saber escrava, produz todo o escuro painel da minha natureza. A outra, a que domina, e elabora na vida todos os meus atos e meus gestos. Esta é a usurpadora, a que existe sem direito.

E o mais estranho é que não falo de um ponto de vista de personalidades múltiplas, pirandelianas, não — falo de duas únicas personalidades, uma superposta sobre a outra.

Tudo o que é meu, não se explica melhor à luz desta possibilidade?

*

Terminei o livro de Joyce, e é inútil acrescentar que com a mais viva admiração.

Comecei um outro volume de novelas curtas, desta vez de Faulkner.

*

Mudança do título de *Aventura*. Chama-se agora *Casa de fazenda*. Assim teríamos o livro completo do seguinte modo: *O menino e o mal* — três ensaios de composição — *O irmão leigo* — *Casa de fazenda* — *Os ciganos*.[15] E depois disto, tratar de pôr de pé os velhos esteios de *O viajante*.

*

---

15. Não há no ALC nenhum manuscrito com esse título. E, conforme já mencionado, a sequência e títulos das novelas foram alterados por Lúcio.

13 — O que mais me agrada nas litografias é o silêncio. Silêncio do preto, silêncio do branco. Silêncio do preto e do branco, unindo-se para compor essa pausa imensa — o cinza.

Uma boa litografia canta por todos os lados.

*

Há em mim, sem nenhuma dúvida, um artista plástico fracassado. Em certos momentos, tenho a impressão de que escrevo como se desenhasse.

*

14 — Mais uma vez, insistentes, as imagens se repetem: Belo Horizonte. Autran Dourado, que almoça comigo, diz que Belo Horizonte deve ter para mim o mesmo significado que para ele a cidadezinha do interior de onde veio. Não acredito. Para mim, e à medida que o tempo passa, a imagem flui com uma força e uma clareza de obsessão. É um ponto de ruptura, um marco abandonado que teima em repetir sua mensagem — e que à força de insistir, eu sei, acabará por ser entendida.

*

As [Nove] *histórias em grupo de três*, de Waldomiro Autran Dourado.[16] O autor escreve, e usa um *humour* particular, não para especificar a personagem, mas para dar tonalidade à história, o que em geral não consegue obter. Sente-se o factício, e esse canhestro na graça que denuncia o esforço da vontade e não o da inspiração. Seus melhores momentos são os sentimentais — a viagem do menino para o internato, por exemplo.

*

15 — Um pouco ao acaso começo um romance de Thomas Hardy que ainda não conheço: *Le Trompette major* — e imediatamente reencontro todas as qualidades do velho mestre, essa poesia melancólica, esse sentimento dos destinos frustrados e essa impossibilidade ante a fuga do tempo, que sempre fizeram para mim o encanto maior dos seus livros. Às vezes, como no caso do tio e do sobrinho neste romance, há uma nota a Dickens — mas, bem pensado, não é Dickens, e sim o romance inglês que aqui faz sua erupção, apresentando uma espécie de *humour* grotesco, em que são eles mestres, desde Fielding até Chesterton.

---

16. Autran Dourado (1926-2012), escritor brasileiro, que nos primeiros livros usou o pseudônimo Waldomiro Autran Dourado. Lúcio dedica a ele o poema "Epitáfio", publicado postumamente na edição crítica de sua *Poesia completa* (São Paulo: Edusp, 2011, p. 718).

*

Vivo um pouco ao sabor do acaso, sem ousar fazer planos. Creio que isto é que se poderia chamar de construção para si próprio de uma paciência suplementar — pois aquela de que tenho necessidade para viver e esperar, é maior do que a paciência comum, pois enquadra todas as tentativas de uma época — provavelmente a última — em que é possível se lutar com autêntica vontade de vencer. E ao mesmo tempo pergunto: [O] quê? Para quê? São perguntas como esta[s], não há dúvida, que representam o insondável sem resposta.

*

Vida onde os acontecimentos sejam de ordem puramente espiritual — de certeza e de apaziguamento. Que outra desejar, além desta? De suas únicas ressonâncias é que se compõe o esforço de todas as maturidades.

*

17 — Sonhei ainda uma outra vez com a casa de Belo Horizonte. Os quartos, a atmosfera. Começo a me espantar — que Deus me livre dessa obsessão, se ela tem um sentido clínico — que viceje, Deus meu, sendo uma verdade.

*

21 — Terão existido muitos artistas que tenham se matado em pleno poder criador? Não sei. Lembro-me de Van Gogh, que é mais um caso de loucura do que de desespero lúcido. E depois, por ocasião do seu suicídio já não estava completo o teor de sua mensagem plástica?

*

Só uma coisa importa: sermos totalmente aquele que nos imaginamos.

*

De Simone Weil:[17] "A vida humana é *impossível*. Mas só a desgraça faz sentir isto". A meu ver não é só a desgraça — a felicidade também. E principalmente.

*

Uma peça: *O segredo*. Mas se a levassem a efeito não falariam em Samuel Beckett? Possível.

*

Plano. Um livro de poesias com o título de *Cantos*. Títulos das partes: "As invenções do luxo", "Vinho cego" e, provavelmente, "Cavernas". Na parte das

---

17. Simone Weil (1909-1943), filósofa francesa e ativista da Resistência francesa na Segunda Guerra Mundial.

"Invenções" os poemas sobre as cores, pedras preciosas e tecidos. A série de cantos sobre os homens luxuosos: Marlowe, Blake, Verlaine, Poe (um pouco batido, talvez) Winckelmann e Pound. Sobretudo Marlowe, Winckelmann e Pound.[18]

*

Minha mãe: que grande, que impressionante silêncio. A vida continua a palpitar no seu corpo, mas é como se toda chama houvesse se retirado. De onde nos olha, com esse olhar que não nos reconhece mais? Um dia, também o corpo cessará de viver — mas a ruptura, a verdade é esta, já se processou há muito.

*

22 — Viver para ganhar dinheiro, viver para ganhar a vida — acaso existe nada de mais repugnante? As únicas ocupações humanas decentes são as de ordem espiritual — as únicas que dão à face um cunho superior, de sacrifício e grandeza.

*

Gide: "Não se inventa suas paixões". Ao contrário, as paixões são, geralmente, uma pura doença da imaginação. E quando não, são puramente uma doença.

*

Os dias são idênticos, nós é que não o somos mais. Como não reconhecer neste sol, desde cedo, o antigo verão? Mas tudo mudou, e é constatando isto que imaginamos o quanto teremos de mudar ainda. Há uma crueldade nessa fixidez, mas também há uma alegria de nossa parte: a de imaginar que o enganamos, ao verão, e quando ele voltar de outras vezes, a nos espiar insistente pela janela, não nos encontrará mais — ou tão diferentes que suporá até que somos outros, e não o conhecemos ainda, e nos maravilhamos tanto que ele exista, desconhecendo sua fixidez, sua indiferença.

*

23 — Sonhei com Tidoce. O ambiente, a casa, eram os mesmos daqueles "nossos tempos" a que ela se referiu da última vez em que conversamos. Havia também Dina,[19] o que me foi mais fácil para identificar a cena — e era tudo tão

---

18. Sobre a questão, ver o livro *O riso escuro ou o pavão de luto: Um percurso pela poesia de Lúcio Cardoso* (2006), de Ésio Macedo Ribeiro.

19. Leopoldina de Souza Netto, prima-irmã de Lúcio, filha de Francisca Gomes dos Santos e Pedro de Souza Netto, irmão mais velho de Maria Wenceslina Cardoso. Ela teve nove irmãos, dentre eles, Zuleika Angel Jones (1921-1976) (quando solteira: Zuleika de Souza Netto), mais conhecida por Zuzu Angel, a estilista brasileira.

perfeito, tão vivo, que acordando, imaginei detalhe por detalhe o jardim que tanta ação exerceu sobre mim, com seus canteiros de papoulas, suas rosas, suas hortênsias. É desta pobreza, de não poder abandonar nunca a minha infância, que me vem a única riqueza que possuo.

*

Terminada a primeira fase dos homens luxuosos. Apenas três: Marlowe, Winckelmann, Ezra Pound.[20]

*

24 — Qual seria o significado do mal que barra o caminho desses três meninos? Não há uma resposta definitiva; são apenas três reações ante a descoberta de uma existência que eles desconheciam até agora. São reações diferentes? Completamente. A outros compete, depois disto, estabelecer a expressão ontológica e a repercussão interior desse mal — configurar-lhe a essência e desvendar-lhe as raízes. A mim não me compete senão mostrar sua ação — e se o fiz bem ou mal, é coisa que compete aos críticos dizerem.

*

À medida que avanço o fim de *O menino e o mal*, começa[m] a se delinear em meu espírito as linhas mestras de *O viajante*. O mal, aqui, não deve ser triste e nem sombrio: deve ser alegre e pastoral. É de uma festa — não se esquecer disto — que se trata.

*

Neste pequeno intervalo, escrevi um conto: "Colchão velho" — que muito me satisfez. Preparo um outro: "Atriz no bar". Ambos para um jornal de São Paulo, e que marcarão o início de um novo livro de contos, bem diferente de *Contos da ilha*. Título? Não sei. Qualquer coisa como *Contos do continente*. Mas, evidentemente, com o tempo acharei melhor.[21]

*

25 — Trabalhei até a exaustão os poemas sobre Marlowe, Winckelmann e

---

20. Ver nota 18.
21. O conto "Atriz no bar" nunca foi publicado. Já "Colchão velho", sim, no Suplemento Literário de *O Estado de S. Paulo*, em 23 ago. 1958. Em dez. 2012, juntamente com a novela *Céu escuro* e mais 22 outros contos, foi reunido no livro *Contos da ilha e do continente* (Rio de Janeiro: Civilização Brasileira, 2012), organizado por Valéria Lamego. Trata-se da primeira antologia desse gênero para público adulto.

Pound. Incluí Thomas Lovell Beddoes, cuja vida me parece particularmente interessante.[22]

Não conheço nada mais cansativo e esgotante do que corrigir poemas — à força de se ler e reler o que se fez, perde-se o senso do conteúdo e da forma, e o poema se nos torna estrangeiro, como uma matéria sem vida.

*

À noite, li com grande interesse alguns dos *Souvenirs* de Thomas de Quincey[23] sobre os *lakistes*.

*

26 — Necessidade de uma viagem. Uma terra distante e calma. Como a vida passa a se desejar aquilo que nunca se possui!

Novembro

3 — Não se ama os poetas. O que se ama é a obra deixada para especulação literária. Os poetas — grande engano — são seres solitários e destinados à morte. Morte sem perdão — porque não há perdão para os poetas.

*

10 — Morte de Dazinha.[24] Dia que oscila entre o sol e a chuva. Como Tidoce, sou eu que vou conduzindo o corpo para a capela, e seguro à alça do caixão, enquanto o carro roda, vou imaginando essa vida que se finda, e aspectos antigos da minha infância me sobem à memória. Sempre. Dazinha morreu diante de mim e de Lelena, e tão custosa foi a sua vida quanto relativamente fácil me pareceu a sua morte. Na capela, de tão gelada e acentuada feiura, fico só com o cadáver, e ainda como no caso de Tidoce, sou o primeiro a depositar-lhe entre as mãos algumas flores. Do lado de fora, sobre a mesa, um papel: "Funeral de Alzira Netto", que ninguém assina. A mim mesmo, e como homenagem a essa criatura que me pareceu ser a encarnação da falta de capacidade de se fazer amar — e no entanto,

---

22. Ver nota 18.

23. Thomas de Quincey (1785-1859), escritor inglês associado aos *lakistes* ("poetas do lago"), grupo de poetas que viviam no Lake District, da Inglaterra, na primeira metade do século XIX. Os poetas mais representativos desse grupo são William Wordsworth, Samuel Taylor Coleridge e Robert Southey.

24. Dazinha era o apelido de Alzira de Souza Netto, irmã de Maria Wenceslina Cardoso, portanto, tia de Lúcio. Ela e o irmão, Pedro de Souza Netto, foram os padrinhos de batismo do escritor.

foi tudo o que ela mais desejou na vida... — prometo fazer um poema que conserve aquele título.[25] Ao regressar, a chuva tomba francamente — e visão horrível — do lado de fora, já no lixo, vejo exposto o colchão e o travesseiro que lhe pertenceram. Ensopados, dizem bem da tristeza dessa morte humilde.

*

Na capela durante todo o tempo esteve Baggi, que me ajudou a levar o corpo.

*

12 — Esses dois dias, ainda sob a impressão da morte de Dazinha. Há nela muito de conteúdo humano, de tristeza e de incompreensão, para que repetidas vezes não me venha ao pensamento, insistente, como um sinal de acusação que viesse não dela, mas de mim mesmo. Meu Deus, como é difícil amar aos nossos semelhantes como a nós mesmos — como é impossível. No máximo, conseguimos tolerá-los. Amá-los, é privilégio dos santos, e como estamos longe disto. Não há dúvida de que o cristianismo, na sua aplicação mais extensa, é absurdo: usado pela gente comum, é uma deturpação mesquinha. Por todos, impossível. Por alguns, um privilégio que não se justifica, se bem que seja o único aceitável. Não é o Cristo de São Tomás de Aquino que me interessa, mas o de Jacob Boehme.[26]

*

Leitura: Terminei *O monge de Cister*, impressiona-me o que há de moderno — e não o que há de clássico — na linguagem de Herculano.[27]
Um volume de Fialho —[28] que me deixa completamente frio.
Início de *O bobo*.[29]

*

Trabalho: nenhum. No momento, falta-me coragem para escrever.

*

Cingir-se ao mínimo mundano possível. Ao máximo, sua possibilidade

---

25. Lúcio cumpre a promessa e escreve o poema "Funeral de Alzira Netto" para sua tia e madrinha. Ver o poema e comentários sobre ele na edição crítica da *Poesia completa* de Lúcio (São Paulo: Edusp, 2011, pp. 543-6).
26. Jacob Boehme (1575-1624), filósofo e místico alemão.
27. *O monge de Cister* (1848), romance histórico do escritor, historiador, jornalista e poeta português, Alexandre Herculano (1810-1877).
28. Fialho de Almeida (1857-1911), jornalista e escritor pós-romântico português.
29. *O bobo* é um romance histórico de Alexandre Herculano, publicado inicialmente no jornal *O Panorama*, em 1843, e, em livro, postumamente em 1878.

interior. Seguir sem destino, sem orgulho e sem festa — como quem prepara, toscamente, os canteiros de um jardim cujas flores não veremos nunca.

21 — Toda a baixeza que o "fato" dinheiro acumula em torno das pessoas... — não, não acredito que o amor ou o sexo sejam responsáveis pelos maiores conflitos humanos, o dinheiro vem antes de tudo. Esse ar suado, essa coisa viciada e turva que circula em redor de certas personalidades e de certos gestos... — como não ver, como não sentir a presença do dinheiro, como um elemento escuro que os acionasse?

Dezembro

1 — Deus, meu Deus, não ouso senão o que meu coração pressente. Estarei enganado? Sofro de piedade, de um excesso de piedade. Sofro de pena dos outros, das causas e dos males que imagino. Por que ir tão longe? Por que supor-me essa força capaz de arrastar-me a esses abismos?

Meu Deus, eu sou um ser de egoísmo e de esterilidade, sou um coração fechado e sem misericórdia. Assim devo ser. Por que a minha destruição? Não tenho medo de gritar e nem de ser patético. Quero, exijo a minha salvação.

(Como posso ser absurdo em meu silêncio. Como eu amo o que amo.)

*

3 — Este amor antigo que lembro, tão abafado que se assemelha à descoberta de mim mesmo. Anos e anos penei com meu segredo juvenil, e era no porão daquela casa da Tijuca que ia esconder as minhas mágoas, e chorar, e beijar as fotografias daquele que me tomara o coração e o pensamento: uma vedete de cinema.[30]

*

Houve um tempo em que acreditei, e perdidamente, na importância daquilo que se tinha a dizer — o autor, a mensagem, a palavra "importante" — mas hoje não acredito mais que seja importante senão aquilo que atinge o coração.

*

---

30. No manuscrito, Lúcio rasura o nome e escreve: "uma vedete de cinema". Trata-se do ator estadunidense Richard Semler Barthelmess (1895-1963), um dos maiores atores do cinema mudo, indicado ao Oscar de 1929 como melhor ator, pelos filmes *The Noose* (*Segredo da morte*) e *The Patent Leather Kid* (*Entre luvas e baionetas*).

Recordar: o padre insultado no saguão do hotel.

*

4 — Começo a reunir o material esparso de O viajante.
Deliberação de publicar o primeiro volume deste Diário.

*

5 — Tudo se pode dizer, ah, como tudo se pode dizer. As palavras foram feitas para serem ditas e pronunciadas e para traduzir o que o pensamento incessantemente gera. Só um gênero de coisas é que não pode ser dito: o que atenta contra a nossa própria pessoa. É pelos outros que somos sagrados.

*

Recordar: aquela madrugada no cemitério.
O velório, com Almeida Filho.

*

6 — Clássico — moderno.
Se num clássico descobrimos o que há de moderno, não será isto o sinal mais certo de sua validade? (A propósito de Herculano.)

*

14 — Neste sábado luto eu para não sair — por que cometer os mesmos excessos, viver as mesmas coisas, dizer o que já foi dito? Devia criar minha força de vontade como se cria tudo o mais que não existe. Tenho uma tão urgente necessidade de converter-me em mim mesmo, que nada mais deve me distrair — porque, se não for assim, conheço-me o suficiente, perco-me no vazio e no inútil.

*

Eu estava na rede, em minha pequena varanda, quando uma cigarra, rápida, fugindo da noite, abateu-se perto de mim, no beiral — e o som de sua voz, se bem que rouco e cansado, tinha ainda um pouco do estremecimento da tarde, do seu ouro e do seu calor.

*

15 — Não é verdade, Carlo Coccioli,[31] ninguém virá nos pedir conta da energia e do amor que desperdiçamos. O nome de nosso amor, futuro ou não, não é o do destino realizado. Não se assuste, que nada se passará, e tudo será igual ao que tem sido até agora. E nem sequer isto é assustador, porque ao sabermos

31. Carlo Coccioli (1920-2003), escritor italiano.

disto, não é a esperança o que nos devora ainda, mas um desejo de paz e de esquecimento. Limpos, é certo, é isto o que devemos ser, mas não para o amor que vai chegar e que pedirá contas do nosso passado, não — mas por causa desse outro senhor também tão exigente, e que sem a limpeza nos compõe uma face indigna e repugnante — a idade.

*

Revendo o primeiro volume do *Diário* para publicação — quanta coisa me parece inútil, que eu poderia ter deixado de dizer.

O Brasil é essa pobreza mesma. O Brasil é o interior, com sua lentidão, seus vastos descampados, sua gente sofredora e obscura. Eles é que nos forjam, o país permanente, e não essa escória da cidade, fútil e mal-educada. Quanto mais penso no sertão duro e incerto, mais vejo nele o esforço do que seremos; lá, o sofrimento tem oportunidade para criar uma face nacional, e não aqui, onde tudo é estrangeiro e sem caráter.

*

16 — Recordar: *gang* — *os* jovens do bas-fond.[32] (Aliar à lembrança do crime da praça da República — primeiro volume do *Diário*.)

---

32. Em inglês: gangue; em francês: submundo.

1958

Janeiro

6 — Nesta data, precisamente, tenho a impressão de, num certo sentido, já haver pago todo o meu preço. Sofrimentos ainda me esperam, mas não da natureza dos sofrimentos que passei até agora. Eu me despeço daquele que fui, com a certeza de o ter sido sem nenhuma poupança, sem nenhuma trapaça — integralmente, com febre, suor e sangue.

Assim, nesta idade, começa o meu processo de renovação. Sinto-me a cada instante tornar-me mais moço. Sinto desesperadamente ressurgir-me totalmente moço — e totalmente outro.

E tudo isto por uma única graça: a de me achar na posse de mim mesmo, de um modo absoluto, sem excesso e sem temores.

*

Escrevi hoje vinte páginas de *O viajante* — e com todo o élan, com todo o entusiasmo do meu corpo e do meu espírito. Meu Deus, assim suporto tudo: os empregos que não tive, os insucessos, os amigos que perdi, a grosseria dos outros, a vaidade, e a perfídia do mundo. Tudo. Contanto que possa criar e ser livre como agora o sou.

*

Encontrando minha mãe sozinha, levo ao seu quarto algumas rosas vermelhas que encontro sobre a mesa de Lelena, procurando reavivar-lhe o gosto antigo, e ver, se assim, um pouco de sua expressão vem à tona dos olhos mansos e ausentes. Ela reconhece as flores, toca uma com os dedos, exclama — que bonito — mas tudo tão distante, tão frio, como se referisse a coisas proibidas.

*

19 — "Dizem, sabe, que não somos nós que engendramos o mal, ele é que nos engendra. O mal existe como ar que se respira, e é existente no mundo, como uma poeira tênue, uma poeira de ouro que nos apressa as batidas do coração e nos faz arder as faces. Absorvemos o mal como acontece o crepúsculo."

*

20 — "Há uma grande tristeza em não ver o bem no bem", Gógol.

*

Melancolia desse dia, e do vento. Não sei por que vêm ao meu pensamento imagens angustiosas de paredões e de cinza. Revolvo velhos papéis, leio, escrevo. Em torno de mim tudo é silêncio.

*

(Uma lembrança: longe, no fim da imensa estrada reta que a noite cobre completamente, as luzes de Silva Jardim, as pequenas luzes de Silva Jardim. Os trilhos da estrada de ferro desfilam junto a nós, e de repente, as luzes, bem próximas. Do lado esquerdo, no escuro, a estrada de areia branca que vai para Casimiro de Abreu. Do lado direito, Silva Jardim — tão pobre que as luzes, perto, parecem vacilar mais do que vistas à distância...

Esse cheiro de mato e de estrume — existe alguma coisa de que eu me lembre com maior saudade?)

*

Em certas coisas, às vezes, posso parecer um fanático — mas não é raro é que me sacudam vagas de um tal esplendor, que eu me sinto como se fosse um grande girassol, nu e sozinho, brilhando na escuridão da noite.

*

A anunciada "conversa" de Octavio [de Faria] sobre meus livros. É ele quem deve fazer o prefácio das *Obras* editadas por M. Aguilar.[1] Hesitante a princípio,

---

1. Há alguns documentos no ALC que comprovam o interesse da Editorial Aguilar, de Manuel Aguilar Muñoz (1888-1965), de publicar a reunião dos livros de Lúcio, sob o título *Obras* ou,

temendo sem dúvida vexar-me, ele deixa patente a pergunta, sem formulá-la, esperando que minha impaciência o alcance primeiro — o que, naturalmente, sucede. Tudo gira em torno de Deus — acredito ou não em sua existência? Por que deixei em suspenso a pergunta formulada em *A luz no subsolo*? Calo-me. Ele próprio me afirma que não é necessário que eu responda. Pergunto: e se disser que eu não sei? "Melhor para mim, diz ele, pois assim me facilita concluir."

Concluir — não a meu respeito — mas a respeito de meus personagens, evidentemente. Porque Deus, para mim, seria exatamente isto: um meio de não se concluir nunca.

*

Trabalho: *O viajante*. Nunca, em minha vida, escrevi com maior regularidade. A narrativa fluiu como água que corresse de um veio natural. À noite, angustiado, sonho com soluções e situações que ainda não tinha deparado — tudo de uma terrível, de uma sufocante beleza. Meu Deus, se eu consigo atingir a tragédia fúnebre dos meus sonhos...

*

Sempre, sempre esses cães na distância... Só este eco noturno basta para me desvendar trechos, paisagens que sei terem existido, atrozes na sua escuridão e no seu silêncio. Mas onde, quando?

*

Weininger, antes de suicidar-se declarou que haviam sido os latidos de um cão, à noite, nos arredores de uma hospedaria de Hamburgo, que lhe haviam dado a noção do espírito do mal.

*

21 — Vendo o *Ricardo III* de Laurence Olivier, lembrei-me com a cena de sua morte (colocam-no morto e ensanguentado, como um javali, no dorso de um cavalo), de alguma coisa que me aconteceu na fazenda, e que muito me impressionou. Como houvessem chegado algumas visitas, e eu nada tivesse em casa para lhes oferecer, alguém aconselhou-me a ir a uma fazenda próxima, onde podia adquirir um cabrito novo. Saí, a cavalo, sem prestar atenção no que esta ideia significava. Atrav[essei] pastos e pastos (jamais me esquecerei destes pastos ao escurecer...) e cheguei finalmente à fazenda indicada. Da varanda mesma

---

como se verá mais à frente nestes diários, *Obra seleta*. O volume seria organizado por Octavio de Faria e o prefácio, escrito pelo próprio Lúcio. Mas o projeto não vingou.

encomendei o cabrito, e qual não foi a minha surpresa ao ver o menino da casa correr no descampado defronte, a fim de aprisionar um dos inocentes animais que ali pastavam. Quis impedir, mas era tarde, a encomenda estava feita e senti-me tímido para voltar atrás com a palavra dada. Vejo, ainda, transida, a pobre cabra mãe do cabritinho correr da beira do córrego onde se achava, a atender, aflita, ao grito lancinante do filho. Houve depois uma espera, um silêncio — e, súbito, o animal sacrificado deixou escapar um grito, um único, mas tão quente, tão humano como o de uma criança. Perguntei o que era aquilo, e informaram-me que cabritos daquela idade eram mortos com uma pancada na cabeça. A esta altura meu coração já doía de todos os remorsos. Tangi o cavalo, a esmo, enquanto esperava a encomenda. Esta não tardou em surgir na forma de um saco branco, onde existia dentro um objeto tenro como o corpo de uma criança. Deram-me aquilo, dizendo-me que o animal já tinha sido esfolado. E eu voltei pelos mesmos pastos que iam anoitecendo, com aquela forma quente, de uma contextura de carne viva, amarrada ao meu selim, e batendo-me nas pernas, como a lembrar-me algo. Desci no pátio da fazenda e alguém veio ao meu encontro com uma lamparina — só aí vi que o sangue havia atravessado o pano, molhando-me as pernas e pingando pelo caminho todo. Entreguei ao empreg[ado] o despojo sangrento, e data daí o meu invencível horror à carne de cabrito.

*

23 — Por que é que Julien Green se ocupa tanto em saber se o seu *Journal* está dizendo a verdade inteira ou não? A verdade inteira jamais poderá ser dita. O importante é escrever aquilo que nos ocorre — sua "verdade", seu "peso", virá depois, se houver necessidade disto.

*

Revolvendo papéis antigos, a fim de concate[nar] anotações sobre romances, que deverão completar a edição Aguilar, reencontro velhas cartas de Cornélio Penna. Como entendo hoje, e facilmente, o que ele então queria me dizer... Mas é sempre assim, naquela época eu me achava muito cheio do meu próprio rumor, para entender o que se passava do lado de fora.

*

Artigos sobre livros meus, que tanto me irritaram na época, e que hoje me parecem tão justos. Não tenho senão um desejo: acabar o mais depressa possível com esse trabalho de recomposição do passado, a fim de atirar-me àquele que imagino ser hoje — e que só tem valor pela satisfação que pretende dar daquele que não fui, que não pude ser, por displicência ou incompetência, quem sabe?

*

31 — Visita a Máximo e Antonieta.[2] No belo apartamento, um pouquinho *encombré* para o meu gosto, conversa sobre tudo — e do mar, de vez em quando, sopra um vento bom que bafeja os velhos santos que nos olham.

Na volta, uma bela lua afogada entre nuvens. Eu me pergunto se jamais terei ordem na vida — nostálgico, porque no fundo, a ordem é a única coisa que me interessa.

Fevereiro

2 — Luto, em vão, com o terceiro capítulo de *O viajante*. Parece-me, não sei, que não tinha seu desenvolvimento suficientemente amadurecido. Escrevo, mas o que escrevo parece-me feio e sem graça, e apesar de Vito [Pentagna] me dizer que estou no caminho certo, sei que não é verdade, que o desenho psicológico está me saindo inconsistente e primário. Tenho de refazê-lo todo, e fico imaginando o tempo que me sobra, até julho, data que marquei para concluir este romance. (Segunda fase, pois *O viajante* já teve uma primeira versão…)

Trechos, dispersos, do *Journal* de Kafka.

*

6 — Procurei hoje o editor Ênio Silveira,[3] a fim de falar sobre a publicação do primeiro volume deste *Diário*. Não o conhecia ainda, ele me recebeu um tanto formal, e pediu o livro para exame. Disse-me que tem um grupo de leitores, o que me causou mal-estar — quem serão eles? Mas, afinal, é razoável que ele queira conhecer aquilo que vai editar, e eu prometi levar o original dentro de alguns dias.

Recordar: a [F]ortaleza de Santa Cruz de perto.

*

2. Máximo Bagdocimo e Antonieta Bagdocimo.
3. Ênio Silveira (1925-1996), editor e sociólogo paulista responsável por lançar no mercado clássicos da literatura e das ciências políticas, e que teve papel destacado na luta contra o regime militar. Enquanto comandou a Civilização Brasileira, não publicou o *Diário I* nem qualquer outro texto de Lúcio. A partir de 1998, a editora, agora pertencente ao Grupo Editorial Record, passou a publicar os livros do escritor.

9 — Dilatado domingo de tédio. De um lado da rua, o cântico de uma procissão — do outro, rumando para a lagoa, tamborins do Carnaval. (O esforço do sobrenatural.) Os urubus deslizam sobre o azul da água.

*

12 — Ofélia: ela passava, mas em torno havia sempre um rumor de águas escorrendo.

*

14 — Morte, ontem, de Cornélio Penna. Esta notícia me causou uma profunda consternação, e durante algum tempo, sem saber o que fazer, andei pelas ruas. Depois telefonei a alguns amigos (Schmidt) procurando lembrar o morto — e senti que era inútil, que Cornélio de há muito pertencia a esta ausência e a este silêncio e que, no fundo, era isto o que ele amava. Não sei o que acontecerá com o romance que ele deixou inacabado — verá ele um dia a luz da publicidade?[4] Mais tarde, reli velhas cartas de Cornélio, e velhas de mais de dez anos. Eram tão recentes, tão vivas, que o seu autor parecia ainda estar ao meu lado, conversando.

Com Cornélio Penna se foi um dos homens que pessoalmente eu mais admirei, um dos poucos cuja presença me fez surpreender o que é o mistério de uma personalidade forte e dominante — e também se foi com ele alguém com quem muito aprendi, não só literariamente, como também do ponto de vista profundo e humano. Através dele, as coisas adquiriam um sentido diferente, nunca eram literárias ou artificiais, mas terrivelmente simples, tocadas de grandeza e de paixão. Era um homem ardente, lúcido e combativo — e acho que eram estas suas qualidades primaciais como homem e como artista. Nada posso fazer senão procurar reviver os grandes momentos de nossa convivência, e é o que faço, compreendendo que esta coisa tão simples que é viver de lembranças, que antes tanto me aterrorizava, agora parece fácil e razoável, sobretudo quando já temos, mergulhada na sombra, a memória de tantos amigos queridos.

---

4. Trata-se do romance *Alma branca*, cujos fragmentos foram publicados postumamente, em 1958, pela José Aguilar, no volume *Romances completos* de Cornélio Penna: *Fronteira* (1936), *Dois romances de Nico Horta* (1939), *Repouso* (1948), *A menina morta* (1954) e fragmentos do inconcluso *Alma branca*. Foi republicado em *Alma branca e outros escritos* (São Paulo: Faria e Silva, 2020).

Março

18 — Paisagens. Paisagens. Elas se levantam de mim, impetuosas, quer eu esteja dormindo, quer acordado — e são paisagens reais, ou paisagens de sonho, mas todas tocadas de pungente nostalgia — paisagens de uma vida que eu perdi.

*

A morte — como um sonho da morte. Um estado gelatinoso, como uma náusea. Sem desejos, sem lembranças, apenas como alguém que estivesse sonhando — isto existe, mas não é o que eu pensei — enfim, um segundo estado de vigília, sem dor, sem remorso, sem nada. Uma morte vegetal.

*

O viajante encaminhando-se[,] célere[,] para o fim.

*

Lembrar: *Fantômas.*[5]
"Paramount" — o ventilador[.]

*

Tristeza de não ter visto Cornélio Penna morto. O amigo, decerto, estava longe — mas esta última visita, conhecendo Cornélio, como não imaginá-la, patética, como um último recado, entre tantos que ele nos transmitiu?

*

Brasil, para mim, não é amor político. A cada dia que se passa, entendo menos de política. Política, a meu ver, é um modo de organizar e dirigir os homens — a mim, eles só interessam livres e desorganizados. Não é a política, é a psicologia o que me interessa.

*

Ó meu Deus, dá-me a diversidade, dá-me não acreditar em nada, dá-me poder ser muitos, e vários, e todos tão desconhecidos entre si como se fossem países diferentes. Dá-me a multiplicidade, como um prêmio. E que a cada obra, em vez de reforçar a anterior, eu seja um novo autor — pois é esta mutabilidade a única coisa que eu compreendo como estar vivo.

---

5. *Fantômas* é o título de uma série de 43 livros, escritos por Marcel Allain (1885-1969) e Pierre Souvestre (1874-1914). O primeiro volume surgiu em 1911. O personagem se tornou um dos mais populares na França no gênero "policial" e foi transposto, com grande sucesso, para o cinema e a televisão.

Abril

2 — Acho que a morte é, antes de tudo, uma libertação do corpo de sua vida sob a ameaça da doença e do desaparecimento — uma espécie de saúde, definitiva, que nos iluminasse, sempre jovens, como uma primavera do sangue.

Recordar: a viagem, à noite, na torre do *destroyer*. (Mariz e Barros)[6]

*

3 — Alguém se refere à "fluência" do meu modo de escrever, como se considerasse isto "fácil". Faço aqui esta anotação por considerar tal coisa injusta, pois se é verdade que escrever para mim não depende de inspiração, podendo eu escrever a qualquer momento e durante horas e horas, sem que se detenha o fluxo de minhas ideias, nem por isto o que alimenta este fluxo é "fácil" ou gratuito; ao contrário, pois provém, em mim, do que é mais obscuro e chagado, da zona exata que em mim produz tudo o que é sofrimento e sensibilidade. O esforço de escrever, se se pode chamar a isto de esforço, é fácil, mas o que produz o escrito é triste e difícil. Sobre esta dualidade é que repousa minha natureza de escritor.

*

Penso, hoje, que adquiri certa paz — não toda, como tanto a tenho reclamado de Deus ao longo da minha vida — o quanto viver assim é simples e cheio de nobreza. Lembro-me do conselho de Cornélio Penna — "viver o sofrimento dos outros, mas à margem deles" — e isto que naquela época (1940-1941) pareceu-me tão difícil, tão incompreensível, tanto eu me misturava ao enredo e ao sofrimento dos outros, hoje se me afigura o único modo possível de existir. Jamais fui escritor, com uma tão grande consciência disto, e uma tão justa consciência de minhas possibilidades — e jamais pareceu-me tão possível e tão perfeito o viver sozinho e afastado de tudo. A solidão não me dói — e nem o desconhecimento, o insucesso e a má-fé dos outros — porque vivo de um modo pleno e absoluto com o meu trabalho — os meus fantasmas. Para se tratar com fantasmas só há uma receita possível: tornar-se fantasma também.

*

Vulgaridade: este ser antigo, violento, que aflora à superfície das pessoas — o único autêntico. Ontem, em casa de Máximo [Bagdocimo] e Antonieta

---

6. Antônio Carlos de Mariz e Barros (1835-1866), militar brasileiro que morreu na Guerra da Tríplice Aliança.

[Bagdocimo], constatava diante de O. o que nela se fixara como dureza e super-ficialidade — e imaginava que apesar de tudo os erros se pagam, o gosto pelo fútil e pelo inautêntico. Não foi só o tempo o que nos separou, mas este ser que sempre existiu nela, farfalhante e vazio, que agora, impiedoso, transforma-se, nesta face já sem a luz da mocidade, numa demonstração grosseira de apetite pelas coisas materiais da vida.

*

Outro título para as minhas três histórias: *O menino abandonado.*[7]

*

5 — (Sexta-Feira da Paixão) — Teremos sempre, à nossa disposição, as possibilidades de criarmos um conflito, de estabelecermos entre nossa pessoa e o mundo, um vácuo onde só ressoem os ecos da injúria — e é este, decerto, o meio mais certo e positivo de nos aproximarmos de Jesus Cristo, vivendo um conflito que em suas linhas essenciais guarde a semelhança do seu grande conflito.

Cristianismo — ação, conflito. Não há um cristianismo estático. É ele um movimento de incompreensão e de laceramento.

A incompreensão é a própria essência humana do Cristo.

Não há Cristo para as multidões — há Cristos particulares. As multidões são sempre os juízes e os acusadores.

Engendrar, sem descanso, o terror — até o terror coletivo. As revoluções, as guerras, são rajadas de intuições que antecedem a visão de Cristo.

No tempo, Cristo caminha pelos pés da catástrofe. Todos os rompimentos da realidade são golpes contra este mundo, a favor de Jesus Cristo. Inventa-se o martírio, como um meio de se aproximar da Paixão de Cristo.

*

8 — A ilusão da amizade, como a ilusão de tudo mais. No entanto, há um momento em que a solidão não dói, que é mesmo a única dignidade possível. Não perdemos os amigos, readquirimos a nós mesmos.

Houve um tempo (1950-1951) em que me era extremamente insuportável imaginar que eu havia perdido os amigos e que devia trilhar só o meu caminho. Cheguei mesmo, em relação a isto, a criar uma consciência de culpa. Hoje, nesta velha questão, sei que não há responsabilidade total de ninguém — a culpa é

---

7. Há um manuscrito (incompleto) com esse título no ALC.

meio a meio. Mas viver sozinho não me parece mais terrível, e conto minhas horas, pesando o trabalho que me resta a fazer.

*

Leitura: um romance de Thomas Wolfe.

*

Visita agora à noite, de um jovem inglês (Francis?) que veio ao Brasil estudar literatura... Extremamente simpático, fala com certa ingenuidade de coisas e aspectos nossos.

— O que eu mais aprecio neste país, diz ele, é que a pobreza é sem ressentimento. (Ele fala "malícia".) Na Europa, os pobres são terrivelmente ressentidos.

*

Se me perguntassem hoje qual é o fim extremo da minha obra, diria que é o Homem, ou melhor, reintegração na sua forma decisiva e total, sem amputações, com seus lados de sombra, de conflito e de pecado — de tal modo TOTAL que, mesmo se Deus permanecesse não nele, mas [à parte] dele, ainda assim lhe sobrasse uma parte de grandeza e só ou abandonado, ele ainda fosse no universo como uma obra inteira e sem dilaceramentos. Deus, sem dúvida, seria uma questão de dialética, mas o homem não seria uma forma sem conteúdo, uma sombra sem consistência, e sim uma Criação perfeita e segura, respondendo ao seu Criador.

*

Toda inocência é monstruosa. Os anjos não existem. Em última análise, os anjos, seres perfeitos, seriam a distância que separa o homem de Deus.

A inocência é o desconhecimento de Jesus Cristo — ou vice-versa.

Não há cristianismo na ignorância.

*

A pureza é uma virtude, mas a inocência é uma doença.

Não há santos inocentes. Todos os santos são a reintegração do homem na sua consciência máxima.

*

9 — Dia do batizado de minha afilhada Regina Maria.[8] Levanto-me depois de uma noite maldormida, com estranhos sonhos onde o aparecimento da morte é frequente. Há uma coisa que me impede totalmente de não acreditar

---

8. Regina Maria Melgaço de Paula Xavier, sobrinha-neta de Lúcio.

numa vida futura: a ideia, horrível e injusta, de que com a morte não mais tornaríamos a ver aqueles que nos foram caros nesta terra. Não, isto eu não poderia suportar.

*

A liberdade, a única liberdade autêntica, é a de se ser homem, mas totalmente, com as nossas faces conjuntas do bem e do mal. Todo ser autêntico é um ser implantado na sua forma total — e para entendermos o Cristo, e a essência mesm[a] do cristianismo, nós temos necessidade do mal. Cristo, sem o mal, sem a presença do mal, é um desenho sem sombra.

Onde reside o mal, e se conhece a projeção sombria da vida, existe uma furiosa nostalgia do Cristo. Mas onde só existe um esboço paroquial, pacificado e em ordem com os problemas da Igreja, não existe o Cristo. Não existe o Cristo onde o homem mistura seus anseios aos anseios comuns de todos os homens; não existe o Cristo nas assembleias e nos governos populares; não existe o Cristo na democratização do homem, como não existe o Cristo no nivelamento mecânico e inteiriço das multidões. Porque onde não há esforço, há silêncio, onde não há diferença[,] há igualdade. Cristo é um esforço pessoal e uma voz íntima, um combate de cada um. Não há, no entanto, um isolamento neste cristianismo, uma ilha social — há um modo de ser melhor e autêntico, baseado num conhecimento certo e num amor que ultrapassa a possibilidade de todas as quedas.

*

Batismo de hoje. A pressa, a forma mecânica e sem expressão com que tudo foi feito. Ausência de qualquer espécie de dramaticidade mais profunda. Sente-se perfeitamente que é uma tarefa que está sendo levada a efeito, nunca um sacramento. Desse modo é que a Igreja vem perdendo sua autoridade...

*

O que eu digo é tão simples: amesquinhando o mal, amesquinharam o homem e, amesquinhando o homem, amesquinharam a imagem de Cristo que cada homem traz em si. À medida que estes dois poderes — o bem e o mal — coexistem em maior choque no íntimo do homem, maior será a projeção da imagem de Cristo que resultará desta luta.

Porque aplacando o mal (que digo? o terror, o medo, o pânico) não se ampliou o bem, apenas nivelou-se o homem, tornando-o sem identidade dentro da multidão domingueira que enche as igrejas.

*

Se cada homem não refizer dentro de si o percurso da Paixão, e não desencadear seus elementos de luta, não poderá dizer que realmente conhece o Cristo. Apenas simula, acompanhando o rebanho comum.

*

Em última instância, o cristianismo é uma composição dos nossos elementos em luta — dos nossos elementos mais secretos e mais antagônicos. O Cristo é uma verdade que alcançaremos segundo o conhecimento desses elementos, da sua superposição e da sua coexistência.

*

O que eu quero da Igreja: uma ação opressiva.
Nos templos nus, um juiz de cólera e de sangue.

*

A ressurreição de Cristo, o Cristo triunfante, é um fato extraterreno, um dado sobrenatural; o Cristo deste mundo é o agônico, o da nossa culpa. Se Ele agoniza até o fim dos séculos, é o que primeiro devemos perceber, para depois sentir o outro. Ou a concomitância dos dois — o terrível e o sereno — o do mal e o do bem — e nunca um Cristo único, de um bem mentiroso que ignora o mal, o medo e o suplício. Um Cristo de morte e de violência, para concebermos a paz de termos encontrado o Cristo.

*

10 — No batizado de ontem, uma pomba simbolizando o Espírito Santo se ilumina quando o padre derrama água sobre a cabeça da criança, ao mesmo tempo que se ouve um sino invisível soando algumas notas musicais. Ah, esse esforço para criar o sobrenatural, visível e palpável, sobre o que eu falei outro dia. Essa luta ingente para criar o mistério, imediato, ao alcance dos olhos e das mãos… Pobre Igreja, quando um pouco mais de convicção, uma certa alma no ato realizado, produziria um efeito mil vezes superior…

Igrejas de pomba de cristal, de ar-condicionado, de microfones e imagens iluminadas a gás néon — não sois as igrejas de Cristo.

*

O que falta essencialmente à Igreja dos nossos dias é o sentido dramático — no seu sentido amplo possível. Nossos templos atuais são confortáveis e sem lembranças como uma sala de teatro. E ouço mesmo dizer que este nivelamento é necessário ao católico, para atraí-lo à casa do Senhor. Então o erro é de base, pois que católico é este que para frequentar uma igreja tem necessidade de fazê-lo como se fosse a casa onde se exibe uma vedete? Urge modificar o conceito católico (ou cristão) de Jesus Cristo. A verdade é que todo progresso exterior, ou o que isto se intitula, é um atentado contra o sentimento de Cristo, pois é ele a única coisa sem tempo, o progresso máximo, eternamente no apogeu do seu desenvolvimento. Se o cristianismo não deve ser estático, não é o seu espírito que move, mas nós que nos movemos em relação a ele. Todo paramento moderno é uma forma de ocultar o Cristo. Nessas igrejas modernas, dulcificadas e tranquilizadoras, não é o espírito de Deus que encontramos, mas o seu túmulo.

Junho

6 — Imobilidade da minha mãe. Visito-a no quarto, como faço todas as manhãs, e vejo-a tão imóvel que me assusto. Seus olhos ausentes, no entanto, acompanham-me — e não consigo imaginar que em seu pensamento tudo esteja destruído, e que o seu silêncio não esconda a imagem de tudo o que viveu. Enquanto seus olhos me acompanham, percebo uma lágrima que desliza comprida ao longo de sua face.

*

À noite, com Walmir Ayala,[9] em casa de Vito [Pentagna]. O pobre vai se consumindo aos poucos — e como é horrível não se poder mentir a quem sempre se disse a verdade, e que lúcido ela espia em nós, exatamente, essa verdade que não ousamos dizer...

Léa[10] tem os olhos marejados de lágrimas ao me dizer que ele começa a ter noção do fim, e me diz que é horrível porque ela também não tem nenhuma confiança na vida.

Assim assistimos à despedida de todos — e é impossível, é totalmente monstruoso imaginar que não nos tornaremos a ver, que tudo tenha de terminar aqui mesmo.

*

9. Walmir Ayala (1933-1991), poeta, ficcionista, dramaturgo e crítico de arte, literário e teatral. Foi um dos maiores amigos de Lúcio, e só uma história da amizade dos dois poderia dar conta de sua convivência. O *Diário I*, inclusive, é dedicado a Walmir.
10. Léa Josephina Pentagna (1909-1983), irmã de Vito Pentagna.

7 — Começo mal o dia, tentando sem sucesso escrever um capítulo de romance. Marquei uma data certa para terminá-lo, o que faço pela primeira vez na vida, mas não acho possível empurrar assim o assunto, antes de senti-lo completamente amadurecido. De qualquer modo faço o esforço, acabando por levantar-me impaciente e com a sensação de um fracasso visível.

*

Leitura: *Memórias do cárcere* de Graciliano Ramos.[11] Não posso, não tenho forças para gostar de livros assim — a modéstia do autor é falsa e o que ele viu e aprendeu durante o período de sua prisão, restrito e superficial. Não há uma visão inteira do homem, mas de seu lado mais imediato — é uma projeção física e não interna. Espanta-me que se possa comparar este livro à [*Recordações da*] *casa dos mortos* de Dostoiévski. A diferença é fundamental: um é o ponto de partida em que um escritor acha o Cristo e descobre o homem em sua profundidade — o outro é o ponto de chegada de um autor visceralmente materialista.

Esta carta escrita por Cornélio Penna, publicada numa revista e que se refere a mim... A verdade é que Cornélio sempre foi modesto demais, não julgando seus romances à altura que os mesmos merecem. Quanto a ser caudaloso... e daí? *A menina morta*, sozinha, vale bem uma meia dúzia de novelas apressadas.

*

8 — Andando, vivendo, sofrendo de um lado para outro. Meus romances me aparecem em blocos, violentos e definitivos. Sinto o que tenho de fazer e, melhor do que isto, o que tenho de dizer. E no entanto, curiosa sensação: minha vida deve ser definitivamente regularizada. D'agora em diante eu me devo ao trabalho, dia e noite sem descanso, minuto por minuto da minha vida. Para se levar a termo o que pretendo, e justificar o pecado de modo tão desabusado, só há um meio — o de afastar-me dele o mais possível. Devo evitar as reuniões e os lugares onde comumente tenho aparecido; devo evitar as conversas fúteis e a ocasião de pecar pelo brilho e pelo paradoxo; devo evitar o que fascina a vista e o que enlouquece os sentidos. Devo ser duro, impiedoso para comigo mesmo. Devo lembrar-me de que já começo a ser um velho. Devo ter presente a todo instante o fato da morte — e que Deus de repente pode retirar-me o dom da vida.

11. Graciliano Ramos (1892-1953), escritor, jornalista, político e memorialista brasileiro; um dos mais importantes nomes do "Romance de 30". Ele e Lúcio se conheciam, mas não há evidências de que tenham sido amigos.

Devo resignar-me mesmo a perder a obra que imagino realizar. Devo enfim ser de tal modo eu mesmo, que apenas me sinta uma confluência — do passado, do meu passado, dos mortos que se foram — e do futuro, do meu futuro, dos mortos que seremos um dia.

Para contrabalançar a leitura de *Beata Maria do Egito*, uma brincadeira inventada por Rachel de Queiroz, e que nada mais me causou senão um imenso tédio, lanço-me vorazmente à releitura de *O adolescente* de Dostoiévski, que já havia lido há muitos anos. Prazer de reencontrar o melhor Dostoiévski.

*

21 — Essa furiosa corrente que, ao mesmo tempo, nos leva para o futuro e impulsiona-nos para trás...

Explico: ontem, terminando o texto para um documentário cinematográfico para Belo Horizonte,[12] ao mesmo tempo que me sentia velho de cem anos, ante aquelas coisas que tão nitidamente marcam o meu passado, fui ter a uma casa da Tijuca, exatamente nos arredores de uma das primeiras onde morei quando cheguei ao Rio. D. Blandina, a dona da casa, era um estranho ser que havia se detido no tempo — quando? — exatamente há trinta anos atrás. Exatamente no instante em que eu morei naqueles arredores. Lá estava[m] a pequena vitrola de mão, os discos de Caruso,[13] a mobília de [19]25 — e os retratos, sobretudo os retratos, que evocavam uma gente antiga, tão liberta de determinados sentimentos, tão pura ainda na simplicidade de sua vida, e tão autêntica que chegou a me dar um nó na garganta...

Saí: o vento da Tijuca tocava-me o rosto. Procurei os pontos onde havia sido menino. Lá estavam, com o Trapicheiro[14] rolando à sombra, e alguns prédios que sobravam, entre horríveis edifícios de apartamentos e letreiros luminosos. Mas a casa, porém, a casa onde eu morava e que vira há um mês atrás, não existia mais,

---

12. O documentário foi realizado, e, no início dos anos 1990, redescoberto pelo videomaker mineiro Éder Santos (Grupo Mineiro da Moda), conforme se pode ler no artigo "Filme preserva o passado de BH", publicado no jornal *Estado de Minas*, de Belo Horizonte, em 11 ago. 1992. Éder Santos menciona "*c*. 1950", por não ter podido precisar a data correta do filme, que deve ter sido realizado após 1958, como evidencia o texto de Lúcio. O filme *Despertar de um horizonte* (Belo Horizonte, Libertas Filme, Brasil, *c*. 1960, 35 mm, 80') foi dirigido por Igino Bonfioli.
13. Enrico Caruso (1873-1921), tenor italiano. Nas casas de Lúcio e Lelena, sempre se ouviu e se discutiu música clássica, regada sempre a bom vinho branco.
14. Refere-se ao rio Trapicheiro, no bairro da Tijuca, no Rio de Janeiro. O rio nasce no maciço da Tijuca e desemboca no rio Maracanã.

era um montão de ruínas, pronto a ceder lugar a um novo arranha-céu. Através do tabique olhei, aflito, a desordem que ia lá dentro e surpreendi de pé, ainda, um resto do porão onde outrora tantas vezes me escondera com meus sonhos e meus brinquedos impossíveis.

*

Minha mãe: assisti-la morrer assim aos poucos é uma coisa que me obsessiona. Que inútil crueldade, que maldade ou que indiferença em se deixar assim um ser enrijecer-se devagar...

*

Recordar: a única vez em que vi o diabo.

*

Eu acredito em Deus, eu não posso deixar de acreditar em Deus — é Deus para mim uma necessidade mais forte do que a minha existência. Mas como supor que possa lhe agradar o absurdo deste Universo dissociado e sem finalidade?

Todas as Igrejas unificam, é missão delas explicar e emprestar coesão a este mundo disperso — mas como colocar a mim, que nada unifico e cuja única paixão é dissociar para entender, é separar para ver melhor, e isolar para dar sentido?

*

Perguntaram-me: mas afinal, qual é o seu sistema filosófico? Respondi: não tenho sistema filosófico. o resultado de todas as minhas contradições, e das indagações e dúvidas que me perturbam. Como posso unificar aquilo onde não vejo unidade alguma, e sistematizar o que me parece espedaçado e sem sentido? Assim, é a existência[,] é o que me apaixona, e o que eu viso é a sobrevivência. Nas duas, convenhamos, não há sentido algum.

*

Acredito em Deus, acredito em Jesus Cristo — mas não como uma lição servida a meninos obedientes, Deus, Jesus Cristo, como sopros terríveis e imanentes a este mundo de inconsequências — e não como um véu sobre a verdade, arrebatando à sua sombra conciliadora os restos flutuantes de um mundo sem causa e sem governo.

*

23 — Inútil, desesperada angústia, não mais como um elemento espiritual ou de origem religiosa — angústia como uma náusea, pura e simples, percorrendo-me

o corpo, atirando-me, inquieto, contra as coisas e as pessoas. Angústia de felino, como uma ânsia do espaço aberto, do vento e das extensas planícies. Uma impossibilidade de estar quieto, uma ânsia de matéria que me agita e me inunda, como um óleo preto que em vez de sangue corresse em minhas veias. Ah, leopardo — como eu entendo o apelido, eu, velho leopardo, velho de cem planícies vistas quando? onde? — não sei... — mas sempre com a impaciência de quem espera a cada passo o aparecer de um novo horizonte...

*

Ter escrito pouco antes palavras tão duras dá-me uma grande tristeza, porque não é bom nem alegre sentir que um pensamento desses se impõe à gente — e que com ele se dissolve, não a Fé, que seria o fim de tudo, mas a fé no possível e no imediato da ordem — não a ordem em Jesus Cristo, mas a ordem de uma religião estabelecida e certa. Mas estabelecida, certa, que significam estas palavras diante do incerto que é Jesus Cristo? Jesus Cristo só é o incerto. Mas ao confessar a minha tristeza, sei ao mesmo tempo que não é a Igreja que pretendo salvar em mim, mas Jesus Cristo.

Não sei bem em que me tornaria, se em determinados momentos não pudesse pronunciar o Seu nome.

*

Lembro-me de leituras antigas, e de certo trecho do *Journal* de Gide, onde ele afirma que o que Charles Du Bos ama em Jesus Cristo (cada dia cresce em mim a incapacidade de dizer o "Cristo", essa forma literária... — o "Cristo" é o dos intelectuais católicos, Jesus é o da minha infância. Agora, só sei dizer: Jesus Cristo, e a fórmula parece-me mais justa) é o fato de que "Ele agoniza". Tudo que Gide diz de Du Bos é justo — menos isto. De Jesus Cristo o que resplandece mais é a sua agonia. Jesus Cristo vitorioso, é certo, existe — mas é o mais usado pelos burgueses satisfeitos.

*

24 — Sonhos de infância — começo a detestá-los. Sei de onde vêm, e o que significam. Mas adianta? Eu caminho sentindo que me aproximo do começo. No final, tudo é assim: a morte nos atira, limpos, ao ponto de partida.

*

Releio, com pasmo, a anotação anterior de um sonho, no qual procuro apanhar uma pedra, uma lembrança qualquer, nos escombros da casa que havia sido minha em B[elo] Horizonte. Terrível: outro dia na Tijuca, aflito ante os escombros de minha casa posta abaixo, era uma pedra que eu procurava, um ladrilho, e até recomendei a um amigo meu, que morava nas redondezas, que fosse lá no dia seguinte, e apanhasse qualquer coisa, um fragmento que me servisse de lembrança.

Médicos, professores do futuro: exponho-me nu aos vossos olhos de certeza.

*

Eu não queria, eu não podia neste momento cogitar dessas coisas, mas a verdade é que começo a enlaçar-me neste sentimento por B. e tudo se assemelha extraordinariamente ao passado — a tantos passados…

*

26 — Nova noite de sonhos estranhos e agitados. Tidoce surgiu-me mais uma vez e em torno de sua pobre figura travou-se no desenrolar do sonho mais um desses obscuros combates contra a morte. Mas diante de mim, impotente, seu rosto ia enegrecendo — e era o negror severo e corrompido da morte. Havia na angústia deste sonho um tal esplendor fúnebre, que esse rosto se assemelhava extraordinariamente a uma máscara de Goya, traçada com o lampejo da improvisação, mas toda cheia desse profundo horror que marca certas faces secundárias de seus afrescos.

*

Unificar, desunificar: eis todo o problema. Até agora muito se falou no valor da unidade, e na necessidade de calcar todo esforço interior numa tentativa de união — mas eu, que não sou forte em coisas filosóficas, talvez represente uma ideia contrária — uma apologia da dispersão. Não é sem temor que avanço estas afirmativas, mas elas representam o que eu sou, e eu não acredito em verdade alguma que inicialmente não seja calcada na verdade de si próprio. Egoísmo? Morbidez? — quem sabe. Mas há certas coisas que eu vivi que me dão direito de pensar assim, e de imaginar que a consciência que hoje tenho de certas coisas é oriunda do jeito intuitivo com que me lancei ao centro mesmo dessas experiências…

*

Leio em Unamuno que Cervantes disse "ser o idioma português o castelhano, mas sem ossos".

Julho

3 — Em nenhuma outra época de minha vida tive mais nitidamente um sentimento da minha "contradição" — da minha contradição fundamental, que me absorve e me dilacera diante das questões fundamentais que me preocupam. Sinto-me literalmente dividido, e não sei como conciliar estes lados, e nem os vejo separados e inimigos...

Uma frase me obseda: "Deus de Abrahão, Deus de Isaac, Deus de Jacob". Crucificar-se, na sua própria contradição.

*

5 — A necessidade total do drama: em arte, como em política, ou em religião, a manifestação do verdadeiro deve ser um impulso interior e profundo, conduzindo a um clima de choque e de violência. O homem não pode ser uma criatura apaziguada e é sob um impulso profundo, dinâmico e trágico que ele saberá reconhecer a face de seu ideal ou de sua fé. Não acredito num universo em repouso, mas na transformação latente e por assim dizer interior e chamejante, de tudo o que existe.

*

O poder, a implacabilidade com que nesta manhã de sol se apresenta a mim a visão de "As fúrias" — como se entrosam, como se condensam as cenas, os capítulos, os personagens — e tudo isto numa "visão" tão perfeita que até me faz um pouco paralisado, com o sangue correndo mais forte nas veias... ah! conseguirei um dia transmitir todos esses relâmpagos que me atravessam? Ideias, sentimentos, visões, personagens, situações, tudo misturado, aos pedaços, como o ígneo fragmento de um mundo cuja face ainda se achasse velada no nada...

*

6 — Morte, ontem, de Vito Pentagna.

*

Há coisas que quero escrever aqui para que elas nunca mais me saiam da memória. O corpo do morto, no quarto de janelas fechadas, tendo sobre a cabeça uma única vela acesa: tão pálido, tão calmo, com o lenço amarrado sob o queixo. As mãos, tão belas, cruzadas sobre o peito. A viagem do carro fúnebre, à noite, em demanda da capela da Santa Casa.

O velório de apenas dois amigos (houve um momento, bastante longo, em que só eu fiquei ao lado dele...) durante a noite inteira. Ao amanhecer, minha ida, pelas ruas vazias, até o Mercado das Flores — e as violetas, úmidas, que depositei entre seus dedos...

Depois, a viagem. Horas e horas pelas estradas cheias de bruma, até Valença — e lá, aquele céu azul, aquela paz, aquela serenidade que eu já conhecia de momentos mais felizes... Durante a encomendação do corpo, não pude conter as lágrimas — e afinal, carregando o caixão até o cemitério onde ficou para sempre, tive a impressão que era um pouco de mim mesmo que lá ficava, encerrado naquele jazigo de ferro e de mármore.

*

Recordar: a abertura do caixão. Estado do cadáver.

*

Essa atmosfera de morte... esse sufocamento, esse mal-estar: de tudo isto é preciso que eu me liberte. Não pode ser, não deve ser assim a vida: esse jogo fúnebre é às vezes de uma irrealidade atroz.

*

No escuro da noite, o cadáver é luminoso: pela manhã ele escurece.

*

O que Pérez Rubio[15] disse da vida: uma trama que se desfaz, uma cor que se desmancha. Mas não é, não pode ser apenas isto: que obscuro poder recompõe a existência dessa cor perdida? Há vermelhos, azuis, amarelos que nossos olhos não percebem — só que, lá, desse outro lado, as cores são outras, e respondem a nomes diferentes.

*

12 — Missa de sétimo dia por alma de Vito Pentagna.

*

Devolvo hoje a Octavio o prefácio à *Obra seleta* da Aguilar. Ele vai direto ao âmago da questão, desdenhando todos os problemas laterais — e nem poderia ser de outro modo, com o tamanho reduzido a que é obrigado a se limitar. Mas, mesmo considerando apenas o que se poderia chamar de "espinha dorsal" da obra, teria ele visto como o problema se desenvolve, até atingir o ponto em que hoje me acho? Há uma ligação entre tudo, e no modo como hoje a questão explode, há uma coerência que não é procurada. Se falei sobre minha obra "definitiva",

---

15. Pérez Rubio (1896-1977). Pintor espanhol que, em 1940, fugindo da Guerra Civil, se muda para o Rio de Janeiro.

não foi por causa de meios técnicos ou literários — mas é que sob certo ponto de vista não posso ir mais longe do que me acho.

Procurar conhecer a obra de Hamann,[16] que Octavio [de Faria] cita.

16 — Cada dia mais se acentua em mim o cansaço de certa forma de vida. Dizer, e fazer coisas sem sentido, onde uma aparência de espírito — tão leve! — apenas reveste o vazio e o desinteresse. Pessoas — essas de sempre, que acompanhamos sem vontade, apenas porque são as únicas que nos acompanham... Urge modificar tudo isto — mas de que modo? Ausculto-me sentindo a doença, mas sem encontrar o remédio que a cure.

*

A estranha frase de Vito Pentagna, encontrada num de seus cadernos: "B... te amo. Léa [Josephina Pentagna], me perdoa. Lúcio, obrigado". A que se referia ele? Tem algo de um bilhete póstumo.

*

18 — A bebida não embriaga sempre, de onde vem a monotonia que lhe é peculiar. A bebida, como fuga, não é um recurso, é um mergulho sempre no mesmo poço.

Diz Montherlant[17] que os outros recursos são o amor e o trabalho. Talvez. Prefiro o trabalho, sem acreditar no entanto que coisa alguma nos distraia da mecânica da vida.

*

Objetos de Vito Pentagna: livros, roupas, retratos, um alfinete de gravata. É este último, afinal, que melhor o forma na minha lembrança, tal a vivacidade com que reproduz determinado lado do seu espírito. Vito, como um verdadeiro poeta, era um ser de luxo e de gratuidade: nada era mais seu do que essa pedra de coral cercada de pequeninas pérolas.

*

20 — Octavio de Faria, terminando o prefácio à minha *Obra seleta* que a Aguilar vai editar, afirma que "a janela continua aberta", e espera, evidentemente, que esta janela aberta conduza a alguma coisa. Não creio que seja necessário — a janela, apenas continuará sempre aberta. O que quer que através dela se

16. Johann Georg Hamann (1730-1788), filósofo alemão, um dos principais proponentes do *Sturm und Drang*, movimento literário romântico que ocorreu entre 1760-1780.
17. Henry de Montherlant (1896-1972), escritor e dramaturgo francês.

introduza, achará meu coração sempre disponível. Por que mudar, e transformar em regra endurecida o que pode ser acessível e maleável? É da minha natureza, com a janela aberta, imaginar de outro lado o esplendor de todas as paisagens.

*

Desejo passar com as coisas e as pessoas que eu amo. Não teria gosto, para mim, sobreviver numa época de formas e de faces desconhecidas. A cada esquina que se transforma, a cada casa que vejo demolir, a cada amigo que desaparece, sinto que também eu me extingo um pouco. O que eu faço não tem importância: é sendo eu mesmo, e com dureza, no instante que sou, que mais tarde, quando já não for, ainda poderei resplandecer aos olhos dos outros.

*

A mutação da paisagem não é progresso — é contingência. Não há progresso que não seja interior.

*

Montherlant diz — e não pode haver testemunho mais insuspeito — que o homossexualismo é "a própria natureza". No que tem razão, pois no ato de duas pessoas do mesmo sexo se unirem, há um esforço da natureza para se realizar até mesmo sem os meios adequados.

*

21 — Preocupado com uma carta — do padre Trevisan,[18] do Rio G[rande] do Sul — bastante comovente, onde afirma que "já rezou e continuará a rezar por minha alma"... Recebi essa carta há dias, e não tive coragem para respondê-la até agora. Como responder às questões que coloca? Como dizer: "Não é no Cristo, é na Igreja que não acredito" — ou coisa parecida, sem que isto engendre novas respostas e me obrigue a outras missivas que não posso e não desejo escrever?

*

Casamento na Igreja N. S. de Copacabana. Essa igreja, que tanto frequentei durante a minha mocidade, é das mais feias que conheço. Havia me esquecido o quanto é particularmente desagradável. Sacristia transformada em mercado de livros e medalhas. E do lado de fora, na própria residência do vigário, outro mercado clandestino e ignóbil — o dos fogos de S. João.

*

---

18. Armindo Trevisan (*n*. 1933), teólogo, poeta, crítico de arte e ensaísta brasileiro.

Deixar cair no esmorecimento o excesso de relações que [me] oprime[m]. As obrigações que via são tolas e inúteis, e eu cada vez tenho mais necessidade de tempo, de todo o meu tempo.

Saber distanciar-se é uma arte tão grande quanto a de saber aproximar-se.

*

22 — Nunca temos qualidade suficiente para a quantidade de amor que exigimos. Amar, sim — mas sempre que exigimos retribuição há, no fundo, uma espécie de chantagem. É como querer exigir de alguém que pague como de primeira, mercadoria de segunda classe. (Mas, quem sabe, é que talvez a mercadoria de primeira classe não exist[a].)

*

Do poema de Vito Pentagna feito pouco antes de morrer: "As despedidas só importam ao moribundo".

*

Começo a compreender claramente, eu não sou triste, não o posso ser com meu temperamento, minha variabilidade, meu interesse, pelo menos momentâneo, por todas as coisas. Em essência, sou um pessimista — mas isto nada tem a ver com tristeza e alegria, e é a confusão desses elementos que leva tanta gente a me acreditar paradoxal e sem nitidez nos meus propósitos e nas minhas intenções literárias.

*

23 — *Diário* de Anne Frank — aí está um modelo de como deve ser a existência de um escritor: como um prisioneiro.

*

24 — Pureza — amadurecer é só isto. Ir ao encontro, através da idade, desse fundo sereno e simples a que se reduzem todas as coisas, e que não é senão uma pureza latente, essencial.

*

25 — Decisão de renunciar à propriedade — historicamente de há muito é fato decadente, e individualmente é do mesmo modo fato ultrapassado. Lembrar-me de Vito Pentagna, que possuía tantas casas e me dizia sempre: gastei em tê-las e gasto em conservá-las muito mais tempo do que o prazer que elas me fornecem. Uma casa única, que sirva de porto, de ancoradouro — e quanto ao resto, o mundo todo é nosso.

*

28 — Imagem inesquecível: entrando esta manhã no quarto de minha mãe, vou encontrá-la só, a cabeça pendida. Tento erguê-la, e o olhar que então ela me dirige, é decisivo: vê-se que já flutua nessas brumas da morte e que sua apatia, aparentemente igual à de outros dias, já é feita de todo o obscuro trabalho da agonia. Aterrorizado, corro a chamar os outros, mas ninguém pressente no que eu vejo a presença imediata da morte.

*

29 — Domingo — Chega Regina,[19] minha irmã mais velha, que ao deparar com minha mãe, diz: "Ela está muito mal" — "Não, digo eu, não está mal, está morrendo."

*

Quase às dez horas da noite achava-me em casa de Walmir Ayala, quando fui chamado: minha mãe estava à morte. A notícia não me surpreende, e saio de lá correndo, esquecendo o paletó. A casa já se acha cheia de gente, todos os meus irmãos estão presentes. Há um rumor de festa pelas ruas, fogos estalam de todos os lados, o Brasil acaba de ganhar a Copa do Mundo. No quarto, estendida em sua cama, a cabeça pendida de lado, minha mãe vive seus últimos instantes. Um frade franciscano (frei Romano) acaba de fazer uma encomendação especial, já que é válida a extrema-unção que recebeu há tempos. Saio por minutos, a fim de atender pessoas que chegam — e afinal, quando regresso, ajoelhando-me ao chão, em companhia de outros irmãos, vejo-a pender a cabeça e exalar o último suspiro.

Seu rosto agora é extraordinariamente calmo. Lembro-me de coisas antigas, instantes e passagens suas... e sozinho, escondo-me no jardim junto a um vão de parede, a fim de poder chorar livremente. Então é isto, é apenas isto, acabamos aqui, eu, ela, a[s] nossa[s] dificuldades e alegrias passadas? Onde vamos nos encontrar de novo, quando, essa palavra que não foi dita, e ainda no ar, tão quente, tão viva, que parece *suspensa*, como um recado... Ah, assim é a morte: essa súbita parada, essa ponte no escuro. Que adianta, a filosofia e a inteligência — neste mês, meu caminho foi povoado de presenças assim frias. E o que digo me horroriza: morrer, morrer, esse acontecimento sem filosofia. Essa pobre coisa suada e humilde. Permaneço a noite inteira junto ao cadáver, depois viajo levando-o à Capela... Desta vez Adaucto[20] vem comigo. Mas é igual: no silêncio da madrugada

19. Regina Cardoso de Paula Xavier, a Zizina.
20. Adaucto Lúcio Cardoso.

carrego esse despojo sem voz — e lá, assim que amanhece, sou o primeiro a fechar entre esses dedos duros, as primeiras rosas — três rosas brancas — até que o dia se amplie, e eu veja, entre as minhas, uma rosa cor-de-rosa, que Lelena ali coloca, e é tudo o que essas mãos seguram, essas mãos que outrora empunharam tantas flores, tantas rosas, e que dentro em pouco não verei mais — exatamente nunca mais.

*

[30] — Exumação dos ossos de meu pai, a que assistimos, eu, meus dois irmãos,[21] Lelena e Augusto Rocha.[22] Depois de escavar a terra, o caixão, no fundo — e dentro dele, os ossos na posição em que o corpo foi colocado, conservando ainda intactos o paletó e os sapatos. Ao contrário de meus irmãos, que parecem fundamente abalados, esta visão não me dá nenhum choque, até encontro nela uma certa serenidade, como se dissesse, apenas isto, e nada mais. Adaucto [Lúcio Cardoso] me diz: "é uma lição para nos lembrarmos de que nada somos" — e eu rio um pouco, acrescentando — "sem que prove que além disto exista outra coisa". E é mesmo difícil, ao sol forte, e naquele horrível cemitério burguês, imaginar que exista mesmo outra coisa, tanto é difícil acreditar na representação daqueles feios anjos de pedra e naqueles Cristos de ar falsamente compungido.

Agosto

1 — Teresópolis — Sonhei esta noite com Vito Pentagna, um sonho absolutamente nítido, se bem que envolvido numa espécie de neblina amarela e bege. Perguntei-lhe se "a outra vida existia". Ele respondeu-me: "Certamente". E ia acrescentar qualquer coisa, quando por detrás dele surgiu um personagem alto, de barbas, com uma espécie de *caftan* oriental na cabeça. Avisei: "Cuidado, você está sendo vigiado". E imediatamente o sonho se desfez.

*

Amanhecer em Teresópolis, com bruma e árvores pingando. Ah, como me lembro de há dezoito anos atrás, quando aqui estive pela primeira vez... Os

---

21. Adaucto Lúcio Cardoso e Fausto Cardoso.
22. Augusto de Rezende Rocha (1912-1987), entre outras profissões, exerceu a de advogado e de professor do Colégio Pedro II, no Rio de Janeiro. Foi amigo-irmão de Lúcio, aquele que, com Lelena, dividiu os cuidados indispensáveis à paralisia de que Lúcio padeceu nos últimos anos de vida.

sentimentos que então me agitavam, a paixão desnorteada, a falta de caminho — ah, coisas da idade! — enquanto escrevia uma novela (*O desconhecido*) onde tentei lançar, encoberto, um pouco de tudo o que então me perturbava... e não era aquilo uma simples manifestação de vida, infrene e ceg[a], do meu sangue, tumultuado e forte, manifestando por todos os modos sua vontade de existir e de criar?

Teresópolis: é a um mundo de azul e de flores que retorno — nele me reencontro, primeiro e perfeito, com o mesmo entusiasmo e a mesma emoção diante de suas cores.

Acabo de descobrir uma coisa que fará talvez sucesso entre os psicanalistas: o medo, a perturbação que sinto diante de uma moça. As mulheres casadas não me dão tal impressão. (Talvez venha daí o esboço das moças inconsistentes e fluidas que existem em meus romances?...)

*

Farto-me de paisagens: eu as contemplo como se saciassem a minha sede.

*

2 — Manhã de sol. Voz de mulher que canta uma canção religiosa, enquanto lava roupa numa fonte, enquanto, além da cerca, o vento inclina o bambual. Docemente, como se em surdina, uma certa melodia envolvesse tudo...

*

Com Fausto [Cardoso], missa numa igreja simples[23] e aldeã (São Pedro das Vidigueiras) — e como me parece mais tocante do que as pomposas missas das igrejas da cidade!

*

s/d — Após a missa de sétimo dia por alma de minha mãe, uma senhora toda de preto aproxima-se de mim e depois de estender-me a mão diz que é a viúva[24] de Cornélio Penna, e que em nome dele veio me trazer um abraço. Estremeço, tantas são as recordações que estas simples palavras me trazem. Então, após uma pausa, ela me diz que tem documentos de Cornélio a me entregar, e eu prometo ir visitá-la um dia desses, a fim de conversarmos.

*

Leitura: *L'Ombre*, de Julien Green e um livro de contos de William Goyen.

---

23. Capela de São Pedro, hoje paróquia de São Pedro, no bairro Vidigueiras, em Teresópolis (RJ).
24. Maria Odília de Queirós Mattoso.

*

7 — Impossibilidade de jogar outro jogo que não seja o total. Desastres, súbitos abismos, decerto existem — mas que importa que tudo isto suceda, se o élan da alma é essencial, se palpita, desse desejo de se consumir inteiro e sem remissão?

*

12 — Visita ontem à noite à viúva de Cornélio Penna. Maria Odília [de Queirós Mattoso] recebe-me num salão cheio de objetos que me são velhos conhecidos — a caixa de música com seus grandes discos de metal, os dois quadros das perdizes, o trabalho da baronesa do Paraná, a menina morta... todo o ambiente se acha profundamente impregnado de Cornélio Penna, e a viúva me diz: "sua ausência se faz sentir minuto por minuto" — e eu respondo — "é isto, a morte". Porque não há morte para aqueles que não são amados, mas há uma única e que dura sempre, para os que foram muito. Relembramos coisas do morto, suas implicâncias e seus entusiasmos — e ela afirma, comovida, que o morto a acompanha sempre, e que naquele momento mesmo ali se acha, ao lado dela, na sala. Eu não duvido, tão poderosa é a lembrança do amigo desaparecido — e continuamos a conversar num tom mais baixo, como se respeitássemos a presença de alguém que ali estivesse. Durante um momento em que a viúva se afasta a fim de fazer um café, levanto-me, toco com os dedos velhos e preciosos objetos: um álbum de retratos, imagens, o espaldar das cadeiras de jacarandá. Tudo aqui é arrumado como antigamente se arrumava uma casa no Brasil — e sente-se, mais vivo do que nunca, esse amor do autor pela sua terra, pela sua gente[,] "por essa alma que buscamos tanto", como se refere ele num trecho sobre Itabirismo, e que vislumbrava exatamente em Itabira, como um depósito rico e excepcional desse angustiado espírito de brasilidade.

*

20 — Angustiado pela falta de continuidade no meu trabalho. Ah, se eu pudesse, tranquilamente, fazer tudo o que eu desejava! Se eu pudesse ter paz suficiente, interior e exterior — para não abandonar nunca o romance... Há qualquer coisa que me devora, que arde sem cessar no meu íntimo, e que faz com que seja um milagre poder eu continuar todos os dias o fato de subsistir. Mas isto já não o disse eu outras vezes, e noutras circunstâncias? O heroísmo diário de que necessitamos para viver...

*

E no fundo, isto: saber ter paciência.

*

21 — Do livro de William Goyen *Ghost and Flesh*:

Ele pensou: "Mergulhar até este lugar sem luz, sem limite, primordial e viscoso, começo das sementes, das raízes e dos germes... este lugar onde nossa vida encontra sua gênese, honesta, pura, sem nada que a polua, que a torne suspeita, onde ela se move entre os gestos eternos dos homens na grande e permanente exsudação: e aí encontrar relações entre esta vida e a vida de cima, reclamar para si mesmo os sentidos mais profundos, os mais imperecíveis da vida humana". "A vida, acima dessas profundezas, parecia-lhe uma conspiração para obscurecer este gesto. É embaixo, pensava ele, que se acha nossa pureza, nossa realidade e nossa verdade. É nessas profundezas que começa nossa ascensão."

*

25 — A extrema dificuldade com que eu avanço no *O viajante*: o romance parece permanentemente travado. Talvez o defeito não seja propriamente da técnica, mas dos largos períodos em que o deixo abandonado. Necessidade de um impulso mais continuado. Não seria agora o momento, quando tudo parece tão tranquilo em torno de mim? Ah, como me tarda, como me tarda atirar-me à fatura de *Angélica* (sobretudo) e de *Carta póstuma*.

*

Os diários de viagem de Melville. Passeio na paisagem de Londres da época (1756) com um sentimento de "já visto" que me vem sem dúvida alguma de leituras anteriores — Boswell, o Dr. Johnson,[25] que sei eu? — e sem que isto me estrague o prazer que o livro me causa.

*

Dia de uma paz longa e cintilante. Era de dias assim que eu queria feita toda a minha vida.

*

Às vezes eu me pergunto qual a vantagem de se manter um Diário destes. Para salvar o quê? Sensações? Pensamentos? E a que futuro chegarão um dia essas notas, sob que olhos tombarão, frios e desinteressados, que não arrancarão da minha frase acima, por exemplo, nada, nem um pouco dessa experiência que vivi, deste sol, desta paz, deste dia, precisamente deste a que me refiro, e que ainda aqui

---

25. *The Life of Dr. Samuel Johnson*, op. cit.

está, com sua calma, com sua luz, que só reviverão para mim, numa outra época, num outro instante em que abrir este caderno... Sim, jamais o verão, jamais terão dele a ciência exata que eu tenho: mas se um dia alguém achar em seu caminho um outro momento assim, saberá a que me refiro e o que quero — e entenderá a calma e o sol deste momento, porque para isto são feitos os diário[s], e o entendimento de suas sensações furtivas e precárias.

29 — Não, não é verdade, como pretende esse jovem poeta, que o fim da arte (de escrever) é nos tornar melhores... Não é por isso que escrevemos. O motivo justo é que devemos nos desvendar, pois só conhecendo totalmente o homem, é possível a ele ser melhor.

Setembro

4 — Paulo Hecker Filho[26] escreve uma carta a Walmir Ayala afirmando que eu sou mesquinho. Ora, tenho muitos defeitos, cada dia vejo melhor a extensão dos meus defeitos, e como alguns deles são difíceis de sanar e outros inextirpáveis... — mas não me sinto mesquinho e tenho certeza de que não o sou. Quando Paulo Hecker escreve duramente a respeito dos outros, está apenas, segundo seu modo de ver, "servindo à verdade". Mas quando essas duras verdades são ditas por alguém a respeito dele, então estão "impregnadas de ódio". Não tenho ódio a ninguém, e não conheço Paulo Hecker para odiá-lo, o que disse parece-me justo e sincero. Se é dito com paixão — *hélas* — é que nada sei fazer sem paixão. Arrastado a esta correspondência contra a minha vontade, é possível que realmente tenha ido muito longe, mas daí [a] se afirmar que fui levado pelo ódio... A frieza da obra de Paulo Hecker Filho só me desperta um sentimento: o desejo de me incendiar.

*

Todo o dia terminando de passar à máquina o livro de poemas de Vito Pentagna: é como se ouvisse sua própria voz e revivesse o seu gosto barroco pela declamação.[27]

26. Paulo Hecker Filho (1926-2005), advogado, escritor e crítico literário brasileiro.
27. No *Diário completo* (p. 261) aparece anotado ao início deste parágrafo: s/d —. No manuscrito, não.

*

Certos dias, como o de hoje, não é o futuro que se deve olhar, mas o passado, para que não se desanime inteiramente. Há dez anos passados, por exemplo, minha situação era pior do que a de hoje — e se caminhei tanto, que não esperar do futuro, exatamente daqui a dez anos? A esperança é uma linha que o tempo vai encurtando sem nada a nos oferecer na ponta.[28]

*

Leio Tchékhov —[29] as quatro últimas novelas que escreveu. Horrível melancolia dessa gente devorada pelo pessimismo. As qualidades são sempre as mesmas que me encantaram, mas como o autor se debate contra as paredes de um problema insolúvel. São comparsas do nada, e sabem que o são: a linha psicológica em que se desenvolvem é sempre a da descoberta de um fracasso. Ao entardecer essa gente sempre se reúne, e comenta, sem vibração, uma derrota interior que acaba de subir à superfície.[30]

*

6 — Procuro, neste sábado, ficar em casa. Ponho-me em dia com o silêncio, procurando reagir contra o espírito de agitação que se apodera de tantos dos meus amigos ao simples aproximar-se do entardecer de um sábado. Cada vez menos compreendo esta dispersão estéril, essa dispersão de que eu mesmo tanto usei e abusei noutros tempos, e que hoje, no entanto, me parece tão insuportável: uma reunião de amigos, aos sábados, em casa de A., tem um aspecto de sessão fúnebre: são gemidos e imprecações, soma de coisas frustradas e de desejos sem solução. Tudo isto me enerva e me horroriza, precipitando-me num excesso: torno-me cínico, esbanjo-me, sou capaz das maiores loucuras — tudo, menos a permanência naquele estado brumoso, de sofrimento. Será talvez injusto falar assim de amigos a que[m] eu quero bem, a quem respeito e até mesmo admiro, mas mais injusto ainda será calar o meu desarvoramento nestes sábados vazios de sentido...

*

8 — Cidades que me agradam, de que eu me lembro, e com que sonho às vezes, nelas imaginando a vida possível. O sol de Salvador, certas praias de

28. Idem.
29. Anton Pávlovitch Tchékhov (1860-1904), dramaturgo e contista russo.
30. *Diário completo*, p. 262.

Recife... — respira-se aí o vento dos bons quintais brasileiros. Mas São Paulo, por exemplo, como imaginá-lo sem tédio? Não há infância em suas ruas cheias de gente.

*

Tédio, insuportável tédio — aquele pó cinzento a que se refere Bernanos num dos seus livros. É o que eu sinto subir cada vez mais insistente em torno de mim, anulando-me a vontade e o desejo de trabalhar. Em que obscura fé repouso para não liquidar tudo de vez e assim abandonar tudo isto que não amo, e nem sequer me interessa?

*

Leitura: Montherlant — Gide. Deste último releio *Les Jeux sont faits*,[31] porque pouca coisa me interessa tanto neste momento como a velhice e é neste mesmo livro que Gide fala abundantemente sobre a sua.

*

Macedo — *As mulheres de mantilha*.[32]
Simões Lopes — *Contos gauchescos*.[33]

*

12 — Assim é a solidão, mas não devo temê-la, nem fugir dela. Há dois dias sozinho e fechado em casa, acostumo-me a esses gestos que parecem esboçados na sombra. Escuto-me melhor, e reajusto no meu íntimo coisas dispersas, que não são novas, mas que não me eram familiares. Não há uma descoberta, há uma reintegração — e é curioso que neste novo ajuste de coisas, ao decidir-me velho, é o moço que em mim vou reencontrar — tanto esses anos todos de desperdício me acrescentaram coisas inúteis e tanto é verdade que ninguém se transforma em coisa alguma, mas que se é tudo, e de modo definitivo, desde o princípio, desde o berço.

*

Por que o horror da castidade? Há uma, admissível: a que adotamos depois de um inútil conhecimento da carne.

*

---

31. Título completo: *Ainsi soit-il ou Les Jeux sont faits*.
32. Joaquim Manuel de Macedo (1820-1882), médico e escritor brasileiro. O romance histórico *As mulheres de mantilha* foi publicado em 1870.
33. Simões Lopes Neto (1865-1916), escritor — considerado o maior autor regionalista do Rio Grande do Sul — e empresário brasileiro. Seu livro *Contos gauchescos* é de 1912.

Só há um meio de fazer sobreviver a mocidade: é envelhecer sem remorso.

*

Leio em Montherlant que um escritor, para saber descrever, tem necessidade de "ver" — que Balzac, Tolstói, "viam" bem. Não sei a que quer ele se referir com isto, mas investigando o que para mim significa "ver", chego à conclusão de que "não vejo bem", no sentido de que ver é olhar intensamente para uma coisa ou uma paisagem. Olhar, olho muitas, mas tenho certeza de que não consigo vê-las. As coisas, para serem *vistas* por mim, têm necessidade de preexistirem, latentes, no meu íntimo — que tal árvore ou tal lago relembrem coisas já vistas ou sentidas — ou que despertem outras não vistas nem sentidas ainda, mas que estendam suas secretas raízes no meu espírito — que pactuem um pouco, enfim, desse mundo inorgânico que me forma, e onde se mistura às sensações e aos sentimentos, a ponta de uma verdade que do lado de fora vem encontrar o seu eco — próximo ou remoto, que importa — mas ainda assim eco de uma verdade existente ou existida.

*

23 — Eu sei exatamente o que me falta — paciência. Essa paciência miúda, pequena, de todos os dias. O gosto de viver é feito de pausas e descansos. No dia em que eu aprender a conter-me, a descansar e a "sentir" antes de escrever, talvez faça o livro que eu sonho. (Sentir aqui, no sentido de "aprofundar", pois é de sentir apenas, e muito, que vem a impaciência que me consome...)

*

25 — A vida deve ser uma perpétua criação, quando se extingue em nós o desejo de "fazer" é que o fato de "criar" já é um instinto morto. E sem ele, de muito pouco vale a existência...

Criar, até o instante de nossa morte.

Outubro

9 — É curioso como dia a dia a solidão me interessa mais, como me sinto desenvolver, ramificar-me, através das horas de silêncio que furto aos amigos e às pessoas em geral. Tenho a impressão de já ter vivido muito, e de necessitar de um pouco de recolhimento para coordenar tudo o que vim recolhendo no caminho. A calma, que tanto venho preconizando há tempos, é feita de trabalho e de

contato comigo mesmo — e assim, nesse recolhimento a que me obrigo, vou construindo meu romance.

*

No momento, passo à máquina *O viajante*. O romance cresce e se adensa nesta nova versão. Ainda não atingi cinquenta páginas, mas o ritmo do trabalho vai em ascendência: começo a pegar fogo e a sentir que o volume de trabalho aumenta em minhas mãos. Isto me enche de uma orgulhosa felicidade.

*

Leitura: *Diário* de Virginia Woolf. Muito complexo para ser analisado rapidamente. Quando tiver terminado, voltarei ao assunto.

*

15 — Do *Diário* de Virginia Woolf: "Todos os escritores são desgraçados. A pintura do universo refletida nos livros é, por isto mesmo, sombria demais. As pessoas sem palavras é que são felizes".

*

16 — Telefonando hoje para a José Olympio, soube pelo Daniel[34] que meu livro talvez não saia este ano… — e durante o resto do dia passei na maior tristeza, tanto era importante para mim que a *Crônica* saísse este ano, e que *O viajante* tivesse chance de entrar para o prelo no outro. Mas que fazer, consolo-me imaginando o que ainda devo escrever, e traço um plano até 1962, quando devo comemorar meus anos.

*

17 — Visita do padre [Armindo] Trevisan. Acho-o muito moço, muito apressado em "salvar" — mas apesar disto há simpatia no ardor com que se lança contra problemas que mal conhece ainda, e até mesmo no modo *tranchant* com que procura solucioná-los… — um tanto ingenuamente ao meu ver, um tanto cego — mas não é assim que age sempre a gente moça, até mesmo os que vestem batina?

*

23 — Sonhos — as paisagens e as coisas de antigamente. Na casa do dr. Olavo, as violetas e os miosótis. E aquele ar de grande casa fechada, com escadas e passagens misteriosas, por onde se deita às vezes um galho indiscreto de mangueira. Ah, quem sou eu, que assim não perco nunca de vista o que foi — o que

34. Daniel Joaquim Pereira, irmão de José Olympio.

é essa infância, sempre presente — o que é essa fixidez de imagens que só se afastam para regressar mais vivas? Tudo isto, de um modo simples e natural deve se incorporar à narrativa de *O menino abandonado*.

*

28 — Todos esses dias vivendo sob a impressão, não de irrealidade, que sempre foi minha impressão costumeira — mas de que essa irrealidade é uma atroz, é uma obsedante realidade. Imagino que estamos no inferno e não o sabemos, ou pagamos nossas culpas sem consciência disto. Não, não imagino que esta vida seja a morte, e que a morte é a vida — como diz Eurípides. Imagino de modo absoluto e simples que estamos no inferno. Isto dá uma espécie de explicação à minha constante obsessão da morte, e faz da vida, essa coisa banal e sem finalidade, um acontecimento que leva em si o seu significado próprio.

*

Leio, sem conseguir retornar ao trabalho. Em linhas gerais, sei tudo o que quero dizer, mas faltam-me precisamente as nuances, o rendilhado por baixo da linha grossa que borda o pano. Não se tem o direito de escrever, quando sabemos que ainda não nos achamos prontos, e perfeitos, para a aventura. Que um livro fracasse, é possível — mas é desonesto que fracasse por nossa culpa reconhecida e consciente. Mas em nada perde *O viajante* com esse atraso: a ideia central se amplia, as outras se agrupam em torno dela, e a difícil orquestração faz soar seus metais, não na pauta estreita que tracei, mas numa outra, mais ampla, que só agora começo a imaginar.

*

Dificuldade quase física de escrever: dedos emperrados, estômago contraído. Digo "quase", porque sei que estas são máscaras da minha enorme preguiça.

*

Sonhos alucinantes: perseguem-me, incessantes, as velhas visões de crime. Acordo suando, no imenso silêncio que me cerca.

1959

Janeiro

1 — Alguém me pergunta por que me detive esses dez anos — por que deixei de escrever. Emudeço, como sempre, desde que toquem neste assunto. É que, validamente, não sei — e o que sei é obscuro e difícil. Ou melhor, sei, mas não é fácil dizer, como toda verdade não é fácil de se enunciar. Sei, mas por uma ciência secreta e intuitiva. Sei que para se escrever, para se escrever romances — os romances que eu escrevo — é necessário não uma simples imaginação, mas uma imaginação em profundidade, uma imaginação plantada nas raízes do existido. Não invento as paixões que invento — elas existem latentes no meu modo de existir. Dez anos — ou mais — me são necessários para, como diz Augusto [de Rezende] Rocha, cortejar o desastre. O perigo seria o de me destruir nessas viagens — mas escrevo — e o que escrevo liberta-me da morte. Mas haverá um instante em que eu serei destruído pelo meu furor de inventar — será a hora exata em que minhas paixões não conseguirão se transformar em obras.

*

Sonhos — avisos. Todas as pessoas com que[m] sonhamos nos transmitem recados — que são verdades, enquanto estamos vivos, dormindo. Mas que são mentiras, ou coisas esquecidas, quando estamos mortos — acordados.

*

Rios. Lembro-me de paisagens de rios: pequenas praias, grandes árvores copadas, estuários de calma e de sombra. O rio de Aldeia Velha — o meu rio. Um rio fluminense — Leopoldina, Ubá — e um rio, tão mais rio que todos os outros, em Sergipe. O Vaza-Barris visto do avião. O imenso estuário do São Francisco. Ah, nessas longas caminhadas tranquilas não existe uma imagem de tudo o que sonho e que não sou? Não há nada que eu mais ame do que os rios. Através deles, é a minha alma de sertanejo que acorda; sempre que durmo, ouço rios passando, como se estivesse numa tenda de campanha.

16 — Faço as contas, imagino: no máximo, quantos anos viverei ainda? Se tiver sorte, se escapar ao câncer, ao enfarte, à cirrose, à angina, à diabetes e outros males menores — vinte anos. Nem creio ser necessário viver muito além dos sessenta. Mas nesses vinte anos que possivelmente me restam a viver, posso condensar mais esforço, mais trabalho, mais realização do que o já condensado em todo o tempo decorrido... É que a vida é uma série de signos que não compreendemos direito, mas que regularmente nos assaltam ao longo da jornada. Vinte anos é o tempo suficiente para decifrá-los — e para transformá-los de signos em manifestações positivas de assentimento ou negativa, que importa — mas que valham para outros como novos signos que, desta vez, só a eles compete decifrá-los.

*

17 — A surpresa do pássaro ao se lançar pela primeira vez ao voo.

*

20 — Não, a carne não é importante — pelo menos não o é senão em determinada idade. Eu me pergunto se tantas pessoas que eu vejo, exclusivamente dominadas pela carne, pela ânsia do prazer, se não serão assim exclusivamente por uma questão de vício, de hábito, de covardia ante a necessidade de mudar a forma de vida, de procurar o divertimento em formas mais elevadas e menos deprimentes.

*

Esses que afetam me temer tanto, por me considerarem imoral, não é a mim que temem, nem ao que eles imaginam que eu sou — mas ao que apresento deles próprios, à possível tradução dessas faltas — as mesmas que eu sei que não são minhas, mas que sendo deles compreendo tanto, como tudo mais que é humano. No fundo, é a minha compreensão que os aterroriza. Calando-me, sei exatamente que elas são faltas — e eles, é falando e protestando que delas se esquecem como de um acontecimento sem importância.

*

O segredo, como causa de vida. Nunca se é nada aos pedaços, espalhado pelas mãos dos outros. Que nos espalhem depois, que este é o privilégio da morte — mas enquanto vivermos sejamos coesos e obscuros, que estas, sim, são qualidades primaciais dos fortes.

*

Guerra do Paraguai: a personalidade mágica e incrivelmente audaciosa e política de Solano López. Sua formidável atividade durante a campanha torna-o um inimigo à altura do Brasil e justifica plenamente a longa duração da guerra, que parece tão desprovida de senso aos olhos dos incautos. [Solano] López, agressor e desencadeador da guerra, possuía essa chama de atração que galvaniza os povos e denuncia invencivelmente a existência do herói — nele, tudo é malícia e movimento, e nesse caudilho sonhador, que pensou arrastar após si as repúblicas do Prata, temos a primeira noção de um sul-americano imbuído do desejo de conquista e daquilo que Nietzsche chamou de "vontade de poder".

Fevereiro

6 — Sonhos são elementos anárquicos que, incompletos para se constituírem ações — ou até mesmo sentimentos ou sensações — vagam no fundo do ser à procura de uma unidade, que muitas vezes se faz arbitrária ou errada, a fim de se exteriorizar e impor sua existência ao homem.

*

18 — Em determinado momento da vida, as ideias nos precipitam tão longe, somos tão violentamente arrancados da órbita comum, que não interessamos mais a ninguém, nem aos costumes nem às pessoas que nos cercam. Antes que alguma coisa — uma vitória literária, a morte — garanta a autenticidade da moeda que tentamos pôr em circulação, nada nos poderá ajudar no terreno social: somos desgraçados e estranhos animais solitários.

*

19 — Um carro que mói pedras e cozinha o asfalto a ser espalhado na rua — o cheiro do piche fervendo, o ruído das pedras movidas pelas pás, e mais do

que tudo isto, o intenso, o brutal sol de verão, trazem-me à memória, bruscamente, um outro dia igual, com o mesmo cheiro de piche, o mesmo sol — quando? Há muito mais de trinta anos. Repito, debruçado à varanda: há trinta, há trinta e cinco anos. Ah, então era eu um menino ainda, e dizer esta enormidade — trinta anos — não pareceria o mesmo que agora. Então, seria como designar o peso de uma existência inteira, um espaço tão grande a viver que aos meus olhos seria quase imensurável... Um mar, cheio de achados e perigos. Mas hoje, trinta anos não me parecem nada. São pobres os achados, e banais os perigos. É que o tempo não é um acontecimento exterior a nós, como um pergaminho que se desenrola — o tempo somos nós, a nossa experiência. Antes, trinta anos era muito porque nos sobrava muito mais do que isto a viver — mas hoje, que a cota vai diminuindo, parece-nos um nada, e atravessamos de um salto esta distância toda através do calor do sol, do cheiro de asfalto, que de novo sentimos, reinstalando sem dificuldade no homem que somos, o menino que um dia sentiu também tudo isto, numa rua da Tijuca.

*

21 — Um jornal publica hoje a capa do meu livro a sair no mês próximo. Dois anos, e mesmo assim, menos tempo do que levei para publicar *O enfeitiçado*, que durante tanto tempo rolou em minhas gavetas. Mas apesar disto, é o suficiente para que eu perceba os defeitos da *Crônica* e avalie os lados por onde envelheceu. Isto me consola, imaginando que posso fazer melhor. Mas assalta-me uma grande melancolia, imaginando que também este tombará no silêncio e no desinteresse e que, independente de seus defeitos, que talvez só eu conheça, poderia ser uma obra-prima que encontraria a mesma *repulsa* e a mesma prevenção que vêm encontrando todos os meus outros livros...

Mas é de cabeça erguida que eu me preparo para suportar este desdém.

Abril

21 — Apertar os elos, procurar atingir o fim do mais próximo possível. Nunca esquecer o objetivo a que viso — ir sozinho, que é a melhor maneira de chegar depressa. Isto, sobretudo isto, é que não devo esquecer nunca.

1960

Janeiro

28 — Como no primeiro dia, do ponto de partida. Há um tempo de calar, como há um tempo de dizer. Se hoje digo tão pouco, não é porque esteja vazio, não — é porque minha obra me enche de todos os lados. Ela, ou o silêncio. E como às vezes ela se cala por longos espaços de tempo, eis-me distante, surdo a tudo o que não seja seu fortuito apelo, à espera de que a graça se renove.

*

Leio, olho, vivo: repito, não é tão difícil envelhecer. Com o tempo, Deus nos dá meios de olhar sem mágoa a mocidade que não é mais nossa, que passa sem nos tocar, com a leveza e a pressa do voo de um pássaro. Por cima do ar que freme, o que existe e existirá sempre é o céu azul.

*

31 — Almoço ontem no apartamento de Augusto [de Rezende] Rocha. Um sol morno sobre o mato defronte — e cigarras, tão mais nítidas, tão mais positivas do que as que ouço cantar da minha varanda. Ah, como me escuto e me vejo, a dizer sempre as mesmas impiedades, mas tão afastado delas como se assistisse à passagem de um morto. Para se ser só, não há necessidade de se estar só — a solidão é um estado natural que a idade nos traz e do qual não podemos nos

afastar — e onde mergulhamos sempre e sempre, e cada vez mais, até que o rumor em torno de nós também cessa, e somos então a matéria última e definitiva do silêncio — a morte.

Fevereiro

1 — Nós, brasileiros, que não temos nenhum grande livro nacional em que nos apoiar, nenhuma dessas obras básicas por onde se sente escorrer o húmus da gravidade, da certeza, do espírito nacional (temos esboços, tentativas, mas não a obra...)[,] sentimos essa carência a cada minuto que pensamos em nosso próprio trabalho. Guimarães Rosa,[1] que em determinado momento poderia parecer o indicado, visto de longe surge-nos perdido pelo maneirismo. É como alguém a quem fosse incumbido tocar um hino, e que o complicasse tentando tocá-lo com mais instrumentos do que os necessários.

*

Relendo Virginia Woolf, *Mrs. Dalloway*. Jamais poderia supor que Clarice Lispector viesse tão completamente desse livro, a ponto que é difícil imaginar sua obra sem a existência daquela.

*

Anotações em torno do *Journal* de Julien Green (*Le Bel Aujourd'hui*).

Green é desses espíritos que veem o diabo em todos os lugares, inclusive nas coisas mais simples. Lembro-me do pintor Marcier que, certa vez, não sei mais quando, declarou-me peremptoriamente entrever a presença do demônio numa chuva de papéis coloridos que caía de um edifício. A meu ver, uma presença tão constante só consegue um resultado: sublinhar a ausência de Deus.

*

Tanta sensibilidade, nuançada de melancolia e de ingenuidade[,] faz ressaltar, como uma espécie de remorso, a força, o ímpeto, o grau enorme de nossos apetites, de nossas mentiras, de nossas pompas. Não que eu deixe de admirar essa simplicidade de Julien Green — mas esse *Journal* me faz lembrar sempre o de uma solteirona, culta e beata. Mas não o *Journal* de uma solteirona católica — oh,

---

1. João Guimarães Rosa (1908-1967), grande escritor brasileiro, autor de *Grandes sertões: veredas*.

isto, jamais… e sim o de uma protestante. Ele remove céus e terras para espanar o demônio sempre por detrás dos móveis, se bem que ele próprio saiba, e de há muito, que a casa está perfeitamente arrumada.

*

A propósito da dor alheia, num enterro, diz que alguma coisa lhe grita: "abraça-o!", mas que ele não o faz, pois "só o Cristo o teria feito". E acrescenta: "nós não fazemos quase nunca o que Cristo teria feito". Discordo, pois nunca vejo o Cristo como um consolador. Quem distribui a verdade não consola. Sua maneira de confortar o homem é fria, reflexiva, distante como alguém que ama o todo e não o detalhe, a causa e não o efeito, como se soubesse que toda espécie de consolo, precisamente, é inútil, desde que se refira a este mundo. O Cristo nunca abraçou ninguém.

*

Nós falamos sempre, falamos demais sobre a morte, mas a verdade é que dela sabemos muito pouco. Vito Pentagna, que a esse respeito discorria com grande intimidade nos tempos em que tinha saúde, assim que a sentiu aproximar-se, e viu que sua vida estava realmente condenada, lançou-me um grito pungente: "Ah, o valor da saúde… Nós só sabemos quanto isto vale, no momento exato em que para sempre nos achamos do outro lado".

*

(Alguém, que acaba de folhear estas páginas, indaga-me: por que você nunca cita fatos, nem se refere ao que realmente lhe acontece? Quem me faz esta pergunta tem dezessete anos, e só a mocidade, evidentemente, justifica a pergunta. Pois o que narro aqui, acontece, mas com uma diferença — só acontece a mim mesmo. Quase sempre o que interessa para fixar, não é o que é vivido em comum, mas o particular. Uns são fatos apenas, os outros são experiências de fatos. Fatos são fatos, e experiências são as almas desses fatos.)

*

O inferno em vida. Conheço poucas pessoas que tenham conseguido estabelecer desde já o inferno definitivo em suas vidas, tanto o inferno é uma realização difícil como que para qualquer obra que para ser levada a efeito necessita as forças do absoluto. Mas de uma sei que conseguiu plenamente viver uma condenação antecipada. Só que, por mais estranho que pareça, ela o ignora. Por uma espécie de obliteração que acontece a certos doentes, perdendo de vista a saúde e julgando que o mundo inteiro é feito apenas de doença.

*

2 — Há, é certo, esses momentos difíceis em que perguntamos se Deus, a ideia da morte e outras coisas não serão apenas um mecanismo que funciona de acordo com certos temperamentos... Se outros, constituídos de modo diferente, não viverão isentos dessas lutas e desses terrores, e se afinal de contas, na hora de partir, tudo não será a mesma coisa, e irão do mesmo modo para a vala comum do esquecimento — para o nada — os calmos e os agitados, os eloquentes e os frios, os de fé e os sem fé...

*

Pode-se imaginar que só importa o amor que for caridade, o amor do seu semelhante, que é o único amor de Deus. Mas então, como não sentir uma tristeza imensa, uma sensação de vazio e de abandono ante lugares e paisagens deste mundo, que percebemos nascidos para serem transfigurados ao sopro da paixão, do amor puro e simples, do afeto e das juras de fidelidade?

*

Padre [Armindo] Trevisan.

*

6 — O sentimento de que às vezes tudo se obscurece, e a própria vida perde sua razão de ser. Agarro-me às coisas como um desesperado (este sonho de servir, de auxiliar em hospitais aos que podem precisar de mim, já não fora antes o de Walt Whitman?)[2] e escorrego de intenção em intenção, frio, desamparado, sem encontrar mais o que antes me retivera como uma esperança...

*

Depois do *Journal* de Green, volto a Jouhandeau:[3] *De l'Abjection*.

*

17 — *O retrato da morte* de Octavio de Faria. Sim, mas da vida, "desta" vida é o único retrato que temos.

*

Geralda, Renata, Branco — esses nomes todos da paixão. Que importam, *somos* nós os nomes de homens de paixão. Por trás do que escreve, que outra coisa

2. Walt Whitman (1819-1892), poeta, jornalista e ensaísta americano. Seu livro *Folhas de relva*, publicado pela primeira vez em 1855, é um marco na história da literatura americana.
3. Marcel Jouhandeau (1888-1979), romancista, novelista e ensaísta francês.

perseguimos senão Octavio [de Faria]? Para que ele nunca duvide porque sua luta é entre sua autenticidade e seu caráter: de paixão, e não da Paixão.

*

Este romance e o mais longo "travesti" que [(?)][4]

*

18 — Não sei, mas a naturalidade em romance não é obtida pelo acúmulo de fatos naturais. É exatamente isolando alguns, trabalhando-os, exaurindo-os em toda a sua densidade, que se obtém o efeito desejado, pois o contrário pesa, e num constante fluxo de coisas "possíveis" de terem sido vividas, temos no máximo um programa ou uma estatística da vida, mas não a vida.

*

O que falta a O[ctavio] como romancista, é o lado de sombra, que no romance compõe cada personagem. Ele não os esculpe, nem os desenha, deixando o "mistério", se assim posso dizer, não à poesia, mas ao fato mesmo, e ao mais difícil dos fatos para ser aceito como poesia: o milagre.

*

Essa insistência no sexo, esse "pecado" do sexo. Obliteração da vista do autor: se não o compreendemos, é porque não se trata de um problema de ordem geral, mas um problema do autor. A obsessão do sexo, em Octavio de Faria, é uma ressonância do passado, um eco infantil, do qual ele não conseguiu se libertar. O sexo a que parecem presos seus personagens, é um sexo "narrado", e não "vivido", porque não é uma equação resolvida pelo autor, e não o será nunca, ainda que ele "peque" o maior número de vezes possível. A verdade é que para se ser um pecador total é necessário se amar o pecado, e para Octavio de Faria, pecar é como ir à igreja salpicar-se de água benta, um ato "acontecido", e não "incorporado" à sua natureza.

Como Julien Green, de quem ouso aproximar o nosso romancista, o problema se choca com uma natureza mais de protestante do que católico.

*

O milagre não é poético, é violento. É uma violência, uma exacerbação, uma ruptura do natural, portanto chocante e traumático. Não acresce nenhum material lírico ao cotidiano — transcende-o, inutiliza-o, pulveriza-o. Todo milagre poé-

---

4. O texto ficou inacabado; a folha seguinte do caderno, que seria sua continuação, foi arrancada. Provavelmente Lúcio tratasse da personagem Timóteo, de *Crônica da casa assassinada*.

tico é de origem diabólica. A poesia é absorvível, e é isto o que faz seu caráter poético, o que nela é aquoso, assimilável além da razão, imediata, avassaladora — o milagre é estático, revulsivo, difícil de ser entendido e assimilado — e quando o é, paralisa e trucida.

*

A verdade, sim, é o que interessa — mas só para quem a descobre.

Março

4 — [Vicente de] Paula Lima acaba de partir para São Paulo. Da sua estadia aqui, uma coisa aprendi, já que ele soube ver tão nitidamente no meu caso: o perigo, que vem, não das circunstâncias, mas da minha própria natureza. Não, desta vez agirei de outro modo — desta vez serei forte — desta vez não usarei represálias contra fantasmas que só existem pelo meu medo de perder...

*

Assim e aqui — é de onde devo me lembrar. Sei que as cores se inventam, e que há estranhos azuis se compondo nos domínios do sonho. E rosas doentes aquecidas à fornalha de um erro ou de uma injustiça, feitas de rubores impacientes, de lamentos e voos agudos de pássaros imaturos. Sei que há amarelos, turquesas e invenções crepusculares. Aquele roxo, por exemplo — é de crepúsculo o seu odor. Não de violeta, esse odor colado, essa coisa vinda do íntimo da terra, essa clave de vermelho e azul profundo — não esse odor, mas um outro, vibrante, nítido, rasgado à sombra como o efeito de um intenso — alto e eloquente. Um roxo de paixão. Um roxo de sacristia, mas ainda vivo, ainda pleno em sua inteira mocidade, roxo de flor achada no sertão — no seco sertão do meu país. Roxo, eu te designo assim vivo — como te extrair deste meu sonho de infância? Cachos e perfumes. A memória acode à fome do poeta — e é te vendo, tão límpido e seguro, uma abelha esvoaçando em torno desse pólen de ouro que Deus desperdiça a sua passagem — e o nome eis: heliotrópio. Nu, o galho pende por amor da lembrança.

*

27 — Todas as paixões me pervertem, todas as paixões me convertem.

Outubro

17 — Não é à alegria que nos candidatamos, como se usássemos de um direito ou não — é à tristeza. Porque, bem pensado, a alegria é um sentimento espontâneo e inocente, que existe em todos os lugares e em todas as situações como uma planta nativa — enquanto a tristeza, mais solene e mais digna, é como um veludo que somente adornasse aquele que fosse digno de sua sombreada púrpura.

Dezembro

2 — Recebo de Paris jornais que me envia Rosário Fusco. Num deles, uma entrevista de [Carlo] Coccioli. Diz ele: "As fronteiras do homem é o inumano. É o monstro. É a abjeção. O vício. Assim, para investir o homem no que ele tem de mais luminoso e de mais puro, tenho necessidade de monstros". Mas isto já não me parece tão novo...

1961

Janeiro

1 — Fazer o silêncio em torno de nós, quando se desencadeou o rumor e a falta de paz... como é difícil! Mas eu o conseguirei, que este é o meu verdadeiro elemento. Vivo apalpando os minutos, à espera de encontrar neles esse resíduo que me forma e cuja existência me é tão necessária, ao mesmo tempo que, vendo-os tão inúteis, tão pobres, avalio comigo mesmo o quanto fui longe, o quanto caminhei no sentido de me adaptar e de vencer a minha nativa rebelião...

Ah, mas com que força, com que claridade, com que certeza serei de novo eu mesmo, assim que encontrar de novo, entre meus dedos, esse musgo denso e rico que sempre me formou e me distinguiu...

Fevereiro

16 — Logo ao amanhecer, notícia da morte de Goeldi.[1] Lembrei-me das

---

1. Oswaldo Goeldi (1895-1961), gravador — considerado um dos maiores nomes da gravura no Brasil —, desenhista e ilustrador brasileiro. Foi amigo de Lúcio.

primeiras vezes em que o vi, tão longe já, em casa de Beatrix Reynal,[2] em jantares com artistas e escritores. Lembro-me das vezes que me visitou, das últimas em que estivemos juntos, das conversas que a seu respeito mantive com Darel,[3] por exemplo. Pela sua natureza e pela sua obra, Goeldi sempre me pareceu um homem misterioso. Havia nele, indubitavelmente, esse traço enigmático que em tantos artistas nem mesmo a morte dissolve. *"Tel quen lui-même enfin…"*—[4] certo, mas não no sentido em que nossas sombras se esclarecem, mas naquele de que a sombra única, densa, finalmente intransponível, limita nossa essência além das injustiças e das crueldades humanas.

*

Vou depois a São João do Meriti, à procura de um amigo que deve resolver certo problema meu. Encontro-o no hospital, a debater-se com um tiro que ele próprio desfechou contra o coração, sem conseguir matar-se.

*

E da janela, enquanto penso, vejo chegar, embaixo, os restos de uma pobre moça que se atirou sob as rodas de um trem. Armam-na dentro de um lençol, que parece estreitar o corpo magro de uma criança. Nada deixou — só a bolsa, com um endereço de rapaz e o seu próprio nome — Norma.

Descansa sobre a mesa, entre quatro velas baratas. A desgarradora, a indizível tristeza dessa morte.

*

De todos os lados, incansavelmente, como um fumo que fosse impossível deter, a vida que se esvai…

É no campo, de uma alegria sem-par, árvores cobertas de flores que o vento brando agita. Pressente-se que as abelhas erram às tontas pelo ar.

17 — O que mais eu admiro atualmente na vida: o ardor. Refiro-me a esse calor particular que se emprega em coisas que nem sempre se deseja muito. A verdade é que não tenho mais ardor — vivo como posso. E nem sempre é pouco.

---

2. Beatrix Reynal, pseudônimo da poeta uruguaia radicada no Brasil Marcelle Jaulent dos Reis (1892-1990). Foi amiga de Lúcio.

3. Darel Valença Lins (1924-2017), gravador, pintor, desenhista, ilustrador — ilustrou a capa da primeira edição de *Crônica da casa assassinada* — e professor brasileiro. Foi amigo de Lúcio.

4. Em francês: "Tal que a Si mesmo enfim". Stéphane Mallarmé. "A Tumba de Edgar Poe", trad. de Augusto de Campos. In: Augusto e Haroldo de Campos e Décio Pignatari. *Mallarmé*. São Paulo: Perspectiva, 2019.

*

O que J. quer de mim: a alma. Mas eu, que a desperdicei tanto, não tenho coragem para servi-la assim friamente, aos pedaços: ou perco-a toda ou conservo-a toda.

*

Leitura: *Getúlio Vargas, meu pai.*

D. Alzira,[5] que é tão simpática, não voltou a si ainda e não perdoa a ninguém este fato estranho: ter se mantido durante tanto tempo na cúpula dos acontecimentos e de repente estar por baixo deles. Que falsa imagem deve ter gerado durante este período: não é lá, é do lado de cá que se encontra a vida. Essa História, que também ela escreve com um tão solene H maiúsculo, não se desenha ao gosto das nossas inclinações e daquilo que supomos a verdade — surge por uma fatalidade íntima e pelo esforço de uma verdade que nem sempre apreendemos no seu devido tempo.

Lampedusa: *O leopardo.*[6]

*

s/d —[7] O nome de Faulkner não me traz imediatamente ao pensamento a lembrança do grande romancista que foi — e nem a desse escritor solertemente apontado por certos críticos que não conseguem alinhavar dez linhas seguidas de uma história — como "marco intransponível do romance". Não. Marco ele o foi, mas não "marco intransponível", pois o destino de todo marco, queiram ou não queiram os nossos inteligentes, é ser ultrapassado. Como todo grande escritor — não falo como certo exaltado que outro dia berrava num jornal: "Criador, mas no sentido absoluto do termo, isto é, que arranca alguma coisa do nada". Isto é burrice, apenas burrice. Do nada, só se tira mesmo é o nada, pois todo criador tira sua criação, qualquer que seja ela, do seu fermento interior, de suas contradições, de sua ânsia de entender e captar, impondo assim ao mundo um conjunto

---

5. Alzira Vargas do Amaral Peixoto (1914-1992) foi chefe do Gabinete Civil da Presidência da República durante o governo de seu pai. O livro, *Getúlio Vargas, meu pai*, foi publicado em 1960.
6. Giuseppe Tomasi di Lampedusa (1896-1957). Seu romance *Il Gattopardo* (*O leopardo*) foi publicado postumamente, em 1958.
7. Lúcio trata de um de seus autores prediletos e do encontro que teve com ele. Entre 9 e 14 ago. 1954, Lúcio esteve em São Paulo, trabalhando como repórter da *Revista da Semana*, para fazer a cobertura do 1º Congresso Internacional de Escritores. Ocasião em que conhece e entrevista — em francês, como ele mesmo relata — William Faulkner.

de valores que representem exatamente a estatura de sua força interior. Não há dúvida de que Faulkner brilha numa das esquinas da literatura — e das mais belas, das mais altas, das mais justas, mas brilha simplesmente porque na verdade era um "criador", não de conflitos literários insolúveis, mas de conflitos humanos — estes sim, insolúveis, porque feitos dessa tumultuada matéria com que besuntam as mãos todos os escritores dignos desse nome e que se chama injunção humana.

A lembrança que me ocorre imediata — acima daquele que trouxe até nós Temple Drake, Sutpen ou Sartoris —[8] é a de um homem, um homem pequeno que vi aí pelos idos de [19]53. Repito, era um homem pequeno, para que sua figura se delineie claramente. Poderei acrescentar que era um pequeno homem intranquilo, desajustado, incerto, rodeado pelas luzes e curiosidade de todos os jornalistas de São Paulo que se comprimiam em torno dele. Isto me levou a pensar que era aquela quantidade de gente que o intranquilizava. Quanto ao local, era um dos salões do Esplanada Hotel, precisamente aquele que fica quase defronte ao bar. Específico assim o local, porque durante alguns dias segui de lá, entre penalizado e divertido, aquele motim em torno do grande homem, apalpado, remexido, soletrado, indagado, por todos aqueles seres ávidos de notícias, quaisquer que fossem. E não só eles, mas essa outra espécie também, matreira e sombria, que "acontece" no apogeu das grandes glórias em perigo de colapso cardíaco, e que ainda recentemente entre nós se chamou Fundação Guignard. No entanto, não demoraria muito em verificar o meu engano. Um garçom me informou distraidamente que todas as manhãs Mr. Faulkner pedia o seu café, "café" este que consistia em meio copo de gim e alguns dedos de tônica. Que saibam desde logo os apressados e os de má-fé, que não estou tentando enegrecer com estes detalhes pífios a memória sagrada de Faulkner, não, e mesmo porque era lá também, junto ao mesmíssimo garçom que eu ia buscar também a minha dose diária do mesmíssimo "café".

E foi assim, rodeando Faulkner como o caçador rodeia sua presa, que permaneci alguns dias: haviam-me dito que o escritor não falava francês, e eu não me aguentava em inglês. Até que um dia, ajudado por alguns "cafés" a mais, atirei-me ao grande homem. Surpresa: respondeu-me ele em francês fluente, de

---

8. Personagens de romances de William Faulkner. Temple Drake, de *Sanctuary* (1931), Thomas Sutpen: de *Absalão, Absalão!* (1936) e família Sartoris: de *Sartoris* (1929).

muito melhor qualidade do que o meu. Os jornalistas haviam lhe afirmado que fora a língua nativa, que seria usada por meio de um intérprete (ah, esse intérprete!) só poderia se fazer entender através do castelhano, língua que ele ignorava tanto quanto o português.

Nessa única entrevista, de tom exclusivamente literário, Faulkner deixou-se surpreender por mim com extraordinária simplicidade. Para os que o filiam a Joyce, ou [Henry] James, ou Flaubert — ou a quem quer que seja —, afirmo que ele se considerava apenas um herdeiro direto de Balzac. Queria criar tipos, homens e mulheres que se assemelhassem aos homens e mulheres que encontrava em seu caminho. O Sul era nele, antes de tudo, uma profunda necessidade de humanização de seus personagens. Quanto ao seu escritor predileto, citou Flaubert e, para escândalo meu, disse que seu livro de cabeceira era o [A t]entação de Santo Antão. Nem mais e nem menos.

Finalmente, perguntei-lhe se considerava sua visão do homem pessimista ou deprimente, como na época (creio que a do Prêmio Nobel) afirmavam jornais estrangeiros. Respondeu vivamente:

"Jamais. O que disse a essa gente foi que a História é uma roda que gira, e ora tem um dos seus lados mergulhados na sombra, ora na luz. No momento em que vivemos, acha-se ela mergulhada na sombra."

Por mim entendi, e não perguntei mais nada. Quieto, fiquei olhando em silêncio o extraordinário homem. Repito: um homem pequeno, de nariz vermelho, desses que ostentam certo gênero de bêbados. Um ser miúdo, malvestido e até mesmo com aparência de maltratado. Assim me pareceu a figura de Faulkner — mas desprendia-se dele, como um facho inquieto, essa aura de força e violência que é a característica de certos homens de poder excepcional.

E além disto, mais do que tudo, confirmava-se minha primeira impressão, da falta de paz: o grande escritor era inquieto, hesitante e pouco confiante em si mesmo. Fumava sem descanso, enrolando nos dedos um cigarro aflito. Assim eu o vi: exatamente um homem sem paz, ele, que para mim era o maior romancista vivo.

Viria encontrar a resposta mais tarde, nas páginas do *Diário* de Virginia Woolf, outra grande intranquila do nosso tempo. Dizia: "Todos os escritores são desgraçados. A pintura do universo refletida nos livros é, por isto mesmo, sombria demais. As pessoas sem palavras é que são felizes".[9]

---

9. Lúcio repete a mesma frase de Virginia Woolf na anotação do dia 15 out. 1958.

A falta de paz de Faulkner vinha da permanente consciência de sua condição de escritor e de ser humano crucificado à febre agônica do seu tempo.

Março

2 — Mais um filme sobre o tema da moda: o da juventude em revolta. No caso, trata-se de artistas, pintores e escritores, vivendo dessa vida que o existencialismo trouxe à tona. Diante desse angelicismo levado a tal ponto, não é difícil perceber por que o monstro revive no artista com tão furiosa nostalgia: é que o homem tem necessidade de equilíbrio, e é gritando pelo extremo que ele pode aceitar o extremo dessa gente marcada pelo desespero de perder o pecado. A culpa, aqui, é o fruto de uma ausência, e não o resultado do excesso: os verdadeiros pecadores não se ocultam e nem se aglomeram em bares e subterrâneos, mas andam soltos à luz do dia, se bem que de faces veladas.

*

Uma frase do filme citado acima: "Nada de realmente terrível pode acontecer à mocidade". É com lugares-comuns deste quilate que destruímos nos moços a crença no valor da experiência e da serenidade. Nós os deixamos sozinhos no terreno da autoconsagração. Pois a verdade é que tudo de terrível pode suceder a todo mundo, em qualquer idade, a partir do instante em que nascemos.

*

9 — Não sou eu que procuro o romance — em geral até o evito, Deus sabe lá por que razões. Mas ele é que se impõe a mim, e de tal modo, que é como a tessitura de um pano elaborado com linhas pretas e idênticas. O que me faz escrever é a espantosa melancolia da vida.

Julho

9 — Esses homens, precisamente esses que vislumbro em meio à multidão; que parece não trazerem a alma nos olhos, mas ausência e frieza. É que, vagarosos, vão impelindo para frente a única identidade a que realmente dão importância, o sexo. É, como se carregassem um gigantesco sexo na alma.

*

Aprendo, aprendo a toda hora, de todos os modos. Aprendo uma infinidade de coisas da noite e do dia, voraz e desajeitado como um bicho. Aprendo com o suor da minha surpresa e a seda invisível que recobre a novidade.

Ah, como vivo!

Agosto

1 — Escrevo estas linhas em Muriqui, onde já estive, neste ramal de Mangaratiba onde tanto já vim pelo passado. É um dia frio e com intermitências de bruma e de sol: passeio, e não encontro mais o encanto que sempre encontrei aqui, tudo me parece vazio e sem significado. Mas a paisagem não é a mesma, e a estação e os trilhos da estrada de ferro que eu tanto amo? Bato inutilmente o carvão que cobre a estrada — não, realmente essas coisas já não têm mais o mesmo gosto. E sou eu que mudei, não há nenhuma dúvida, e não tenho mais calor, nem paciência, nem mocidade para inventar dos lugares o luxo que sempre inventei para poder amá-los. Eles se esgotam ante os meus olhos impotentes: queira ou não queira, deles sou estrangeiro para sempre.

*

Num jornal, em destaque, um artigo sobre Machado de Assis. Está cheio de referências à "dignidade", à "austeridade" do escritor — e se refere até mesmo ao tom patriarcal de suas barbas. Meu Deus, que dignidade é esta, que se produz como um fato elaborado e penosamente conseguido? Dignidade é coisa inerente à natureza de quem a porta — do contrário, jamais passará de uma virtude burguesa, do corolário específico de uma vida ociosa e antinatural, porque destituído do elemento vivo, que se chama grandeza.

*

É isto o que me comove: esta pobre mulher curva, velha, com o seu saco às costas. Tão humilde, que nela o tom, a cor, essa densidade de ser ocupando o seu espaço, é da mesma tonalidade da terra, do seu mesmo odor escuro de fumaça. Ah, Brasil! Sigo-a com os olhos, o coração parado — aí está, não é isto, como disse certo escritor russo que me desespera de Deus? É exatamente o que me faz crer em Deus.

*

Há três modos tão evidentes de amar: o primeiro, quando se é muito moço, e tenta-se abstrair desse primeiro amor a participação do mundo. [O] segund[o], um amor já afeito às responsabilidades da condição social, da posição por assim dizer — e tenta-se o amor, tentando incorporar a ele o mundo. O terceiro, o mais grave de todos, é só o mundo que tentamos, desencarnando-o desses primeiros amores que são pessoais e egoístas. Inútil dar a esta última forma outro nome que amor — é o mais alto deles, o mais difícil, aquele pelo qual reconhecemos a presença rara do homem de alta envergadura.

*

O santo não repele o mundo como tantos pensam — pelo menos aqueles que mais entendemos e nos são mais próximos. Eles convertem o mundo à sua febre.

*

Jamais me canso de indagar a origem dos sonhos, pelo menos desses sonhos desgarrados e fulgurantes, que surgem com toda a força de fatos já vividos, e à sua mistura de pessoas e de situações, inserem esse clima profético que tanto nos abala assim que despertamos. A origem deles nem é tão clara como quer Freud, nem tão obscura quanto supomos — é uma criação híbrida de sentimentos que nos são constantes e de instintos de previsão que modelam espectros e cenas de alta tensão, com formas comuns e habituais que seriam ligeiras se não fossem impulsionadas por essa carga de alta voltagem.

*

A chuva no escuro: de longe, sentimos sua força escorrer nos vaus onde não passa ninguém. Uma luz passa vigilante no espesso do mato, como olhos vigilantes — é um cão molhado que se esgueira.

*

Amor da monotonia: amor da construção e da certeza.

*

2 — A palavra que este autor brasileiro mais preza, pelo número de vezes que a usa em seu livro, é "sutil". Convenhamos que das graças literárias, a sutileza é a que caducou mais depressa. De poucas, também, tanto se abusou como adorno e expressão: chegou mesmo a ser característica de uma época, aquela precisamente cuja qualidade essencial era a falta de característica. Falo, é claro, da sutileza de Anatole [France] e não da de Stendhal.[10]

10. Jacques Anatole François Thibault, conhecido como Anatole France (1844-1924), escritor

154

*

Agora sei: a luz dessas paisagens de sonho, tão específicas no seu tom fluorescente e fixo, é a luz com que verei as coisas depois da minha morte. Não a inventamos, nem ela se inventa do nada; nós a trazemos do íntimo, porque lá existe permanente, já que o futuro absoluto que levamos não é o que nos faz viver, mas o que nos leva a sobreviver.

*

Não creio ter amado nada mais neste mundo do que os trens — é um idêntico sentimento que me leva ao escorrer dos rios. Os trens que passam, fogem, precipitam-se, e esvaziam-se na escuridão da noite — esses trens que parecem máquinas cegas do destino, tão pesadas resfolegam ao longo dos trilhos — e que são imagens da nossa condição de prisioneiros — e cuja fúria assisto, imóvel junto às portas, sentindo no rosto as gotas frias da chuva que cai.

*

Cães, inumeráveis cães, magros, gordos, brancos, ossudos, ferozes, parados, aos bandos, atentos ou indiferentes — cães de todos os feitios e de todas as cores — não os cães amenos que dizem ser o[s] amigo[s] do homem, mas os cães participantes que arrastam os despojos já sem autoridade para as latitudes fechadas do cemitério.

*

Cristo expulsou o demônio de uma vara de porcos — há cães que não são inocentes e transitam entre os outros bloqueados em sombra. Mas de repente, e pelo espaço de um minuto, qualquer coisa azul crepita no vazio esbraseado de seus olhos.

*

O pelo, a lã quente de certos cães: não revestem a mecânica bruta do corpo, mas o gelo de máquinas que obedecem a um impulso ofensivo e sobrenatural. Pelo, disfarce do nada.

*

Especialmente, *aquele* cão.

*

Otto Weininger narra, não sei mais onde, e nem com que palavras exatas,

---

francês, vencedor do prêmio Nobel de Literatura de 1921. Stendhal, pseudônimo de Henri-Marie Beyle (1743-1842), foi um escritor francês, autor de *O vermelho e o negro*.

que foram os latidos dos cachorros, à noite, nos arredores de uma hospedaria de Hamburgo, que lhe revelaram a existência do espírito do mal.

*

Não me esquecer das matilhas de cães famintos que se postam à entrada das cidades. Os que vi (numerosos, às centenas) em certa madrugada quando entrava em Casimiro de Abreu. Eram como demônios perseguindo o cavalo que eu montava.

*

J. C. me pergunta por que não falo sobre literatura. É difícil explicar: literatura para mim não é fábula, mas uma condição de vida. Poderia conversar, e facilmente, sobre aquilo que me fosse exterior, mas jamais com naturalidade suficiente sobre aquilo que reveste meu íntimo, e é o tônus do sangue que me percorre sem descanso as veias.

*

3 — Admirável manhã, de sol e rumores leves. Acordo bem-disposto, faço compras, olho o mar: como a vida me parece distante da noite — e no entanto, *aquilo* também é vida. Haverá possibilidade de um permanente programa de saúde? Condição primacial: combate à inatividade. Não à indolência — há indolência mesmo na atividade. Mas à inatividade, que não é a mãe de todos os vícios, mas o princípio de todas as frustrações.

*

Quanto a mim, miserável homem inculto e de mau gosto, a solenidade das paisagens históricas me oprime. Que posso fazer? Não sou guardião de museus. Amo as estradas largas e sem compromisso. Amo o futuro e o que faz o homem do futuro. Gosto das cidades que ainda forjam a sua história, e dos homens que ainda somam a sua vida — não dos que a encerram. Será preciso repetir isto? Este nosso autor é um exemplo vivo de pedantismo. Vivo, e não morto — que mortos temos vários, e mais importantes do que ele. Vivo porque sublinha não o amor que devemos ter pelo que se foi — que ele não sabe amar, porque não sabe ver sem projetar sobre o objeto contemplado a sua sombra — que não sabe considerar porque não sabe se pôr à margem do trânsito fechado do que não existe mais — porque não sabe admitir, sem sua anterior cogitação, a marcha ilógica do que se oferece ao seu pensamento — mas porque acentua, e de modo terrivelmente revelador, o nosso impulso pelo que vai acontecer, pelo que está acontecendo, e que dá à paisagem marcada pela nossa presença, não o seu caráter de monumento fúnebre, mas sua brutal forma de escultura a caminho de ser feita e de ser perpetuada.

Este homem vive o presente mas não o entende — os valores com que lida são valores falidos de literatura, e não valores novos, captados na luta e no despojamento. Não voltarei a ele, mas é bom reafirmar, antes de deixá-lo, que ele representa o exemplo típico, infelizmente bastante comum em civilizações nascentes e tumultuadas como a nossa, de um ídolo de barro, feito com meios primitivos, mas que mãos ingênuas houvessem coberto de ouro e pedrarias — caindo ao chão, restam as joias que não lhe pertencem, e sobra à parte o pó natural de que foi feito.

Continuo o escritor brasileiro. "Em moço... era a visão de Roma antiga." "Posteriormente... foi a Roma papal." "Ultimamente... a arte cristã primitiva... a fase medieval..." Aí estão três formas de sentir Roma. Este homem que tanto viajou, tão cumulado pelos bens do acaso e da fortuna, viu através de Roma todos os laços que o prendiam à sedução do berço e da cultura. Mas só não viu Roma, a própria, a Roma de hoje, entre uma guerra e outra, depois de uma guerra, depois de outra, sua gente viva, seus problemas — viu apenas o que lhe transmitia a sombra da sua vaidade e do seu pretenso amor a Roma. Não viu Roma, eterna através do sangue vivo da gente italiana. Viu um monumento antigo, povoado de fantasmas descobertos e eleitos como vivos à luz capciosa das bibliotecas. Atou-se à roda paralisada do tempo, mas não se uniu ao movimento da roda que impulsiona o futuro.

*

Ainda o escritor brasileiro, que me ocupa por tantos lados de interesse. Como viajou, como se uniu (ele e sua família ilustre) a famílias ilustres do Brasil, como conheceu gente importante, como participou de fatos decisivos, como "anexou" o Brasil a si mesmo, e através do Brasil sua ciência da Europa e da civilização, como foi "melancólico" no tempo exato, viajante no tempo exato, escritor no tempo exato, noivo no tempo exato, político no tempo exato — como foi exato no exato... Chega a nos dar vergonha, a nós outros brasileiros, de sermos escritores tão feitos à base do improviso e da descoberta. Sinto-me vestido com aquela roupa de "tupi ignaro" a que ele se refere. Mas sei por quê: não sou daqueles que se erguem exatos à sombra de um nome de família — sou exato daqueles que geram os nomes de família que mais tarde legam aos seus descendentes. Não acabo — começo.

Os homens que acabam fazem a soma de si mesmos e das coisas do tempo que viveram, e o que viram e o que fizeram, neles só encontram palavras de louvor. Os que começam, na soma geral têm a boca cheia de impropérios, porque é deles destruir para fazer de novo, e não embalar para ceder ao sono entre ruínas.

*

Solidão e abandono. Numa cidade pequena, conseguimos ser solitários — numa cidade grande, somos abandonados. Podemos ser sozinhos e haver uma participação em torno, silenciosa e latente; podemos ser acompanhados, e nada existir em torno senão um imenso abandono.

*

Fome de paisagens. Saio à tarde e vagueio pela praia onde não há nenhuma sombra humana. Na fímbria de um azul diluído, um tumulto de asas pretas — são urubus, às centenas, que disputam a cabeça de uma arraia morta. No silêncio, o voo tem um barulho de sedas pesadas que se rasgam. Não há ninguém na enorme extensão: só os urubus lutam, donos dessa areia branca que a tarde vai consumindo aos poucos.

*

4 — Ainda — e até quando? — o nosso escritor brasileiro. Continuo a leitura num sentimento misto de enternecimento e humilhação. Meu Deus, que fruição de lugares, pessoas e acontecimentos! Ei-lo que fala da sua "inadaptação" a lugares sem história, a Brasília, a Goiânia, por exemplo. Ah, sente-se que ele progride — para trás —, que anseia por Ouro Preto, e quer o Rio colonial, os tempos "primevos" como diz ele de Estácio de Sá... — que digo? Não, sua alma vai mais longe, aos saltos, aqui está o nosso herói suspirando pelos papas do Renascimento, por Paulo III, por Leão X... e mais, mais longe, por César, por Carlos Magno, que sei eu! Ora, o homem mais antigo é Adão, a mais histórica das ruínas é a que fosse contemporânea do primeiro homem. Quem sabe Deus não é o testemunho mais antigo do passado? Portanto ei-lo, beneficiário de todos os bens da Terra, transformado em luz, no seio de Deus. Até lá vai sua imensa vaidade.

*

No entanto, como é pobre a visão humana desse farejador de túmulos. Diz ele, em determinado momento, que a morte, o problema da morte, já não o preocupa tanto — é claro! Há muito coabita ele os cemitérios. Depois, esse pseudopoeta não entende a morte como um problema humano ou até mesmo filosófico — é do ponto de vista pessoal, de sua saúde, que ele a entende. Quanto ao mais, não lhe restam dúvidas — todos os de sua família, no após-vida, aguardam-no solícitos em magníficas salas, palestrando com papas e escritores, à espera de que ele venha ocupar este outro posto da Embaixada que o Criador não pode deixar de reservar a tão magnífico exemplar do seu poder e da sua fantasia.

*

R. de H.[11] dorme e suas entranhas rangem como as de uma máquina não afeita ao seu trabalho. Sete instrumentos diferentes batalham no esforço de sua respiração, cada um ensaiando a sua melodia própria. E sente-se, enquanto ele dorme, que os teares do sono fabricam incessantes em seu peito, em sua garganta, em suas narinas, qualquer coisa estranha como uma plantação de cogumelos feitos de veludo, de carne, de sangue e de espuma.

*

12 — Parado, esses dias todos, no Rio. Regresso agora, e com o sentimento de ter regressado à minha verdadeira vida, que é o silêncio e a quietude — garantias daquilo que pretendo escrever.

*

É a primeira vez que desço em Ibicuí — não descidas ocasionais, em domingos ou passeios com amigos — mas para ficar algum tempo, dormir, e ver o trem passar, ir e vir, sem que seja necessário correr para tomá-lo.

Ibicuí, finalmente. Lembro-me do grito famoso do personagem de Balzac — "*À nous deux, maintenant*" — dirigindo-se a Paris. (Cito de memória, sem texto ao alcance.) Agora, entre nós dois, Ibicuí.

Este nome, na sua grafia antiga — Ibicuhy — é o mesmo que vi vibrar há mais de vinte anos passados, pela primeira vez, no alto de uma carta de Mário Peixoto. (Procurarei a carta: creio que há nela, implícita, uma descrição desta pequena cidade onde me acho agora.) Depois conheci Ibicuí. Depois, passou a se fixar no meu itinerário íntimo, como um desses lugares dolorosos, estranhos, inadmissíveis, para onde vão sempre os que amo, mas onde, infelizmente, nunca sou admitido.

Agora um novo Ibicuí reponta: o de agora, é simples e sem turbação. É o que existe. Um pouco afeito, sondo-o, reflito, comparo suas pequenas luzes — e nem de longe se parece com o sonho distante e aparte que sempre trouxe comigo.

---

11. Rodrigo de Haro (1939-2021), pintor, desenhista, gravador e escritor francês naturalizado brasileiro. Foi amigo de Lúcio. O "Livro de bordo", incluído neste livro, é dedicado a ele.

*

De uma coisa estou certo: o que eu amo é terrivelmente idêntico ao que sempre amei. O que amo é esse ar de viagem, esse balanço do trem, essa chegada, essa partida. A minha paz é em movimento: quieto, é como se ardesse por dentro.

*

É a primeira vez em minha vida (não agora, nesses últimos dias) em que sinto a presença do coração. Não há nada efetivo, mas é como um engenho que viesse subindo aos poucos do fundo do mar — um engenho, de que forma, de que peso? — denso do seu mistério e de sua presença. É evidente, o engenho não emerge, não emergiu até agora — mas tal como existe, roça o meu peito, circunda-o de um leve mal-estar, às vezes se torna mais agudo, às vezes esmaece mas lá está, subindo, subindo, engenho que dormenta o meu braço esquerdo e faz sentir isto que nunca houve antes — o meu coração. Este relógio morto com o seu tempo marcado.

*

Que me fere? Alguma coisa me fere. Que me arrasta aonde vou? Alguma coisa me arrasta. Quem me chama? Alguma coisa sempre me chama — mas sempre onde não estou.

*

13 — Escrevo isto em Mangaratiba, à espera do meu aniversário. Se tivesse um conselho a dar, qual seria este conselho? É terrível, mas na minha idade, neste sentido, nada tenho a dizer, conselho nenhum a dar. Viver, não tenho medo de viver, como disse num programa de televisão. Mas a minha audácia é feita de medo de viver, já tenho medo, não tenho mais nada. Que dizer, que derramar no sentido clássico de "conselho a um jovem poeta"? Não sei nada. Não sei de nada. Sinto-me tão tumultuado e tão confuso como se estivesse começando tudo. "Nada existe de mais belo do que a Terra",[12] disse o cosmonauta. Mas a quem interessa a Terra? Interrogo-me, apalpo-me, vejo, pressinto: só amo o que me faz medo, só prezo o que me aterroriza. Assim serei até o fim, sou assim, será assim aquilo que eu prezo. Só amo a vida e a morte. Não há filosofia nisto. Há um enorme pasmo. Mangaratiba a esta hora resplandece. O cosmonauta

12. Provável referência às palavras de Iúri Gagárin (1934-1968), que, em 12 abr. 1961, realizou o primeiro voo espacial tripulado.

entenderia. Mas o vento que passa estala em vão as bandeiras de luto que faço crepitar em mim nesta manhã.

Ao sol sou como um carro ataviado de seus luxos fúnebres. Passo, mas ninguém sabe quem sou.

*

14 — Dia do meu aniversário. A idade só importa em relação ao que se fez — hoje, sozinho aqui nesta cidade que não é a minha e nem é a dos meus, quero pesar o que tem sido a minha existência e o modo como a tenho levado. Decerto, não tenho muitos motivos para me vangloriar, mas sobra a certeza de que se fosse dado recomeçar, procederia do mesmo modo, sem nenhuma dúvida. Para que pesar, então, aquilo que em sua essência é imutável? Apenas para se medir a extensão do feito em relação àquilo que se propôs — mais nada.

*

O relógio, o relógio da casa de minha avó. Basta que soe sua pequena melodia, marcando os quartos de hora, para que imediatamente eu me precipite a quilômetros de distância — a minha distância. Era assim antigamente, uma casa de gente tão pobre, e a minha espera de que chegasse o último fascículo de [*As aventuras de*] *Sherlock Holmes*...[13] Havia sol, havia sempre sol. Um cheiro de quintal andava pelo ar, e era salsa misturada a funcho e manjericão. O porão, mandado refazer por minha avó, só era transitável até certo ponto. E nas duas primeiras salas, abertas para a rua, minha tia costurava. Lá eu aprendi a lidar com tecidos, miçangas e bordados, foi a minha primeira e mais autêntica escola.

*

A ti revejo, Mangaratiba. A baía aberta, o recortado das montanhas, e o sol. Como me sinto aqui como sempre me senti: entendo os trens e os barcos. Trilhos, cheiro de graxa. Não me envileço e nem me diminuo: cresço, pelos lados de mim compostos de sombras e arestas. Nisto não há noite — por onde olho, o tumulto me enche e me acorda. O que olha por mim são sempre olhos de menino.

*

De súbito, desvendo: o mar existe. Este óleo, este cheiro errante, camarões, peixes, a fumaça de um barco. Por mim, sei — é o mar. Por dentro, por fora, um azul fosco e morno me envolve — incendiado, o dia fita.

---

13. Série com sessenta histórias policiais, sobre o detetive Sherlock Holmes, criada pelo escritor escocês Arthur Conan Doyle (1859-1930).

*

15 — Foi ontem a mais estranha noite de aniversário da minha vida. Depois de esperar em vão pessoas que não vieram, jantei entre d. Blandina, que me hospeda, e duas senhoras que não conheço. Consegui arranjar um vaso de avencas para enfeitar a mesa — e efetuamos os brindes usuais, enquanto lá fora Mangaratiba ressoava cheia de gritos e de luzes.

*

24 — Há vários dias no Rio, de novo. Mesmos hábitos, mesmos sonhos de evasão. Essa mecânica acaba por não nos fornecer mais nada, não nos evadimos nunca, e torna-nos sonâmbulos, à força de sonhar acordados. E assim o tempo avança até o seu limite.

*

Há um momento em que se sabe que a morte não é propriamente certa, mas justa. Morremos porque assim deve ser. Os que se foram antes de nós, descansam — nós descansaremos também, e há nisto uma lei onde não falta certa doçura, certo desprendimento pelas coisas e — por que não? — certa piedade pelos que ainda têm muito tempo a contar.

*

s/d — Como tudo o que se forma, e nós nos formamos como podemos, ao deus-dará ao não dará de Deus (não é trocadilho), não temos ainda a ciência certa de admirar. Admiramos o admirável, e isto é extraordinário, mas não respeitamos o que não se parece com o admirável que admiramos na hora. Isto me vem à margem do capítulo de Clarice Lispector, *A maçã no escuro* — que é admirável como tudo o que Clarice constrói e incendeia. Em toda a obra dessa grande escritora alguma coisa íntima está sempre queimando: suas luzes nos chegam variadas e exatas, mas são luzes de um incêndio que está sendo continuamente elaborado por trás de sua contensão. Esse fogo é o segredo íntimo e derradeiro de Clarice: é o seu segredo de mulher e de escritora. Onde nos aproximamos mais de sua vigorosa personalidade, é no livro onde ela fala mais baixo e a luz arde com menos intensidade — é na [*A c*]*idade sitiada*, talvez a sua única obra onde ela tenta romper a clausura, já não digo da sua impotência, mas da sua inapetência — e procura essa solidão primacial e total que é a do fabricador de romances. Toda a obra de Clarice Lispector até o momento — digo "até o momento" porque ela própria já sabe disto e sua obra futura ruma por um caminho onde ela se destruirá ou se fará tão precisa quanto a sua extraordinária ambição

— toda a obra, repito, é um longo, exaustivo e minucioso arrolamento de sensações. Seria ocioso discutir aqui o grau de sua sensibilidade: estou falando para
alguns que me entendem. Clarice devora-se a si mesma, procurando incorporar
ao seu dom de descoberta, essa novidade na sensação. Não situa seres: arrola
máquinas de sentir. Não há personagens: há maneiras de Clarice inventar. Suas
sensações, todas de alto talento, repousam numa mecânica única — a da surpresa.
Ela nos atinge por esse novo, que faísca à base de seu engenho. Clarice não delata,
não conta, não narra e nem desenha — ela esburaca um túnel onde de repente
repõe o objeto perseguido em sua essência inesperada "e passaram-se muitos
anos", diz [em "Uma galinha"], e a história toda foi escrita para nos envolver nesta
sensação de projeção sobre o infinito, depois de termos lutado durante o conto
inteiro com os mais prosaicos dos animais. O cotidiano de Clarice é cheio de
formas assim prosaicas e humanas — mas todas elas, conscientemente ou não,
estão envoltas num cetim incandescente. Disse no início que ainda não temos a
ciência de admirar — admiramos destruindo logo o que não é limite daquilo que
elegemos no momento. Não há uma inovação na linguagem de Clarice, e assim
no seu modo de sentir Clarice sente Clarice Lispector — e é muito. Não há, nunca
houve Joyce em Clarice, há Virginia Woolf. O espectro do sentimento humano é
dissociado nela não em função de sua permanente mutabilidade — o que faz o
dia único de Ulisses —[14] mas em relação ao tempo, tema preponderante de *Mrs.
Dalloway* e de *As* [*ondas*]. Ao descobrir a mecânica dissociada do tempo, ela não
atingiu o dissociamento da mecânica de comunicação humana, que é a língua,
como Joyce. Ela não se desespera, do modo terrível como se desespera esse místico do nosso tempo que foi o autor de [*Dedalus*]. Ela situa apenas a sua emoção.
Não cria nem define: anota. Um Guimarães Rosa, que tão erradamente admiramos, dissocia a língua, mas não inventa a sua emoção — em sua essência ela é
clássica. Sob a sua roupagem inédita e barroca, *Grande sertão: veredas* é um romance válido porque levanta apenas os velhos problemas do homem. Ora, não
há o homem em Clarice Lispector. Por isto é que ela arde. Suas fábulas, e mesmo
as mais extensas, delatam a presença única desse problema — a mulher sitiada.
Depois de ter dedilhado a mecânica de todas as sensações, e delas talentosamente
ter extraído o seu sumo de novidade, descobriu, por meio de inteligência, que a
catalogação de sentimentos, mesmo as mais inesperadas, são atributos femininos.

14. Personagem do livro homônimo de James Joyce.

O que nela queima é nostalgia do que não é — o homem. Seus livros são muros que circundam perpetuamente uma cidade indefesa — de fora, assistimos ao resplendor da sua cólera. Mas nesse mundo, o romancista não penetra: a cidade de Clarice, como essa maçã que brilha melhor se for no escuro, arde sozinha: dentro dela não há ninguém.

*

s/d — Homens, estudantes, gentes, que sentais comigo no bar — no Bar Lagoa —, morreis de um apodrecimento prematuro e sem remédio. Morreis dessa consciência pequena de ser. Morreis dos pequenos nomes que conheceis, da lei e da honra que haveis estabelecido como o certo — morreis de ordem. Não de ordem, a indivisível, mas da ordem pequena que se constrói, contra o burguês imediato. Morreis do conhecimento, do burguês. Morreis do burguês que dialoga em vós a morte do burguês. Morreis do que se aprende rápido e inteligente — morreis de adivinhar. É preciso ser tardo, é preciso descobrir, alinhavar, coser, dourar e cuspir em cima. É preciso desdenhar a vitória. É preciso sujar o dourado. É preciso não ter sido gente, depois ser gente, e por fim voltar a não ser gente. É preciso ter coragem de si mesmo, ousar sua ferocidade, a inata. É preciso não ser bom nem amigo, nem companheiro. Morreis da ausência do tigre. O sublevado é uma invenção de antanho. Sois os mansos sublevados. Sois os sublevados sem coragem. Sem sangue. É preciso sangue. Morreis de inocência. Morreis de imaginar rebeldes. Morrei-vos de paz. Morreis.

1962

s/d — Acho-me diante deste ano que começa, diante de dois compromissos que considero graves: a publicação de *O viajante*, que sem ser uma continuação da *Crônica da casa assassinada*, é uma sequência diretamente ligada a este romance, e a do "Diário II", que aprofunda e amplia ideias expostas no primeiro.

Há mais de dez anos que temas e planos de *O viajante* vivem comigo. Leva ele, como epígrafe, uma citação de Byron. Numa época de joycianos e romancistas *nouvelle vague*, quero afrontar o preconceito desse pseudonovo com o direito de ostentar esse velho arabesco da coroa romântica. No fundo, o viajante é a essência do mal, em permanente trânsito pelos povoados mortos do interior.

Não é à toa que à profissão de vendedor ambulante deu-se o título de "cometa"; como tudo o que passa sem pousar, deslumbra e cintila, arrastando à sua passagem essa aura de poesia que muitas vezes é mortal para quem fica.

Creio ser este, em linhas gerais, o significado desse romance que já tanto me cansa pela sua longa conexão à minha vida.

*

Alguém disse que tudo é graça. Tudo é Jesus Cristo. Por que meandros, por que luas, por que nomes de amigo, chamei o nome do Amigo? Juiz meu, algoz, como não supô-la o grito esvaído no vento, a prece, o entusiasmo, não da infância, mas da tristeza e do desconsolo de ser homem e de passar? Estranho amigo!

Presente é o amigo de todo mundo. Reclamo-o cheio de pompa e de justiça, reclamo-o fúnebre e mortal, reclamo-o sem altar e sem juros — reclama-o. Que me entenda quem for de entender. Quero assim como aprendi a discerni-lo quando nada mais pude ser senão eu mesmo, quero-o assim inovado e palpitante, quero-o sem glória e sem identidade. Chamo-o de todos os nomes, os de gente, os de coisas, os de animais e os de elementos — somos nós Jesus, quando temos voz para chamá-lo e ainda não o perdemos no tumulto daquilo a que nos obrigam. Somos nós Jesus — e nos entende, nos ouve Ele? Que importa? Inventamos o imprescindível. Nosso Jesus é a necessidade de não morrer. Nosso Jesus não é o nosso — é o estranho que nos habita, e não nos larga nunca, até impor sua vontade à carcaça que nos compõe a identidade.

Julho

29 — Assim começa. Estou na gare Pedro II onde espero o trem que deve sair às cinco e trinta. Trinta dias me esperam pela frente e os minutos, nessa faina de viagem, me parecem leves como se estivessem cheios de vento. Durmo, e não quero acordar. Só há em mim um propósito: viver, salvar-me. Como sempre disse, não há nada mais triste do que a salvação. Mas vá lá por conta de amigos e coisas que tenho a fazer: trato-me. Só desconfio muito que também se morre de saúde.

*

No mesmo local: reagir à hora; reagir ao assalto. Vamos ficando brancos dentro deste panorama de ausência. Sou quase um fantasma, mas em trânsito. O mundo altera sua órbita, eu apenas começo a me tornar um mundo de coisas inúteis e sem sentido. Um homem sem mundo.

*

Oito e trinta da noite — Barra do Piraí, à espera do trem que nos levará a Três Rios e, de lá, a Ubá. Pergunto a mim mesmo se tudo não está lamentavelmente errado.

*

30 — Amanheço em Três Rios depois de haver dormido num hotel infame, perfeitamente no gênero de *O desconhecido*.

Sentado agora na praça, enquanto espero Reinaldo, indago: de que fujo? A resposta é clara: de mim mesmo. Mas obstinado eu acompanho a mim mesmo, rufando por dentre meus sombrios tambores de batalha. Até um dia…

*

Tudo é assim visto ao sol da manhã, diante de um trem fumacento que faz manobras, parece absurdo. Que realidade pode ter um caso que em si mesmo é irreal, cuja essência é absurda? Choco-me, no ar parado e varrido de fumaça preta. A resposta também é absurda: é a realidade de que me componho que é incerta e sem elementos comuns. O que amo, parece uma invenção — e o meu grande esforço é tornar esta invenção uma constante, visível e reconhecida, feita de elementos que poderiam ser aceitos pelos outros. Mas é difícil, e vago ao longo de ruas que não me dizem nada, suando o sangue da minha aventura e a tristeza da minha fantasia.

*

Peixes do rio de uma prata escura e profunda.

Cantadores de feira: ferem o instrumento aflito, descarregam a cantiga monótona mas de olhos baixos. É como se rezassem uma reza para um deus mentiroso.

*

O que eu disse: "um navio me levará ao futuro". Resposta: eu sei, e mais depressa do que penso. Esta frase me obseda.

*

Outros estarão na Europa e, à ciência local, unirão o conhecimento clássico do Velho Mundo. Ah, mas que importa: sou feito da visão dessas cidades pequenas, de seu pequeno sol, de sua pequena vida. Não que elas se incorporem a mim através de sua paisagem pobre e o característico seja o que delas me vem à alma. Não disse *alma* e está certo. É este Brasil obscuro, feito de almas pobres e contrafeitas, o que me interessa. Apego-me a uma população de sombras — e o que vejo é como um telão de teatro que circundasse a cena — sempre a mesma onde esta pobre gente me fala de seu esquecimento e do seu afã de perenidade. Existem, em meio ao pó e à contingência brasileira de assistir sem alegria à gestação de um velho burgo que nem sequer é novo — é neutro esperando em suas sepulturas brancas o sinal da ressurreição.

*

Sobre Nelson Rodrigues: da consciência da decadência do estilo falsamente mineiro, "de cabeça baixa". É preciso fazer tornar a Minas o seu espírito claro e criador sem essas barreiras de subjetivismo estéril. Está morto o espírito saudoso e desagregado do poeta fechado em si mesmo, remoendo os seus rumores desligados da união humana — por menor que pareça isto — e começa a reviver a época em que a criação fez de Minas o grande estado que é — que será, já que tudo se une numa cadeia ininterrupta de criação saltando por cima desse lago estagnado de aceitação burocrática.

*

Chegada a Ubá, depois de um dia de viagem horrivelmente cansativo. Plantações e plantações de fumo. Sentimento intenso de solidão.

*

Manhã em Ubá. Reinaldo partiu, e sozinho, acho a cidade que me olha com desconfiança. Sinto uma desproporção, o local não se parece em absoluto com o local onde descortinei histórias minhas. Estarei enganado? Docemente, o espírito de Minas flutua — e como um gás interior, bem guardado, mas pronto à primeira explosão. Não são as explosões de meus personagens que parecem exorbitantes no local — é precisamente o contrário, o cotidiano é que é diferente. Nos romances, a causa já está em jogo desde o princípio, aqui não esperam o seu tempo de chegada.

*

Procuro Ferdy[1] por todos os lados e ninguém o conhece. Assim é que se diz: ninguém é profeta em sua terra.

*

É tão estranho alterar-se assim de repente a vida. Por minutos, a cidade me interessa, pedaços claros colam-se a mim, acentuam minha sombra — ah, mas como seria impossível viver aqui a vida inteira. Sete cidades fúnebres e mortais, que eu não conheço — e nem sei onde ficam — acenam-me com suas bandeiras invisíveis. Uma, uma única vive perfeitamente em mim — mas esta não existe.

*

Numa cidade, sem ter ninguém com quem falar; deve ser esta a sensação dos doentes de um mal contagioso.

Casas de doentes, pedras de doentes, sol, conversas de doentes — são estas as coisas que meus olhos veem.

---

1. Ferdy Carneiro (1929-2003), pintor, cenarista, figurinista e diretor de arte brasileiro que trabalhou em dois filmes de Paulo César Saraceni (1933-2012). São eles: *A casa assassinada* (1971) e *O viajante* (1998).

*

O trem que passa e apita mesmo junto ao bar onde estou — ah, que a vida bem parece uma brincadeira de criança. Sinto ouvindo esses ferros pesados, o fogo da caldeira que o maquinista vai enchendo de carvão, o apito — único, estridente, vitorioso no meio-dia ao sol — o mesmo prazer que sentiria um menino, um menino tal qual eu fui.

*

A hora difícil: essa passagem da tarde. A noite vem chegando como se isolasse a cidade do resto do mundo. Meu coração se aperta: a gente conhecida se comprime em grupos, defendem-se da noite, esta é a verdade, enquanto eu vou sentindo que sobro, que vago à tona como um detrito que viesse com a entrada do frio.

*

Não é tão feia assim a vista da janela de meu quarto (205). Alguns telhados, um eucalipto gigante e, longe, as torres da igreja. O morro sobe descalvado, corre para longe — mas não se eleva. Ainda não conheço ninguém, poupo-me, refaço-me. Sinto-me sozinho como se tivesse nascido agora. Ferdy [Carneiro], caçado em todos os lugares, não é conhecido de ninguém.

Que adianta querer viver se em nós uma presença contínua reclama a sua morte? Que podemos fazer quando em nós um outro lado quer deixar de existir? Da luta entre duas partes, arrancamos a possibilidade de fazer alguma coisa — mas é inútil quando a parte de sombra reclama o aniquilamento.

Eu vivo, mas tantos venenos ardem no meu sangue.

*

31 — Estranho dom: Deus deu-me todos os sexos.

[*Agosto*]

1 — Não há uma tristeza — há várias, e cada uma delas com seu específico diferente. A tristeza de Ubá, por exemplo, sendo uma tristeza brasileira, de boi manso e enorme no seu ruminar e na sua paciência, é uma tristeza mineira. Nela não há essa melancolia que vem das cidades feitas à borda do mar, onde a noite custa a descer, e se faz arrastar sobre o horizonte, manchada de tintas fortes, adelgaçando-se entre o céu e a água. Não há a brisa que nos traz uma lembrança

de barcos salgados, de funda distância marinha, de promessa de volta — não há diálogo. A noite mineira vem caindo desde cedo, escurecendo de modo furtivo, roubando cantos, irrompendo dentro de matos sem identidade, escurecendo passeantes numa praça, ocupando muros. Os homens se aproximam, mas sem fala, apenas porque há em volta da cidade atrozes distâncias que não convém devassar. Paira um segredo com essa chegada da noite, mas ninguém fala, ninguém toca no assunto — enquanto o mar reúne as gentes à borda das praias. A noite é mansa nas moradas da praia, aqui, escondida, ela vigia o prisioneiro: ativa, salta do seu esconderijo e nos cerca. Cem cordas pretas nos fecham no seu retiro. Somos um gado manso que nos sabemos prisioneiros, mas ninguém toca no assunto — é assim mesmo, terá de ser assim, até que um outro sol venha dissipar essa tristeza atávica. Há melancolia, essa doce, heráldica melancolia em se anoitecer olhando o mar (não há mares diferentes, há um só mar, enorme, que investe verde ou azul, em fímbrias ou golfos, mas pleno de fartura, de surpresa, de calor às terras amadas — [h]á nisto — como direi — calor humano). Mas aqui há tristeza, e funda, e desgraçada, olhando essa noite que se abate sobre o interior do Brasil. Que me venham com as doçuras da solidão e da poesia — essa noite bruta, total, terrível, foi feita para ser suada como um vapor frio, e curtida depois na cama, com amor ou sem amor, pouco importa, mas curtida sobre travesseiros brancos, que nada falam, mas conspiram, a favor do abandono. Noite, que faremos? — indagamos cheios de silenciosa preocupação — e a noite não responde, porque essa noite das cidades do interior, das cidades de Minas, é muda e cega. Sua crueldade vem do sentimento terrível do seu poder: são léguas e léguas de brejos, carrascais, lama, poeira e desolação. Tento especificar a diferença: diante do mar, escurece o tempo, mas há luz por dentro de nós — olhamos e não escurecemos. Nessas cidades perdidas de Minas, tudo se apaga em nós, rende-se ao poder da treva e do frio, reduz nosso tamanho da gente ao de um objeto engolido às pressas, sem deglutir, como faz a jiboia. No manso do tempo, vamos nos desfazendo resignadamente, até que o tempo soe — e com o tempo, então, a manhã, o calor, estes sim, sempre belos. Minas, esse espinho que não consigo arrancar do meu coração — fui menino em Minas, cursei Minas e os seus córregos, vi nascer gente e morrer gente em Minas, na época em que essas coisas contam. O que amo em Minas é a sua força bruta, seu poder de legenda, de terras lavradas pela aventura que, sem me destruir, incessantemente me alimenta. O que amo em Minas são os pedaços que me faltam, e que não podendo ser recuperados, ardem no seu vazio, à espera que eu me faça inteiro — coisa que só a morte fará possível. Há uma certa doçura na tristeza — a gente se compraz nela, amando. Nesta tristeza de Ubá, há evidentemente um compromisso com o aniquilamento: passo e repasso pelas suas ruas iguais, pelos seus becos, pela sua praça. Uma única coisa me fere a atenção: o fundo dos açougues, escuros, escuros, oh tão escuros, molhados de sangue, onde homens de faca em punho retalham enormes pedaços de porco — muitos pedaços, lascas enormes de porco, banhados em sangue, para serem vendidos amanhã a essa gente que come, come, finge que vive e vive, ignorando a vastidão e o esplendor do mundo. Surdos como se andassem besuntados de sangue.[2]

*

2 — Agora, Viçosa. Vim de trem, indagando coisas a um velho, e ele me disse que atravessávamos o vale de São Geraldo, que a serra distante era a dos Milagres e aquela árvore vermelha, sem uma folha, era a "mucanrana".

Bela paisagem nua e selvagem.

Ah! como o Rio parece distante e seus problemas. Mas ainda assim, às vezes, uma saudade. Quando voltar, tenho certeza, tudo será diferente. Hoje, se Deus quiser, voltarei à história de Ló.

*

Viçosa, a pequena praça, alguns coqueiros — e sobretudo o sino elétrico da igreja que bate a todo instante — uma pancada firme, seca, que não cora — nem tem cambiâncias como teria as de um sino movido pela mão humana.

Não foi apenas todos os sexos que Deus me deu: também todas as formas de morrer. Atrás de mim, infindável, vejo rompida a teia do que fiz e do que amei — são as mortes sofridas sem que eu soubesse, e que ressurgem de repente, feitas de vestes idênticas a coisas que me foram caras.

*

Um dia, quem sabe? — eu poderia viver numa cidade assim. Nenhum desígnio, nenhuma fantasia — a hora exata, a paisagem exata, a paz exata: assim como se já houvesse me despedido do mundo.

2. Este trecho, no *Diário completo* e, posteriormente, nos *Diários*, aparece em local diferente e com transcrição diferente da vontade de Lúcio. Alertado por Cássia dos Santos, percebi que não havia consultado esse documento, pelo fato de no ALC o trecho em questão se encontrar numa pasta designada "crônica". Lúcio deixou a seguinte nota para inserção desse trecho nesse dia e local: "(Trecho sobre Ubá)". O trecho, inclusive, já havia sido publicado, separadamente, sob o título: "Inédito do DIÁRIO de Lúcio Cardoso — Ubá", no *Suplemento Literário Minas Gerais*, em 30 nov. 1968, p. 9.

*

Irei até onde puder. Irei conscientemente contra mim até onde puder. Irei até que confesse o meu fracasso e volte ao pequeno inferno que deixei. Mas não irei alimentá-lo com a passividade e nem me despedaçarei contra o muro senão depois de ter lutado contra ele.

*

3 — Ontem, apenas, o tempo pareceu-me enorme. Contei os dias, e na minha tristeza, imaginei o quanto faltava para voltar. Foi o meu primeiro desfalecimento, mas reagi de caradura, não deixando que o desespero me tomasse. Viver assim é viver, decerto, mas de que modo amargo e sutil. E dizer que convalesço de moléstia nenhuma, que apenas escapo — de mim mesmo. No entanto, é agora que minha vida atinge o seu zênite.

*

Nunca mais quero ser como fui — digo comigo mesmo. E cego, aos pedaços, insone e terrível, a massa do nosso eu, informulado, quente ainda de seu esforço, vai compondo aquilo que renegamos e do qual pensamos nos ter despedido para sempre.

*

Espero. Todos os dias e todos os momentos, espero, porque sei que hei de me transformar e outros serão os tempos: de calma, sem esta febre de amor inútil, a perder-me no vazio.

*

4 — Uma razão para viver. Uma banalidade, mas sem a qual a vida perde todo o seu sabor. Continuo escrevendo *O que vai descendo o rio*,[3] mas sem muito ânimo. Assim exatamente como vivo agora — sem saber para onde vou.

*

Nesta solidão, verifico as deficiências enormes que me compõem: trabalho de um modo fácil mas sem ritmo prolongado, não sei ler, leio mal, sem seguimento, e penso ainda pior, sem um raciocínio lógico, impondo o meu pensamento por clarões, fatos ou intuições, nunca por meio de uma ideia seguida e trabalhada. Mas serei culpado? Esta é a natureza que Deus me deu — e esta solidão que de longe tanto proclamo e reclamo é sempre dura e pesada de suportar. Um terror do mundo, antigo e sempre sufocado, aflora-me à consciência. Neste

---

3. Texto inédito, os manuscritos encontram-se no ALC.

sábado cintilante, vago como uma sombra. Nada me assiste e nem assisto a nada. Esta é, sem nenhuma dúvida, uma das formas lúcidas de morrer.

*

Olho minha silhueta na sombra, gordo, disforme, um homem de idade — mas o que ferve dentro de mim, essa curiosidade, esse frêmito de viver. Acalmo--me à força, à custa de remédios, arrastando o dia como uma data que não me pertencesse.

*

Um clamor intenso nos segue, e aumenta à medida que o tempo passa: é o grito dos animais que sacrificamos, dos amigos mortos que deixamos de amar, dos seres insubstituíveis a que arrancamos do lugar por meio de morte violenta. Mas, a quem matamos? Àqueles a quem não perdoamos, àqueles a quem não ofendemos, e paradoxalmente, àqueles a quem fizemos derramar sangue. Este clamor está amalgamado ao silêncio e nos perseguirá até nosso instante final.

*

5 — Um sábado luminoso e frio. Escrevo num pequeno bar diante da praça de Viçosa e vejo as pessoas que vão e vêm com roupas coloridas. Mais do que sinto, pressinto esta paz — é como se soubesse que em torno de mim, de meu silêncio, houvesse uma claridade que, sem interceptar-me o mundo, jamais se misturaria no entanto ao meu clima. Mais uma vez indago: seria capaz de manter a existência assim neste decorrer fechado, esperando que o sol aumente o seu ardor, com a minha xícara de café e pastéis diante de mim, com tão poucas pala- vras? Talvez, não sei.

*

(Mesmo dia à noite) — Ah, como os meus problemas me vieram hoje à memória, enquanto sentado sozinho num bar olhava a praça defronte. Tão difícil pegar e num momento em que eu deveria estar apto para isto (não no sentido de condenar) mas de esclarecer e marcar o ponto exato onde me firme…

*

Neste mesmo bar, de repente, consciência da minha singularidade como escritor: estar ali era um instante, um momento, e era absurdo, e era belo o que me formava.

*

6 — Decisão de não publicar mais os meus "Diários" senão em conjunto, e sob outro título — provavelmente "Itinerário de um escritor" ou qualquer coisa

no gênero. Não creio que eu interesse a ninguém, e aos pedaços, esse constante ser que me forma e que eu com uma vivacidade tão à tona, esmiúço incansavelmente para um possível leitor.

*

7 — Aproxima-se a data em que eu me acharei exato no meio do caminho de minha vida. Tenho procurado pensar e a única coisa que posso garantir é que chego até com o sentimento de um milagre. Tanta coisa ida e esvaída, *dura ou não*, ou apenas esboçada, serve apenas para mostrar como o dedo de Deus me segue, intervindo nos instantes cruciais. Está frio o tempo, o céu azul com grandes nuvens brancas. Ao meu sentimento de plenitude mistura-se o de uma enorme gratidão. Creio que só a isto se pode dar o nome de paz — não tranquilidade, nem atonia, nem ausência — mas pacificação, no sentido de coexistência dos contrários.

*

8 — À noite, deitado, leio uma frase citada por Green que me faz pensar — a de um escritor qualquer, cujo nome não me lembro, afirmando que depois dos quarenta anos o homem entra em agonia. Se não é verdade, tem todas as semelhanças de verdade. Mas eu acrescento que se a parte física entra em agonia, a espiritual começa um itinerário de ressurreição — até a queda final, é verdade. Neste antagonismo está toda a beleza sem a qual seria impossível viver trazendo sempre presente ao pensamento uma frase seca como aquela.

*

9 — Aproxima-se a data de meu aniversário, e desta vez é diferente. Metade de minha vida está decorrida, e se não estou nada satisfeito com o passado, ainda espero alguma coisa do futuro. Deste modo, pensando assim, é que construo o meu presente. Ou melhor, que luto, que luto incansavelmente contra essas forças que sempre existiram dentro de mim, e que sempre foram mais fortes do que eu.

*

10 — Ronald [de] Chevalier[4] perguntou-me um dia por que eu temia a idade — acrescentando que só determinadas pessoas têm idade. Certo ou errado, a ideia agradou-me então, mas hoje quando vejo a vida cindir-se em mim tão nitidamente como se fossem duas metades — uma, não de sombra, a vivida, a outra

---

4. Ronald de Chevalier (1936-1983), mais conhecido como Roniquito, figura folclórica dos bares cariocas nas décadas de 1960 e 1970, espécie de "celebridade de boteco" da época.

mergulhada na bruma, não tenho mais esta certeza e me apavoro, olhando o desgaste de tudo o que me forma.

*

11 — Dois dias sem escrever neste caderno, perambulando, sem ler, sem fazer coisa alguma. A paisagem me absorve, ou melhor do que a paisagem, este comum que deveria ser o meu e que circunstancialmente é tão diferente. Há pontos onde não me encontro mais: modos de falar, de sentir e até de se conduzir — como se a Minas que existisse em mim fosse puramente ideal, mais feita de lastro do passado do que de uma fisionomia presente. A verdade é que já não sou daqui, já não sou mais de lugar algum. Não sei se é ao mundo que me torno estranho, mas sinto-me estranho, e filho de terras que não existem, mas que sacodem em mim sua perpétua nostalgia.

*

Noite de sonhos agitados, cheios de sombras e pessoas cujo fito meu é fazer desaparecer. De que porão ressurgem, por que o significado disto? Por que ainda vivem? Acordo irritado e sem gosto para fazer coisa alguma.

*

Atravessei o meu aniversário. Lembrei-me do ano passado, de Mangaratiba, do meu estranho jantar. Desta vez tudo se passou diferente. Minha irmã (Regina)[5] preparou-me uma pequena festa e havia amigos que me olhavam de um modo estranho mas compreensivo.

*

Diário de um escritor. À medida que as páginas avançam, maior se torna o número de mortos em torno dele. É assim.

*

A eternidade é isto: este passar lento na superfície, mas terrivelmente profundo no seu íntimo.

*

Andando por uma rua de Viçosa, deparei de repente com uma árvore repleta de flores roxas. Nenhuma folha, apenas uma chuva de flores roxas. Tinha o ar de uma festa preparada com enfeites de luto. Tão estranha no meio das outras. Olhei-a durante muito tempo.

*

5. Regina Cardoso de Paula Xavier, a Zizina.

Sou consciente da enorme tristeza dos meus livros. Neste que eu termino agora por exemplo (*Introdução à música do sangue*[6] e *O que vai descendo o rio*) custo a me adaptar a uma atmosfera que sei prenhe de sangue e de lágrimas. Faulkner sempre afirmou que não era um escritor, e sim um homem que se divertia extraordinariamente escrevendo suas histórias. Como podia?

*

Leio num jornal que um amigo (Lúcio Rangel) está doente. De que adoecemos nós, todos que estamos doentes? De impaciência de viver.

*

19 — Voltando de uma cidade, Coimbra, pouco adiante de Viçosa. Velha fazenda meio desabada, no sistema que deveria funcionar há cinquenta anos atrás: carro de bois, gado com aftosa, milharal queimado pela seca, galinhas no chão da cozinha, completa promiscuidade. Senti plenamente que há necessidade de se mudar, de se estabelecer uma nova ordem de coisas — mas qual?

Uma coisa era bela: da janela do meu quarto, vi à noite o trem passar — e como era consolador aquele ranger de ferros, aquela fumaça e aquelas fagulhas espalhadas por todos os lados.

*

Há um modo de se falar sobre Jesus Cristo — eu falo, mas não a linguagem adequada. As palavras como que dançam no vazio, são desgarradas, sem força, dentro do grande vazio que comporta o assunto enorme.

*

Novos títulos: *Estrela queimada, Cavalos na sombra*. Ou do modo que me agrada mais: *Cavalos queimados*.

*

Todas essas ideias me vêm, andando na charrete que me transporta da cidade de Coimbra à F. X. E parece estranho, mas foi deste fundo de fazenda mineira, que escutei. O artista não viaja, como se pensa, num bonde — é numa carroça que leva ao patíbulo que ele vai. Uns pensam que o passeio vale a pena, e vão até o fim, enganados — outros, mais espertos, saltam antes do fim. Apenas alguns, muito raros, vão conscientes até o fim. E vão, uns de cabeça baixa, outros rezando, outros

---

6. O argumento inédito de *Introdução à música do sangue*, cujos manuscritos se encontram no ALC, foi escrito por Lúcio para seu amigo Luiz Carlos Lacerda. Em 2012, Lacerda escreveu o roteiro e dirigiu o filme homônimo, que foi concluído e lançado no ano de 2015.

permanentemente ajustando a consciência à hora, como esses doentes maníacos que vivem procurando um objeto que não se acha. Quanto a mim, por exemplo, vou cantando e pisando em brasas, que este é o preço do que não tem preço.

*

Outra coisa: não sei se José Carlos [de] Oliveira[7] percebeu exatamente o tenebroso sentido da sua prosa sobre Otto Lara [Resende]. Se percebeu, e é bastante inteligente para perceber isto, deve saber que empunhou o martelo contra essa coisa indigna e ultrajante para o artista, que é o "artista" espremido na forma de vida conquistada e vista do alto de casamentos importantes e dinheiro. Dinheiro, sobretudo dinheiro. Que o papel não trema diante de mim ao escrever a insólita palavra. Nelson Rodrigues sabe disto, e é por isto que escolheu o Otto como sua vítima predileta. É que ele também ouviu soar o *nada* dentro do búzio, e admirou-se da conquista feita através do nada. Sou contra o espírito mineiro de cabeça baixa, noctívago e inteligente — e é do fundo de uma velha fazenda mineira que o digo, porque não é possível que este chão fique sem o seu intérprete, e seus nós, e seus matos semimortos, suas águas e sua gente — não é possível substituir isto pelo delírio autárquico e funcional de alguns homens inteligentes que exatamente por serem inteligentes bandeiam os olhos da terra com uma faixa de esparadrapo onde escreveram NADA. Sinto-me tão cheio de mim mesmo que largo o caderno, corro ao pátio, desço ao curral, e sapateio sobre aquele esterco ainda quente, sacudido pelo meu furor de ser e de existir assim tão vivo e tão presente.

*

Uma fotografia não dói: dói é esta terra que apanho e espremo entre as mãos, terra milenária, mas ainda presente de vitalidade e de futuro.

*

Viçosa. Visitei a Escola de Agronomia. Ordem. Limpeza. Técnica. Ah, mas eu já disse tanto que é a avante-ordem ou a *post-ordem* que me interessa. Só existo no tumulto, no calmo rendo-me a um esforço de vida que não me interessa viver.

Assim como esta noite é turva, assim existo e cintilo com todos os fogos de minha natureza sertaneja.

---

7. José Carlos de Oliveira (1934-1986), escritor celebrizado por suas colaborações diárias, por mais de duas décadas, no *Jornal do Brasil*, o que o tornou um dos grandes cronistas brasileiros do século XX. Também escreveu romances e livros de memórias.

Setembro

3 — De novo no Rio. Distantes estão o sol, a poeira e a paisagem de Minas — distantes e presentes. É só fechar os olhos e o quadro se eleva inteiro aos meus olhos: suas flores, seus frutos, seus pássaros. Mais do que isto: seu espírito. Disto sou formado, e desta saudade do mar, de sua festa, de olhar longo e terno, olhar de amigo. Com que o saúdo, assim que o encontro de novo. Velhas coisas amigas e másculas, pobres e delirantes, como eu, na posse do seu segredo e de sua secreta seiva. Assim nos entendemos e nos bastamos. Oh, tão assim.

*

Entrevista de Rossellini. Há uma verdade: a arte moderna perdeu o coração, substituindo-o pela inteligência. Este é o instante crucial onde se encontra. Porque a estas coisas podemos admirar, sem dúvida, mas como amá-las?

*

Vi a grande diferença entre querer o bem, e querer apenas o bem das pessoas em particular. Se querer o bem, em si, é moral em sua essência, querer o bem como particularmente o interpretam as pessoas é pôr em ação, afinal, o próprio espírito da caridade.

Reencontro o Rio com mais calor e mais interesse à minha volta: sinto-me mais seguro e mais profundo. Retendo os meus lampejos, substituo-me ao crescimento dos meus amigos. Há uma paz que adivinho com maior possibilidade de permanência. Diante de minhas janelas abertas, o verde renova com enorme doçura o tempo das amendoeiras. Há no ar um cheiro de brotos nascendo. Obrigado, meu Deus, por este instante de calma.

*

4 — A propósito do que escrevi ontem sobre "arte sem coração", quero acrescentar que neste domínio prevalecem alguns homossexuais mais sem coração que me foi dado encontrar. Não sei se pela necessidade constante de defesa, por excesso de massacre íntimo, por vingança, por pudor — ou seja lá pelo que for, há entre os pederastas sem minúcias de classificação, alguns dos homens mais frios, mais insensíveis, mais sem essa memória particular do afeto, que me foi dado encontrar. Reverso, é claro, de alguns verdadeiros mártires que vi também transitando pela vida, arrastando, ao longo de infindáveis dias, o seu sudário manchado de sangue.

*

8 — É um sábado, escrevo, sozinho em casa. Há uma grande paz no meu coração, assim como se de repente se tivessem aquietado as marés externas que me agitam — e assim eu pudesse ver o quanto de claro e simples é aquilo que em mim é o mais profundo. O mais profundo é este que aqui escreve, descalço, com o coração limpo de paixões, tão próximo do menino que fui e ao mesmo tempo tão distante dele, neste dom luminoso e coerente, que faz os extremos se unirem e traça da curva da vida, desigual em certos pontos, amargo e hostil em outros, este arco suspenso, onde as idades se confundem e o eu, recomposto, se torna harmonioso e completo. É sem surpresa que examino: os ferimentos resistiram à minha fidelidade. Sanados, integram-me neste silêncio que tanto amo: e assim me sinto mais próximo, com serenidade, dos livros que tenho a fazer e da morte que ao meu encontro caminha em rota inversa à minha.

*

E a verdade é que não me domei: sentenciei-me à calma. A surpresa é que eu me adapte tão bem a esse sistema de galés. Mas, até quando? Ou de modo definitivo?

*

Leitura: Faulkner: *The Town*.

Uma biografia de Brahms.

(Lembrar: o maravilhoso, sutil e inesperado octeto de Schubert. Descobertas dessa natureza nos remoçam: há nele o roçar de uma folha de veludo em constante fuga — e essa alegria infantil de Schubert que pela sua ingenuidade consegue se aprofundar sem o mínimo peso.)

*

Propósito: de acompanhar as coisas, com maior assiduidade, através deste caderno.

Propósitos! Oh, minha mocidade, não foi de propósitos idênticos que a enchi, de propósitos frustrados e esquecidos? Mas assim recomeço: sou de novo moço de mim mesmo e de minhas ambições.

*

14 — Título de um provável livro — *O outro, voracidade*.

*

18 — Pela primeira vez, depois de já ter estado com ele três vezes, J. P.[8]

8. Não identificado.

anuncia, por telefone, que virá ao Rio. Marca um encontro às três horas nas Barcas. Irei, e com certo sobressalto — estarei diante de um novo problema sério? É possível, e como imagino, quase com certeza, que seja este o último da minha vida, apresto-me para dele tomar as notas que devia ter tomado em todos os outros.

*

19 — J. P. ao cinema. Não, não é o que penso. Verdor demais, inocência quase nos propósitos. De um certo modo, o mais corruptível dos seres. Falta-me tempo, tempo e paciência. E o apetite de corrupção, que é um dom da mocidade. (Na velhice, ao contrário, é um sinal do diabo.)

Outubro

9 — Solidão. Tanto falei de solidão ao longo da solidão, e no entanto não a conhecia ainda como a conheço agora — ah, não essa solidão a que as coisas exteriores nos obrigam, essa que vem de fora para dentro, e que é apenas uma forma de desamparo no espaço cheio do mundo. Falo e agora sei disto inteiramente, dessa solidão formada no interior, dessa imposição íntima do homem destinado a caminhar sozinho, não porque descreia dessa forma primária de convivência que é a fraternidade humana, mas porque a soma do seu conhecimento — esse conhecimento não lido, mas adivinhado, voraz, que nos reveste o espírito como um veludo cor de sangue, surdo e maduro — bloqueia-o no seu exílio. Não falo da solidão do pobre, mas da real solidão que foi a de alguns príncipes da terra. Falo de Adriano,[9] erguendo templo vazio ao deus do afeto desaparecido para sempre, falo de Nietzsche, acendendo fogueiras no alto das montanhas, de Kierkegaard, percorrendo sem companhia as salas iluminadas e abertas de sua casa — falo desse poder de não sucumbir ao silêncio e à veracidade do conhecimento, que vão implicar em perda do amor, nem da amizade, nem da pátria, nem da obra de arte — falo dessa condição última de homem, tão erguido, tão monstruoso, tão esquemático no seu pedestal onde já se amontoam as primeiras sombras da noite. Falo do homem pronto para o seu diálogo com Deus.

*

9. Públio Élio Adriano (76-138 d.C.), imperador romano de 117 a 138 d.C.

Navio cego, é como avanço. A universalidade é uma forma de se encontrar na diversidade das coisas, mas é estranho que essas notícias se imponham a olhos esvaziados de luz, ausentes e presentes, presentes aqui nesta terra, mas ausentes noutra cujo teor apenas cava um dilacerante adeus a pupilas que fitam nada.

*

17 — Aquela mesma angústia fria, aquela dor sem doer que se espalha pelo corpo inteiro. Arrumo, desarrumo, faço, e refaço. Ah, como é difícil ser calmo. Encho-me de remédios, vou à janela: é a noite, a noite dos homens, a minha noite. Ruídos de carros que passam na escuridão. Rádios abertos. Vultos que transitam em apartamentos acesos. E eu, e eu? Onde vou, que faço?

Ouço a voz de Cornélio Penna — naquele tempo — "o seu sofrimento é um sofrimento bom, de permanecer à margem". Não há, Cornélio, pior sofrimento do que permanecer à margem. Não tenho temperamento para isto. Quero amar, viajar, esquecer — quero terrivelmente a vida, porque não creio que exista nada de mais belo e nem de mais terrível do que a vida. E aqui estou: tudo o que amo não me ouve mais, e eu passo com a minha lenda, forte sem o ser, príncipe, mas esfarrapado.

PARTE 2

NO MEU TEMPO DE ESTUDANTE...

Depõe hoje na página dos universitários o romancista Lúcio Cardoso, nome alto nas letras brasileiras atuais. Escreveu cinco romances de sucesso: — *Maleita*, *Salgueiro*, [*A*] *luz no subsolo*, *Mãos vazias* e *O desconhecido*.[1] Escreveu um livro de versos: *Poesias*. Outro para meninos: *História*[*s*] *da lagoa Grande*. Seu mais recente escrito foi o seguinte, sobre o seu tempo de estudante:

["]— O meu tempo de estudante é composto de vários fragmentos, pois estudei em quatro ou cinco colégios diferentes. É verdade que, tudo somado, a experiência é a mesma. Não ando longe de afirmar que era uma certa repulsa o que os meus professores sentiam em relação àquela criatura selvagem, silenciosa, que não penteava os cabelos e não prestava atenção a coisa alguma. Não me era difícil perceber que alguma coisa se passava, mas só hoje posso considerar tranquilamente que no íntimo eles me achavam um 'caso perdido' e me tratavam como uma espécie de exemplo a não ser imitado.

Não é preciso dizer que não tinha amigos e que não os suportava também. Nessa época, tudo para mim era desordem, mal-estar, escuridão. Entretanto, só

---

1. Somente *Maleita*, *Salgueiro* e *A luz no subsolo* são romances; *Mãos vazias* e *O desconhecido* são novelas.

hoje percebo quantos movimentos de interesse, por parte de professores e colegas, quantos gestos de amizade, quantas tentativas de aproximação eu cortei cruelmente, encerrando-me naquela fria hostilidade como dentro de uma fortaleza.

Às vezes costumo procurar imaginar como devem ser hoje estes professores e estes colegas que eu vi. Decerto não se lembram mais de mim, ou talvez se lembrem apenas da ferazinha que teimava em tirar as piores notas da aula — talvez se lembrem apenas dessas lutas entre colegas que se detestam, dessas brigas depois das aulas terminadas, em que eu me sobres[s]aí tantas vezes... Ou talvez não se lembre[m] de nada. E é curioso que eu não os tenha esquecido nunca, que continue a viver com eles os mesmos episódios silenciosos, as mesmas esperas desses gestos fraternos que eu não compreendia — e cuja linguagem é tão difícil, que, ai de mim, quase sempre não os compreendo ainda — mas que são uma das raras coisas que considero imprescindíveis sobre a terra.["]

[*Diretrizes*, 4 set. 1941][2]

---

2. Texto inédito em livro. A revista traz, junto ao depoimento, uma foto do Lúcio criança trajando uniforme escolar (estilo marinheiro), com a seguinte frase: "Lúcio Cardoso, quando colegial, a 'ferazinha', de que nos fala no seu depoimento".

LÚCIO CARDOSO (PATÉTICO):
"ERGO MEU LIVRO COMO UM PUNHAL CONTRA MINAS"

O livro está sobre a mesa, negro como as paredes do inferno, com letras de fogo como as chamas do inferno. Ainda não o abrimos. Não se pode ler Lúcio Cardoso desprevenido. Na verdade, é difícil lê-lo imparcialmente. Ou somos contra, ou somos a favor. Não haverá, talvez, autor brasileiro mais afirmado e mais negado do que o romancista de *A luz no subsolo*. Há quem o compare a Julien Green. Mas a que Julien Green? Também este é cambiante, é versicolor. No entanto, o *Diário* aí está e é preciso conversar com Lúcio Cardoso antes de mergulhar no seu mundo.

"A VERDADE TODA"

INT —[1] O que é o *Diário*, Lúcio, o que significa na sua vida literária, na sua vida?

LC — Perguntar-me o que significa o *Diário* é perguntar o que significa sua publicação e, portanto, minha obra atual, começada com a *Crônica da casa assassinada*. Que me perdoe[m] o tom pessoal, mas chega o momento em que a

---

1. O INTERINO é o escritor e crítico literário brasileiro Fausto Cunha (1923-2004).

afirmação da verdade, da verdade TODA, é a única coisa possível, pelo menos se nos consideramos escritores.

MOVIMENTO DE INSUBMISSÃO

INT — O *Diário*…

LC — O *Diário*, como a *Crônica*, como *O viajante*, que será lançado dentro em breve pela Livraria José Olympio, têm para mim, pessoa humana e não escritor, o significado de um formidável movimento de luta e de insubmissão, contra esse elemento discordante, atroz e mesmo atentatório à grandeza de Deus que se chama a minha infância, sua permanência, pelo menos no que ela tem de mais ilegítimo e de mais poético.

"COMO UM PUNHAL"

Pretendíamos entrevistar o memorialista, mas vemos que, em vez disso, estamos recebendo um documento humano, que precisamos registrar *verbatim ac literatim.*[2] E não o interrompemos.

LC — Meu movimento de luta, aquilo que busco destruir e incendiar pela visão de uma paisagem apocalíptica e sem remissão, é Minas Gerais. Meu inimigo é Minas Gerais. O punhal que levanto, com a aprovação ou não de quem quer que seja, é contra Minas Gerais. Que me entendam bem: contra a família mineira. Contra a literatura mineira. Contra a concepção de vida mineira. Contra a fábula mineira. Contra o espírito bancário que assola Minas Gerais. Enfim, contra Minas, na sua carne e no seu espírito. Ah, mas eu a terei escrava do que surpreendi na sua imensa miséria, no seu imenso orgulho, na sua imensa hipocrisia. Mas ela me terá, se for mais forte do que eu, e dirá que eu não sou um artista, nem tenho o direito de flagelá-la, e que nunca soube entendê-la como todos esses outros — artistas! — que afagam não o seu antagonismo, mas um dolente cantochão elaborado por homens acostumados a seguir a trilha do rebanho e do conformismo, do pudor literário e da vida parasitária. Ela me terá — se puder. Um de nós, pela graça de Deus, terá de subsistir. Mas acordado.

2. Em latim: textual e literalmente.

Levantamo-nos. E de repente nos vem à memória um verso de Housman: "*I, [a] strange[r] and afraid/ In a world I never made*". Mas o verso é esse mesmo? E de Housman?[3]

[*Jornal do Brasil*, 25 nov. 1960][4]
[*Ficção*, fev. 1976]
[*Crônica da casa assassinada*, ed. crítica, 1991 e subsequentes]
[*Diários*, 2012 e 2013]

3. Alfred Edward Housman (1859-1936), poeta inglês. O primeiro dos dois versos foi transcrito com pequenas incorreções; e, sim, são de Housman: "*I, a stranger and afraid/ In a world I never made*" (Eu, um estranho e com medo/ em um mundo que nunca fiz).
4. Essa é a versão integral da entrevista publicada no *Jornal do Brasil*. Eis a versão da revista *Ficção*:

DEPOIMENTO

Perguntar-me o que significa o *Diário*, é perguntar o que significa sua publicação, e portanto minha obra atual, começada com a *Crônica da casa assassinada*. Que me perdoem o tom pessoal da afirmação, mas há momento em que [a] afirmação da verdade, da verdade TODA, é a única coisa possível, pelo menos se não nos consideramos escritores.
O *Diário*, como a *Crônica*, como *O viajante* que será lançado dentro em breve pela Livraria José Olympio, têm para mim, pessoa humana e não escritor, o significado de um formidável movimento de luta e de insubmissão, contra esse elemento discordante, atroz e até mesmo atentatório à grandeza de Deus que se chama a minha infância, sua permanência, pelo menos no que ela tem de mais ilegítimo e de mais poético.
Meu movimento de luta, aquilo que viso destruir e incendiar pela visão de uma paisagem apocalíptica e sem remissão é Minas Gerais.
Meu inimigo é Minas Gerais.
O punhal que levanto, com a aprovação ou não de quem quer que seja é contra Minas Gerais. Que me entendam bem: contra a família mineira. Contra a literatura mineira. Contra o jesuitismo mineiro. Contra a religião mineira. Contra a concepção de vida mineira. Contra a fábula mineira. Contra o espírito judaico e bancário que assola Minas Gerais. Enfim, contra Minas, na sua carne e no seu espírito.
Ah, mas eu a terei, escrava do que surpreendi na sua imensa miséria, no seu imenso orgulho, na sua imensa hipocrisia. Mas ela me terá, se for mais forte do que eu, e dirá que eu não sou um artista, nem tenho o direito de flagelá-la, e que nunca soube entendê-la, como todos esses outros — artistas! — que afagam não o seu antagonismo, mas um dolente cantochão elaborado por homens acostumados a seguir a trilha do rebanho e do conformismo, do pudor literário e da vida parasitária.
Ela me terá — se puder.
Um de nós, pela graça de Deus, terá de subsistir. Mas acordado.

DIÁRIO PROIBIDO
PÁGINAS SECRETAS DE UM LIVRO E DE UMA VIDA

[Nota introdutória]

Lúcio Cardoso

Essas anotações, que José Carlos de Oliveira chamou um dia de "prosa dramática", correspondem a um período da minha vida que já vai bem longe.

Realmente são o produto de uma época dramática que vivi e foram excluídas da linha comum do "Diário" que estou publicando, por constituírem um todo, na forma e no fundo. Saem agora tumultuadas como nasceram, como provavelmente ficarão para sempre, e tal como são, inóspitas e incompletas, mas bastante representativas desse que fui, são dedicadas ao seu primeiro leitor, Ronald de Chevalier.

O sol que arde, e a incrível, a incoerente cidade dos homens. Terrível reconstruí-la em pensamento: asfalto negro, a ossatura das pontes, janelas de altura e de silêncio, becos onde escorrem fumegantes o éter e a cachaça, vitrinas que se acendem como grandes olhos cativos — e ah! Pessoas que caminham, entre a luz e o luto.

Espanto-me de que tudo prossiga sem uma catástrofe. O mundo aos meus olhos é um introito, enquanto o sol gira entre milhões de faúlhas que incendeiam a inocência do azul. Um soldado, no bar onde me sento, lava as mãos junto a mim, enquanto a boca do esgoto sorve a água com avidez. Vejo o revólver que traz à cintura, ao alcance de um gesto. Apenas. (Quantas e quantas vezes sonhei a morte, escura e derramada, nesses antros criados pela noite humana…)

O soldado lava as mãos e as sacode como Pilatos. Cessa a ânsia do esgoto, e o mistério se dissolve. E há uma tão espantosa, tão definitiva coerência no seu movimento que se sente o ar gravitar em torno dele como sob uma espécie de fascínio.

Todo o meu ser é uma aventura impossível de sonho e de extermínio.

*

Nenhuma proposição para a estabilidade. Não há estabilidade. O ser não é uma estrutura fixa num eixo, mas qualquer coisa indeterminada, fluídica, que oscila de um polo para outro, como o dia para a noite. Tudo é por vir, e esta é a lei fatal de todo ser que se sabe vivo.

*

Não seria absurdo chamar de danação a extrema consciência da solidão no mundo. Consciência a um tal estado que o Universo adquire aos nossos olhos uma figuração autônoma, destinada, erguida em seu próprio eixo como um monstro em crescimento.

*

Iniciemos pois o jubileu do monstro. (Tudo o que nos ultrapassa sem tomar sua medida no homem nos aniquila.) Para nos ultrapassarmos, temos primeiro de atingir o limite-homem. Na mais recuada fronteira, entre o mar e a noite (distância e escuridão) começamos realmente a ser mais do que homens.

*

Duas horas da tarde: caminho entre os outros com uma tão nítida compreensão da minha singularidade que é como se arrastasse neste instante de hipnose um longo e terrificante manto de púrpura. As pessoas fitam-me e deixam-me passar — eu escorro, como a música triunfal de um rio.

*

Num certo sentido, não há *futuro* para mim, porque não há o *atual*; sinto-me queimar como um facho de exceção, e o que me consome não é o meu possível, mas o meu definitivo, e este é permanente. Sinto-me voluntariamente sem perspectivas, porque as perspectivas de há muito se converteram em poeira para mim (no sentido em que perspectiva designa concentração, redução do ser a um espaço definido) e eu caminho no terreno dilatado onde sou ao mesmo tempo minha vítima e meu algoz, meu ser reconhecido e meu ser sem fronteiras

— portanto meu ser sem tempo. O futuro não existe para mim, porque há largo tempo que eu já me constituí em meu definitivo futuro. É o único modo com que se poderia inaugurar a nova época — aquela que, sem temor de ferir o banal, poderia chamar de estação do terror.

*

(Ai, uma tempestade branca se dilacera nas ruas, as nuvens se aproximam, enquanto o mar ferve até as amuradas sem piedade.)

*

A estação do terror é a época sazonada do pleno conhecimento do ser, não de suas condições psicológicas, que é antigo, mas de suas prerrogativas abissais e estranhas. Terror é a época de noivado com o abismo, não porque conquistemos uma fictícia liberdade, mas porque a liberdade nos conquista, somos ela própria, identificados ao segredo, que é o verdadeiro clima do homem.

O terror é uma estação de ultrapassamento. É um impulso único e violento para regiões de intempéries e insegurança — é uma dilatação anormal para zonas desabitadas e inumanas, onde somos o único guia, a única estrela, além de céus que não nos seria permitido atravessar em épocas comuns, e onde finalmente nos reintegramos na essência esquiva, ambiciosa e rutilante do espanto que nos governa.

*

(Algo nesta hora se desprende e torna as coisas oleosas: como que de toda a sujeira humana se evola um bafo de ranço e desafio. Flores pútridas e monstruosas rebentam dos monturos ao sol — e gatos de olhos rápidos como relâmpagos espiam dos porões maldosos.)

Do meu sangue, como de um húmus doente, as paisagens se sucedem incontroláveis.

*

Posso definir no entanto: o romance, por exemplo, não é para mim como uma pintura (abaixo os homens do pincel!) mas como um estado de paixão. Não quero que o meu possível leitor encontre tal ou tal árvore, tal ou tal banco, semelhante ao banco, à árvore que ele conhece. Quero — e com que violência — que ele depare em meus escritos com uma árvore e um banco recriados através de um movimento de paixão, e que assim designados, assim reconhecidos, possa situá--los em seu espírito como elementos da minha atmosfera de declive e de tempestade.

*

Sim, gostaria que meus leitores se transportassem a um estado de tão alta emoção passional que isto lhes destruísse o equilíbrio e eles se sentissem fisicamente doentes. As grandes emoções interiores sacodem até o âmago a estrutura física do ser — e como não há maior ambição para um escritor do que causar a emoção mais violenta — e a mais perigosa — gostaria que aqueles que porventura me acompanhassem se sentissem dominados, violentados até a saturação, e me rejeitassem com asco, o que seria uma demonstração da minha força — ou então me aceitassem como um mal irremediável, o que seria um sinal inequívoco da minha profundeza.

*

Eu sei, talvez um sonho: mas que sabemos nós dos olhos cegos que nos habitam? Além da distância, em terras ingeradas, já estua a noite, e no tumulto se fabricam coisas dilacerantes, impregnadas de sangue e violeta.

*

O homem de maior espírito não é o de uma única resposta, nem o da resposta mais constante, mas o de várias respostas ao mesmo tempo, e o mais mutável quanto à certeza delas.

*

Estes corpos humanos, como eu os amo, tão trabalhados em fraquezas e delíquios — ah, como eu os amo, carnal, voluptuosamente, até que descubro neles a presença do cadáver.

Ao sol exala um odor de tumbas abertas.

*

Durante muito tempo procurei obter uma visão pessoal do mundo, e não consegui senão quando obtive uma visão pessoal de mim mesmo. (Não sei bem a que possa interessar tais afirmativas, mas sou um homem eminentemente gratuito.) Reafirmo, em vez de limitar o mundo por ideias falsas que seriam simplesmente adotadas por mim, apenas o limitei a uma expansão do meu ser, a uma dilatação interior que me garantiu um pleno conhecimento e uma avaliação mais ou menos autêntica do existente. Porque não se cria nada vindo do exterior — a velha verdade — mas em permanente colaboração com as forças mais obscuras e mais indeterminadas que nos percorrem. Se me perguntassem o valor essencial desse período de tensão que agora vivo, diria que é simplesmente a impossibilidade de mentir ou de aceitar a existência fora dos seus postulados reais. (Realidade, que blague espantosa e essencial!) Esta é a minha liberdade, e tão difícil e tão perigosa quanto me pareça, é a única coisa que garante a autenticidade do que afirmo, e a única que me dá certeza de que uma nova época nasceu para mim.

Pois não há verdade exclusiva, mas várias verdades, de acordo com cada indivíduo que existe. Mesmo a única verdade geral, que é Revelação (como não aceitá-La no seu in totum de massacre e comiseração?) é um modo de se manifestar tão particular quanto o espírito de cada um.

*

Paisagem: grandes mãos trabalham no açougue, quartos que se balançam sanguinolentos no vazio. Ao fundo, há um pássaro engaiolado que canta, e há no seu canto, secreta e nostálgica, a presença da floresta que o viu nascer. Mas[,] ai, esse canto só se produz quando a carne se amontoa sobre o balcão e, quente ainda, o sangue escorre pelo mármore.

*

Não há no momento nada que eu olhe sem desconfiança, em minha família, meus amigos, as leis que me ensinaram, os autores que me foram prediletos. Tudo isto foi sacudido por um vento de verdade, e o que me faz fugir e preferir o isolamento é a necessidade de me investigar a mim mesmo e a extensão dos destroços que povoam a minha certeza.

*

Não há dúvida, o mundo é um vasto parque enfeitiçado. Qualquer coisa espera atenta a hora do sinal para que tudo se transforme em combustão, e a combustão em formas elétricas e voláteis.

Fluidos agressivos circulam sobre nossas cabeças — e além da tarde, contra céus de bruma, repontam tridentes de desdenhosa crueldade.

*

A estação do terror (que outro nome melhor para designá-la?) não é uma fase de abertura e de esclarecimento, mas, ao contrário, uma ocasião de fuga, uma possibilidade de segredo e de renúncia à luz do dia. À noite é que se inventam os monstros.

*

Paisagem: é estranho como são feios os lugares onde o homem reside. Casas, faces enormes e vigilantes, com olhos cegos e bocas que engolem e vomitam a tristeza humana.

O monstro é a grande sugestão do homem.

*

Chamo a isto uma completa impossibilidade de viver nos termos comuns do todo dia. É a vida habitual que me expulsa, que me faz vagar, que me torna nômade e sem fé, andaluz de uma pátria espúria e sem melodia. Porque, a admitir a extraordinária invasão de elementos subterrâneos e excepcionais que invadem o meu procedimento comum, teria de escolher, como escolhi viver até agora, como as onças da floresta, sentindo florescer no íntimo uma Espanha de lanternas e noivados.

Mas o terror é sobretudo a consciência da mais espantosa solidão.

*

Às duas horas da tarde o mundo cessa: um sol cor de urina incendeia os tetos conquistados. Corre nos beirais um frêmito de morte. Os homens se imobilizam, prontos para os grandes desabamentos.

*

Ah, bem sei, seria fácil para um curioso destacar ao longo dessas páginas as atitudes de força e de violência que ouso reclamar para o homem. Não é ela, no entanto, uma atitude superficial, uma escolha feita segundo tendências da sensibilidade, mas uma crença firme, uma apologia paradoxal, uma certeza de que só através das situações extremas é que o homem defronta consigo próprio, com sua identidade intocada — na tensão completa do ser, no despojamento de sua essência cotidiana, no esmagamento total de seus postulados comuns e sem vitalidade. Reclamo o ser de energia e de prontidão, destinado a renovar Deus sabe em que zona de angústia, todos os vícios de sua criação moral. Reclamo o homem absoluto. Reclamo a total solidão e a total liberdade; só dessas regiões extremas é possível reinaugurar alguma coisa, e se assim falo, com voz rouca e canhestra, é porque já sinto no rosto o vento de novas paisagens, e prefiro inventar o mundo sobre os restos do que foi meu, do que imaginá-lo como poderia ser, sob a vaga de estilhaços do que fui eu um dia.

*

O terror é a época da criação no centro da catástrofe.

*

O diabólico é a minuciosa ordem das coisas, quando presente em tudo, monstruosa e pontifical, lavra a chama da desordem. A favor de uma ordem futura, que será por nós presenciada com olhos de aço e de manhã, instauremos desde já o caos. Para os que têm bons ouvidos, já falo do centro da tragédia inaugurada.

*

Para mim não têm valor as teorias estáticas, os ideais paralisados: o que me toca são os movimentos da dinâmica e da propulsão, ainda que a meta seja o infinito, e o horizonte por descobrir o nada.

*

Quando disse, ele não me acreditou. Perguntou um pouco cético como eu encarava a forma desse novo império. É fácil, respondi. Como qualquer coisa infernal que subisse da planta dos pés, rápida e longa como uma chama, e rodeasse todo o coração imóvel, tatuando nele, como uma chaga, o férreo emblema da onipotência.

(Pátria! Território de sombra, planície de lírios que se desenlaçam em gigantesca calma. Ai, não te reconheço senão pelo amor ao drama. Anoto a pulsação de tua imagem em meu coração e através de enigmáticas ogivas contemplo tua vindoura transfiguração — além, Pátria, nessa extensão que ouso saudar como o quartel estival da peste, e onde comando, pelos meus olhos sem limites, a elevação de ruínas e terremotos, sob a presença azul dos urubus. Rios circundam as tuas fronteiras e no céu intangível refulge a estrela apolínea do flagelo. É a hora do Exterminador.)

*

À crista das revoluções caminha o Exterminador. Por seu intermédio tudo voltará ao seu sentido primeiro e fiel, e as palavras designarão mais uma vez as coisas inocentes e terríveis. O poder, a glória e a riqueza serão reinstaurados na sua fórmula exata. E também a vida e a morte. Pois somente a presença do Exterminador agirá como balança e rubra assumirá o caráter da justiça. É ele que comanda o calendário do terror. É ele quem inaugurará a época solene das sevícias — pois o povo o engendrará com amor porque em sua carne fala mais alto a vontade de sofrer, e tudo o que no povo é instinto, clama soterrado pela necessidade do castigo.

O Exterminador é a presença da hecatombe e o augúrio da redenção. As feiticeiras já o fabricam e, rápidas, tecem o seu manto de orgulho e tirania: um dia amanhecerá domingo com estandartes pendentes das janelas. Todos saberão que é a hora e correrão para saudar o príncipe que surge aureolado em tarde e sangue.

(Que trágico destino em mim se torna vaticínio, quem na minha boca colocou as palavras que imagino?)

*

Assumo a desordem como um complemento da minha paisagem: grandes tufões lavram o meu ser doente e o mar se debate vesperal sobre as ruínas do que fui.

*

Os três elementos componentes da idade nova: a desordem, o terror e a chacina.

*

A chacina é uma ânsia da minha alma. Dá-nos o sono, Senhor, mas com o íntimo atravessado pelo gume de uma espada.

*

Não aprendi propriamente coisa alguma, mas somente assimilei o que fez desenvolver em mim e desenvolve ainda o ser que sou. (Instalo-me altivo e bandoleiro na treva que me cerca.) Não há nenhuma fantasia nesta criação do ser vivo; apenas, por uma fatalidade, vim removendo de suas brumas e sombras traiçoeiras a força que me habita e me constitui real e independente.

A verdade foi minha pedra de toque, pois a verdade, no seu sentido mais absoluto, sempre me apaixonou, até à náusea, até o espasmo. Os seres ou não me interessam, por impossibilidade ou por excesso de conhecimento, ou me interessam até a paixão, até a afronta. Os que amei, esgotei-os até a saciedade, porque a minha curiosidade era mortal e a minha paixão era maior do que a força deles, e adivinhando-os tanto, eu poderia assassiná-los.

Quando eu ainda não havia descoberto em mim essa ânsia da verdade (houve um tempo em que eu era apenas sono) imaginava que seria a morte violenta o que me interessava em suas almas; soube depois que vislumbrava apenas a possibilidade de minha ressurreição. De todas essas águas de pântano, acumuladas em tantos desertos diferentes, e que no entanto são apenas disfarces da mesma face do deserto, alimentei durante anos e anos o meu ser — e muitas vezes pensei tê-lo destruído para sempre.

Mas apenas educava o nômade que sou hoje — paisagens, sóis fatais do meu destino! — e se agora posso bater tantas areias solitárias, é que aprendi a beber água dos charcos, e a pesar na minha carne o que se transforma em sangue, que é a vida, e o que se transforma em pus, que é a morte.

*

A alegria do asceta é sentir o novo crepitar nas amuradas do mundo. São manhãs, infernos, marés, cortejos e escaladas — está desvendada a época da solidão absoluta.

*

A grandeza do homem não se instaura no seu equilíbrio — o equilíbrio é a única lei da sepultura — mas no exagero das suas recusas, na força dos seus incêndios, na explosão de seus ideais desfeitos. Abaixo a época dos cadastros e das fichas — inauguremos com solenidade a época dos assassinos totais.

*

Toda grandeza gera a violência, toda violência gera a solidão. O monstro é a esperança do homem.

*

Posso dizer por onde caminho, mas não posso dizer o que me faz caminhar. Sei que essa estrada me conduz a um extremo onde o ar, de tão puro, é quase irrespirável. Mas trago em mim, envolta no mais absoluto segredo, a máquina que me aciona. Posso dizer que vou por ali, mas não é da minha obrigação dizer o que me leva. No máximo poderão ouvir o rumor do dínamo que me trabalha, mas tudo o mais pertence a mim, e nem a minha morte revelará a razão desse esforço, porque de há muito há um pacto firmado entre a minha razão e a minha morte, e de há muito ambas se converteram à mesma identidade — no meu íntimo as duas ostentam o mesmo nome.

*

Quem tiver o vício das rosas que o exprima com sangue. As flores fumegam no silêncio, e só a neve extasia e regela.

*

É com a fé da minha infância — e no entanto, o homem é um ser sem tempo, estrela de um único ocaso, palpitação do mesmo inverno — que recuso aceitar a fisionomia estática do mundo. É com a lembrança dos meus brinquedos, guerras, punhais, tambores abafados — com a ciência intata da revolta e da previsão do futuro que levanto a cidade onde hoje piso, com seus muros de cinza e suas casas de negro. De que estranha batalha sempre me senti guerreiro, se bem que também soubesse desde há muito que a vitória não me pertence...

*

Não ter medo da profecia. Dagora em diante, todas as vezes que traçar uma palavra deve ela conter o sentimento da mais desesperada esperança. Desesperada porque não acredito mais no tempo em que vivo — quase ninguém crê, mas todo mundo vive, e a diferença é que eu falo, enquanto os outros fingem que não vislumbram o fim — nem em suas possibilidades e nem em sua sobrevivência, isto forçosamente deve causar pânico, como o causam todas as transformações essenciais. Esperança, porque é o homem novo que percebo além dessas ruínas. (Homem novo, antigo mito, existirá acaso um outro homem para ser inaugurado depois da chacina?) Do momento em que reconheço tais prerrogativas, é criminoso da minha parte não precipitar o caos. É retardar o começo e pactuar com as férias dos cadáveres. Minha mais constante vontade deve ser a de um arrasamento contínuo. Meu trabalho deve ser o de desagregar e fazer empunhar armas. Porque — ó profetas! — aí vem o tempo em que não subsistirá pedra sobre pedra, como diz o Evangelho. E a nova criatura que deve aparecer já me impregna de tal entusiasmo, sua intuição me faz vibrar numa impetuosa correnteza de vida que, muitas vezes, hesitante ainda, não posso duvidar mais e caminho no mundo conhecido como entre as formas de um universo desvitalizado e sem arrimo.

*

Não sabe nada quem não pressentir a grande explosão que se aproxima. Haverá uma mudança radical, e tão definitiva, que os tempos já não poderão ser encarados como épocas da História, mas um fenômeno único de transição e violência.

*

(Tudo o que sabemos, tudo o que nos ensinaram é mentira. Não há verdade que não seja uma verdade pessoal, e as verdades pessoais são notícias de orgulho e despotismo.)

*

O mundo novo não exige fé, nem confiança e nem entusiasmo, e nem nenhuma das celebrações que faziam e fazem os atributos do mundo condenado. O que ele exige é uma tal soma de ideias e sentimentos violentos, o que impõe é uma tal ressurreição de qualidades durante tanto tempo soterradas e tidas por aviltantes — o que avilta o homem é o que o torna menor, e não o que amplia suas perspectivas — que se pode dizer realmente que um outro homem surge, e nele se confundem as noções clássicas do bem e do mal, não para situá-lo "além", o que pressupõe "outro", mas para fazer do "mesmo" o ser exato que ele é, o homem das medidas justapostas e não o das medidas alteradas para mais ou para menos.

*

Não são os erros que me irritam, mas os erros que se assemelham às verdades. As máscaras do bem e da justiça são as mentiras que servimos como verdades de todo dia. Temos então o direito de reclamar o erro desmedido e pânico — só ele nos salvará da triste balança com que o homem mede o mundo comum.

*

(Às vezes sinto como se tivesse sido lançado a grande velocidade nas trilhas de um destino; ah, nada mais é meu e despeço-me de tudo. Para onde vou, não sei. Mas que importa? Tenho consciência de que estou em viagem e nem mesmo me adianta agora a bagagem de minhas lembranças passadas. Nada adianta, senão o silêncio que me cerca. Jamais poderia imaginá-lo tão nítido e nem tão presente às circunstâncias catastróficas do mundo.)

*

Comparei-me com alguém que arrastasse após si um imenso manto de seda escarlate. Comparo-me agora a um monstro rugoso e estranho, com cem antenas e um casco imemorial de cor verde. Qualquer coisa monumental e exótica que reinaugurasse o medo e o enxofre como elementos de depuração. Com olhos secos e lúcidos contemplo a imensidão da eternidade. O solo fumega em torno de mim e sinto o mundo reestruturado em sua mais rútila permanência. Aos meus pés soçobram as invenções do nada. Só escuto a música que me deleita, e que é choro e ranger de dentes.

*

Nada vale senão a paisagem que começo a desvendar. E é tudo tão estranhamente inédito que às vezes tenho a impressão de ter inaugurado um outro ser dentro do ser que me pertence. A única coisa que me garante a autenticidade é sentir que este de agora é o mesmo que sempre viveu dentro de mim, no escuro, com gritos e desejos inarticulados, até que o fizesse viver no total conhecimento e na total pureza.

*

(O direito de dizer é uma conquista da pureza.)

*

O homem mais profundo é o que tiver mais funda consciência do seu equívoco.

*

O vento sopra sobre a cidade. (São quatro horas da tarde e outros olhos espiam pelos meus olhos.) As árvores são densas e altas. Eu vejo, eu sei. Tudo o que se passa comigo talvez seja apenas um diabólico jogo dos sentidos, talvez o mundo, com seus homens tristes e suas horas de quintal e de sono, seja permanente e infindável — eterno na sua mediocridade. Talvez tudo o que eu fale seja apenas um eco desta solidão que dia a dia se faz mais minha. Não há árvores com febre, nem mortos transitando pelas ruas. O demônio é uma verdade sem efeito. Então não compreendo, calo-me, sufocado na desistência. A noite mais bela é a inventada. As grandes revoltas, quem sabe, talvez sejam transes de momento. Restam as minhas paisagens, e as ruínas deste mundo que em vão tento levantar. No entanto, as visões são tão fortes, tão onipresentes, e me reclamam com tal impaciência que se confundem em mim ao próprio instinto da vida. Não sei quem sou, apenas a dor se aproxima e, neste terreno de ânsia, apalpo o desconhecido que me habita e que cheio de sangue e de suor reponta inédito para o futuro.

*

As afirmações decisivas, para não se ter decisivamente a única afirmação que importa.

*

(E no entanto, a medida do que me desgosta nos homens é a própria medida do meu interesse. Todo este vazio, onde circula o vento da repugnância, é o espaço que sobrou do meu amor ausente.)

*

Os homens criaram o sono porque não suportavam o excesso da vigília. Mas ao lado do sono inventaram as casas, as pontes, os sinos que dobram ao longo dos vales, os instrumentos de tortura, os túneis e os abismos — todos os asseclas, enfim, do pesadelo.

*

O pesadelo é o esforço mais caro do homem.

*

Minuto: meu elemento é a natureza. Rochas, montanhas, fráguas e descampados. Aqui me sinto eu mesmo, e minha alma se dilata. São as únicas coisas que compreendo integralmente, as únicas de acordo com minha paisagem interior.

*

Não pressentimos mais tempos de amadurecimento e de colheita. O mundo é um vasto campo fechado em seu próprio círculo. Pressentimos, é verdade, a época de rompimento desses limites e da criação de um espaço novo para a vida.

*

As alianças que tive foram secreções da minha inapetência. Ó minha alma, quero-te transida e morta de saudade. De onde, de quem, como saber ao certo? Alguma coisa me esfacela e me faz único. Terei coragem de ir até o fim cobrindo--me de rosas.

Sobre esta face pálida, sobre este ser oculto e fremente, sobre este destino de guerra e de derrota. Nada renego da minha natureza, porque daquilo que me faz de excesso construir-me-ei absoluto e avaro.

A mim os lobos e os falcões, os animais do plaino e os que habitam os largos espaços. A mim os corvos e as bestas rastejantes. A mim o ser que fui, o que sou, o que não serei mais. A mim os fiéis e os traidores. A mim o Doge que me habita, o carrasco e o vassalo. A mim gemidos e distâncias...

Reúno as partes dispersas como um grande entrudo. A noite se ramifica, a legenda se faz nua em praça pública. A mim, alma transida e morta de saudade...

*

Nem justiça, nem piedade. As revoluções, quando realizadas, visam a mais estreita das concepções: a da fraternidade e da paz universal. Almejamos uma convulsão que devolva ao homem a mais íntima e primitiva consciência de si mesmo — a do terror, da inquietação e da instabilidade.

*

O terror não se fabrica senão pelo desespero. Eis a chave do segredo, a ex-plicação final desse mundo convulso. O que necessitamos é de uma reforma tão radical que em sua estrutura só possam existir ruínas. Queremos as ruínas tardas e fumegantes. Que a minha palavra, no entanto, seja uma prece ao homem futuro. Nós somos, homens do tempo, os venenos corrosivos, a lenha melhor para as combustões definitivas. Quanto a mim, sinto-me destinado a todas as catástrofes.

*

Não descubro horizontes — são eles que me devoram. Sinto-me presa inerte e fácil das contradições. Sou frugal e voluptuoso, ascético e profundo. Outrora, guerreiro, combati em campo de inimizades nuas. Hoje rompo-me contra vermes sem modéstia. Mudaram-se os tempos, a luta é a mesma.

*

Nada pude aprender (com exceção, é claro, do que poderia ser qualificado de puro compêndio) porque aquilo que sei trouxe comigo como intuição e pressentimento. Não o tilintar do dinheiro, Marta olhou para ele e sorriu. Era a primeira vez que a via sorrir.

Colocou o prato diante do rapaz e sentou-se de lado, perto do fogo. Quando ela se inclinou, ele sentiu o cheiro de trevo que havia em seus cabelos e viu a terra úmida do jardim sob suas unhas. Ela raramente saía de casa, e procurava o mundo exterior apenas para matar ou colher framboesas. "Já levou o jantar da velha?" — perguntou o rapaz. Marta não respondeu. Quando ele acabou de comer levantou-se e disse: "Quer que eu faça alguma coisa?" — como já dissera mil vezes. "Sim" — disse Marta.

Nunca dissera sim para ele. Era a primeira vez que o rapaz ouvia uma mulher falar desse modo. As sombras de seu busto pareciam ainda mais densas. Ele precipitou-se para Marta que levou as mãos aos ombros e disse: "Que faria você por mim?" — e soltou as alças do vestido que caiu deixando-lhe o busto nu. Pegou-lhe a mão e levou-a ao seio. O rapaz contemplava sua nudez como que idiotizado; depois, dizendo o nome, tomou-a nos braços. "Que faria você por mim?" — disse ela. Pensando no dinheiro sob o colchão, manteve-o de encontro ao corpo enquanto deixava cair o vestido e livrava-se da anágua. "Você fará o que eu desejo" — disse ela.

Após alguns instantes libertou-se dos braços que a apertavam e atravessou a peça sem fazer ruído. De costas para a porta que conduzia à escada, acenou para ele e disse-lhe o que devia fazer. "Seremos ricos" — exclamou Marta. O rapaz tentou agarrá-la novamente porém ela segurou-lhe os dedos. "Você vai me ajudar" — disse ela. O rapaz fez que sim com a cabeça. Marta abriu a porta e convidou-o a subir. "Você vai ficar quieto aqui" — disse ela. No quarto da velha ela viu o jarro quebrado, a janela meio aberta e o versículo da Bíblia na parede. "Já é uma hora" — disse Marta ao ouvido da velha, e os olhos cegos sorriram. Pôs-lhe os dedos em volta da garganta. "Já é uma hora" — disse, e bateu-lhe com a cabeça de encontro à parede. Bastaram três leves pancadas e a cabeça arrebentou-se como um ovo.

"Que fez você?" — gritou o rapaz. Marta disse-lhe que entrasse. Ele abriu a porta e vendo a mulher nua que limpava as mãos na cama, e a mancha de sangue redonda e vermelha na parede, fugiu dando um grito de horror. "Fique calado" — disse Marta; mas quando soou a voz calma ele gritou novamente e correu escadas abaixo.

"Marta precisa voar, — pensou ela — voar para fora do quarto da velha e

mergulhar no vento." Abriu as janelas de par em par e saltou. "Estou voando"
— pensou.

Mas Marta não estava voando.

[*Senhor*, nov. 1961]
[*Diários*, 2012 e 2013]

DIÁRIO DE TERROR

(Tudo)[1]

Toda ideia que nos ultrapassa sem tomar sua medida no homem, nos aniquila. Para nos ultrapassarmos, temos primeiro de atingir o limite-homem. No mais extremo limite, começamos realmente a ser mais do que homens.

*

Nenhuma proposição para a estabilidade — não há estabilidade. O ser não é uma estrutura fixa num eixo, mas qualquer coisa indeterminada, fluídica que oscila de um polo para outro, como a noite para o dia.

Tudo é por vir — e esta é a fatalidade.

*

Num certo sentido, não há *futuro* para mim, porque não o *atual*; sinto-me arder como um facho de exceção, e o que me queima não é o meu possível, mas o meu definitivo, e este é permanente. Sinto-me voluntariamente sem perspectivas, porque as perspectivas de há muito deixaram de existir para mim (no sentido em que perspectiva designa concentração, redução do ser a um espaço definido) e eu caminho no terreno dilatado onde sou ao mesmo tempo minha vítima e meu

---

1. Várias passagens desse "Diário de terror", como o leitor perceberá, são idênticas ou quase idênticas às inseridas no "Diário proibido — páginas secretas de um livro e de uma vida".

algoz, meu ser reconhecido e meu ser sem fronteiras, portanto meu ser sem tempo. O futuro não existe porque de há muito eu me constituí o meu definitivo futuro. E o único modo de se inaugurar a época do terror.

*

Chamo de terror à época em que é possível o pleno conhecimento do ser, não de suas condições psicológicas, mas de suas prerrogativas abissais e estranhas. Terror é a época do conúbio com o abismo, não porque conquistemos uma fictícia liberdade, mas porque a liberdade nos conquista, somos ela própria, voltados para o segredo que é o nosso verdadeiro clima.

O terror é uma época de ultrapassamento. É um impulso único e violento de todo o ser para regiões de intempéries e de insegurança; é uma dilatação anormal para zonas inabitadas e desumanas, onde somos o único guia, o único farol, além de fronteiras que não nos seria permitido atravessar em épocas comuns, e onde encontramos finalmente a essência esquiva, ambiciosa e cheia de espanto que nos governa.

*

Não compreendo o romance como uma pintura, mas como um estado de paixão; não quero que o meu possível leitor encontre tal ou tal árvore, tal ou tal banco, semelhante ao banco, à árvore que ele conhece. Quero que através de aparências familiares, ele depare em meus escritos uma árvore e um banco recriados através de um movimento de paixão, e que assim designados, reconhecidos, ele possa situá--los em meu espírito como acessórios da minha atmosfera de paixão e tempestade.

*

Gostaria que meus leitores se transportassem a um estado de tão alta emoção passional, que isto lhes destruísse o equilíbrio e eles se sentissem fisicamente doentes. As grandes emoções interiores sacodem até o âmago a estrutura física do ser — e como não há maior ambição para um escritor do que a de causar a emoção mais violenta e mais perigosa, gostaria que aqueles que me acompanham se sentissem dominados, violentados até a saturação, e me rejeitassem com violência, o que seria uma demonstração da minha força, ou me aceitassem como um mal irremediável, o que seria um sinal da minha profundeza.

*

O homem de maior espírito, não é o de uma única resposta, nem o da resposta mais constante, mas o de várias respostas ao mesmo tempo, e o mais mutável quanto à certeza delas.

*

Durante muito tempo procurei obter uma visão pessoal do mundo, e não o consegui senão quando tive uma visão pessoal de mim mesmo; em vez de limitar o mundo por ideias falsas que seriam adotadas por mim, limitei-o a uma expansão do meu ser, a uma dilatação interior que me garantiu um conhecimento e uma avaliação mais ou menos autêntica do existente. Porque não se cria nada vindo do exterior, mas em permanente colaboração com suas forças mais obscuras e mais indeterminadas.

Se me perguntassem o valor essencial desse período de tensão que agora vivo, diria que é simplesmente a impossibilidade de mentir ou de aceitar a existência fora dos seus postulados reais. Esta é a minha liberdade, e tão difícil e perigosa quanto seja ela, é o que garante a autenticidade do que digo, e a certeza de que uma nova época nasceu para mim.

*

Não há no momento, nada que eu olhe sem desconfiança; nem a minha família, nem os meus amigos, nem as leis que me ensinaram, nem os autores que me foram prediletos, tudo isto foi sacudido por um vento de verdade e o que me faz fugir e preferir o isolamento, é a necessidade de investigar a mim mesmo e a extensão dos destroços que povoam a minha certeza.

*

O terror não é um movimento de abertura e de esclarecimento, mas ao contrário, uma ocasião de fuga, uma possibilidade de segredo e de renúncia à luz do dia.

*

Chamo a isto uma completa impossibilidade de viver nos termos comuns do cotidiano; é a vida comum que me expulsa, que me faz vagar, que me torna nômade e sem descanso, o olhar calado e ausente do campeiro. Porque, ao admitir a extraordinária invasão de elementos subterrâneos e excepcionais que invadem o meu procedimento comum, teria de viver como escolhi viver agora: só, como as onças da floresta, como esses animais que encontro sozinhos e patéticos — como são reais, como são verídicos no silêncio da paisagem! — e que também participam da consciência e do terror.

Porque o terror é sobretudo a mais espantosa solidão.

*

Seria fácil, para um curioso, destacar ao longo dessas páginas as atitudes de força e de violência que em todas as situações reclamo para o homem; não é ela no entanto uma atitude superficial, uma escolha feita segundo tendências da sensibilidade, mas uma crença firme, paradoxal e essencial, de que só através [d]as situações extremas o homem encontra a si próprio, na tensão completa do seu ser, no despojamento de sua essência cotidiana, no esmagamento de seus postulados comuns e sem vitalidade. Reclamo o ser de energia e de prontidão, destinado a renovar na angústia e no medo todos os vícios de sua criação moral. Reclamo a total solidão e a total liberdade; só dessas zonas extremas é possível reinaugurar alguma coisa nova, e se assim falo é porque já sinto no rosto o vento de novas paisagens, e prefiro inventar o mundo sobre os destroços do que foi meu, do que imaginá-lo como poderia ser, debaixo dos restos do que fui eu um dia.

*

O terror é a época da criação no centro da catástrofe.

*

Para mim não têm valor as teorias estáticas, os ideais paralisados: o que me toca são os movimentos da dinâmica e da propulsão, ainda que a meta seja o infinito, e o horizonte por descobrir o nada.

*

Não aprendi propriamente coisa alguma, mas somente assimilei o que fez desenvolver em mim e o que desenvolve ainda o ser que sou. Não há fantasia e nem ornato nesta criação do vivo; apenas, por uma fatalidade, vim removendo de suas brumas e de numerosas sombras, a força que me habita e que me constitui real e independente.

A verdade foi a minha pedra de toque, pois a verdade, no seu sentido mais absoluto, sempre me apaixonou, até à náusea, até ao espasmo. Os seres ou não me interessam, por impossibilidade ou por excesso de conhecimento, ou me interessam até a paixão, até a afronta — os que eu amei, esgotei-os até a saciedade, porque a minha curiosidade era mortal e a minha paixão era maior do que a força deles, e adivinhando-os tanto, eu poderia assassiná-los.

Quando eu ainda não havia descoberto em mim essa ânsia da verdade, imaginava que era a morte violenta o que me interessava em suas almas; soube depois que era apenas a possibilidade de minha ressurreição. De todas essas águas de pântanos acumulados em tantos desertos diferentes, e que no entanto são apenas disfarces da mesma face do deserto, alimentei durante anos o meu ser, e muitas vezes pensei tê-lo destruído para sempre. Mas apenas educava o nômade que sou hoje, e se agora posso bater tantas areias solitárias, é que aprendi a beber água dos charcos, e a pesar na minha carne, o que se transforma em sangue que é vida, e o que se transforma em pus, que é morte.

*

Interrogo essas folhas para ver o caminho andado, e elas não me causam senão tédio e cansaço, de tal modo eu roço o real sem atingi-lo ainda no seu cerne. Ah, não sou ainda senão o profeta de mim mesmo. A revelação virá a seu tempo — e depois da revelação virá a morte. Em dias futuros, cuja chegada não posso prever, talvez venha a ressurreição. Mas até lá, acima de todo horizonte definido, devo ser ainda o terreno fremente onde se jogam as minhas contradições, a terra onde planto e onde destruo, a matriz onde se forma o húmus que me aniquila e me faz viver continuamente, a minha seara de vida e de morte, pois todo nascimento é oculto e toda verdade solitária.

Mas ainda assim devo dar graças a Deus. Não há conhecimento que não seja pessoal, e tudo o que plantei em mim, as sementes do bem e do mal, a terra que revolvi e adubei, que cumpra o seu destino e produza, ainda que a flor azul aos meus olhos, não seja aos olhos alheios senão um fungo demente e monstruoso, uma rosa de fel e pestilência.

*

Posso dizer por onde caminho, mas não posso dizer o que me faz caminhar. Sei que esta estrada me conduz a um extremo onde o ar de tão puro é quase irrespirável; mas trago em mim, envolta no mais absoluto segredo, a máquina que me aciona. Posso dizer aos homens que vou por ali, mas não é da minha obrigação dizer o que me leva. No máximo, poderão ouvir o rumor do dínamo que me trabalha, mas tudo o mais pertence a mim e ao meu destino, e nem a minha morte revelará a razão desse esforço, porque de há muito há um pacto firmado entre a minha razão e a minha morte, e de há muito ambas se converteram à mesma identidade, e dentro de mim ostentam o mesmo nome.

Além do homem, o homem que somos além. Não o super-homem, que é um mito de despojamento, desumano e feito de cristal, um ser cuja irrealidade nos enlouquece mas o homem além, que é o homem com o acréscimo de sua conquista, o homem tal, com uma soma, um a mais, um além do que lhe foi dado como homem.

*

Sei que d'agora em diante todos os meus escritos, bons ou maus, devem traduzir o sentimento da mais desesperada esperança. Desesperada porque não acreditando mais no tempo em que vivo, nem em suas possibilidades e nem em sua sobrevivência, isto deve me causar pânico, como todas as transformações essenciais; esperança, porque é o homem novo que vislumbro além dessas ruínas. Do momento em que recomeço isto, é criminoso da minha parte não precipitar o caos — é retardar o começo e pactuar com a sobrevivência dos cadáveres. Minha mais constante vontade deve ser a de um arrasamento contínuo. Meu trabalho é o de desagregar e fazer empunhar armas. Porque aí vem o tempo em que não subsistirá pedra sobre pedra, como diz o Evangelho. E o homem novo que deve surgir me impregna de tal entusiasmo, sua intuição me faz vibrar numa tão impetuosa corrente de vida, que eu, muitas vezes hesitante ainda, não posso duvidar mais e caminho no mundo conhecido como entre as formas de um universo desvitalizado e sem arrimo.

*

O mundo novo não exige fé, nem confiança e nem entusiasmo, e nem nenhumas das celebrações que faziam e fazem os atributos do mundo condenado; o que ele exige é uma tal soma de ideias e sentimentos violentos, o que impõe é uma ressurreição de qualidades durante tanto tempo soterradas e tidas por secundárias ou aviltantes, que pode-se dizer que realmente um outro homem surge, e nele se confundem as noções clássicas do bem e do mal, não para situá-lo "além", o que pressupõe o "outro", mas para fazer do "mesmo", o ser exato que ele é, o homem das medidas equilibradas e não o das medidas alteradas para mais ou para menos.

*

Às vezes sinto como se tivesse sido lançado a grande velocidade num destino; ah, nada mais é meu e eu me despeço de tudo. Para onde vou, não sei. Mas que importa? Sei que estou em viagem e nem mesmo me adianta a bagagem de minhas lembranças passadas. Nada adianta senão o silêncio que me cerca. Nada vale senão a paisagem nova que começo a desvendar. E é tudo estranhamente inédito em torno de mim, que às vezes tenho a impressão de ter inaugurado um outro ser dentro do ser que me pertence. A única coisa que me garante a autenticidade, é sentir que este de agora é o mesmo que sempre viveu dentro de mim, no escuro, é claro, mas como um prisioneiro que palpita à espera da liberdade.

*

O homem mais profundo é o que tiver mais profunda consciência do seu equívoco.

*

Para se dizer certas coisas são necessários certos leitores; e como certos leitores são raros, é melhor calar do que dizer ao vento, pois certas coisas não podem ser ditas a toda gente.

*

As afirmações decisivas, para não se ter decisivamente a única afirmação que importa.

*

A medida do que me desgosta nos homens, é a própria medida do meu amor: todo este vazio onde circula o vento da repugnância, é o espaço que sobrou do meu amor ausente.

*

Meu elemento é a natureza; rochas, montanhas, nuvens altas, fráguas e descampados. Aqui me sinto eu mesmo e a minha alma se dilata. São as únicas coisas que sinto à minha altura, as únicas de acordo com minha paisagem interior.

*

Afastei-me por já não poder mentir mais, por não poder por mais tempo tornar-me tão mesquinho quanto o exigiam de mim, a fim de que eu estivesse de acordo com suas estaturas. Pelo menos aqui sou eu mesmo, e ainda que ninguém me fale, a voz morta nos meus lábios não é um sopro que me aniquila, nem palavra que me envergonha.

*

Todas as vezes que o homem pretender se ultrapassar como mito, está errado; como homem mesmo é que ele deve se ultrapassar.

*

Nada pude aprender (com exceção, é claro, do que é puramente compêndio) porque o que sei trouxe comigo com intuição e pressentimentos. Nunca analiso um homem, porque dele tenho uma visão instantânea, fulgurante, como se o iluminasse uma luz interior. Assim, muitas vezes, minha suposição pôde estar errada em detalhe, mas nos seus pontos básicos, no que é fundamental na natureza deste homem, ela é certa e definitiva.

*

Trabalhar-se, criar-se, certo eu o posso, mas somente no sentido de minhas próprias inclinações, pois o que são tendências nos outros, em mim são correntezas fortes. O que nos outros delineia traços, em mim esculpe e aprofunda; às vezes, de tão impetuosas, essas tendências convertem-se em defeitos — porque geralmente os defeitos são qualidades que o excesso tornou em caricaturas — e assim o que me compõe são sombras e erros que flutuam nas águas fundas de minha natureza.

*

Uma das coisas que mais lamento na minha vida, é não ter, aos vinte anos, conhecido Nietzsche ainda. Conhecia suas teorias e sabia aforismos de cor, mas Nietzsche é uma dosagem maciça, cujo poder só pode ser avaliado inteiro com pleno conhecimento de toda a região que ele domina.

Eu sou um terreno planificado, oco por baixo e cheio de dinamite.

*

Não se edifica só com as águas, mas com tudo o que a correnteza traz, limos e detritos; isto é o que auxilia o líquido puro a se transformar em húmus e permite as grandes construções.

Por que não ver no instinto criador outra coisa senão o lado oposto de forças inquietantes e monstruosas que nos compõem? Dificilmente o trabalho artístico é uma face da santidade. Esses instintos bravios talvez até sejam a força propulsora do movimento criador, e devem, ao lado dela, marcharem como os cavalos negros que junto aos brancos arrastam a mesma parelha.

Só as pessoas realmente fortes podem viver na realidade definitiva das coisas; quase todo mundo vaga numa atmosfera morna de fantasia.

*

Nenhum escritor realmente grande produz antes de uma completa saturação de si mesmo, uma espécie de inflamento dos elementos básicos do seu destino e da sua personalidade. Sofrimentos, experiências, descobertas, aquisições e amputações, tudo enfim o que esculpe sua mais verídica e extrema imagem, é chamado a compor o seu perfil exato.

*

O verdadeiro existe apenas na tensão absoluta. É preciso imaginar um mundo, e criá-lo, onde as forças latentes sejam levadas a um tal paroxismo, que sua revelação esteja iminente, ou sua morte. É preciso imaginar um mundo com todas as suas personalidades voltadas para o sol.

*

Procuro o que existe de mais profundo em mim mesmo, e encontro o medo. O medo do terror. Devo caminhar pela vida como quem marcha sobre o gume de uma faca.

*

Há um sol que brilha de intensa luz negra, e é o sol do conhecimento.

*

A mim, cavalos brancos, forças do anoitecer...

*

(Ah, meu Deus, como somos objeto de desgosto e sofrimento para os outros... Só os santos escapam, e quão longe estou eu de ser um santo!)

*

A "solidão absoluta" a que me referi atrás, não se inventa — é um estado a que se chega gradativamente, por um impulso interior, como uma planta que avança através da obscuridade.

*

Léautaud é contra as imagens — e realmente a imagem não é um estilo, mas ajuda-nos muitas vezes a esclarecer um pensamento difícil. E do único modo que vale e toda imagem que realmente não servir como um esteio, é não só inútil como prejudicial.

[*Caravelle*, 1985]
[*Letras & Artes*, jun. 1991]
[*Crônica da casa assassinada*, ed. crítica, 1991 e subsequentes]
[*Diários*, 2012 e 2013]

PONTUAÇÃO E PRECE

TERCEIRO DIA

I

Assim sei que nada existe. Somos um tráfego de fatos surpreendentes e sem sentido. As coisas que ouço, não traduzem os objetos, as cores inventam propostas que não se cumprem.

No entanto, existo. Meus pés delatam a distância onde caminho, os olhos vagam, e o coração bate sem descanso a sua absurda servência. Entendo o enredo de minhas vísceras: sou eu, esse monte de nervos que trabalha voraz pelo seu aniquilamento. Sou a história no meu sangue. Uno-me ao escuro engenho que me ergue, apalpo a mão, a carne, o quente sentimento desta matéria que diz de mim o ser presente.

E não é aí que existo.

Esse incêndio contínuo que me ateia, e faz no ar pender a sua chama branca, esse instinto de rir que me vem como se fosse um grito em plena rua, esse poder de me ferir com os punhais que trago escondidos no meu íntimo, essa música em marcha, com seu esplendor metálico e dissonante, essa festa — essa, precisamente, e não outra, com todas as suas flâmulas de morte.

Isto sou eu, no meu luto isto sou no meu triunfo, vagando com todo o inocentado furor de suas joias, mas cadáver.

II

Esse invento sabido em seu mal de safira. Ode vulgar e instinto armado como um poço no preto da floresta esse azul, essa doença que arde irresponsável como um gosto céu, sempre céu, ó céu meu céu!

Assim me ato à cilada, assim transponho a circunstância e me desenho.

Assim me ato. Esse limo agudo que sobe às bordas do meu ser, e reconstrói antigos crimes de família, violações e sexo sangrado esse limo que súbito acode à ordem de sorvidas primaveras lírio, enxofre, ansiedade satura a paisagem onde me esqueço: virgem.

Vinte diademas de prata e de feitiço, nove mantos brancos bordados com gemidos e perjúrios, oito luas redondas em seu engaste de loucura. Oito luas bem redondas em suas formas clássicas de nádegas.

Assim invento a origem.

Sei que no começo era o poço e havia nem verde olhando com seus olhos de fome. Fontes de milho nasciam prenhes de perfume e impiedade. Era, no recesso, a origem, o começo da magia. Mas de repente, como um grito correndo, abriu-se o mato: era o céu, o todo em mim doendo como um câncer de safira.

E doía, e doía, todo feito de sangue e de azul.

III

A causa, agora. A causa, essa pequena morte. Esse enterro miúdo de gente que chegou do subúrbio quem era? era quem? e ninguém sabia quem era esse específico ninguém.

Ninguém sabia o luxo voraz da morte, nem os seus estandartes, nem os seus frisos, nem os seus ocultos sentimentos de ouro. Ninguém sabia a festa inusitada e sábia da corrupção. Vários rolos de seda eram desatados à hora do verão: púbere, a tarde sangrava.

E havia vento. Uma coisa vinha correndo de longe, e era um assovio, e era uma flauta, e era um canto de mulher a que nos amou sem nunca ser amada e era uma orquestra cheia de instrumentos graves e cientes.

Amoras amadureceram de repente nos quintais. Sumos abertos explodiram à ronda impura das abelhas. Plantados de miçangas os canteiros ardiam ofertando frutos inválidos à inteligência. Era a hora, era precisamente a hora. A causa se impunha como uma deusa que cobrasse o sacrifício. E veio andando um carro, e veio andando, e dentro dele, nu, um exorcismo dizia, repleto de segredo e autoridade amém. Uns responsos vinham da serra e incorporavam-se à apoteose.

Não havia causa. Não havia ninguém. Só um rio vinha descendo, e era tão forte o seu ímpeto, e era tão preto o seu trovão, que o céu gemia era um rio, era um rio, e passando imenso em sua afronta, arrastava o tempo: em forma de flor uma esperança começava a se formar no fundo do horizonte.

Ai, somos tão pobres.

IV

Havia na tarde uma essência de adeus. Vi lenços encardidos soprando sua missão de voar. Vi casas se reduzindo ao esforço da memória que se formava. Vi cancelas, e estradas pontuadas de silêncio, e pássaros felizes, nascidos para festejar a morte. Vi, no instante, rupturas entre duas palavras de revelação.

Ora, esse outrora era hoje. Ainda havia um anoitecer chegando. Palmas iam abrindo seu furor de existir. Sanguinolento, o ar incorporava-se à tristeza humana. Esse era o hoje-outrora.

Nada havia que dissesse perdão. Não era mais a tranquilidade dos doidos, esse fiar do inútil, que na sombra se tece enquanto a hora se esvai — era um frio cheio de luz, pleno de autoridade e de crime. Sentia-se, visceralmente, que o minuto era propício ao amor assassinado. Velas erguidas assumiam no espaço o seu posto invisível[,] ninguém sabia ainda onde morrera alguém.

Mansa, uma rua incorporou-se ao canto e trouxe essa visão de janelas fechadas, esses muros ruídos que defendem um mamoeiro infantil, uma cortina de chita. Ah, como o homem poderia ser se soubesse a brevidade do teu tempo.

Vinham hemisférios do vento. Direi a dor? Direi a sede? Direi a luz que provém de uma carne ferida? Direi o lamento? o outono, o espasmo, a contrição e a febre?

Muitas cidades se superpõem acima do meu reino. Meu, porém, e de todas elas, é o adeus e a morte. Afasto-me como quem se perde, e todas as arquiteturas do vazio me pertencem, porque a solidão sou eu, e o medo de não poder amar, e o medo de amar, e o medo.

E tudo, sendo tanto, não é ainda aquilo que me forma.

v

As impopulares flores do meu gênio, essas orquídeas marcadas pelo veloz do seu luxo e do obsceno esses trunfos fechados no infortúnio, à espera da data,
essas flores
que cera vil imita o antigo
e recobre a seda natural, e soa rubra na matina da estação,
quando flores se erguem, quando marcadas
formas de flores se alteiam, e formas
duram no espasmo, testemunho do segredo e da imensidão?
Duram estrelas neste vórtice do medo.
Sei como ser neste atávico instinto,
sei como
Há em mim um sentido que se altera
ao nítido da cor
há em mim uma cor que mesmo escura reverbera
soo ao mim mesmo, e à caça proclamo o instrumento
onde me faço ensanguentado e ser perfeito.
No espúrio ocorre um tempo ameno, e assisto a essa festa do ingrato a que me condeno,
esse portento de mim acaso
feito de luz, veludo, e adusto só
na glória inútil a que em vida me condeno.

[*Crônica da casa assassinada*, ed. crítica, 1991 e subsequentes]
[*Diários*, 2012 e 2013]

CONFISSÕES DE UM HOMEM FORA DO TEMPO

A esta altura, quando jornais e revistas se eriçam contra tudo que não seja uma participação imediata contra a guerra e outras manifestações do nosso tempo, quando um vil objetivismo se apodera de todas as vocações fracassadas, de todos os talentos sem meios, e de todas as celebridades sem rumo certo, ouso declarar humildemente, mas em voz alta, que acredito no romance.

Sim, meus senhores, acredito no romance. Sei muito bem que muitos virão puxar a manga do meu paletó: "Você está louco? Acredite na guerra!". Sim, eu sei que a guerra está aí e conheço todas as velhas teclas dos acusadores e dos incendiários. Diariamente passam por mim entrevistas, notas e conferências em que os figurões das nossas letras declaram em alto e bom som (como é fácil declarar coisas desta natureza num momento destes!) que "permanecer ao lado de fora é pactuar com o inimigo". Sei de tudo isto e conheço bem esta velha terminologia pseudo-heroica... Na realidade os nossos literatos só gritam muito forte quando se sabem acompanhados, quando estão em bando. Mas isto é outra história... Quero apenas dizer que nas horas de guerra, a menos que seja chamado para cooperar com um fuzil na mão, o lugar do sapateiro é fazendo sapatos, o do padeiro fazendo pão, e do ator no teatro. Ora, considero-me, para infelicidade minha e de algumas pessoas, tão romancista quanto um sapateiro é fabricante de sapatos. Não há nenhum desdouro nisto, pelo contrário. Por mais que procure, não me conheço nenhuma outra utilidade além desta. Não sou homem de sociedade, não sei jogar *poker*;[1] os problemas sociais não me preocupam senão de maneira indireta. Sinto-me habitado exclusivamente por um mundo que desejo dar formas, uma multidão de seres que às vezes costumam me atrapalhar na vida prática, mas que vou conhecendo aos poucos e a quem pretendo emprestar algumas das minhas modestas opiniões sobre este insigne mistério que é a vida. Confesso que tive muito pouco tempo para aprender as coisas. Não sei direito como se faz uma ponte e nem qual é o assunto que os homens costumam discutir nas assembleias. Mas apesar de não ser um romântico (julgo-me um realista, na acepção mais absoluta de termo), sou perfeitamente capaz de imaginar como as flores nascem e qual é o rumor da chuva quando bate nas serras nuas, quais são as preocupações de tal ou tal pessoa que se sentou ao meu lado no bonde, as dores secretas de um homem que está parado na esquina. Mesquinhas preocupações, decerto, dirão os homens que sofrem de insônias internacionais. Mas que querem, continuo eu, sou muito limitado realmente, sinto-me até mesmo espesso para compreender o que não vem imediatamente carregado de certa dose, úmida e morna — como ousarei repetir a palavra fatal? — de realidade.

Neste momento, os homens que puxam o paletó da gente estão em plena crise de furor. E levo então minha ousadia mais longe, declarando pura e simplesmente que acho esta guerra monótona, bem sem interesse como experiência e já bastante adivinhada nas suas consequências profundas. E depois, a morte em certos casos é tão banal! Já não há esse horror que os telegramas teimam em nos apresentar. Foram eles próprios, os telegramas, que ensinaram que se pode morrer aos montes, como um campo ceifado de repente, sem estremecimento e sem emoção. A meu ver é quase uma morte burocratizada, irmã próxima dessas carnes em conservas que certos países fabricam em série. Não sei por quê, mas tenho para mim que a morte é uma coisa humilde e solitária, sobretudo solitária, um acontecimento intramuros. Talvez consiga reconhecê-la neste imenso palco fúnebre que é a guerra, se imaginar um por um os soldados agonizando com os olhos voltados para o céu aberto. Mas há tanto de irracional, de frio e indiferente nestas mortes sucessivas e anônimas, tanta embriaguez e uma indiferença tão grande para com o supremo acontecimento da vida!

Mas voltemos ao romance. Há muitos anos que ouço os nossos arrebatados

---

1. Em inglês: pôquer.

jovens me chamarem de reacionário. Não sei bem que sentido emprestam a esta palavra, e confesso que não me interessa muito. Sou apenas um homem sincero e que não se contagia assim com entusiasmos efêmeros e fora do meu alcance. Decerto não acredito em muita coisa, mas também não julgo possível confundir os fatos a este ponto. É verdade que não creio no romance sociológico, mas também não creio em Virginia Woolf. Há muitas coisas que podem ser levadas em conta da minha aversão natural por certas coisas — os romances de Eça de Queirós, por exemplo. Também não gosto de Lima Barreto, é verdade. Sei muito bem que isto fará a felicidade do sr. Clóvis Ramalhete,[2] que no fundo se considera um gênio menosprezado. Perguntar-me-ão então de que modo acredito no romance. E confesso ainda que não sei bem. Minhas crenças estão tão confundidas comigo que muitas vezes não sei explicá-las, é como se tentasse dizer por que tenho mãos ou por que escrevo.

Mas tenho afirmado que acredito no romance, quero acrescentar que acredito apenas naquele que é feito com sangue, e não com o cérebro unicamente, ou o caderninho de notas, no que foi criado com as vísceras, os ossos, o corpo inteiro, o desespero e a alma doente do seu autor — do que foi feito como se escarra sangue, contra a vontade e como quem lança à face dos homens uma blasfêmia.

[*Diario Carioca*, 19 mar. 1944]
[*Crônica da casa assassinada*, ed. crítica, 1991 e subsequentes]
[*Diários*, 2012 e 2013]

---

2. Clóvis Ramalhete (1912-1995), crítico brasileiro, estudioso da obra de Eça de Queirós.

LIVRO DE BORDO

A Rodrigo de Haro

Aqui estou a bordo, e viajo de novo. Que não reconheço desse mar que é tão profundamente meu, os seus quietos, e suas bruscas aberturas de cinza e tempestade? Viajo — e como sempre não sei onde estou e nem qual o navio em que viajo.

*

Falo de mim mesmo, a fúria é o meu porto. Que os maus e os hipócritas se afastem: minha lealdade é aquela que se assemelha ao crime.

*

Vago, nesse esplendor de mim, sem ter ciência nem sentido. Vago porque o calmo me dá náuseas e sou feito dessa inconstância com que se tece a sede de aventura e o poder de ficar. Nunca estou onde estou: vou passando, e o que é estranho em mim é que passando tento completar paisagens que agora vão com paisagens que já foram. Mas o que me faz itinerante — ai, eu sei — são as planícies que me chamam e [não] serão jamais.

*

Invento os nomes com que me invento: poeta, pintor, comediante. Todos me servem, desde que no escuro alterem a mão fechada em seu punhal.

*

De que gosto de sangue faço a manhã? Por trás de mim há sempre um céu infante, e as amoras que piso, e as pitangas que mordo, têm esse ácido porque culpam ao que é novo: ardem, desse vermelho que só o entendimento assiste.

*

O incauto fita à minha passagem sem rumor: entenebreço. Vou guiado por um instinto de vida e de decomposição. Arrojo-me a camas onde imaginei todo o valor do beijo e do perdão. Arrojo-me sem tédio e sem pudor: o que sobra de mim é ter sabido. Nu, contemplo a sede que de mim criou o meu poder e a minha explosão. Resisto-me.

*

Ah, léguas de morno! Como vomito a calma das chegadas. É por dentro que viajo, sem ter notícia de ninguém. Quem me vê por este mar aonde vou? Q[uem] me vê chegar sem ter sabido? O que me te[ste]munha arde em fundo céu, e o que me traduz é um cintilar de cinza e violeta. Perco-me, unindo.

*

No meu barco inventei um deus do meu tamanho. Tudo o que é meu, é meu — do meu tamanho. Havia uma ilha, e eu a consumi no seu naufrágio. Quedou-se o tempo e a invenção. Vi chegando o horizonte e saudei o meu deus: assim fortaleci-me de certeza e de crime.

*

Nada me vencerá em minha chegada. O atônito que me fez, desfez-se: é o mito que me guia sobre a vaga, a vaga é o meu mito. Nada impuro me toca, pois sou feito da essência livre do sal e do açúcar: nada impuro me faz, pois sou composto de sabedoria e de instinto. Não minto porque não sou feito de limo, e nem teço na suspeita que sou: reluz. Vênus reparte em mim a sua humaníssima metade.

Tendo partido, sou como chego: jovem, mas eternamente.

*

Portos de circunstância: até vós ondeia meu corpo mareado.

*

Um dia o segredo me deixou. Vi esculpir-se o mar e nenhuma finalidade havia nele. Sem o escuro, que é a sua luz, de que se faz o homem? De que potência armada a caminho do seu nada? Reinventei-me vivo — mas dentro de mim havia um morto. Não derramo lágrimas ao falido — mas ao novo, de que massacres não supor o seu poder?

*

Ondeiam flores, desmancham-se jasmins à minha passagem. Apalpo-me, e sinto o aço escandido que me torna — mas não levo por dentro um riso antigo, não ecoa nesse invulnerável, um apelo de criança? Ah, mar, à tua proa há um cadáver que duro se interpõe à branca luz do meio-dia... É nosso, o antigo capitão.

*

Precipita-se a luta: arde uma faca, e o meu sangue arde. Acode a mim esse vento menino que assovia a novidade. O que existe morto, oscila como uma enorme vaga cumprida e desejada. Não de mim, não de mim. Há uma outra vaga, e vem vindo, muito atrás do que ainda vem, e o seu sangue tem a violenta sede que o sangue tem, e incorpora à sua cor todos os venenos que violam sem identidade.

A tarde cai.

*

Morto de mim, quem é mais vivo do que eu? Vivo, que morto me entende mais? As duas faces me interrogam. Brutal, o mar assola o casco do navio. Uma face em mim é a do vivo, e olha o vento — outra face é a do morto, e olha. Incansavelmente a música circula sobre o composto que me decompõe.

*

Amo acima de tudo a violência. Amo o injusto, o atroz e o irremediável. Alimento-me de solidões levadas à sua fome. Que mais amo, e possa traduzir o homem no esplendor do seu destino? A faca, o veneno e o laço do estrangulador. É perto da violência que Deus situou a santidade.

*

São Francisco de Assis: os pássaros, sim. Mas a vida privativa que o formou, a luta contra a família, o beijo no leproso. O que oculto no coração nunca deve ser antigo; paz do santo é uma paz de renegado.

*

Mas que quero de mim que tanto quero sem poder? Quero não ter medo de mim. Quero de mim tudo o que civil é fraude, e culto, passional. Quero tudo o que for puro — quero a pureza, a inatingível, não do anjo, que não entendo, mas a do homem, tal como sou, origem — besta, mas virgem.

*

O meio-dia me alucina.

*

Não sou homem do meio. No dia em que nasci uma noite total se fez sobre os campos: recônditas, nas choupanas, sucediam acesas violências. Foi aí que o mundo me penetrou com o seu grito de ordem, e eu senti o luxo: azul, o arbitrário me ensinou o que total me faz agreste e de justiça.

*

Outras foram as datas: um maio, um abril, o nome desse amor. Que me disse amor? Quem me disse o quem não sou? O vento me fez dessa inconstância e desse riso. Passei, e amadureceram nas cercas os cajus. Sei que passo em breve — os cajus continuam. E do eco que os homens tanto amam, que não ouvir senão o desse riso de um amor que não existe? Todo futuro é mentira.

*

Agora me vou. Tenho esse poder de dominar o meio-dia. De repente anoiteço com estranha violência. Tanto não fui, e podendo tanto. Disse crime, punhal? Ah, como passo — vou passando nessa surpresa de passar. Ninguém me olha: vou indo, mas coberto de sangue.

*

De que ilha vem o nobre, qual a origem do marquês? Deus existe. Entendam-me os desautorados homens de ambição, meninos e banqueiros. O que inauguro, é um céu precipitado. Feito das formas do meu sabido, é céu? É inventado? Não há céu. Tudo o que somos, a faca, o crime e o céu — somos, mas inocentados.

[*Diários*, 2012 e 2013]

[HÁ MUITOS ANOS]

Há muitos anos, desde que empunhei a pena pela primeira vez, que anoto impressões sobre o que sinto e o que acontece comigo e em torno de mim. Esses primeiros cadernos, vazados numa linguagem exaltada e romântica, o destino encarregou-se deles, pela mão de um ladrão que, supondo existirem joias na caixa onde os guardava, deve ter tido o desprazer de só encontrar papéis — e papéis que não serviam para nada. Só a partir de 1949, quando aos poucos meti-me numa crise que ameaçou abalar toda a minha vida e meu destino de escritor, comecei a anotar com mais cuidado o que via e o que sentia, no mesmo esforço de quem se agarra a uma tábua de salvação para não naufragar.

Durante longo tempo este caderno foi o único laço que me unia a tudo o que me pertencia e a que eu prezava como o mais decente e o mais belo, e hoje, revendo-o para largá-lo às mãos do editor, não é sem um certo sentimento pungente, e uma tristeza de imaginar todos esses caminhos tão duramente percorridos que assalta — tristeza, e não temor de nenhuma espécie.

Alguns leitores fortuitos aconselharam-me a que não publicasse isto, tendo em vista a má-fé geral com que se acolhe publicação desta espécie. Concordei, e retive os cadernos algum tempo em mãos. Não os retenho mais, exatamente porque me julgo longe da crise que me afetou. Estou longe demais, hoje em dia, para reter-me a esses escolhos que só representam um instante da minha vida.

Nada renego do que aqui disse, se bem que me ache hoje colocado num ponto diferente. Nada renego, e se lanço à publicidade essas pobres folhas, é que imagino que elas tenham sido escritas exatamente para serem publicadas, e não para testemunhar de uma experiência que devesse ficar comigo apenas. Não peço indulgência, e nem pinto de cores diferentes aquele que sou — o aviso é apenas para que aqueles que empunharem este livro de má-fé, não o poderão fazer senão a um instante que já não existe mais. Outros volumes que se sucederão a este, colocarão as coisas em seus devidos lugares.

Por enquanto, é com alegria que me lanço ao pasto: não consigo conter nem a fúria, nem o sentimento de poder que me leva a publicar estas páginas.

[Inédito, s/d][1]

---

1. Este texto, provavelmente, foi escrito para ser a apresentação do *Diário I.*

PARTE 3

DIÁRIO NÃO ÍNTIMO
(30 AGO. 1956-14 FEV. 1957)

1.

De repente o navio no mar: tão simples, tão puro. Em seus costados a onda crispa um último obstáculo que se desfaz em espuma — e é na orla como um adeus chegando.

*

Amar os animais, como Léautaud diz, como Eneida[1] quer — mas não tanto que a favor deles se esqueça [d]o pobre gênero humano. E num "Diário" qualquer, tudo pareça tão velho que até mesmo os nomes inventados se assemelhem a coisas sem data. No fundo, a velhice de um homem sem coração.

*

Desculpa, Cacilda,[2] se a resposta vai tarde. É que me refaço aos poucos dos gestos mal compreendidos. Quando falei de grande autor, de autor nacional, não pensei em mim, e nem em Nelson Rodrigues. Falava em Racine.[3]

1. Eneida, nome literário de Eneida Costa de Morais (1904-1971), jornalista e escritora brasileira.
2. Cacilda Becker (1921-1969), atriz brasileira.
3. Jean-Baptiste Racine (1639-1699), dramaturgo francês.

*

Recado a Otto Lara Resende: mais vale um garoto do "SAM"[4] com identidade artística, do que um político de renome, sem autenticidade de romance.

*

Gênio sem modéstia, é como meu amigo Van Jaffa[5] que se intitula: Eu, gênio.

*

O Brasil morre, não da política que faz, mas da que pensa que faz. Todo esse rumor, toda essa pressa, todo esse segredo — o que dá aos fatos um odor de coisa acontecida — aqui não — mas num lugar que se parecesse muito com aqui.

*

Como morrem depressa os nossos mortos. Lembrei-me que um dia Jorge de Lima chamou isto de "vaga Sumatra". Que vago é tudo, Jorge, e em que Sumatra cor de vento andará você hoje?

*

Dizia Cocteau, e de tão usada a frase já parece de folhinha, que Victor Hugo era um louco que se acreditava Victor Hugo. Pomona[6] se acreditava Pomona. E sem loucura nenhuma.

*

Darel, sobre Ione Saldanha:[7] "É difícil mulher saber pintar, mas esta vale por sete". E por alguns sete homens também.

*

Aconteceu: ia indo, ia indo. Bruscamente, inaugurou-se a manhã. Parei, e chocaram-se contra mim vários anos de nostalgia sem remédio.

[*A Noite*, 30 ago. 1956]
[*Diários*, 2012 e 2013]

4. Serviço de Assistência a Menores. Foi criado em 1941 e extinto em 1964.
5. Van Jaffa (*n.* 1924), poeta, crítico, diretor teatral e roteirista de cinema brasileiro.
6. Na mitologia romana, Pomona é a deusa da abundância e dos pomares.
7. Ione Saldanha (1919-2001), pintora e escultora brasileira. Lúcio escreveu textos em catálogos de exposições dela e artigos sobre seu trabalho artístico. Foram grandes amigos.

2.

Em que março foi, não sei — mas foi em março, e chovia. Lenta chuva sem cor — ela sentou-se ao meu lado.

— Está ouvindo?

Disse que sim, mas no meu íntimo uma outra chuva caía, e eu nada escutava, porque só escutava a outra chuva.

*

A cor já havia se despedido. Pobre, eu transitava pelas ruas. Mas no seu rastro, incansável, havia uma flor, e recendia: perpétua.

*

Adivinho Kafka: corredores cheirando a hospital, caminhos dos seus domínios. Mas não, são apenas as residências da burocracia.

*

Ferreira Gullar[8] inventou a teoria da crase. Há várias teorias por inventar. Mas a da crase é realmente feita para dar atenção às coisas que não merecem nenhuma — e que por isto nunca tiveram teoria.

*

Coquetel em casa do autor estreante. O glorioso comparece com uma pasta: presume-se que nela existam segredos. Temerosos, os discípulos cercam-no — e há neles a subserviência de vivos ante um morto.

*

No tempo em que Murilo Mendes cumprimentava as palmeiras — parabéns pela sua palmeira, minha senhora! — havia nele um riso sempre pronto a chegar. Hoje ele não ri, mas em torno dele há uma lembrança calada de palmeiras.

*

Paris amanhece um pouco na cidade, para quem não conhece Paris. Foi lá para os lados dos Arcos, onde há umas árvores de galhos secos. Chega-me uma súbita vontade de cumprimentar pessoas que são habituais como a tolice — como vão?

Mas sinto que elas não me reconhecem.

*

---

8. Ferreira Gullar (1930-2016), poeta, crítico de arte, artista plástico, jornalista, escritor, dramaturgo e tradutor brasileiro. Foi amigo de Lúcio.

Outrora Lygia [de Moraes] amava, hoje ela já não ama. Não faz muita diferença, porque sempre que se encontra com a gente, há nela um ar alvissareiro de quem ainda fosse fazer confidências.

*

Ó Guedes, quando aprenderemos a dizer não?

[A Noite, 31 ago. 1956]
[Diários, 2012 e 2013]

3.

A última vez que me encontrei com Graciliano Ramos, disse-me ele: "Este negócio de romance está liquidado. Ninguém mais se interessa por literatura". Era exatamente o momento em que, doente, o público começava a descobrir suas obras.

*

Havia um pintor infantil chamado Luiz Soares —[9] infantil pela pintura e pelo temperamento — e que era protegido pela poetisa Yonne Stamato.[10] Um dia, quando a poetisa se afastava, ele teve um desabafo:

— Ai, a beleza. Que seríamos nós se não fosse ela?

Menos do que uma presença, referia-se a uma coisa abstrata.

*

João Uchoa Cavalcanti Neto,[11] que publicou João, confessa-me que há um defeito no seu livro que ele não consegue localizar. Leio o livro, não acho o defeito. Ele pergunta e eu respondo:

— Não sei. Quando não se gosta de um livro, só há um remédio — fazer outro.

Minhas gavetas são verdadeiros cemitérios de romances desse gênero.

*

Os viúvos do cinema mudo gostam de dar gritos quando falam em Greta

9. José Luiz Soares (n. 1935), conhecido como Luiz Soares, é um artista primitivista brasileiro.
10. Yonne Stamato (n. 1914), poeta brasileira, que publicou os livros de poesias Symphonia da dor (1937), Porque falta uma estrela no céu (1939) e A imagem afogada (1942).
11. João Uchôa Cavalcanti Neto (1933-2012), empresário, advogado, professor universitário e escritor brasileiro.

Garbo[12] ou Gloria Swanson.[13] Eu, que também sou viúvo, lembro-me de Norma Talmadge[14] com muito maior entusiasmo. A primeira vez que a vi — tão longe — foi num filme extraído de Balzac. Ela interpretava a duquesa de Langeais[15] e a fita se chamava *A ferreteada*.[16]

Haverá quem ainda hoje se lembre disto?

*

Guido Piovene,[17] grande romancista italiano, encontra-se comigo em Copacabana.

Ah, diz ele suspirando, tanta civilização. O Rio ganharia mais se tivesse nas suas proximidades as cataratas do Iguaçu.

Sem dúvida, sobretudo no verão.

*

O mesmo Guido Piovene, falando sobre Faulkner:

— Já fui a dois congressos com este senhor, e ele sempre no mesmo estado. Sua resistência, depois dessas provas, não me preocupa. Mas quando é que ele encontra tempo para escrever?

*

O general Góis Monteiro,[18] em cuja casa fui inesperadamente aportar certa noite, fala-me longamente, e com inteligência, sobre literatura grega. Depois, coloca-me um volume nas mãos.

Abro-o em casa: é um relato do general Guderian[19] sobre sua campanha na Europa. Mas com um detalhe expressivo: na primeira página, uma amistosa dedicatória do senador Lourival Fontes.[20]

---

12. Greta Garbo (1905-1990), atriz sueca.

13. Gloria Swanson (1899-1983), atriz estadunidense.

14. Norma Talmadge (1894-1957), atriz e produtora estadunidense da era do cinema mudo.

15. Personagem do livro *A duquesa de Langeais* (1834), de Honoré de Balzac. Trata-se do segundo episódio independente da trilogia *História dos Treze*, que se inicia com *Ferragus*, um dos mais célebres livros de *A comédia humana*.

16. Título original: *The Cheat* (1915), do diretor norte-americano Cecil DeMille, nome artístico de Cecil Blount DeMille (1881-1959).

17. Guido Piovene (1907-1974), escritor e jornalista italiano.

18. Pedro Aurélio de Góis Monteiro (1889-1956), general de divisão e político brasileiro.

19. Heinz Wilhelm Guderian (1888-1954), teórico militar e inovador general do exército alemão durante a Segunda Guerra Mundial.

20. Lourival Fontes (1899-1967), jornalista e político brasileiro; foi senador da República.

*

Mestre Goeldi anda metido em coisas de demanda. Um dia desses, seu desafeto, homem de maus bofes, mandou-lhe um recado ameaçador. O mestre não teve dúvidas: foi logo pedir auxílio ao seu colega de ofício, Poty.[21]

A demanda continua, mas acho que ele ainda se encontra por lá.

*

Um jovem crítico de teatro, desses que a juventude supera as possibilidades, afirmou que padecíamos do mal dos "grandes temas". Fiquei imaginando *Dona Xepa, A pensão da dona Stela* e *Miloca recebe aos sábados*.[22] O que não faríamos, se não sofrêssemos desse mal...

*

A claridade veio chegando de distâncias. O sol se abria. Úmidas, as casas renasciam do terror.

[*A Noite*, 3 set. 1956]
[*Diários*, 2012 e 2013]

4.

O escritor de quarenta tomos declarou a um repórter que viu glórias nascendo, glórias morrendo, entrando na Academia. Mas aí, ele é[,] no entanto, o único que foi à Rússia como se fosse à Academia. Mais morrendo do que nascendo.

*

Corpo de baile.[23] Delícia de descobrir velhos mitos sem explicação: o lobo Afonso, por exemplo. Pergunto à minha mãe o que é "cavu", e na sua resposta, que é certa, vem também todo o prazer de um reencontro.

---

21. Poty, nome artístico do gravador, desenhista, ilustrador, muralista e professor Napoleon Potyguara Lazzarotto (1924-1998).

22. As peças teatrais *Dona Xepa* (1952), *A pensão da dona Stela* (1956) e *Miloca recebe aos sábados* (1955) são, respectivamente, de autoria de Pedro Bloch (1914-2004), Gastão Barroso e Clô Prado, nome artístico de Clotilde Pereira da Silva Prado (1900-1974).

23. *Corpo de baile*, de João Guimarães Rosa, foi publicado em 1956; originalmente composto de dois volumes e sete novelas.

O que, em definitivo, deve ser uma recompensa para o autor.

*

Ainda Guimarães Rosa: como Mário de Andrade gostaria de encontrar este livro. *Macunaíma*, com todos os exageros dos precursores, é um São João Batista do *Corpo de baile*.

*

O que mais me assusta é o envelhecimento dos endereços telefônicos. Uma semana, e a caderneta já não diz mais nada. Senhor, como desistimos depressa.

Opinião de um amigo sobre *A rosa tatuada*:[24]

Burt Lancaster — Se não grito mais, esta mulher me abafa.

E era capaz.

*

Tônia Carrero,[25] um conselho de amigo: nunca escreva cartas. Dê somente entrevistas. As cartas traem, são terrivelmente cartas. Mas as entrevistas — que não supor do coração de um jornalista?

*

Que fujam, que fujam os densos mares que ouço passando. Mas fique a ilha. Por que aqui, e neste silêncio, que ilha não é de se imaginar?

Esta ilha seca. Esta ilha devorada. Esta ilha como um cacto ao luar. Devagar, e ficando.

*

Conselho a um amigo que pretende fugir para o Sul: o Sul não basta. A casa é onde não há sul e nem norte. A casa é aonde chegamos. Importa onde?

A grande lição das paisagens: é o ar que muda, não elas.

[*A Noite*, 4 set. 1956]
[*Diários*, 2012 e 2013]

---

24. *The Rose Tattoo* (*A rosa tatuada*) é um filme de 1955, dirigido por Daniel Mann (1912-
-1991), com roteiro adaptado da peça homônima do dramaturgo norte-americano Tennessee
Williams (1911-1983). O ator Burt Lancaster (1913-1994) fez a personagem Alvaro Mangiaca-
vallo nesse filme.
25. Tônia Carrero (1922-2018), atriz brasileira.

5.

Visão do aparecimento de Proust através do *Journal* de Léautaud, com toda a admiração, maledicência e consequente cortejo de anedotas que sempre provoca o nascimento de uma coisa nova.

*

José Olympio,[26] que encontro na rua em companhia de Otávio Tarquínio de Sousa,[27] apresenta-me uma moça bonita.

— Você não conhece minha filha?

Conheço, mas de há muitos anos, quando era uma menina ainda. É como se de repente houvessem estatelado diante de mim uma enorme folhinha com o tempo marcado.

*

Na casa de um amigo deparo um ramo de flores secas, pintadas a ouro. Autor indubitável: Burle Marx. Lembro-me do caso, acontecido recentemente, em que no arranjo de um desses ramos plantado entre ametistas, nosso amigo pintor e jardinista recuou de repente com um grito de susto: entre as folhas secas estava aninhada uma serpente.

Pode ser perigoso, mas não há dúvida de que seria um belo e estranho complemento.

*

Cláudio de Barros,[28] cantor, veio para o Rio muito justamente decidido a vencer. O repórter Leal de Souza recomenda-o a uma emissora amiga. Telefonema duas horas depois do diretor artístico:

— Leal, pelo amor de Deus, há aqui um louco que não quer parar de cantar.

*

José Sanz,[29] que passa por mim em companhia de Adonias Filho — conspiração! — exclama:

26. José Olympio Pereira Filho (1902-1990), grande editor brasileiro. Fundou, em 1931, a Livraria José Olympio Editora, hoje pertencente ao Grupo Editorial Record. Publicou onze livros de Lúcio.

27. Otávio Tarquínio de Sousa (1889-1959), historiador e biógrafo brasileiro.

28. Cláudio de Barros (1932-2009), cantor e compositor brasileiro.

29. José Sanz (1915-1987), crítico de cinema brasileiro que, juntamente com Nássara e Lúcio,

— Que gordura indecente.

Eu, que levo a consciência culpada, sinto não ousar dizer:

— Que insistente magreza.

Mas fato é fato.

*

Estou disposto a fundar uma companhia para montar todas as minhas peças (36, ao todo). Atriz única: Luiza Barreto Leite.

*

Assim não causará escândalo a interrupção dos espetáculos, os textos podem ser improvisados, e estaremos sempre de acordo um com o outro — isto é, autor e estrela.

*

Perdi a viagem, mas adquiri a experiência. Enquanto isto, folheio o jornal concorrente e encontro com a palavra "falésias". Logo um cheiro de mar vem entrando pela janela e, mesmo sem querer, sinto-me vogando: há inesperados pássaros voando a esmo pela redação.

*

Mostram-me uma fotografia de Hermes Fontes, com a testa varada por uma bala.[30] Imagino o drama do poeta, revivendo o que li e ouvi na época da tragédia. Pena que os versos, encerrados em seu sarcófago simbolista, traduzam tão pouco a emoção de quem tão intensamente viveu. Hermes Fontes, que se matou por amor, fala muito em mulheres — mas são mulheres de convenção, das que andam pelas páginas de Gautier e Heredia.

*

Não sei mais quem, talvez António Botto,[31] contou-me entre as muitas coisas que me contou, que Fernando Pessoa trabalhava com uma enorme botija de vinh[o] debaixo da mesa. Li depois que ele podia não beber, mas queria sentir

---

fundou o jornal *A Bruxa*, em 1929. Foi colega de colégio de Lúcio; e marido da atriz Luiza Barreto Leite.

30. Hermes Fontes (1888-1930), compositor e poeta brasileiro, que se suicidou na noite de Natal de 1930 com um tiro de revólver no ouvido.

31. António Botto (1897-1959), poeta português que morou no Brasil de 1947 até sua morte. Foi amigo de Lúcio e também de Fernando Pessoa, que traduziu em 1930 suas *Canções* para o inglês, e com quem colaborou numa *Antologia de poemas portugueses modernos*. Morreu atropelado por um automóvel no Rio de Janeiro.

sempre o contato consolador da palha que envolve o garrafão. Para isto, por debaixo da mesa, alisava a botija com o pé.

*

Que importa recomeçar todo dia. Já temos uma dose de silêncio tão grande, que é só lançar mão do estoque. O mais difícil é criar um estoque de barulho.

[*A Noite*, 5 set. 1956]
[*Diários*, 2012 e 2013]

6.

Distraído, esbarro noutro distraído. Surpresa: o companheiro de esbarro é Jayme Adour da Câmara.[32] Anuncia-me, veemente, uma semana Coelho Neto[33] para setembro. Garanto minha presença, pensando que com tantos padrinhos ilustres, a volta do autor de *Rei negro* é um fato. E Jayme, como a garantir a força do empreendimento:

— E desta vez, meu caro, será no auditório do Ministério da Educação.

*

Moniz Viana[34] consulta-me se é costume agradecer a quem nos envia livros. Digo que sim. E ele, esclarecendo:

— Recebi um do general Juarez Távora.[35]

Então não sei mais. Gente importante assim nunca me mandou livros. Mas esqueço-me: uma vez o sr. Juscelino Kubitschek me enviou um livro e um cartão. Mas a obra não era dele — era de Alphonsus de Guimarães.[36]

*

32. Jayme Adour da Câmara (1898-1964), jornalista e escritor brasileiro que, com Raul Bopp (1898-1984), dirigiu a segunda fase da *Revista de Antropofagia*, quando passou a ser veiculada pelo *Diário de São Paulo*.
33. Coelho Neto (1864-1934), escritor, folclorista, crítico, teatrólogo, político e professor brasileiro. O romance *Rei negro* é de 1914.
34. Moniz Vianna (1924-2009), jornalista, médico e crítico cinematográfico brasileiro.
35. Juarez Távora (1898-1975), militar e político brasileiro.
36. Alphonsus de Guimaraens (1870-1921), escritor brasileiro.

Alguém fala em Bernanos, diante da fotografia de uma casa onde ele morou, em Itaipava. Uma vez tive grande vontade de ouvi-lo — o que não se dizia! Meu amigo Pedro Octávio Carneiro da Cunha[37] convidou-me a jantar com o escritor. Fui. Durante quatro horas Bernanos falou sobre Joana D'Arc. E confesso — não entendi nada.

*

Sérgio Andrade, que também é repórter, disse-me que está no segundo ano do curso de Marinha Mercante. Esse é o fio da conversa. Enquanto ele fala, chega de longe um apito de navio, sinto um cheiro forte de óleo — e tudo levita na sempre viagem que não se faz.

Ir, ir, ir de vez, como proclama Fernando Pessoa.

*

— Cantora?
— Cantora.
Surpreendo-me que não o tenha adivinhado antes: esses brincos, essas calças compridas, essas unhas cor de sangue.

Sem assunto, indago:
— Sua música predileta?
— Ninguém me quer, ninguém me ama.
(Diz isto com uma força de quem fosse golpear o mundo. Em torno o ar estremece — ah, é fácil, e mais do que fácil imaginá-la ao microfone.)[38]

*

Iberê Camargo,[39] consultado por mim a respeito do trabalho de um colega dele, ergueu as mãos para o céu:
— Gostar, não gosto. Mas se a gente for contra os colegas, que não será da gente?

*

Declaração de um homem que está sendo condenado em São Paulo por horríveis crimes sexuais:

---

37. Pedro Octávio Carneiro da Cunha, historiador brasileiro. Lúcio foi seu amigo e lhe dedicou a versão manuscrita do poema "Estrela".
38. A cantora é Nora Ney (1922-2003); a música, "Ninguém me ama", de Antônio Maria (1921-
-1964) e Fernando Lobo (1915-1996). Lúcio troca a ordem dos dois primeiros versos: "Ninguém me ama/ ninguém me quer". A música foi gravada em 1952, e se tornou o carro-chefe de sua carreira.
39. Iberê Camargo (1914-1994), pintor, gravador, desenhista, escritor e professor brasileiro.

— Às segundas-feiras eu não podia ver a tarde cair.

*

Inventar uma paisagem. Com cheiro, com cor, com naturalidade, e que sendo assim, seja mais natural do que a verdadeira. Certas portas de Dickens, certas ruas de Balzac — não dão a Londres ou a Paris uma realidade que só mais tarde vieram a adquirir?

[*A Noite*, 6 set. 1956]
[*Diários*, 2012 e 2013]

7.

Sobre a terra de uma sepultura recente, acharam um coração humano. Características do objeto: grosso como um punho fechado, de cor indefinível, e cheio de filamentos secos que se entrecruzam como raízes. Duas ou três manchas denotando ainda certa umidade.

Perto, uma flor amarela — como uma pupila vigiando.

*

Ferreira Gullar, em companhia de quem percorro algumas livrarias, informa-me que tem em bom andamento seu novo livro, cuidadosamente trabalhado com tesoura e goma-arábica. As páginas terão dois metros de altura e serão fotografadas.

Título: *O formigueiro*.[40]

*

Neste filme *Os amantes do Tejo*,[41] como as coisas são falsas, e escorrem numa atmosfera de conflito barato. Mas há uma coisa grande e feroz, cuja autenticidade atroa até fora da tela como um gemido — o mar de Nazaré.

*

40. O livro *O formigueiro* traz o poema visual de Ferreira Gullar "O formigueiro", escrito em 1955, e considerado o precursor do livro-poema no Brasil. A obra só foi publicada em 1991 pela editora Europa, em uma edição histórica de apenas 1500 exemplares.
41. Título original: *Les Amants du Tage* (1955), filme do dramaturgo e diretor de cinema franco-armênio, Henri Verneuil (1920-2002).

Lêdo Ivo, a propósito da palavra "falésias", empregada outro dia nesta seção, reclama a paternidade da mesma. Disse que a descobriu do alto de um rochedo, na França.

*

Mas descubro que falar no mar não adianta — é preciso senti-lo aquecer as veias como um sangue que de repente estuasse em febre e espuma através do nosso corpo.

*

Nem isto: aspirá-lo, vindo de longe, não com a fragrância real de praias e rochedos — mas com o hálito de possessões que nos fossem sugeridas de outro mundo.

*

Um repórter vem me perguntar qual, na minha opinião, é o maior romancista moderno. Sei muito bem o que ele espera que eu diga, e respondo sem hesitar:

— Faulkner.

*

Na casa de Elvira Foeppel,[42] o editor Simões, de ininterrupta atividade, anuncia-me que editará as *Obras completas* de Coelho Neto. Até já entrou em entendimentos com a família do escritor. Indaga-me quem poderia apresentar esta edição.

— Mas não há dúvida, respondo — Octavio de Faria.

*

Ernst Jünger, grande escritor alemão que esteve há algum tempo no Brasil, conta que aqui desceu e foi direto ao Jardim Botânico. O que mais o impressionou: uma manga.

*

A insistência do nada: sobe de todos os lados com tal ímpeto, que seremos submersos, caso não nos agitarmos bem.

[*A Noite*, 7 set. 1956]
[*Diários*, 2012 e 2013]

42. Elvira Foeppel (1923-1998), atriz e poeta brasileira. Foi amiga de Lúcio.

8.

Do "DIÁRIO DO TERROR":[43]

Duas horas da tarde: caminho entre os outros com uma tão nítida compreensão da minha singularidade que é como se arrastasse neste instante de hipnose um longo e terrificante manto de púrpura. As pessoas fitam-me e deixam-se passar — eu escorro, como a música triunfal de um rio.[44]

*

Algo nesta hora se desprende e torna as coisas oleosas: como que de toda a sujeira humana se evola um bafo de ranço e desafio. Flores pútridas, monstruosas, rebentam dos monturos ao sol — e gatos de olhos rápidos como relâmpagos vigiam dos porões maldosos.[45]

*

Eu sei, talvez um sonho: mas que sabemos nós dos olhos cegos que nos habitam? Além da distância, em terras ingeradas, já estua a noite, e no tumulto se fabricam coisas dilacerantes, impregnadas em sangue e violeta.[46]

*

Estes corpos humanos, como eu os amo, tão trabalhados em fraquezas e delíquios — ah, como eu os amo, carnal, voluptuosamente, até que descubro neles a presença do cadáver.

Ao sol exalam um odor de tumbas abertas.[47]

*

O diabólico é a minuciosa ordem das coisas, quando presente em tudo, absoluta e pontificial, lavra a chama da desordem. A favor de uma ordem futura, que será por nós presenciada com olhos de aço e de manhã, instauremos desde já o caos. Para os que têm bons ouvidos, já falo do centro da tragédia inaugurada.[48]

---

43. Na versão final: "Diário de terror".
44. Trata-se, literalmente, do oitavo parágrafo de "Diário proibido — páginas secretas de um livro e de uma vida".
45. Trata-se, com algumas modificações, do 13º parágrafo da mesma publicação.
46. Trata-se, literalmente, do 17º parágrafo da mesma publicação.
47. Trata-se, literalmente, dos parágrafos 19º e vigésimo da mesma publicação.
48. Trata-se, com pequenas modificações, do 35º parágrafo de "Diário proibido — páginas secretas de um livro e de uma vida".

*

Às duas horas da tarde o mundo cessa: um sol cor de urina incendeia os tetos conquistados. Corre nos beirais um frêmito de morte. Os homens se imobilizam, prontos para os grandes desabamentos.[49]

*

O terror é a época da criação no centro do desastre.

*

Chamo a isto uma completa impossibilidade de viver nos termos comuns de todo dia. É a vida habitual que me expulsa, que me faz vagar, que me torna nômada e sem fé, andaluz de uma pátria espúria e sem melodia. Porque, a admitir a extraordinária invasão de elementos subterrâneos e excepcionais que invadem meu procedimento comum, teria de escolher, como escolhi viver até agora, entre as onças da mata, sentindo florescer no íntimo uma Espanha de lanternas e noivados.

Mas o terror é sobretudo a consciência da mais espantosa solidão.[50]

*

Paisagem: é estranho como são feios os lugares onde o homem reside. Casas, faces enormes e vigilantes, como olhos sem vida e bocas que engolem e vomitam a tristeza humana.

O monstro é a grande sugestão do homem.[51]

*

E todo o meu ser é uma aventura impossível de sonho e de extermínio.

[*A Noite*, 10 set. 1956]
[*Diários*, 2012 e 2013]

9.

Grande sertão: veredas — obra conseguida e plena. Este homem inventa a terra com tal poder que, nós que a conhecemos, sentimos que o desenho

---

49. Trata-se, literalmente, do 32º parágrafo da mesma publicação.
50. Trata-se, com algumas modificações, dos parágrafos 15º e 16º de "Diário de terror".
51. Trata-se, com pequenas modificações, dos parágrafos 28º e 29º de "Diário proibido — páginas secretas de um livro e de uma vida".

ultrapassa a meta, é mais do que o sertão, é um país ideal. Ou melhor, é a terra mesma, visionada nesse plano supremo onde só os poetas conseguem dominar. É o tudo, de quem abraça alguma coisa com paixão. Com paixão e com fúria de poesia.

*

Aqui começamos a trilhar o verdadeiro Guimarães Rosa. Mas ainda são veredas: esperemos pelos grandes descampados.

*

Azulece Niterói de um excesso de sol — imagina-se, ao calor, o segredo do nome: água escondida.

*

Através dos teus dias sonho coisas caras e febris — o luxo e o talento, por exemplo. Como uma brasa no coração. E longe, por ruas, por estradas onde nunca vou, este sol da tarde: deus acontecendo.

*

Kafka, que inventou o espanto na rotina, não conheceu uma cidade assim, de praias sem espanto, de horas de um acontecer tão antigo. Há no ar uma lembrança de redes e cajueiros.

*

As usinas, as olarias, os engenhos abandonados — espectros de um sertão faustoso e antigo. Que sobrevive hoje?
Cana que amarelece ao vento.

*

Juntos, imaginemos a tarde — mas como se fosse uma coisa alheia.

*

Quando anoitece é que eu mais te compreendo. Não pelas tuas praias, nem pelo teu sol que continua ao longo das areias mornas. Mas vem vindo lá de dentro uma coisa tão surda, um lamento tão fechado, que ouso pensar — é o campo, é a tristeza, é a solidão dessa gente, sem nome e sem valia. E nós, aqui escutando, que somos?

*

No alto campo, bem no alto, pasta o boi. Pastos de bom pastar — capim roxo, amarelão. O trem avança na curva — e o vasto se desvenda de repente.

*

Alegro finale: na estação, a moça que Proust descobriu como se fosse a

aurora. Mas não traz um jarro de leite — feliz, sorri com uma braçada de marga-
ridas brancas.

[*A Noite*, 11 set. 1956]
[*Diários*, 2012 e 2013]

10.

Infelizmente nada me acontece. Apesar dos esforços em contrário, levo
uma existência terrivelmente comum. Começo a decifrar o alfabeto laranjada.
O que é pena, pois terei de substituir nesta coluna a existência dos fatos pela
possível poesia.

*

Dona Maura de Sen[n]a Pereira[52] insiste comigo para que publique nesta
seção uma notícia sobre seu próximo livro. Infelizmente a seção não é noticiosa,
e nem tão lida que possa garantir a publicidade de uma obra. Mas trata-se de uma
gentileza, e aí vai o registro.
    O livro chama-se *O parto sem dor*.

*

No elevador, João Duarte Filho[53] me olha com uma cara antiga.
    Deixou os livros? — pergunta.
    Não.
    E nem sei como explicar: não se deixa os livros. Por bem ou por mal padece-se
deles, de presença ou de ausência, a vida inteira.

*

O homem mais profundo é o que tiver mais funda consciência do seu
equívoco.

*

Encontro no celebrado cronista expressões de uma sabedoria absolutamente
vaga e enxundiosa. Deus, como é preciso, mais do que ao talento, policiar a poesia.

*

52. Maura de Senna Pereira (1904-1991), professora, jornalista e poeta brasileira. O livro *O
parto sem dor* foi publicado em 1957, pela Organização Simões.
53. João Duarte Filho, escritor brasileiro, autor de *O sertão e o centro* (Rio de Janeiro: José
Olympio, 1938).

De repente o furacão chegou. Como chovia bem, com um barulho prolongado, escoando-se livre ao longo da praia. Devia ser um ciclone, só podia ser um ciclone. E não tinha nome, o que positivamente é um pecado, com tanta fúria e um jeito tão fotogênico para cinemascope.

*

Jorge de Lima, antigamente, tinha um telescópio em seu consultório. Hoje, que Marte anda em moda e há vários telescópios pelos quatro cantos da cidade, desconfio muito que o aparelho do poeta não tivesse grande valia.

Mas impressionava.

*

Aliás, por falar em Marte, o dr. Fanzeres, que é fundador da ABA, prometeu-me revelações de eletrônica. Ando entusiasmado para travar relações com essa tartaruga tão inteligente que, na sua mecânica, ultrapassa muito cérebro sem mecânica nenhuma.

*

Marte, de tão longe, desenlaçado no espaço. Que não imaginamos desta dança — estrelas, galáxias, mundos incandescentes indo e vindo — quem, de mais longe ainda espiará o espetáculo?

De longe demais.

*

(O verdadeiro só existe na tensão absoluta. É preciso imaginar um mundo e criá-lo, com suas forças latentes levadas a tal paroxismo que sua revelação se faça iminente — ou sua morte.

É preciso imaginar um mundo com todas as suas possibilidades voltadas para o sol.)

[*A Noite*, 12 set. 1956]
[*Diários*, 2012 e 2013]

11.

No saguão da ABI[54] encontro o repórter Edmar Morel[55] que me pergunta:

54. Associação Brasileira de Imprensa, idealizada pelo jornalista brasileiro Gustavo de Lacerda (1854-1909) e criada em 7 abr. 1908.
55. Edmar Morel (1912-1989), jornalista e escritor brasileiro.

— É verdade que você seria capaz de gastar quatrocentos contos[56] em dois ou três dias?

Rio:

— É verdade, sim.

Mas no elevador, vou pensando no caso: seria? Não sei. Mesmo porque nunca tive quatrocentos contos nas mãos.

*

Fúnebre descrição da morte de Remy de Gourmont[57] por Léautaud. Que estranho prazer, o deste coveiro travestido em memorialista.

Mas o escritor não tarda a repontar: aí está o retrato de Max Jacob.[58]

*

Que leem, que fazem nossos amigos — determinados amigos que não vemos há muito? Imaginá-los é um modo de envelhecer sem surpresa.

*

Agostinho Olavo,[59] sempre apressado, passa ao meu lado batendo-me no ombro:

— Preciso falar com você urgentemente.

Agostinho de sempre: tão urgente que se esquece de me procurar. A pressa, nele, não é um motivo — é um modo de ser.

*

Evidentemente, em literatura, há assuntos proibidos. A gente toca neles com o espírito crispado, mas com o mesmo ímpeto e o mesmo prazer com que na infância entramos num quintal para roubar frutas que nos são vedadas.

*

Há uma epidemia mundial de Marilyns Monroes. Outro dia estive com a

---

56. "Conto de réis" é uma expressão adotada no Brasil e em Portugal para indicar 1 milhão de réis. Em Portugal, por ocasião da Proclamação da República, esta moeda foi substituída pelo escudo na razão de um escudo por mil-réis. No Brasil, substituída da mesma forma, pelo cruzeiro em 1942, na razão de um cruzeiro por mil-réis. Mesmo após a substituição do real pelo cruzeiro, continuou-se a utilizar a expressão conto, agora para indicar mil cruzeiros. Os quatrocentos contos mencionados por Lúcio equivaleriam hoje a mais ou menos 20 milhões de reais.

57. Remy de Gourmont (1858-1915), escritor e crítico literário francês.

58. Max Jacob (1876-1944), escritor, pintor e crítico francês.

59. Agostinho Olavo (19??-1988), dramaturgo, crítico teatral e ator brasileiro.

representante brasileira de Mrs. Miller.[60] Era uma pobre senhora cansada e de cabelos tintos. Quando o fotógrafo gritava — atenção! — ela endireitava-se e sorria — mas como um jasmim pisado.

*

Mais do que a coragem de ser, a coragem de continuar. O velho poeta traz à lapela um botão de rosa — um autêntico botão de rosa. Agora que já não faz sonetos, sente-se que todo o seu esforço concentra-se no ato de ir apanhar a flor ainda molhada de orvalho — ali ao mercado.

*

João Condé,[61] na passagem do primeiro aniversário da morte de Augusto de Almeida Filho, dedicará à poesia do mesmo uma página inteira do *Jornal de Letras*.

E até amanhã.

[*A Noite*, 13 set. 1956]
[*Diários*, 2012 e 2013]

12.

Almoço com Augusto Rodrigues,[62] que me fala sobre várias pessoas, desde Portinari[63] à dona Helena Antipoff.[64] Sobre artistas em geral, ele é mais extenso, e não esconde seu entusiasmo por Poty Lazarotto.

60. Arthur Miller (1915-2005), dramaturgo e ensaísta norte-americano que se casou com a atriz Marilyn Monroe (1926-1962) em 1956, ano em que Lúcio escreve essa nota.
61. João Condé (1912-1996), arquivista e conservador da memória brasileira, mais conhecido por seus "Arquivos Implacáveis" publicados, a partir de maio 1946, no caderno literário Letras e Artes, do jornal A Manhã. Ele manteve, também, durante dezenove anos, uma coluna com o mesmo nome na extinta revista O Cruzeiro. Lúcio concedeu duas entrevistas a Condé e, ainda, participou de um livro que ele organizou.
62. Augusto Rodrigues (1913-1993), educador, pintor, ilustrador, caricaturista, fotógrafo e poeta brasileiro.
63. Candido Portinari (1903-1962), pintor, ilustrador e professor brasileiro.
64. Helena Wladimirna Antipoff (1892-1974), psicóloga e pedagoga de origem russa que se fixou no Brasil a partir de 1929, a convite do governo de Minas Gerais, no contexto da operacionalização da reforma de ensino conhecida como Reforma Francisco Campos-Mário Casassanta.

— Extraordinário, definitivo — afirma.

Em lembrando a recente exposição do gravador sobre o tema dos Canudos:

— Em qualquer parte do mundo aquela exposição seria consagradora.

*

Em caminho surge Joel Silveira,[65] distraído como se ouvisse os pássaros que povoam as árvores defronte ao Foro. Digo, com a simpatia que me inspiram os perdulários:

— Joel, disseram-me que seu mal é gastar muito dinheiro.

E ele, abrindo os braços:

— Eu? Sou o mais pobrezinho do Rio de Janeiro!

*

Trecho de romance:

"Não diria nada de pronto, um tanto ofuscada pelo sol. Quase junto ao seu peito, como um emblema, erguia-se uma flor de Maracujá — e, na distância, ao longo do quintal onde a hortelã cheira, corria um zumbido de abelhas, um esvoaçar de louva-deuses à procura de água."

*

Nathália Timberg,[66] bonita como sempre, surge com um retrato na mão e um aviso [de] desaparecimento. Sou especialista em desaparecidos, encarrego-me do anúncio e dou dois dedos de prosa à atriz:

— Planos?

E ela:

— Uma comédia para o verão. Você sabe, com o calor ninguém suporta drama.

Concordo, mas sei que, no fundo, bem no fundo onde se calam os pequenos desejos da gente, ela gostaria de fazer uma peça séria, um drama e tanto, desses de fazer o espectador sair abafado da plateia. Com calor ou sem calor.

Outro tópico da conversa supra:

— Como vai Fregolente?

— Vai bem. Mas ao certo não sei — e depois de pensar um pouco, Nathália conclui — Com o temperamento dele, a gente nunca sabe se vai bem ou mal.

Verdade, Fregolente?

*

65. Joel Silveira (1918-2007), jornalista e escritor brasileiro.
66. Nathália Timberg (*n.* 1929), atriz brasileira.

José Cândido de Carvalho[67] dá uma nota de vinte cruzeiros ao trocador do ônibus e espera o troco.

— Que troco? — indaga o sujeito que tem má catadura.

— Troco de vinte, meu amigo — responde o Candinho. Mas se você teimar que foram cinco apenas, não faz mal, o resto é seu.

E explicando o caso mais tarde:

— Você sabe, a gente mora em Niterói, e lá é um lugar esquisito. Estão matando gente, por muito menos, com quatro tiros na boca.

(E no entanto, a medida do que me desgosta nas pessoas é a própria medida do meu interesse. Todo este vazio onde circula o vento da repugnância, é o espaço que sobrou do meu ausente.)

*

Assisti ao grande produtor Al Ghiu[68] propor ao sr. Harry Stone,[69] com o ar mais sério deste mundo, uma imediata aliança com a Hecht-Lancaster.[70] Como Mr. Stone um tanto perplexo perguntasse como se faria isto, Ghiu foi positivo, abriu as cartas na mesa:

— Bem, a gente arranja um argumento de mocinho. Eu faria o papel principal, e o Burt Lancaster poderia fazer parte do elenco.

Mr. Stone sorriu discretamente.

*

Minuto: meu elemento é a natureza. Rochas, montanhas, fráguas e descampados. Aqui me sinto eu mesmo, e minha alma se dilata. São as únicas coisas que compreendo integralmente, as únicas, ai de mim, em acordo com minha paisagem interior.[71]

[*A Noite*, 14 set. 1956]
[*Diários*, 2012 e 2013]

---

67. José Cândido de Carvalho (1914-1989), advogado, jornalista e escritor brasileiro, mais conhecido como autor da obra *O coronel e o lobisomem*.
68. Al Ghiu, nome artístico do ator brasileiro Alcebíades Ghiu (*n.* 1925), que trabalhou em *Rio, 40 graus* de Nelson Pereira dos Santos (1928-2018).
69. Harry Stone (1926-2000) nasceu nos Estados Unidos e foi vice-presidente da Motion Pictures Association para a América Latina.
70. Trata-se da companhia Norma Productions, produtora independente de cinema norte-americano criada pelo bailarino e produtor Harold Hecht (1907-1985) e pelo ator Burt Lancaster.
71. Trata-se, com algumas modificações, do septuagésimo parágrafo de "Diário proibido — páginas secretas de um livro e de uma vida".

13.

Antes de mais nada, e para que não desapareça seu aspecto de visão — Melí —[72] na tarde em tons de cinza-escuro, com um vestido verde-malva, tão grave e tão tranquilo como um pedaço de mar achado de repente.

*

Gasparino Damata,[73] cheio de romances, ideias e coisas por fazer. Avisa que vai lançar uma seção, "Poeira do Tempo". E eu previno aos interessados: trata-se apenas do lançamento do arquivo secreto fotográfico de Jorge de Castro.[74]

*

Hugo Tavares,[75] que além de poeta é um dos fundadores do novel clube de Eça em Niterói, devia saber como o mestre anda sendo recebido por terras de Itália e de Espanha. Com muita descompostura, inclusive sob a alegação primordial de "escritor sem coração e sem simpatia pelos seus personagens".

*

Depois de muitos anos, volto à amurada da Fortaleza de Santa Cruz, que tanto entusiasmo me causou antigamente. A mesma pedra, o mesmo talhe a pique sobre o mar, o mesmo mar — mas diferente, pois desta vez, de longe, do céu totalmente negro, vinham os primórdios de um ciclone em marcha.

Soberba, desgarradora paisagem.

*

Não há nada que não se possa louvar nesta impressionante correspondência entre Léautaud e sua mãe. Finalmente, desvendado o mistério do monstro. E todo o tom surdo e patético que acompanham essas linhas sem nenhum artifício literário, devolvem à face de um escritor a dignidade que muitas vezes sua recusa cínica e persistente, fez tombar.

*

Impressão de escrever sozinho. Como o que traço é uma coisa sem época e sem imediata vibração. Não fosse minha total falta de vocação para outra coisa, e já teria desistido há muito.

72. Não identificada.
73. Gasparino Damata (1918-1968), jornalista e escritor brasileiro.
74. Jorge de Castro (*n.* 1915), compositor brasileiro.
75. Hugo Tavares, crítico e poeta brasileiro.

Impossível escrever uma linha que não seja arrancada do fundo do coração.

*

A mão da velha senhora que conheceu Rilke, pousada sobre a minha:
— Aprendi, meu filho, que quatro paredes podem circunscrever toda a paisagem de um homem.
Lá fora, verde intenso das serras de Resende.

*

Henry James conta nos seus *Diários* que ouviu do próprio George Du Maurier,[76] a versão ainda informe de sua famosa história *Trilby*. James admirou muito o assunto, declarando no entanto que o desfecho era "horrendamente sentimental".

*

Por falar em *Trilby*, assisti às suas duas versões cinematográficas — e apesar de não ser daqueles que sempre acham a antiga melhor, confesso, a primeira era realmente superior à segunda versão.
Para se criar um Svengali convincente, é necessário pelo menos o talento de um John Barrymore.[77]

*

E agora, preparar um outro dia, que este já se foi. Esgotam-se as comportas de luz, e vem chegando de longe um inesperado espírito de paz. Uma dália, roxa, anoitece sobre o muro — e na distância vão anoitecendo outras flores sem identidade.

[*A Noite*, 17 set. 1956]
[*Diários*, 2012 e 2013]

---

76. George Du Maurier (1834-1896), ilustrador e romancista francês, naturalizado britânico, cujo romance de maior sucesso foi *Trilby* (1894).
77. Svengali é o nome da personagem principal do romance *Trilby*, de George Du Maurier. Foi representado, no filme *Svengali*, versão de 1931, pelo ator norte-americano John Barrymore (1882-1942).

14.

Rosário Fusco, portentoso como sempre, brada meu nome na rua. E sem mais preâmbulos comunica-me que seu novo romance se acha pronto. Foi elaborado cuidadosamente e é dedicado a três amigos: Santa Rosa, Adonias Filho e o autor dessas linhas.

*

Do livro *Madeleine et André Gide* de Jean Schlumberger:[78]
"Toma cuidado com os mil pequenos compromissos de consciência que exige este mundo artificial e mesquinho das vaidades de autores — lisonjas, elogios não pensados — hábitos de ver fazer tudo isto, e de fazê-lo, sem pensar que é empobrecimento de estima própria e diminuição de probidade moral."

Conselho dado pela então Madeleine Rondeaux, mais tarde madame André Gide, ao jovem autor de *André Walter*, na época com vinte e dois anos de idade...[79]

*

Adolfo Casais Monteiro,[80] a propósito do escritor Miguel Torga,[81] contou-me em São Paulo:

— Sabe? O nome dele também é Adolfo.

— Por que não o assina? — perguntei, distraído.

E ele:

— Não. Proibição minha. Em matéria de talento um Adolfo só basta em Portugal.

*

Na estrada que vai escurecendo, de longe, o amigo ainda faz um sinal de adeus. Respondemos com um aceno, enquanto no céu pisca a primeira estela — única no espaço onde ainda sobram restos de azul.

Foi assim, passando, que prometi a Ivan citá-lo nesta seção.

Não importa o sol, nem as águas, nem as flores. Há outro sol que brilha de

---

78. Jean Schlumberger (1877-1968), romancista francês, um dos fundadores da *Nouvelle Revue Française*. O livro *Madeleine et André Gide* é de 1956.
79. Madeleine Rondeaux ([?]-1938), prima e mulher de André Gide. *Les Cahiers d'André Walter* (1891) é o título do primeiro livro dele.
80. Adolfo Casais Monteiro (1908-1972), poeta, crítico e novelista português.
81. Miguel Torga (1907-1995), romancista, ensaísta e dramaturgo português.

intensa luz negra e é o sol do conhecimento. Que estranhas águas, que flores sulfúricas, que dias de exílio nos inventa!

*

Gosto que Joel Silveira tenha intitulado seu livro de novela. Apesar de ser composto com 48 capítulos — pequenos — a estrutura da obra é mesmo de novela. Como gosto também que Guimarães Rosa tenha intitulado seus contos de "poemas". O exemplo vem de Gógol, que intitulou *Almas mortas* de poema.

*

Não se amassa o barro apenas com águas puras, mas com tudo o que a correnteza traz, limos e detritos. Isto é o que transforma o líquido comum em húmus, e garante no final a solidez das construções. Além do mais, palavras são palavras — só a paixão importa.[82]

*

Nenhum escritor realmente grande produz antes de uma completa saturação de si mesmo, uma espécie de inflação dos elementos básicos do seu destino e da sua personalidade. Sofrimentos, experiências, descobertas, aquisições e amputações — que sei eu — tudo serve para completar sua mais verídica e extrema imagem, é chamado a compor sua efígie exata.[83]

*

E até amanhã, se Deus quiser.

[*A Noite*, 18 set. 1956]
[*Diários*, 2012 e 2013]

15.

Uma noite dessas, conversando com Octavio de Faria sobre os defeitos facilmente apontáveis em Coelho Neto, de quem o romancista da *Tragédia burguesa* é ardoroso defensor, indagou-me ele:

— Está certo, esses defeitos existem. Mas também não existem esses defeitos nos maiores?

82. Trata-se, com algumas modificações, do 41º parágrafo de "Diário de terror".
83. Trata-se, com algumas modificações, do 44º parágrafo da mesma publicação.

*

Ione Saldanha prepara-se para expor em São Paulo. Acredito que faça sucesso — mas que não deixe de mostrar, sobretudo, os pequenos trabalhos que aqui ficaram tão mal colocados na Petite Galerie, e que condensam o melhor de sua experiência no terreno em que caminha hoje.

*

O poeta Marcos Konder Reis vai reunir num grande volume toda a sua obra poética inédita. E explica:

— É uma Suma Poética de tudo quanto tenho feito ultimamente. Depois disto, pretendo entrar num silêncio definitivo.

Não acreditamos. (No silêncio, é claro.)

*

Essa vontade de viver, que constrói o indivíduo da manhã — e o refaz de uma noite maldormida sobre um banco de praça, antepondo-o, trêmulo e faminto, ante o esplendor do mar que amanhece lá para os lados da Barra da Tijuca.

*

O *Diário* de Henry James ainda não é nem o segredo, nem a fresta entreaberta deste homem eminentemente secreto. Antes, é a ilustração do seu modo pessoal e intenso de se esquivar — o seu processo de escamoteação, se assim se pode dizer, ante o esforço que produziu obras densas e alimentadas de misteriosos sucos internos como *A taça de ouro* e *As asas da pomba*.

*

Mar: é a época da praia cinza, com neblina e ventos soprando em bruscas rajadas. Encontra-se de tudo pela areia: carvão, madeira, sapatos velhos e até mesmo um ou outro pedaço de fita, de um cor-de-rosa que veio esmaecendo na longa viagem sobre o dorso das ondas.

*

Uma gaivota[,] prisioneira triste, apoia-se numa única perna, encolhendo a outra onde há um traço de sangue. Nos seus olhos que nada fixam há um sentimento de irremediável incompreensão.

*

Tomás Seixas além de escrever, decora os artigos que escreve, e que versam sempre sobre autores de sua preferência: Rilke, Katherine Mansfield.[84]

---

84. Katherine Mansfield (1888-1923), escritora neozelandesa. Escreveu contos, poesia, diários, cartas e resenhas literárias.

E enquanto os declama com justo entusiasmo, ao mesmo tempo brande o punho ameaçando a cidade:

— Os filisteus!

*

Roman à clef — sinal de impotência do autor. Todas as vezes que o romance é autêntico abandona os modelos que são zonas de superfície para situar-se além, onde o retrato é um fator profundo e a obra se ergue, a poder de força e de adivinhação.

*

Sinal do dia, pássaro pequeno. Sobre o muro, o primeiro trilo, com a timidez das descobertas. E o voo, um rastilho de sangue em direção às nuvens.

[*A Noite*, 20 set. 1956]
[*Diários*, 2012 e 2013]

16.

Imagino uma história de fantasma: um cavalheiro, cientificado de que deverá receber uma herança, volta à casa que foi de seus avós. Lá, entre objetos que lhe são legados, encontra um velho livro de missa. Entre suas páginas, ressequida, uma papoula. Interessado, leva o livro consigo. E desde então, todas as noites, escuta alguém que folheia as páginas com dedos sutis e apressados — a procura de quê?

*

O crime da Tijuca, dona Juraci escuta barulho vindo do quarto.

— Espera mamãe, diz ela, que já vou levando o chá.

Um minuto de silêncio: à porta da cozinha assoma alguém — preto ou branco? — que traz nas mãos um pesado caibro.

*

No avião, Amando Fontes aponta lá para baixo:

— Está vendo? É o Vaza-Barris.

Vejo na terra escura um largo estuário lamacento e morto — e custa-me a crer que seja o velho rio que aprendi a conhecer através de Euclides [da Cunha] — o Vaza-Barris — que sempre imaginei como uma artéria viva do sertão.

*

Reencontro em Gilberto Amado o mesmo Vaza-Barris. Mas não tem mais o aspecto morto que entrevi a bordo do avião, em companhia do romancista de *Os Corumbas*. É um rio vivo e cantante — a artéria que supus atravessando o corpo causticado do sertão. Pergunto agora: ambos vistos de longe por mim — qual deles reproduzirá a imagem exata da realidade?

*

Burle Marx é contra a fúria destrutiva das árvores e matas do Brasil. Afirma que já temos jardins, e nem ninguém mais se interessa por plantas. E o homem que inventou as helicônias conclui com um gesto significativo:

— Ninguém mais conhece um brinco-de-princesa, um buquê-de-noiva, uma rosa-chá.

*

Depois de muitos anos, Marcier volta a expor no Rio de Janeiro. São quarenta quadros que sintetizam toda a sua evolução nestes últimos anos.

Aviso aos interessados: não se trata de pintura abstrata.

*

Carmen Santos,[85] no fim da vida, já andava um tanto cansada de sua luta com o cinema. No estúdio cheio de painéis e construções erguidas para sua famosa *Inconfidência Mineira*, disse-me um dia:

— Sabe? Este negócio de cinema não serve não. Identifiquei-me de tal modo com o papel que represento na *Inconfidência* que cheguei a visualizar a figura de Tiradentes. E é ótimo: todas as noites, antes de dormir, bato com ele um bom papo de amiga.

*

Descobri a essência do charlatão no dia em que resolvi prever desastres. Viajava em companhia de mineiros, e um deles, o poeta Hélio Pelegrino,[86] perguntou-me:

— É agora que vai acontecer o que você disse?

85. Carmen Santos (1904-1952), atriz, roteirista, produtora e diretora brasileira. Foi uma das primeiras mulheres a produzir e dirigir filmes no país. Atuou, produziu, roteirizou e dirigiu o filme *Inconfidência Mineira*, de 1948.
86. Hélio Pelegrino (1924-1988), poeta, ensaísta, jornalista, médico e psicanalista brasileiro. Foi amigo de Lúcio.

— Não, respondi, é daqui a meia hora.

Aconteceu: o trem espatifou-se e ficamos várias horas debaixo de um vagão.

Soube depois que a sra. Benedito Valadares,[87] que também viajava num carro adiante, queria conhecer o "profeta".

*

Ele estava meio escondido na obscuridade, e conservava a mão no bolso. O navio apitava.

— Você não se despede de mim? — perguntou o companheiro.

Teve um triste sorriso, e como o outro insistisse, retirou devagar a mão do bolso, estendeu-a: estava coberta de sangue.

[*A Noite*, 21 set. 1956]
[*Diários*, 2012 e 2013]

17.

Provavelmente o nome era Djanira,[88] mas todos conheciam-na por Dê. Diziam-me:

— Hoje vamos à casa de Dê.

Lembro-me de grandes descampados abertos ao sol, com lama esturricada, dividida em veios fundos pelo trânsito das carroças. A casa, não sei mais como era, mas para mim tinha sempre uma alegria em reserva: brincar no quintal. À sombra das mangueiras, desalinhavam-se canteiros cobertos de uma vegetação escura.

— São murangos — diziam.

À medida que o sol ia queimando mais, eu procurava, procurava — nunca achei nenhum morango, mas que me importava, o encanto da procura me bastava.

*

87. Benedito Valadares Ribeiro (1892-1973), advogado, professor, jornalista e político brasileiro. Era casado com Odette Pinto Valadares Ribeiro.
88. Djanira, nome artístico da pintora, desenhista, ilustradora, cenógrafa e gravadora brasileira Djanira da Motta e Silva (1914-1979).

Por esse tempo eu era oficial de gabinete do hoje senador Alencastro Guimarães.[89] Desocupado, vagava pelas imensas salas da Central do Brasil. Olhavam-me com certa cautela — um turista! Até que, tomado de vergonha, fui bater à porta do diretor.

— Que é que você quer? — indagou-me ele.

— Trabalho.

Alencastro Guimarães olhou-me com espanto:

— Trabalho? Mas você já ganha dinheiro. E olha, dinheiro e trabalho é coisa que muito pouca gente tem nesta terra.

*

No terceiro volume do seu *Diário*, Kierkegaard afirma que não pode haver cristianismo onde existe imprensa. Provavelmente referia-se ao fato de que o jornal é um endeusamento do fato, do imediato — e nada menos imediato, é claro, do que Jesus Cristo. Alguém me objeta que Jesus Cristo também pode ser imediato.

— Sim, concordo, mas em forma de milagre.

*

Recebo uma carta na qual um leitor me pergunta o motivo por que afirmei que Faulkner é o maior romancista vivo.

Não sei direito por quê, mas não é pelo que nele é qualidade imediata — mas exatamente pelo que não é logo apreensível, pelas suas anfractuosidades, seu jeito áspero e agressivo.

Porque, bem pensado, são estes os motivos que delineiam os rochedos — dominadores da paisagem.

*

André Romero me prometeu uma viagem, e eu sonho com ela todos os dias. Às vezes ele me diz:

— Rio Grande do Sul?

Tenho coragem para dizer — não — e nem sabe ele que ando sonhando europas, coisas perdidas, escavações no polo.

*

Toda a minha infância está povoada de flores — rosas, petúnias, miosótis e

---

89. Napoleão de Alencastro Guimarães (1899-1964), político brasileiro que foi ministro do Trabalho, Indústria e Comércio nos governos de Café Filho (1899-1970) e Carlos Luz (1894-1961).

papoulas. Foi daí que arranquei minha noção das cores. Mas a um canto do jardim existia um vaso que me apontavam:

— Esta é a flor do baile. Só abre à noite.

Esperei noites em vão, nunca vi a flor aparecer — mas posso garantir que sem ser vista, para mim sempre foi a rainha de todos os bailes.

*

Morte e ameixas — associação singular. O pé de ameixas era ao fundo do quintal, copado, com as ramas carregadas de frutos amarelos. No dia em que morreu Margarida, não tive com quem brincar no fundo do quintal. E como não me deixassem entrar no quarto — a mãe aos gritos — subi à velha ameixeira e vi, junto ao friso da janela, o rosto pequeno e imóvel.

*

Augusto Frederico Schmidt fechou-me numa sala forrada com um escandaloso tapete vermelho.

— Pró ou contra o Cristo?

Não sabia o que dizer, atônito, o tapete doendo na vista. Disse qualquer coisa, e ele estendeu a mão protetora sobre minha cabeça:

— Você está salvo.

Foi aí que comecei a me perder definitivamente.

*

Uma voz de menina — quando? Onde? O resto é a caminhada na planície. Mas ao longe, persistente, o eco ressoa.

[*A Noite*, 24 set. 1956]
[*Diários*, 2012 e 2013]

18.

Homens, artistas a quem a noção do tempo torturou — Proust, Joyce, Virginia Woolf — é inútil a causa. O tempo é um cavalo sem cor que emerge do mar. Não discutamos a razão, pois o que nos consome é sua verdade sem razão.

O tempo é uma besta feita de apreensão e de distância.[90]

*

90. Estes dois parágrafos, com algumas modificações e juntados, são o mesmo que antecede, no "Diário I", o início do ano de [1950], sob o número VII.

Naquele tempo ainda não havia a praia. Diziam somente:

— Há pitangas por trás daquele morro.

Era a Boa Viagem. Um dia, ousei subir a encosta — e antes que levasse à boca a primeira fruta vermelha, descobri o mar, enorme, chegando de longe com suas faixas e espumas.

*

A casa tinha paredes cheias de tapetes, pratos e faianças. Jamais conseguiria identificar com ela o autor de tantos livros ingênuos e cheirando à pobreza. Morto, porém, senti o quanto lhe era estranho aquele ambiente: sua face, barroca e dura, assemelhava-se extraordinariamente à linha de sua obra.[91]

*

Murilo Mendes passava telegramas. Um dia recebi um escrito assim: "Venha urgente imprescindível conhecer Júpiter".[92] Assinado.

Tratava-se de Mozart. Jamais agradeci suficientemente tudo o que comecei a aprender a partir desta data.

*

Tempo de memória — estação de silêncio. Nunca consegui ter a ilha ou a quinta que imaginei — mas não importa. Pelo caminho mesmo vou deixando o sangue do que em mim ressuma o já ido e vivido.[93]

Anu-branco, como um grito desferido em direção ao céu azul. Mas logo o canavial se abre, o escuro se atropela e o pássaro risca o espaço como um traço de tinta — anu-preto.

*

No caminho, como uma casa de brinquedo posada no fundo do vale, a velha fazenda S[ã]o Joaquim. Os romances que imaginei, os cavalheiros, as tempestades. Todo um trecho do sertão fluminense se ilumina [na] luz de suas candeias, que não mais se acendem.

E São Joaquim tomba aos pedaços.

---

91. Este parágrafo, com algumas modificações, é o mesmo que antecede, no "Diário I", o início do ano de [1950], sob o número VIII.

92. Trata-se da *Sinfonia nº 41 em dó maior, K. 551, "Júpiter"*, de 1788, de Mozart.

93. Este parágrafo, com uma sutil modificação, é o mesmo que antecede, no "Diário I", o início do ano de [1950], sob o número IX.

*

Certa vez Cornélio Penna me contou uma história de Kirme. Era alto e vinha descendo a escada com muita majestade. Perguntei:

— Quem é?

E o romancista:

— Não sei. Mas alguém me disse que é sempre o outro.

*

Era menino ainda e brincava na calçada, quando vi o velho *tilbury*[94] estacar à porta do vizinho. Corri para ver do que se tratava: o desembargador, todo de preto, muito pálido, a barbicha espichada, dormia com a cabeça tombada para trás.

Depois é que me explicaram.

— Teve um ataque na rua. Morreu, coitado.

*

O tempo é reversível — um cavalo que emerge, é certo, mas que para felicidade nossa jamais abandona o mar.

[*A Noite*, 25 set. 1956]
[*Diários*, 2012 e 2013]

19.

Um dia me perguntou por que eu não gostava de encará-la — medo, afirmei. Decerto não entendeu, mas eu sabia que era por causa dos seus olhos. Tão verdes, e eu mergulhava neles com uma certeza que me desvendava tudo.

*

Naquela época, para mim a aurora do mundo, o que mais me agradava era partir de manhã bem cedo com uma missão especificada: trazer argila. O regato escorria à sombra de velhos eucaliptos e, descalços, entrávamos n'água à procura de local onde o barro fosse propício. Cavávamos, turvando o líquido — e de repente, nossos dedos tocavam a lama escura e dócil do contato.

94. Em inglês: tílburi.

Feriado: durante o dia inteiro esculpíamos boizinhos, cerejas e panelas de barro.

*

Conheci Joseph Breitbach[95] por intermédio de um amigo. Depois, fui encontrar o nome dele no *Journal* de Gide. Era um alemão moço e gordo, transpirando a água-de-colônia. Dizia-me:

— Vim para ver paisagens, as serras, Teresópolis. Mas nunca conseguiu sair da cidade e passava as tardes na Colombo,[96] comendo doces — ah, dizia com um suspiro de vergonha, os daqui são bem melhores do que os da Europa.

*

No *O malfeitor* de Julien Green, talvez por ser um livro antigo, os motivos especificamente greenianos afloram com maior frequência — o manequim, por exemplo, e a história da moça que pretendia dar um baile por despeito.

Mas é na elaboração dos retratos, feitos com meticuloso vagar, e com pinceladas que se ajuntam umas sobre as outras, que é possível verificar a semelhança entre Green e Balzac — sua filiação aos maiores, por assim dizer.

*

Depois de longa ausência, Marcier volta a expor no Rio. Dele afirmou Ruben Navarra:[97] "Marcier nos deu o exemplo estimulante e a admirável lição da sua presença, escolheu o nosso céu e a nossa luz para escapar à perseguição dos hunos, trouxe para nós o melhor de si mesmo, a sua mocidade em pleno fervor de criação".

O vernissage será a primeiro de outubro, às 18 horas, na Maison de France.

*

A primeira viagem que fiz para ver o mar foi em companhia de minha mãe. Ela falava em Botafogo, íamos de bonde, mas dois ou três quarteirões adiante, senti que havia uma transformação no ar — como um cristal a atmosfera parecia tremer.

— Já se pode ver alguma coisa — avisou minha mãe.

95. Joseph Breitbach (1903-1980), escritor e jornalista alemão que imigrou para a França em 1930.
96. A Confeitaria Colombo foi fundada em 1894 e ainda se encontra em atividade no Rio de Janeiro.
97. Rubem de Agra Saldanha foi um crítico de arte brasileiro, conhecido como Ruben Navarra (1917-1955).

E eu, mineiro, esforcei-me por enxergar as distâncias da Glória — nada vi, mas de lá, como um hausto de alguém enorme e em constante luta contra o paredão, vinha aquela brisa onde era possível se distinguir vários odores novos — e até mesmo um perturbador cheiro de sangue.

*

D. Benvinda, que me ensinou a ler, era severa e triste. Assim que publiquei meu primeiro livro, um antigo colega encarregou-se de informá-la.

— Sabe? Ele hoje é um escritor.

Ela foi decisiva:

— Depressa demais para ser bom escritor.

*

No poleiro de ferro, amarrada por um dos pés, a arara executa uma espécie de acrobacia. Luxuosa, faz fremir as cores quentes de suas penas — e sente-se em torno dela flutuar essa ausência, como faltam as altas sombras em torno às orquídeas decepadas.

*

De malas prontas, ele dorme o dia inteiro. Quando acorda, pergunta:

— Onde estou?

— Dorme de novo — e depois diz-se em viagem.

[*A Noite*, 1 out. 1956]
[*Diários*, 2012 e 2013]

20.

A moça vestia um vermelho fulgurante. Quieta, viajava encolhida como se tivesse medo de irritar a paisagem. Mas quando desceu o bonde, e foi seguindo ladeira abaixo, era como uma flor de romã, e iluminava tudo de uma graça antiga e cheia de calor.

*

Do livro *O senhor do mundo*, de Octavio de Faria, ainda inédito:

"A memória é um mundo de que, desgraçadamente, não possuímos a chave e que muitas vezes nos envolve a ponto de perdermos contato conosco mesmo e mergulharmos no vazio — o sonho é outro mundo onde morremos cada noite e de onde emergimos angustiados e foragidos, tendo "vivido" intensamente, tendo nos transformado no mais íntimo de nós mesmos, diferentes enfim, quem sabe lá irreconhecíveis para um olhar mais penetrante."

*

Acordo pela madrugada e ouço uma chuva inesperada escorrer pelas folhas. As bananeiras se movem pesadamente e, vindo de não sei onde, sobe um gorgolejar cadenciado e triste, como se alguém, humildemente, chorasse na escuridão.

O pintor Marcier comenta:

— Todo mundo hoje em dia é abstracionista ou comunista. Quando não se é nem uma coisa e nem outra, a posição é um pouco como a da mãe de são Pedro: no ar.

*

Nomes de portos mais ou menos sem mar no estado do Rio: Porto das Caixas,[98] Porto das Velhas, Porto da Luz. Outro nome onde o mar em definitivo não aparece: *Porto da angústia*,[99] que é o título do próximo romance de José Cândido de Carvalho.

*

Alguém que assistiu *Orfeu da Conceição* e que muito admira a obra poética de Vinicius de Moraes, assim se expressou:

— Trata-se de um processo contra o samba. Quando ele entra, sua "natureza" é tão visivelmente inferior à altura do texto poético, que a opinião é irrefreável: julgado e condenado.

Note-se que é uma opinião sobre o samba em geral, e não sobre a música do Tom [Jobim], que tem talento e muita bossa para a coisa.

*

Outro informante, cujo nome evidentemente não posso revelar, leu os originais da nova peça de Nelson Rodrigues e teve a seguinte opinião:

— É a história de um homem traído que, quanto mais traído mais se interessa pela mulher. Isto, numa linguagem muito especial, a Nelson Rodrigues.

---

98. Cidade que inspirou Lúcio a escrever o argumento do filme brasileiro *Porto das Caixas* (1961), dirigido por Paulo César Saraceni. Este foi o primeiro filme de longa-metragem do diretor e também o primeiro da sua *Trilogia da Paixão*, baseada em histórias originais de Lúcio Cardoso, que seria concluída com *A casa assassinada* (1971) e *O viajante* (1998).
99. O livro não chegou a ser publicado.

*

Era um cavalo velho, desancado, cego de um olho e com a crina mal tratada. Vivia numa estrebaria do exército, sem ar e sem luz. Uma alma caridosa lançou-o num campo, para que pelo menos morresse em paz. E era de se ver a súbita transformação do animal, assim que se apanhou no espaço livre: endireitou a cabeça, relinchou, correu de um lado para outro — e até mesmo sua pobre crina embaraçada, voava, e emprestava-lhe momentaneamente uma graça que ele não tinha mais.

[*A Noite*, 2 out. 1956]
[*Diários*, 2012 e 2013]

21.

Com licença de Van Jaffa, e sem pretender entrar nos domínios da crítica cinematográfica, quero louvar as inúmeras qualidades do filme *O sobrado*,[100] que em muitas sequên[cias] [(?)][101] [...]mos mais ou menos vivido, e penetrar, com segurança, a consciência, em zona de verdadeira criação. Pequenos defeitos, ainda existem, mas o passo à frente é grande, e *O sobrado* pode concorrer sem favor ao lado do que temos produzido de melhor.

*

Palavra esquisita e perigosa anhonhacanhuva. Está no segundo volume do *Corpo de baile* de Guimarães Rosa.

*

Rios concentrados — com largas bacias de água escura e sem movimento, onde se debruçam folhas de gameleiras — rios claros e cantantes, de águas rasas sobre pedras redondas e lavadas. Ambos, com seu poder de líquido e sombra, rios da minha infância.

100. *O sobrado* é um filme brasileiro de 1955, dirigido por Walter George Durst e Cassiano Gabus Mendes e roteiro de Durst, baseado na trilogia *O tempo e o vento*, de Erico Verissimo.
101. O jornal comete um equívoco e repete, no lugar da frase que Lúcio pretendia para o momento, outra, que está na terceira linha da terceira nota aqui constante: "— rios claros e cantantes, de águas rasas sobre pedras re-". Infelizmente, Lúcio não conservou o manuscrito dessa coluna.

*

Quando o vento soprava, na rua comprida e larga havia um estremecimento matinal: as magnólias se desfaziam, e o chão se enchia de pétalas amarelas, enquanto errava no ar um perfume salutar de mel e maresia.

*

Há muita gente que critica a ideia de que a literatura é o sorriso da sociedade — mas pratica esse verbete de tal modo à risca, que é como se estivesse certa de que uma obra, ou a glória dela advinda, decorre de uma frequência constante e indiscriminada de saraus e almoços literários.

*

O crítico Oliveira Bastos[102] deixou em mãos de um colega distraído preciosas traduções de Ezra Pound. Como pede meu auxílio, aqui fica ele, em forma de recado endereçado a todos os que possuírem traduções, daquele poeta, em casa.

*

Aníbal Machado escreve um livro que tem o título de *O iniciado do vento*.[103] As colunas especializadas já se ocuparam do assunto, mas como Aníbal é um escritor raro, sempre é bom repisar a novidade.

*

Sentado na calçada (há quantos anos já?) eu via o cortejo aproximar-se vagarosamente. Eram quatro belos cavalos, cobertos com uma rede até o chão, e trazendo à cabeça penachos de pluma. Tudo negro, como convém a um pesadelo vivido em pleno dia.

O morto vinha atrás, num caixão carregado por mãos amigas: eram tantos os fraques em torno dele, que eu não conseguia distinguir-lhe o rosto.

Mas tinha certeza, se bem que ninguém me dissesse, que se tratava de um homem importante. A procissão avançava solene, e num ritmo de dança.

[*A Noite*, 3 out. 1956]
[*Diários*, 2012 e 2013]

102. Evandro de Oliveira Bastos (1933-2006), crítico literário brasileiro. Descobriu, por exemplo, o incrível poeta maranhense Sousândrade, e o revelou aos irmãos Augusto de Campos e Haroldo de Campos. Foi secretário de Oswald de Andrade, Augusto Frederico Schmidt, Anísio Teixeira e Roberto Campos.
103. O conto "O iniciado do vento", de Aníbal M. Machado, foi escrito em 1956, e inserido no livro *A morte da porta-estandarte e Tati, a garota*, de 1964.

22.

Homero Homem[104] cuida de um programa radiofônico:

— Coisas de literatura, diz ele, para valorizar o assunto. Mas avisa:

— Continuo a novela que estava fazendo. Pena que ninguém mais acredite em folhetim.

E eu, se não creio na dita valorização, quanto ao folhetim suspiro, compactuativo.

*

O cemitério de Rio Bonito (não há rio no local) é uma encosta íngreme, que vai até o alto num único e penoso lance. Embaixo, a estrada onde passam automóveis. Foi lá que parei num dia de sol: uma única árvore, plantada a meio caminho, esplendia mil flores sem cor e sem ajuste.

No chão, escarvado pelas enxurradas, branquejam ossos e caveiras. Quis apanhar uma, e o coveiro me disse:

— Não pode. Só com licença da Prefeitura.

Concordo, mas apesar de tudo, voltei remoendo a ocasião perdida de declamar o monólogo do *Hamlet*.

*

O que conspira contra nós é a fixidez das coisas: ardemos num mundo sem imaginação. Penso num cor-de-rosa subitamente em fúria, desertando velhas searas privilegiadas — uma sombra que passa, um vestido tocado pela brisa, a fachada de uma casa — e subisse, fumo, até o céu como uma coluna de vento e de nada.

*

O poeta lembrando Keats: um pouco de beleza...

Em torno, o quarto, os móveis, as imutáveis lembranças.

— Ah, Deus, suspirou, sou um homem dos epitáfios. Aqui jaz alguém esmagado pelo todo-dia.

Azul, um pássaro pousou de repente na janela.

*

Fernando Ramos confessa que há cinco anos trabalha no teatro.

— É a minha vida, minha paixão — afirma, apertando contra o peito uma pasta cheia de propostas comerciais.

104. Homero Homem (1921-1991), jornalista e escritor brasileiro.

E enquanto passam possíveis fregueses, declama com um tom raivoso a "Balada da neve", de Augusto Gil.[105]

*

Fumo na tarde, as olarias acesas. Declives esbarrondados nos caminhos onde só as carroças ousam passar — e por todos os lados, essas pequenas flores cor de ouro — milhares — que imagino idênticas às que arderam ao primeiro sol do Curral D'El Rey.

*

O *score* do sonho — sempre imprevisível. Essas sombras que nos cercam, e lembram as coisas que nos acompanham. Ah, o ser fica — mas que não inventamos para não durarmos?

O jogo, perdido.

*

Eu o conheci menino. Mais tarde fui encontrá-lo na prisão. Cumprimentou-me com humildade — e eu fiquei pensando no tempo em que, príncipe, fazia vibrar o furor e a inocência dos seus olhos claros.

*

Em Rosa, o que é belo é a sua constância: na pobreza, na vulgaridade, na paixão.

— Como vai? — digo.

Ela suspira.

(No ar, suspensa, há uma melodia que não sei se vem de mim ou dela — mas que a tudo pacifica.)

[*A Noite*, 4 out. 1956]
[*Diários*, 2012 e 2013]

23.

As formas, como as estalactites, são obras da Natureza. Impossível imaginá-las mais belas, quando humanas caminham pelas ruas. E são inconscientes, meu Deus.

105. Augusto Gil (1873-1929), advogado e poeta português.

*

Darel anda entusiasmado com a retrospectiva de Goeldi. Enquanto colabora na arrumação dos quadros, afirma:

— É talvez a maior demonstração de um artista brasileiro.

*

A poesia que inventei era pobre — fui esquecendo-a pelo caminho. Hoje, não sei mais o que é meu, mas o passo é firme, e vou onde quero. Sabedoria dos despojamentos — um acontecer sem susto.

*

Tudo era verde e um tanto febril. Quando chovia, sobrevinha a calma. Nos brejos, entre canafístulas, uma flor, dessas que chamávamos de "coroa-imperial". Grande, rendada, de mil pistilos vermelhos — e que a noite tivesse inaugurado seu acabamento, um tanto despenteada.

*

O sucesso que Marcier obtém no momento é justo. Sua pintura, na fase em que se encontra, é a mais sincera de quantas apresentou até agora.

*

Foi com uma tia[106] que aprendi o valor dos tecidos — veludo, cetim, astracã etc. Construí formas para vesti-las com todo esse luxo. Mas lembro-me de que já amava o desastre. Feito, incendiava tudo. Inventava, mas só para destruir.

*

Essa mesma tia, quando morreu, custou-me talvez as únicas lágrimas sinceras que já derramei. Sozinho, através da noite quieta, transportei o corpo para a casa do velório. No carro abafado, o caixão tombava sobre mim. Tanta coisa, tão pouco tempo. Ah, gritava uma voz no meu íntimo, por que saber o erro, tão cedo, e tão cedo perder as coisas deste modo?

Velei o corpo até o amanhecer. Exausto, depositei nas mãos geladas as únicas flores que encontrei: umas rosas vermelhas.

Como era severo o rosto, quando me despedi.

*

X. garante que foi atriz de teatro. É velha, hoje, e veste-se de um modo extravagante. Nela, compreendo tudo: os cabelos pintados, o despeito, os olhos sem calma.

---

106. Eudóxia de Souza Netto, a Tidoce.

Mas uma coisa me assusta: sua fome.

Come, como se descontasse velhas *matinées*[107] precipitadas e sem tempo.

[*A Noite*, 5 out. 1956]
[*Diários*, 2012 e 2013]

24.

Gosto como estão amanhecendo as amendoeiras da minha rua — como se acabassem de ser inventadas. Tão sérias e vestidas de folhas novas que já anunciam o verão. Ao fundo, o azul da lagoa.

*

Goeldi inaugurou sua exposição retrospectiva. A despeito dos planificadores, que gostariam de reduzir o gravador a um homem comum e sem magia, este fabricante de pesadelos apresenta-se em toda a pujança de sua magnífica carreira: senhor e cúmplice dos calados mistérios da noite.

*

Salão dos Surdos-Mudos: estranha coisa é a arte, ou pelo menos o impulso que a produz. Sem dúvida, o que procuramos é uma unidade total, com insistência, com paixão. Arte é a tentativa de completar com alguma coisa a metade de um mundo que perdemos.

*

Lobos do campo, lobos selvagens, simples lobos — como algumas vezes tenho deparado em livros que tratam de Minas Gerais. Apesar disto, apenas cachorros-do-mato. Encontrei com um, certa noite, quando vinha sozinho numa estrada de fazenda. N[ã]o merecia que se fechassem as portas por sua causa — pareceu-me um vira-latas mais graúdo, esfomeado e sujo. No fundo, quem sabe, como tantas outras coisas, uma quest[ã]o de recuperação.

*

Ayres de Andrade, que é forte em matéria de música, conversa comigo entre dois copos de vinho. Caminhamos pela noite adentro e chegamos a uma impor-

107. Em francês: matinês.

tante conclusão — determinado Concerto de Schumann para piano e orquestra, resume em si todo o movimento romântico.

*

Quando entardecia, o quintal cheirava a canela. Havia um respeito nas outras árvores, um calado, como se estivessem escutando alguma coisa. A árvore pequena, de folhas escuras, recendendo criava o que não existia antes — um canto errante, uma música das folhas.

*

Augusto Aguiar descobriu o japonês. Leva-me a almoçar num restaurante da Praça 15, onde nos servem uns camarões com asas. Depois, chá sem açúcar. As coisas não têm gosto, mas é fácil imaginar que estamos num mundo de votivas insinuações poéticas.

[*A Noite*, 8 out. 1956]
[*Diários*, 2012 e 2013]

25.

No filme de James Dean,[108] há um momento em que ele exclama: — "A vida é realmente uma coisa maravilhosa" — e não deixa de ser extraordinário, ouvir isto de alguém que já morreu há muito tempo.

*

Na despreocupada manhã encontro-me com Antonio Carlos Jobim,[109] mais conhecido como Tom, autor da música de *Orfeu da Conceição*. Tom mostra-se satisfeito com o sucesso que sua partitura vem obtendo. E informa:
— Depois desta, vou sair direto para *A moreninha*.
Esperemos, portanto.

*

Mas não ficou nisto a conversa que tive com Tom. Entre uma e outra

108. James Dean (1931-1955), ator e piloto de corridas norte-americano, símbolo de rebeldia juvenil da década de 1950.
109. Antonio Carlos Jobim (1927-1994), compositor, cantor e músico brasileiro, expoente da MPB e um dos criadores da bossa nova.

cerveja, falamos de coisas diferentes de música e teatro. E rememoramos alguns amigos pseudamente-vivos. Como são amigos que ganham muito dinheiro, concordamos em que este é principal responsável pela morte de muita gente. O maestro discorda um pouco:

— Mas falta de dinheiro também mata.

— Exato. Mas mata de modo violento, o que é bom. Dinheiro demais mata de modo macio, e aí está o grande perigo — a gente morrer sem saber o que está acontecendo.

*

Não há dúvida: o verão instalou seus afogueados estandartes. As pessoas assumem ar despreocupado, o céu vibra de um azul mais insolente, e o mar — ah, o mar! — vem comboiando ao longo das praias um excesso de luz que faz arder os jovens corpos.

*

Eis, na areia, a moça sentada, inaugurando seu short vermelho. Não ri, não se movimenta, acumulando no íntimo essa alegria sempre nova de ser jovem e de ser livre.

Devagar, como mão espalmada que a afaga, o óleo escorre — é o tom moreno que vem vindo.

*

O jornal de Sardo Filho[110] está aniversariando. Ambos merecem parabéns — pelo esforço, pela continuidade com que um tem levado avante o outro.

E depois, são dedicados amigos.

*

Agora a noite vem mais depressa, mas não há mais nela nenhum terror. É uma coisa azul, entornada, que apenas circunda o mundo, e carinhosamente nos abraça. Noite boa, com as primeiras estrelas.

*

Orlando Britto pinta e tirou um prêmio. Mas o melhor dele é uma fotografia, solitária, numa praia qualquer, diante de barcos que não tardarão a se converterem em aquarela. A isto, chama ele "o outro lado do meu ser".

*

E terminemos, confiando. Não custa acreditar num tempo que se renova

110. Sardo Filho, jornalista brasileiro.

com tão misteriosa naturalidade — é uma graça de Deus, essa saúde de espaço e da[s] cores.

[*A Noite*, 11 out. 1956]
[*Diários*, 2012 e 2013]

26.

Por iniciativa da Sociedade Teatro de Arte, os Pequenos Cantores de São Domingos[111] realizarão um recital, logo mais, às 21 horas, na Maison de France.

*

Encontro Fernando Sabino[112] que se dirige à Livraria José Olympio. E logo ao primeiro abraço, vai ele avisando:

— Vou buscar provas do meu livro.

O que equivale a dizer que, em breve, teremos nas vitrinas seu esperado romance.

*

Forrou a casa de tapetes pretos. As paredes, segundo os ditames mais modernos, pintou de cores variadas e berrantes. Pendurou coisas estranhas na sala, máscaras e folhas secas. No corredor, armou um enorme jarro de flores de cera. E como no caso da Criação, parou afinal para descansar. Teve febre. No dia seguinte, sentiu horríveis dores de cabeça. Como eu passasse em sua casa para saber notícias suas, a criada, com ar fúnebre, indagou entre aquelas coisas fúnebres:

— Não sabe? Enlouqueceu ontem de repente.

(Escusado avisar que se trata de uma história verdadeira.)

*

Marcier anuncia novas exposições — em São Paulo, onde repetirá o sucesso que vem obtendo no Rio e, mais tarde, em Paris e Roma.

111. O coral dos Pequenos Cantores de São Domingos foi criado em 1952 em Juiz de Fora (MG), pelo frei Tauzin, seu primeiro regente, com sessenta figurantes. O coral, renomado, se apresentou país afora (incluindo o Teatro Cultura Artística, em São Paulo, e a Maison de France, no Rio de Janeiro). Encerrou as atividades em 1962.
112. Fernando Sabino (1923-2004), jornalista, escritor, ensaísta e editor brasileiro. Foi amigo de Lúcio.

*

Já falei em algum lugar, não sei mais onde, sobre aquele velho milharal. Duas horas da tarde, e o sol refulgia sobre as folhas secas. Com os livros debaixo do braço eu fugia das aulas, e ia estender-me entre os pés de milho, à margem de um regato. Oh, naquela extensão queimada, era apenas um fiapo d'água lamacenta — mas como me bastava!

*

Clarice Lispector já enviou de Washington os originais do seu novo romance. Tem quatrocentas páginas e, segundo depoimento de alguém que já o leu, trata-se de uma história estranhíssima. Título provável: — *A veia no pulso*.[113]

*

História de fantasma: era uma casa fechada há muitos anos, e diziam ninguém morava mais nela. Uma ou outra pessoa, no entanto, afirmava que lá dentro morava uma velhinha. Ninguém, apesar disto, havia jamais visto a estranha moradora.

Um dia, com sol quente, viram com surpresa deter-se à porta um carro mortuário. E sem alarde, o enterro saiu para o cemitério.

Desde então, ao cair da tarde, não há quem deixe de ver à janela, uma velhinha que acena vagarosamente com um lenço branco.

*

Uma personagem de Camilo Castelo Branco,[114] surge "trazendo nos braços um ramilhete de suspiros, queluzes e martírios".

Nessas flores, há toda a evocação de uma época.

[*A Noite*, 12 out. 1956]
[*Diários*, 2012 e 2013]

27.

Essas rivalidades — de céu para céu, de mar para mar — como sentir

---

113. O título foi alterado para *A maçã no escuro*, e foi publicado, em 1961, pela Francisco Alves.
114. Camilo Castelo Branco (1825-1890), escritor, cronista, crítico, dramaturgo, historiador e tradutor português.

outro destino? Descubro, se penso, o segredo de coisas naufragadas — nem céu e nem mar — um pedaço da terra, boiando no fundo de um horizonte sem ninguém.

*

Willy Lewin,[115] com embrulhos debaixo do braço: pastas, e livros em francês. Início de uma conversa sem pé nem cabeça. Ele, continua no seu velho trabalho — eu, no meu. E acabamos, como saída, louvando Marcier:

— Um sujeito formidável!

*

Uma boneca de pano na janela — sempre abandonada. A casa, como me lembro! — tinha mangueiras defronte, com flores que nunca se resolviam em mangas. A rua era escura e acolhedora — e como esquecê-la, nessa penumbra onde se fazem as descobertas, e onde nos decidimos — gente — com ou sem paisagens que vão ficando para trás?

*

Imagino de repente a minha morte. Como um vazio que brusco se fizesse, não entre os que me amam (possíveis), ou entre os que me conhecem... — mas apenas, e com incontida amargura, entre os que foram obrigados a me acompanhar, e que eu tanto fiz sofrer.

*

Antonieta Bagdocimo de vermelho — com os mesmos projetos, a mesma porosidade à vida, a mesma inteligência — qualidades essenciais.

Chamou-me de "fugitivo". Nem sabe quanto acertou. O dia amanhece sempre sobre ideias de fuga que nunca ousei levar ao fim...

*

Artista, por exemplo, é Victor Menchise. Sua casa é franca e variada. E ele diz sempre, como quem anuncia o mar à sua porta:

— Volte amanhã.

Mora no Leme, e a silhueta do Vogue, não muito longe, exibe sua carcaça requeimada.[116]

*

---

115. Willy Lewin (1908-1971), intelectual e crítico brasileiro, especialista em literatura anglo--americana.

116. Refere-se à visão do prédio da boate Vogue, consumido em incêndio no dia 14 ago. 1956.

Deus meu, como a vulgaridade grassa nesta terra. Certos jornais, certas colunas — que de mais aflitivo do que ver, repetidas e sem graça, piadas que há dez anos tiveram seu giro e seu aplauso?

*

Partir, chegar — as estações são sempre as mesmas. As mesmas faces, porque os homens não mudam. Chuva ou tempo claro, que importa — a cidade é sempre o lugar que fica.

Desatinados campos — como me reencontro, nessas paisagens que não se juntam e que, apesar de tudo, brilham um minuto contra o vidro da janela...

*

E o tempo muda. Aguardemos estações de maior calma. Suceder não é importante — o importante é suceder com força.

[*A Noite*, 16 out. 1956]
[*Diários*, 2012 e 2013]

28.

Fala-se muito em "recuperação". No rol dos escritores que perdemos voluntariamente, existe um que está merecendo uma "recuperação" mais do que imediata: Afrânio Peixoto.[117] *Fruta do mato*, *Bugrinha* e *Maria Bonita* merecem maior divulgação entre as novas gerações.

*

Goeldi anda muito satisfeito com sua exposição. Explica ele que está expondo trabalhos realizados desde 1919, e que agora está realizando uma síntese de sua vida. "Mesmo porque, disse-nos ele, estou na idade do recolhimento e do silêncio."

*

No fundo de um bar quieto, numa quieta tarde de Ipanema, deparo com Antonio Carlos Jobim e Vinicius de Moraes tomando chopes e compondo

117. Afrânio Peixoto (1876-1947), médico-legista, político, professor, crítico, ensaísta, romancista e historiador literário brasileiro.

sambas. Vê-se que o poeta está entusiasmado, e cantarola marcando o compasso sobre a mesa. Tom o acompanha em surdina.

*

No livro *9 histórias reiúnas*, encontro um conto de M. Cavalcanti Proença[118] que me parece cheio de qualidades. Seu sargento Luciano é uma figura humana e retratada com mão segura. Já havia lido *Uniforme de gala* e, naquela época, como agora, a mesma pergunta me ocorre: por que não tenta ele o romance?

*

Viver sem poesia — deve ser assim, como esse homem vive, uma pala verde sobre os olhos, a fim de proteger-se contra a violência da luz que encima o guichê onde trabalha. Um guichê estreito, de arame cruzado, e onde ele, de cabeça curva, o dia inteiro conta dinheiro, dinheiro e mais dinheiro.

*

Murilo Mendes surge sob as arcadas da Maison de France. Mesma fisionomia, mesmos gestos. Afirma que vai para o seu "escritório" — e trocamos um olhar, nós, seus amigos, imaginando esse poeta grudado a uma mesa de trabalho.

*

Vontade de avisar: há sol lá fora. Este homem, que sabe ele das paisagens, do mar e do segredo dos grandes ventos migratórios? Sente-se, na sua presença, o mesmo desconforto, a mesma pena que nos causaria a visão de um enterrado vivo.

[*A Noite*, 17 out. 1956]
[*Diários*, 2012 e 2013]

29.

Paschoal Carlos Magno,[119] festivo e recém-chegado, abraça-me na Cinelândia. E vai logo comentando:

118. M. Cavalcanti Proença, nome profissional de Manuel Cavalcanti Proença (1905-1966), romancista e crítico literário brasileiro. A antologia de contos *Uniforme de gala* é de 1953 e *9 histórias reiúnas*, de 1956.
119. Paschoal Carlos Magno (1906-1980), ator, poeta, teatrólogo e diplomata brasileiro. Foi

— Um horror, meu caro, a minha chegada. Você nem pode imaginar o que me aconteceu: beijaram-me, abraçaram-me e levaram-me a carteira com duzentos e cinquenta dólares.

E enquanto outros amigos chegam, afirma que se acha totalmente pobre.

*

Nolasco, pintor, conversa sobre as monotipias que vem fazendo. Acha o gênero difícil, mas julga que está realizando o melhor trabalho de sua vida. Para o próximo salão, portanto, em vez de desenhos, monotipias. Contamos com o progresso.

*

A tarde pertence aos pintores. Antes que escureça totalmente, surge à minha mesa Iberê Camargo. Também fala sobre seu trabalho — é claro — e diz que chegou a um momento da vida em que não tem mais pressa e nem vontade de aparecer.

— Há dentro de mim, diz ele, uma segurança que eu não tinha antes.

Devagar, sugiro que este sentimento se chama maturidade.

*

A Cinelândia não para. As árvores se enchem de sombras e, por cima dos altos edifícios, rompe-se uma nuvem vermelha. O vento sopra mais frio, singularmente inoportuno neste verão que começa. Vagarosas, mulheres de largos decotes espiam as vitrinas. No ar, há um cheiro bom de perfume francês.

*

Uma Susan Hayward[120] usada e vestida com exagero. Vem trôpega, e de vez em quando, cambaleando mais forte, apoia-se num transeunte. Um menino destaca-se de um grupo e toma a mão da mulher. Ela hesita, mas depois, como um cego que confiasse, lá se vai levada pelo guia, em direção a uma das esquinas.

*

Um caminhão com um potente microfone, tocando um maxixe. Traz um enorme letreiro: Fred Williams apresenta seu último sucesso: o maxixe do

---

vereador pelo antigo Distrito Federal e, no governo Juscelino Kubitschek, ocupou a função de chefe de Gabinete. Considerado um renovador do teatro brasileiro, sendo responsável, por exemplo, pela criação no país da função de diretor teatral.

120. Susan Hayward (1917-1975), atriz norte-americana.

mexe-mexe.[121] Ninguém para, e o carro continua atroando os ares, com o famoso maxixe, que não mexe com ninguém.

*

Um maestro senta-se na mesa ao meu lado: Assis Valente.[122] Dirige-me duas palavras e mergulha na companhia que o espera. Ah, mocidade, vê-se bem que o músico popular arranca dela todo o calor e todo o incentivo de que tem precisão.

Uma mulher subitamente bonita: Iracema Vitória. Vem sozinha, e sua passagem provoca exclamações do elemento masculino que se alinha à calçada. Ela não liga, muito morena, os olhos engrandecidos pela pintura.

Ao seu lado, com calças de homem e muito loura, passa outra figura conhecida: Dercy Gonçalves.[123]

E de súbito a Cinelândia anoitece de vez: as faces se tornam diferentes, não há mais ninguém conhecido.

Dos lados da Glória vem um sopro mais insistente e mais gelado: percebe-se que, na escuridão, o mar vem readquirindo sua força.

[*A Noite*, 18 out. 1956]
[*Diários*, 2012 e 2013]

30.

Chegou, sem anúncio, um pequeno inverno. Sem frio, as pessoas transitam agasalhadas. E em seus jazigos de matéria plástica, as orquídeas conhecem uma súbita ressurreição — esplendem, num último tom de roxo e amarelo, que é como o sol que se esvai.

121. Fred Williams, pseudônimo do gaitista e compositor brasileiro Manoel Xisto (*n.* 1926). O nome do maxixe é: "Mexe bem", composição sua gravada em 1956.
122. Assis Valente (1911-1958), compositor brasileiro, conhecido por compor sucessos para Carmen Miranda. Sua canção "Brasil pandeiro", recusada por Carmen, tornou-se enorme sucesso com o Novos Baianos.
123. Dercy Gonçalves (1907-2008), atriz, humorista e cantora brasileira, oriunda do teatro de revista; é notória por suas participações na produção cinematográfica brasileira das décadas de 1950 e 1960.

*

Camila achada numa loja de cristais: alô Camila. É o mesmo riso, mas sente-se que mudou interiormente. Segura um copo nas mãos cobiçosas — o azul cintila. Ah, poderá ter mudado em tudo, menos naquele jeito de se apaixonar de repente pelas coisas fúteis

*

O vereador sentou-se não muito longe de mim e começou a falar. Sua voz, sem que ele perceba, já adquiriu um tom de discurso. Não fala mais, representa.

*

Jean Paulhan[124] disse que fazer cinema é sinal certo de [que] um escritor chegou ao fim da carreira — não dá mais nada. Acredito, duvidando de que seja só cinema que assinale a meta final. O rádio também. A televisão. E o jornal, por que não?

Jornal é um modo de dizer obrigado [às] coisas para com as quais não se tem obrigação nenhuma.

*

Filha das horas, a mansão se apaga. É apenas um ponto na escuridão, como um gigante acocorado. Mas é então que a vida real principia lá dentro. Retine a música, e os velhos salões como que se inclinam na encosta que desce para o mar, como o casco de um navio entregue ao furor dos ventos.

*

Que eterno é este, que se desfaz tão depressa? Tempos de surpresa são inaugurados sem nenhum aviso. Andando, é abril que reencontro. Uma rosa, uma pobre rosa sobre o muro despetala-se calada.

E o vento passa.

Pouco importa se a pequena plateia o escuta ou não: embalado, todo ele arde de triste compunção civil.

*

Everaldo de Barros, repórter e músico de mérito presenteia-me com uma flâmula. É de feltro, macia, e de candente vermelho. Faço-a girar entre os dedos

---

124. Jean Paulhan (1884-1968), escritor, crítico literário e editor francês. Foi diretor da *Nouvelle Revue Française* e membro da Academia Francesa.

e ela fulgura — "Elcano" — como um pendão luxuosamente tombado de uma viagem que não cometi.

*

Aos vinte anos de idade, as coisas começam realmente a ficar difíceis. De uma dificuldade sistemática e agressiva. Aos quarenta, elas se aplacam. As arestas diminuem. Sucedemos, tão docemente quanto é possível. A verdade é que em vez de querer quase tudo, abdicamos de quase tudo.

[*A Noite*, 19 out. 1956]
[*Diários*, 2012 e 2013]

31.

Encontrar assim velhas cartas, adormecidas, ainda cheias de tantos assuntos que foram essenciais para nós. Deus, o que é a fúria do tempo: de nós, que sobra senão essas conversas feitas há muito, e que ainda retinem, não mais pela voz da necessidade, mas unicamente pelas da recordação e da saudade?

*

O menino entrava na capela de cabeça baixa. É ela quem diz: "Nunca mais pude assistir à missa, sem vê-lo na fila, um pouco afastado, tão diferente dos outros". Desse momento, uma lembrança ficou: os largos vitrais abertos por onde entrava, dominando o cheiro do incenso, um odor de quintais e laranjas não amadurecidas.

*

E essa outra: "Um dia, se Deus quiser, você será alguém". Alguém? Sim um dia, mas tão recuado no tempo que não chegamos mais a divisá-lo — é apenas um ponto sem referência na personalidade em combustão.

*

Os livros que então se lia… "Já terminou a segunda parte de *Os miseráveis*? Para mim, *O visconde de Bragelonne* é superior a toda a obra de [Alexandre] Dumas [Filho]". E ainda: "Paul Bourget é um psicológico, mas muito cacete. Salvam-se *Un Divorce, André Cornelis*"…

São nomes que revivem instantaneamente férias de antigamente, férias vividas até o máximo do inesquecível.

*

Mas não foram só essas as vozes reencontradas. Vozes mais recentes, como por exemplo do moço que se matou. "Aqui na fazenda, gosto de subir a encosta e ir até ao cemitério. Não é um passeio muito agradável, mas é o melhor para se fazer sozinho." Ou então: "Que saudade do Rio. Quando voltar, estará tudo como deixei? Não sei, mas quando parti senti que havia se acabado um pouco de mim mesmo".

*

Essa aqui evoca em largos traços a cidade de Ouro Preto. Minas Gerais, os amigos da montanha — cidades descendo em bruscos solavancos. Não sei onde mais havia um lago sujo e milhares de roseiras plantadas por Burle Marx. Mais tarde, o pintor me contou a lenda das rosas. Desde então, e sem que eu nada pudesse fazer contra isto, a imagem da santa misturou-se para mim a essas paisagens de águas poluídas.

*

Que pode o peso do tempo, contra a memória e a fidelidade? Temei, abismos, essa outra eternidade — a do coração.

[*A Noite*, 23 out. 1956]
[*Diários*, 2012 e 2013]

32.

Revive na Europa, e intensamente, o famoso processo de Oscar Wilde. É que pela primeira vez são publicados autos completos do processo, vindo a lume inúmeros detalhes desconhecidos. Este fato coincide mais ou menos com a publicação do livro de defesa de Wilde,[125] escrito pelo seu filho, Vyvyan Holland.

*

125. Oscar Wilde (1854-1900), escritor e dramaturgo irlandês, conhecido por obras como *O retrato de Dorian Gray*. Foi preso por ser homossexual. Seu julgamento, em Londres, entrou para a história por sua defesa do "amor que não ousa dizer seu nome". Vyvyan Holland, segundo filho de Wilde, escritor, publicou as memórias *Son of Oscar Wilde* (1954) e também *Oscar Wilde and His World* (1960).

Recebi alguns telefonemas de adesão à ideia de se "recuperar" também Afrânio Peixoto. Isto prova que o romancista de *Bugrinha* não estava de todo esquecido, e para os nossos suplementos, eis aí um motivo para uma enquete que sob todos os pontos de vista seria palpitante.

*

Pergunta-se pelo livro de contos de Clarice Lispector, que há muito tempo estaria entregue a Simeão Leal. Não é responsabilidade pequena, demorar assim um livro que a opinião insuspeita de Fernando Sabino classifica de absolutamente genial.[126]

*

Meu desaparecido amigo Otto Lara Resende, pelo que ouço dizer, pretende radicar-se numa cidade do interior. A confissão teria sido feita ao pintor Marcier que patrocina a ideia com veemência.

*

Parece que os resultados financeiros de *Orfeu da Conceição* são dos mais compensadores. Isto animaria o poeta-produtor a lançar-se com maior energia no levantamento de sua prometida *A moreninha*.[127]

*

Se bem que não pretenda imiscuir-se em detalhes na produção do filme *O lodo das ruas*,[128] extraído de um romance seu com o mesmo título, Octavio de Faria preparou cuidadosamente o cenário, que apresenta o aspecto de um respeitável volume. A intenção partiu de um grupo de amadores do qual faz parte o jovem Paulo César Sarra,[129] provavelmente um dos intérpretes do aludido filme.

*

Finalmente, e depois do incontestável sucesso obtido por Adriano Reys[130] na peça *Cheri*, os "Artistas Unidos" cogitam de montar *Sul* de Julien Green, que tanta celeuma causou em Paris quando de sua apresentação.

126. Tratava-se de *Laços de família*, livro que só viria a ser publicado em 1960, pela Francisco Alves.
127. Vinicius de Moraes não produziu essa peça.
128. Esse filme não foi realizado.
129. Trata-se de Paulo César Saraceni. Lúcio corrige o nome do cineasta na coluna do dia seguinte: 25 out. 1956.
130. Adriano Reys (1934-2011), ator brasileiro.

*

Leonora Amar,[131] a atriz brasileira que se casou com o ex-presidente do México, Miguel Alemán,[132] pretende filmar no Brasil. Depois do seu fracasso em *Veneno*,[133] ao lado de Anselmo Duarte, irá ela porém mais devagar, e examinará com cuidado os assuntos que previamente os produtores farão chegar às suas mãos.

*

De onde foi que veio esta chuva? Nem todo o céu conseguiu escurecer, há no ar batido uns farrapos de azul, que teimam em permanecer sobre as árvores, enquanto uma ou outra andorinha, em voo cego, corta o espaço.

Amanhece.

[*A Noite*, 24 out. 1956]
[*Diários*, 2012 e 2013]

33.

Uma retificação: o nome do jovem produtor de *O lodo das ruas* não é Sarra, como ontem escrevi, mas Paulo César Saraceni.[134] Também não figurará ele no elenco, mas tem intenção de ser o diretor da película.

*

E por falar em cinema: *Contrabando*, de Al Ghiu, vai em marcha acelerada para sua apresentação, estando com os trabalhos de laboratório praticamente

131. Leonora Amar (1926-2008), atriz brasileira, que fez sucesso no cinema dos Estados Unidos e do México.
132. Miguel Alemán Valdés (1900-1983), político mexicano. Foi presidente entre 1946 e 1952, pelo Partido Revolucionário Institucional.
133. *Veneno* (1952, São Paulo, P&B, 76'), filme produzido pela Companhia Cinematográfica Vera Cruz, dirigido por Gianni Pons e protagonizado por Leonora Amar e Anselmo Duarte (1920--2009), ator, roteirista e cineasta brasileiro. Ganhou a Palma de Ouro e o Prêmio Especial do Júri no Festival de Cannes em 1962 com *O pagador de promessas*, que também concorreu ao Oscar de melhor filme estrangeiro.
134. No manuscrito: Paulo César Sarraceni.

terminados. Anuncia-se também que o filme agradou imensamente ao diretor de *A estrada*,[135] já exibido na Europa.

*

Luiza Barreto Leite, que desde *O anjo* de Agostinho Olavo andava retirada das atividades teatrais, dirigirá uma peça para Jayme Costa. Será ela, também, a intérprete principal da mesma.

*

As praias voltam a se recompor: dourados, os corpos se embebem de sol. Mas ainda não há aquela saturação, aquele ocre suado e forte que conhecemos de tantas tardes de dezembro.

*

Nas janelas dos edifícios, manhã ainda, as toalhas voam: azul, vermelho. Numa casa baixa, de um amarelo antigo, uma escala dedilhada por mãos sem vontade. E do lado do mar o azul avança, célere, como se fosse desaguar inteiro sobre a cidade.

*

Um novo romance de Gertrud von Le Fort, a grande romancista alemã, brilha nas vitrinas — *Os círios apagados*.

*

Harry Laus,[136] o capitão do exército que também é escritor, e que faz parte da seleção de *9 histórias reiúnas*, tem uma casa de antiguidades em Copacabana. Chama-se Vila Rica, e possui algumas coisas que, apesar de excessivamente caras, são de muito bom gosto. Faço votos para que obtenha sucesso.

*

Algumas pessoas desejam sugerir a Máximo Bagdocimo, que possui o forte do espólio artístico de S. Castelo Branco, que se reúna a dois ou três proprietários de obras desse mesmo artista e decorador, para que se possa fazer uma exposição integral, e que dê do valor do mesmo uma visão que a obra dispersa não permite.

[*A Noite*, 25 out. 1956]
[*Diários*, 2012 e 2013]

135. *A estrada* é um filme brasileiro de 1956, escrito e dirigido por Oswaldo Sampaio.
136. Harry Laus (1922-1992), crítico de arte e escritor brasileiro.

34.

Escura, bem escura, de uma carnação dura e lisa própria a certos mulatos. E dois olhos singularmente azuis, intensos mas cheios de inocência, que nos faz pensar que marinheiro bêbado, desgarrado do bando, inventou-a num canto de madrugada antes de partir...

*

Octavio de Faria dirigiu a José Condé uma carta ainda inédita, na qual emite a seguinte opinião sobre Afrânio Peixoto: "Minha opinião pessoal sobre *Bugrinha*: "um belo romance que, um pouco acima de *Maria Bonita* e bem acima de *Fruta do mato*, pode formar o elo central de uma cadeia de três romances que têm existência real em nossa literatura".

*

O barco era pequeno e pintado de branco. Chamava-se "Meia-noite" e trazia uma lanterna pendurada à proa. Nas noites de verão, lá estava ela, brilhando em plena lagoa Rodrigo de Freitas, com o obstinado pescador sondando o fundo das águas. A luz piscava sem descanso, mas ao que eu soubesse, ele nunca conseguiu trazer dessas rondas noturnas nenhum peixe — só essa funda sensação de poesia a quem via o barquinho oscilar na escuridão da noite.

*

Zolten Gluck, mineiro recém-chegado ao Rio de Janeiro, anuncia-me que vai gravar a voz de Margarida Lopes de Almeida.[137] Parece que é esta a moda. De qualquer modo, teremos imortal a voz da celebrada declamadora.

*

Pouco se tem falado no livro de Elvira Foeppel, *Chão e poesia*. No entanto, revela ele qualidades bem apreciáveis. Além do mais, seguindo as pegadas de Miguel Torga, inaugura entre nós uma literatura de espécie íntima, da qual somos bem pobres, é preciso confessar.

*

Gilberto Amado, enquanto no Brasil, multiplica suas atividades. Depois de ser laureado como o melhor escritor de 1955, pronunciou ontem, na sede da UNE, uma conferência que causou a mais viva repercussão.

---

137. Margarida Lopes de Almeida (1896-1983), poeta, declamadora e escultora brasileira. Gravou, em 1955, pelo selo Festa, o disco *Recital*, em que lê poemas de vários poetas brasileiros.

*

O pintor Nolasco, que reside em Icaraí, vai apresentar uma exposição constando apenas de três trabalhos — evidentemente uma demonstração de seu avanço nestes últimos tempos.

*

Levanta-se a hipótese de que o misterioso título de Guimarães Rosa, *Grande sertão: veredas*, tenha o seu significado exato ao se saber que prepara ele outros tomos de *Grande sertão* — estrada real, campo à parte ou simples campina, não sei.

*

Outra notícia de Zolten Gluck: *ballet*[138] por cima das águas da lagoa Rodrigo de Freitas. Assim, a 15 de novembro, teremos esse espetáculo inédito: "Sílfides" dançado em plena noite de Ipanema, com orquestra e tudo boiando nas pacatas águas da lagoa.

[*A Noite*, 26 out. 1956]
[*Diários*, 2012 e 2013]

35.

O carro avançava devagar, e a luz dos faróis, implacável, ia devassando a escuridão acumulada ao longo do caminho. E foi um desses jactos, destituído de intenção, que iluminou a figura do animal saído do mato, bamboleante, a cauda erguida em penacho. Freada brusca, enquanto o *chauffeur*[139] avisava:
É apenas um tamanduá.
A noite engoliu de novo.

*

Uma luz na varanda — fumarenta luz de candeia, balançando a esse vento da noite, que daqueles lados sopra trazendo do mato um cheiro selvagem e verde. Cheiro de lírio agreste, de jasmim do brejo.

138. Em francês: balé.
139. Em francês: chofer; condutor.

A moça, debruçada à grade, sonda a escuridão que tudo afoga. A luz do carro ergue-se, pressente-se um lampejo no seu corpo amolentado pelo tédio.

Passamos — e com o escuro que retorna, ainda se vê o vulto que regressa à mesma atitude melancólica e sem expectativa.

*

Um burro com cangalhas pejadas de lenha trota humildemente — às vezes mais depressa, quando a vara tange — e a voz do comboieiro, perdido dos seus, vibra num grito de incentivo. Para trás, é apenas um som que se distancia.

*

Fazenda Avenca. A porteira de velhas tábuas meio despregadas ainda anuncia o nome com orgulho. Na placa, enrosca-se uma erva do mato. Mas sobressaindo de tudo, com um testemunho do que já havia sido, uma rosa — uma rosa de cinco pétalas, modesta e temporã.

*

O rio São João. Engrossado pela cheia, escorre lento quase junto às tábuas da ponte. Ao longe, touceiras, escuro maior em plena escuridão. Ouve-se um baque surdo na água. E alguém avisa:

— Anta fugindo.

Caminho de Casimiro. De tão densa, a terra parece preta. Barrancos pretos. Céu tão escuro que parece preto também. À entrada da cidade, somos assaltados por um bando de cachorros vadios. Os prédios avançam indecisos, mal clareados pela luz de querosene. De súbito, o som de uma orquestra. Baile no clube local. Na sombra, bravamente, ondula uma flâmula vermelha.

*

Viagens, prêmios de Deus. Estradas, caminhos e descampados — quantos, para mim, são testemunhos de mim mesmo e do meu sangue. Ouço a mata como quem escuta uma música.

Aqui o tempo fica — e se abre em flor.

[*A Noite*, 1 nov. 1956]
[*Diários*, 2012 e 2013]

36.

Sim, as obras de arte podem subsistir independente da história de seus autores — por exemplo, a *Odisseia* sobrevive sem que saibamos ao certo quem foi seu criador. Mas como seria melhor se pudéssemos pensar que aqui ou ali sofreu Homero, que lutou e agonizou em tais e tais circunstâncias. Como que se tem um calor mais humano, um entendimento maior do fruto oriundo dessa triste coisa que é a vida humana. Sim, a obra de arte pode existir sozinha, como existem certos painéis ou certos vitrais da Idade Média. Mas são como certos quadros que admiramos na exposição — frios, belos e anônimos.

*

Ela falava, e eu admirava o espetáculo que a produzia. Dizia que podemos, que devemos morrer pela verdade — e eu já sentindo que também podemos morrer da verdade, simplesmente, como um impacto.

Sua beleza como que me estilhaçava.

A andorinha não canta, mas seu voo é como uma nota musical aguda — uma nota desferida como a mão que tomba riscando o azul sem ter vontade.

*

Uma nota única, renitente: depois, limpo, o céu vai escurecendo, o vento sopra, encrespam-se as ondas, e sabe-se que lá para os portos do Sul, onde os pescadores secam suas redes, a tempestade já começou. E já vem correndo o mar com seus pés de paina preta.

*

Alice à janela, pergunta:

— Mãe, quando é que vou ficar boa? — e gira entre os dedos a xícara de tisana.

A mãe não responde. Vergada, à janela, inclina-se à força do vento uma zínia cor de fogo.

*

A arte de escrever é uma arte de esquecer. Primeiro as regras aprendidas na escola. Depois os livros lidos, as conversas ouvidas. Mais tarde, quando vamos ficando maduros, os livros que teimam em não nos abandonar. Os sentimentos, as promessas e as amizades.

No começo da primeira frase decisiva, é preciso que sem piedade tenhamos recomeçado a ser apenas o que somos.

*

Esquecer também essa e outras paisagens. Como se esquece simplesmente as paisagens. E de cabeça baixa apanhamos um punhado de terra — esta terra — neste canto separado, neste ermo da estrada, sem ninguém para nos olhar. Como se estivéssemos rezando.

Aí, então: parados, sentimos olhando que finalmente o céu é nosso — este céu e outro céu que ainda não tínhamos sabido.

*

Também as paisagens da memória. Que farei, no meu último instante, com este acervo de coisas que vivi sem ter compreendido?

[*A Noite*, 5 nov. 1956]
[*Diários*, 2012 e 2013]

37.

Naqueles idos fui a um baile, e vagava sozinho pela extensa varanda, quando vi caminhar em minha direção uma estranha figura. Estava vestida com uma camisola preta, trazia fitas roxas nos braços, usava uma máscara de caveira e brandia, ininterruptamente, um pequeno sino dourado. Ora, nunca tive simpatia pelos mascarados, e aquele, com sua roupagem extravagante, causou-me maior irritação ainda. Mesmo porque, brandia o sino junto aos meus ouvidos.

— Que é isto? — indaguei.

— Estou anunciando a morte, disse-me com voz cava.

Não pude deixar de estremecer. Mas rindo, o extravagante suspendeu a máscara.

Era S. Castelo Branco com mais uma de suas fabulosas fantasias.

*

S. Castelo Branco era o ser mais ciumento que já encontrei em minha vida. Mascarava assim, apenas a ternura que lhe devorava a alma. Uma vez, na sua presença, alguém me deu uma rosa. Ele se apoderou dela quase violentamente:

— É minha.

E olhando-me nos olhos, desfolhava-a como se me desafiasse.

*

O epitáfio dos artistas é uma simples melodia de infância e ouro. Não saberia repetir as palavras que ouvi, nem as cenas, nem os desafios presenciados. Lembro-me de tudo, apenas como se fosse uma música de criança.

Mas isto era nele a fulguração do eterno.

— Porque, disse um dia a mãe de Goethe à mãe do poeta Clemens Brentano,[140] toda vez que seu filho baixar os olhos das nuvens para esta terra, haverá lágrimas.

*

Seus quadros, seus cartões de boas-festas, suas almofadas, seus almoços cheiravam a essa intraduzível coisa que não chega a se concretizar, e que jamais será obra realizada, mas que passeia sobre esta como um hálito de Deus: o sentimento da poesia.

Uma poesia de inocente, é verdade, mas a melhor de todas.

*

Soube depois que houve na televisão uma imagem de S. Castelo Branco. Não a vi, mas fiquei imaginando o rebelado, estendido na sua cama de agonia, erguendo a mão para afugentar a câmera. Ah, que crueldade, certos detalhes, certos instantes, não pertencem à curiosidade do público. São minutos de Deus, em que nos mostramos tal qual somos: sozinhos e totalmente abandonados.

[*A Noite*, 6 nov. 1956]
[*Diários*, 2012 e 2013]

38.

Léo Vítor,[141] que há pouco publicou *Círculo de giz*, recebe em casa alguns amigos. E anuncia que suas experiências literárias não terminaram com aquele

---

140. Clemens Brentano (1778-1842), poeta e romancista alemão, figura importante do romantismo alemão.
141. Léo Vítor (*n.* 1926), escritor e jornalista brasileiro. A antologia de contos *Círculo de giz* foi publicada em 1956, com prefácio de Lúcio. A novela *Os olhos do santo* provavelmente não foi publicada.

primeiro livro. Já tem quase concluída uma novela a que deu o nome de *Os olhos do santo.*

*

O primeiro a chegar é Álvaro Moreyra.[142] Fala de Valença e de suas jabuticabas. Revivemos coisas de teatro. E ele confessa: "Sou um sujeito otimista, mas aquele tempo foi o único em que vivi completamente amargurado".

*

Um amigo, ao lado, comenta os dois grandes sucessos atuais de Paris — sucessos de escândalo, pelos temas abordados: *O balcão*, de Jean Genet, e *A sombra* de Julien Green.

*

Apresentam-me um senhor simpático e que me cumprimenta com certa efusão: Adelmar Tavares.[143] Quando ele se afasta, ia fazer um pequeno comentário, quando Osório Borba[144] me adverte: trata-se de um amigo seu de quarenta anos.

*

Osório Borba caminha na sala um pouco de lado, a mão apoiada ao quadril. Uma alma compassiva observa: "Pobre Osório, está com lumbago".
O escritor, vagamente, não bebe.

*

Uma visita rápida como um meteoro — como deve ser de praxe entre gente "bem" — o sr. Paschoal Carlos Magno. Vem acompanhado pelos seus secretários, e protesta contra o diálogo transcrito há dias nesta seção.[145]
O protesto está lavrado.

*

Um outro senhor ilustre, com bela cabeleira branca e que conversa animadamente: Povina Cavalcanti.[146] Um pouco envergonhado, relembro um artigo de sua autoria em que me desancou valentemente.
Mas são águas passadas.

---

142. Álvaro Moreyra (1888-1964), poeta, letrista, cronista e jornalista brasileiro.
143. Adelmar Tavares (1888-1963), advogado, jurista, magistrado, catedrático, jornalista e poeta brasileiro.
144. Osório Borba (1900-1960), jornalista e político brasileiro.
145. O diálogo foi publicado na coluna do dia 18 out. 1956.
146. Carlos Povina Cavalcanti (1898-1974), advogado, jornalista e político brasileiro.

*

Darel e senhora.[147] O jovem gravador não bebe e escuta tudo o que se diz na sala. Mesmo nos cantos mais afastados. (No dia seguinte, é certo, irá reproduzindo tudo com sua fala mansa e nem sempre destituída de veneno.)

*

Um argentino, que se diz secretário de embaixada (afirmaram-me que era apenas perito contador) declama em voz baixa. Como ninguém o escuta, passa a contar anedotas. E à medida que o silêncio o vai envolvendo, os casos vão se tornando mais obscenos. Acaba ameaçando cantar em francês — e a citada alma compassiva o encaminha docemente para o fundo da varanda.

*

Álvaro Moreyra vai declamar *Pregões do Rio*.[148] Aos poucos, numa voz que vai crescendo de tom, lembra ecos de uma cidade que já desapareceu há muito.

*

E finalmente todo mundo comenta admirado: não há Eneida.

[*A Noite*, 8 nov. 1956]
[*Diários*, 2012 e 2013]

39.

Falei ontem sobre uma cidade perdida que parecia remontar dos ecos evocados por Álvaro Moreyra — e esses pregões cariocas vibraram tão persistentemente em mim, que vi, com singular nitidez, alguns detalhes desse 22 ou 25, não sei bem, submerso há muito na memória.

*

A rua, a casa. Defronte, um largo casarão usado como cortiço. Todas as tardes, descendo a rua, lá vinha aquele homem de aspecto manso — um funcionário público, talvez — arrastando os pés, as faces balofas. Corríamos ao seu encontro, com a pergunta invariável:

147. Maisa Byington.
148. O disco *Pregões do Rio antigo na voz de Álvaro Moreyra* foi lançado em 1958 pelo selo Festa, recebendo o prêmio do melhor disco de poesia daquele ano.

318

— Vovô, que é que eu sou?

Ele hesitava, fingia pensar, depois largava:

— Tatu.

E ia desfilando a esmo nomes de bichos[,] nomes que nos encantavam.

*

Laranja-seleta; angu à baiana, roupa usada, todos esses pregões ainda soam em minha memória. Não existem mais, que a cidade hoje é diferente e apressada. Mas como substituí-los, nessa memória de mim mesmo esparsa pelo tempo?

*

Essa outra casa ficava a poucos passos adiante. Era alta, tinha um porão e muitos cachorros. E moças também, que colecionavam artistas de cinema e à tarde passeavam pela calçada de braço dado. O porão era puro 1925, com jarrões, caras de pierrô e muitas almofadas no chão.

Nela, o que mais me interessava, no entanto, era uma menina morena, de olhos verdes, acho que filha da empregada, e que se chamava Jandira. Jandira, certo dia, caiu de um pé de carambola e rasgou o queixo numa forquilha. Nunca mais a esqueci. E nem da casa.

Mais tarde, soube que a mansão pertencia a um homem importante: o dr. Herbert Moses.[149]

*

Anos mais tarde, mocinho, e já esquecida a casa da Tijuca, topei num baile dois impossíveis olhos verdes. Eram de Jandira, e sua condição de mulher fácil era evidente em todas as suas atitudes. Ao vê-la, precipitei-me. Aflita, ela se esquivou:

— Não, não fale comigo. Há alguém que me segue sempre.

E poucas vezes, em minha vida, deparei com um ser de expressão mais atormentada.

*

Quase defronte a Herbert Moses morava Almachio Diniz.[150] Foi lá que pela primeira vez vi moças e meninas dançarem o charleston e o shimmy. Sue Carol[151]

149. Herbert Moses (1884-1972), advogado e jornalista brasileiro, baluarte na defesa da liberdade de imprensa.
150. Almachio Diniz Gonçalves (1880-1937), jurista, professor, escritor e poeta brasileiro.
151. Sue Carol (1906-1982), atriz norte-americana e agente de talentos da Sue Carol Agency.

e Clara Bow[152] faziam tremendo sucesso. As moças mais ousadas, ajoelhando-se, requebravam-se com uma cartola na cabeça e uma bengala nas mãos.

A Tijuca, por esta época, recendia a aglaias e jasmins.

*

Um jovem exaltado e de temperamento romântico frequentava assiduamente minha casa. Havia perpetrado um tenebroso romance chamado *Drama da alma e do sangue*,[153] que eu lia às escondidas de minha irmã. E falava também em teatro, sonhando com uma peça a que daria o título de *Pierrot*.

Parece que a ideia da peça se concretizou, e o rapaz também — era Paschoal Carlos Magno.[154]

*

Aproximava-se a época em que eu deveria partir para o colégio interno, e eu morria de tristeza. Iam inaugurar o cinema no velho Teatro Cassino, e anunciavam-se grandes produções: *Kiki*, com Norma Talmadge, *The Big Parade* etc.

*

Não muito longe, mal terminando, um outro tempo: e no entanto, já parecia tão distante que quase se poderia dizer que fora numa outra cidade.

[*A Noite*, 9 nov. 1956]
[*Diários*, 2012 e 2013]

40.

Outro tempo, e no entanto tão próximo. Era ali na Aldeia Campista, para onde fomos assim que pisamos o Rio de Janeiro. Aldeia Campista. O nome era bonito, o lugar era sujo e triste. Cães vagavam pelas ruas. Defronte de nossa casa, um pequeno córrego imundo, que mais tarde vi cantado com ternura em muitas das mais belas páginas de Marques Rebelo:[155] o Trapicheiro.

152. Clara Bow (1905-1965), atriz de cinema norte-americana, que fez muito sucesso na era do cinema mudo.
153. O livro de Paschoal Carlos Magno foi publicado em 1926.
154. A peça, *Pierrot* (três atos), foi realmente escrita e apresentada em 11-12 jun. 1938, no Teatro de Brincadeira, no Rio de Janeiro.
155. Marques Rebelo (1907-1973), jornalista, cronista e escritor brasileiro. *O Trapicheiro* é o

*

Defronte ainda, os fundos de uma fábrica de tecidos. Aquele ruído de motor soava o dia inteiro. E ao sol inerte do verão, canos enormes desaguavam no riacho, de espaço, uma onda colorida, e era este o único encanto daquelas pobres águas: vermelho, verde, azul. E todo escuro era o riacho, qualquer que fosse a cor, assim que a tarde chegava.

*

Pouco saía, o lugar ainda me assustava, e alguns meninos, vendo-me sempre à janela, apelidaram-me de "Cristo na gaiola". Não me esqueço. Até que resolvi também ganhar o mundo. Disseram-me, esses mesmos meninos, que não muito longe um homem havia se matado. Fui vê-lo. Era uma casa estreita, paupérrima, em cuja porta se aglomerava uma porção de gente. Não cheguei a ver o morto, pois não entrei na casa, mas vi as pernas balançando no ar — ele se enforcara — e os pés, tão tristes, um calçado, o outro não.

*

Em nossa rua havia outros exilados. Uns russos, não sei, que haviam chegado há pouco e ainda não falavam português. Um deles, magro, ficava a tarde inteira à porta, olhando melancolicamente o Trapicheiro. Meu irmão sabia falar francês, por isto não tardou a aliar-se ao russo. Saíam, passeavam pela Tijuca.

(A casa ao lado, com muros fronteiros feitos de folhas de zinco, era a dos irmãos Bloch. Se bem que pareça incrível, o moço magro era Adolfo Bloch, em suas primeiras andanças pelo Rio de Janeiro.)

*

Um detalhe: meu irmão namorava certa moça da vizinhança. E ela, vendo-o sempre em companhia daquele estrangeiro, e falando só em francês, apelidou-o sem hesitação:

— Ô polaco!

*

Casas escuras, escadas compridas, ar de mofo e de tristeza que nunca mais pude esquecer. À noite, o longo trilo do vigia noturno. E eu sonhava com Minas — tão longe — suas serras, seu musgo, seu ar livre e tratado.

*

---

primeiro volume da trilogia *O espelho partido*, e foi publicado em 1959, pela Livraria Martins Editora.

Foi por esta época que minha tia, chegando de Minas, inaugurou certo célebre chapéu encimado por vistosa pluma cor de fogo. Inaugurou-o num espetáculo lírico — o primeiro e possivelmente o único de sua vida — em que apresentaram *A danação de Fausto* — de Berlioz.

Durante anos e anos não falou noutra coisa.

*

E o terror da chegada, depois dos sacolejos no trem. As ruas do subúrbio, como me pareceram estranhas, com seus restos de iluminação a gás. A luz tremia, numa aura roxa.

Quando desci, trôpego, os bondes, enormes, pareceram-me veículos expressamente feitos para me conduzirem a uma terra de condenação e exílio.

[*A Noite*, 12 nov. 1956]
[*Diários*, 2012 e 2013]

41.

No salão ferroviário, ora em exposição no saguão do Ministério da Viação [e Obras Públicas], há uma gravura de Darel extremamente sugestiva — e a visão de um trem, em plena escuridão da noite, chispando, com andaimes e caibros cortando a paisagem.

Dia a dia, Darel mostra-se um artista mais consciente e mais seguro de seus meios de expressão.

*

Trem de ferro, de poucas coisas sei que me toquem mais do que sua imensa poesia forte e humana. Lembro-me, por exemplo, do começo do filme de Jean Renoir, *A besta humana*, com quase dez minutos de projeção exclusivamente de trilhos. De repente, marginal, o letreiro sugestivo: Le Havre.

*

Do lado de fora, com a cabeça enrolada numa toalha, descansava um homem — um agonizante quase — com uma perna enorme, enrolada em trapos sujos e coberta de moscas.

Jamais pude esquecer aquela desoladora imagem do sertão.

*

322

Em Sabará, certa vez, vi imobilizar-se um trem longo e de janelas baixadas. Contra o vidro, em silêncio, espremiam-se faces angustiosas e macilentas. Os vagões traziam um único e dramático letreiro: "doenças contagiosas".

*

Foi num desses noturnos que visitei as terras queimadas e de vegetação baixa que aparecem em *Sagarana* e *Corpo de baile*. Trem poeirento e desconjuntado, com caipiras jogando cartas em malas postas sobre os joelho[s]. Em Sete Lagoas embarcou um time de futebol — e durante o percurso iam soltando foguetes pela janela. Às vezes erravam e a vara silvava dentro mesmo do vagão, indo explodir contra a porta.

*

Outras imagens, não mais para a pena de um Proust, mas para as de um Dostoiévski ou de um Tolstói: essa colheita crepuscular pelas terras do interior, os doentes em fila e, mais tarde, os adeuses mudos nas plataformas.

*

Trem do interior da Bahia, que vai da capital ao interior de Sergipe — sem bancos, sem luz, os passageiros amontoados como gado sem destino. As estações também não possuem luzes — e é com um longo suspiro de cansaço que o trem estaca, enquanto, lentas, as figuras se movem na escuridão.

*

A primeira imagem de trem que se gravou na minha memória: a chegada da composição, no dia em que foi inaugurada a bitola larga para Belo Horizonte. Assisti à cerimônia do alto de um barranco, e o dia era iluminado e festivo. Embaixo, na estação improvisada, tocava freneticamente uma banda de música.

*

E outros trens, inúmeros outros, pelos caminhos e estradas que tenho percorrido — com o seu calor, seu cheiro peculiar, seu carvão, sua poeira. Tudo isto, como de um sonho, remontou de repente das imagens acumuladas neste Salão Ferroviário.

*

Às vezes fico imaginando como Proust descreveria um desses trens, sonolento e antigo, subindo a encosta de uma serra, tal como vi tantas vezes. O abandono, a melancolia que se desprende dessa imagem.

*

Rubem Braga,[156] numa das suas crônicas, rememorou um pequeno trem que parte de Belo Horizonte para as terras hoje célebres de Guimarães Rosa. Tem o nome sugestivo e poético de *Noturno do Sertão*.

[*A Noite*, 13 nov. 1956]
[*Diários*, 2012 e 2013]

42.

Acordo em plena noite e olho o relógio: duas horas da madrugada. Pela janela aberta sobem da rua estranhos rumores: buzinas, carros velozes, sirenes, apitos, vozes diversas. Levanto-me para ver o que está acontecendo — e o que primeiro me fere é a lua, navegando em alto céu com seu velho estilo solitário.

*

Súbito, em grande velocidade, surge um carro. São notívagos, que cantam, evidentemente, embriagados. Na esquina o automóvel se detém com uma freada brusca. Alguém salta sobraçando embrulhos, mas sem forças deixa cair tudo, e garrafas se estilhaçam no chão.

Ao amanhecer lá estão os cacos, e ninguém poderá imaginar ao certo como aquilo veio parar ali.

*

Cosme e Damião[157] passam conversando:
— Dizem que morreu muita gente.
— Já saíram três ambulâncias...
Sob a copa das amendoeiras, as vozes vão se perdendo indistintas.

*

Dois pretinhos, vindos de não sei onde, passam a galope, montados em cavalos magros. Passam a galope, como se fugissem de alguma coisa ou fossem

156. Rubem Braga (1913-1990), escritor e jornalista, grande cronista brasileiro.
157. Forma de policiamento comunitário de ronda realizado por dois policiais a pé. Bastante comum no Rio de Janeiro e em outras cidades a partir da década de 1950, ainda é utilizado em alguns locais.

chamar alguém, pedir socorro — e os cascos ferem duramente o asfalto, enquanto no silêncio uma outra janela se abre, e uma cabeça curiosa se inclina sobre a rua.

*

É um incêndio, e lavra lá para os lados do morro, onde a favela vai subindo íngreme, defronte à calma soberana da lagoa. Um incêndio às duas horas da madrugada. No céu clareado pelas chamas, sobe um rolo de fumaça negra.

Vozes gritam na distância.

*

E lá está o incêndio solitário. Através do vento gritos soam longamente: — "Mariaaaa…" — e as sirenas, abafadas, bifurcam-se em ruas completamente adormecidas.

*

É a hora em que a lagoa parece emergir finalmente do seu profundo sono. Um frêmito como que a percorrer, ela se estira, ainda toda envolta em sombras — e o grande corpo, como [se] se movesse dentro da escuridão ainda maior da noite, soergue-se — o reflexo do incêndio avança até quase o centro da água — e é de repente, como se uma mulher acordasse e exibisse no seio a tatuagem de uma enorme rosa cor de sangue.

*

Espreguiço-me, sentindo o ar frio bater-me em pleno rosto. Há um cheiro de limoeiro chegando através do vento. Lembro-me de quintais antigos — entrevistos onde?

Distante, o incêndio parece alastrar-se, há um rumor crescente de galhos em combustão.

Qualquer coisa anuncia a manhã: um galo desorientado risca a hora com seu canto, outros galos respondem em timbres diferentes.

[*A Noite*, 16 nov. 1956]
[*Diários*, 2012 e 2013]

43.

A próxima exposição do gravador Darel, que será patrocinada pelo jornal

Para Todos...,[158] será realizada simultaneamente aqui e em São Paulo. Isto prova o interesse que se vem criando em torno das obras de Darel.

*

Outro artista em grande atividade — Marcier, que viaja incansavelmente pelas cidades de Minas, achando-se no momento em São João Del Rei, depois de ter visitado Diamantina.

*

Balzac continua despertando um interesse generalizado. Na França, o belo livro de Félicien Marceau[159] sobre o repertório da *Comédia humana* — aqui, o livro de H. Pereira da Silva, com o título *Retrato psíquico de Balzac*.

*

Outra artista que prepara sua exposição: Amélia Bauerfeldt, que pela primeira vez irá expor trabalhos seus, cerca de trinta desenhos.

*

Anuncia-se que será adiado indefinidamente o espetáculo de *ballet* que seria realizado em plena lagoa Rodrigo de Freitas. Motivo: falta de auxílio financeiro por parte das autoridades. O que é uma pena, pois seria uma esplêndida realização.

*

José Candido de Carvalho, de quem dentro de muito breve aparecerá a segunda edição de *Olha para o céu, Frederico*, declarou a respeito da "recuperação" de Afrânio Peixoto que guarda muito boa lembrança dos romances do mesmo, mas que necessitava reler tudo de novo.

*

Alma branca,[160] o novo romance de Cornélio Penna, que anteriormente se chamou *O escorpião*, estará nas vitrinas dentro de pouco tempo. Nele, o autor de *Fronteira* continua com a mesma força sua empolgante aventura de romancista.

*

Parece que é a Civilização [Brasileira] que lança *Sangue nas veias*,[161] o novo

---

158. Lapso de Lúcio ao dizer que se tratava de um jornal. A *Para Todos...* era uma revista, e foi criada em 1918.

159. Félicien Marceau (1913-2012), escritor francês, membro da Academia Francesa. O título do livro seria, provavelmente, *Honoré de Balzac et son monde*, de 1955.

160. Ver p. 107, nota 4.

161. O título foi alterado para *A maçã no escuro* e publicado pela Livraria Francisco Alves, em 1961.

livro de Clarice Lispector. E seus famosos contos, a serem editados por Simeão Leal, onde andarão?

*

Lêdo Ivo, poeta de renome, faz uma confissão: "No momento, o que mais me interessaria era ter minha assinatura encimando uma peça de teatro".

*

E por falar em teatro: Fregolente, que tem tão destacado papel na peça ora em cena no Ginástico,[162] será o ator principal da que se acha em ensaios. Garante ele que será o ápice de sua carreira artística. Esperemos, pois.

[*A Noite*, 21 nov. 1956]
[*Diários*, 2012 e 2013]

44.

Não há dúvida, é o verão. As folhas esmorecem, o amarelo se alonga em pardo e cor de ouro — árvores em fila, envelhecidas, como cansadas de suportar o próprio peso. Até o próximo vento, quando ressurgirão nuas, esgalhadas e sem pudor.

*

Arranjos de verão. Nas janelas altas, como num acordo, esquentam ao sol as roupas de inverno. É o último estágio, antes do sono nas gavetas. Golas arrepiadas repontam em plena luz — capotes, fichas, uma manga de arminho, como uma rosa toda branca.

*

A moça estreou o biquíni: ainda sem cor, mas já garantida com uma bateria de óleos último tipo. Voltará para o almoço, ou talvez lá pelas duas da tarde. O telefone poderá tocar em vão — é a época de se inaugurar novos amores.

Outra moça de biquíni: usa óculos escuros e sob o braço leva um romance francês. É longa, muito pálida. Vê-se, pelos preparativos, que ela quer beber o sol todo de uma vez. Os cabelos, cor de cobre, têm ambiciosos reflexos esverdeados.

*

162. Teatro Ginástico, no Rio de Janeiro.

Pensamento de uma tarde: sol amolecido para rede, com um canto de canário no fundo da cozinha. No ar, há um resto de maresia. Pressente-se a tarde caminhando.

*

Cintila a vidraça, o sol vai baixando. O copo de laranjada descansa no cimento da varanda. Sopra a brisa, e de repente, descobre-se que está acontecendo o primeiro escuro da noite. Mas tanto azul...

*

Da terra queimada, ascende em silêncio uma flor sem nome. Na construção ao lado o serviço já cessou — os operários passam, refeitos de canseiras. A brisa chega mais forte, e cheira a limoeiros anoitecendo — perdidos quintais.

Uma lua nova, enorme e branca, reponta à testa do morro.

Desfraldada, a noite enfim avança rápida do mar.

*

À sombra de um ingazeiro, o pintor arma seu cavalete. Mais uma vez vai tentar a marinha — seu velho sonho. Embaixo, lambendo as rochas, um mar pomposamente verde. Mais verde do que o próprio verde.

*

A flâmula, pendurada no alto do mastro, sobrou do domingueiro jogo. Desbotou-se com a última chuva, mas agora, ao sol da manhã, ensaia um resto de vermelho, palpita, e é toda uma alegria no campo sem ninguém.

[*A Noite*, 26 nov. 1956]
[*Diários*, 2012 e 2013]

45.

A cidade não chegou ainda, mas contra o céu já repontam os primeiros cata-ventos. Na manhã recentemente inaugurada, as cores se misturam, têm uma simplicidade de azulejo — azul e branco, o sal e o céu.

*

Encosta brusca, as casas se alinham em torno à praça, ao fundo a igreja pequena: São Pedro da Aldeia. Lá embaixo, o lago cheio de reflexos metálicos. Moças e rapazes tomam banho, há um frêmito na tranquilidade que abrasa.

*

Quatro portas antigas espiam para o mar. É o que a cidade tem de mais bonito. Foram talvez majestosos edifícios, hoje são apenas ruínas. Um deles traz uma data: 1834. Assim, em plena claridade, lembram qualquer coisa grega. Tão simples, e no entanto, o grandioso se acha indelevelmente presente.

*

Para trás, esbarrancad[os] no morro que sustenta a cidade, velhos edifícios cor de pedra. Assemelham-se a restos de fortalezas. Dentre as pedras, cactos gigantescos vão subindo, e no meio deles, aqui ou ali, uma flor vermelha.

*

O sal está presente em todas as manifestações de vida. Pede-se um copo d'água: água salgada. Olha-se a paisagem: montes de sal, alguns tão antigos que já assumiram uma cor amarelada, de ferrugem. As próprias nuvens, que passam [—] trouxessem o bojo carregado [—] baixas, são pesadas, como se de sal.

*

Churrasco junto ao bambual. Venta tanto, e de um modo tão grandioso, que não resisto: proponho ao dono do sítio tornar-me seu sócio na exploração do vento.

*

Junto ao bambual, a água é forte, cor de folha. Não atrai para um banho, apesar do calor, mas é extremamente decorativa. Porcos bebem à margem, e fazem um glu-glu cavo, sujando a água de barro.

*

Na volta, às escondidas, percorro um edifício totalmente forrado de belíssimos azulejos portugueses. Parece-me que é a atual sede do clube. Pelas suas quatro janelas abertas, entra todo o mar que existe lá fora. O mar, é o céu.

*

Como em toda cidade de interior, à tarde os jovens passeiam fazendo o footing. Jovens de todas idades, e em suas faces também, como um sinal de vida, adivinha-se a presença do sal e do mar.

*

Entre esses jovens, a mais bela de todas. Senta-se no chão, descalça, e posa para uma fotografia. Em torno dela as laranjas se amontoam. Ela sorri — e é como se resumisse toda a luz de São Pedro da Aldeia.

[*A Noite*, 27 nov. 1956]
[*Diários*, 2012 e 2013]

46.

Lendo o último romance de Graham Green, não posso furtar à impressão de já ter visto tudo aquilo e ter experimentado o mesmo diante de outros romances de sua autoria. É fácil saber por que: certos escritores, por melhor que sejam, não conseguem fugir ao automatismo, criam uma máquina de fabricar determinado estilo, moem constantemente a mesma música já feita e que não custa mais nenhum esforço.

O ideal seria de vez em quando recomeçar tudo de novo, estrear outra vez. Mas renunciar ao cartaz é um grande ato de coragem.

*

João Condé continua perguntando aos que escrevem o que eles mais gostam, o que mais detestam. E, no entanto, é tão fácil saber: a emoção de quase todo grande autor gira entre a glória e a obscuridade.

*

Quando Pablo Neruda diz que sua nova poesia está cheia de alcachofras, tomates, pão, vinho e outras coisas que se comem, sua lição é possivelmente tão importante quanto a de Cézanne[163] mandando a um jovem pintor reproduzir maçãs — bem pintadas, é claro.

*

Dizem-me que determinado autor, bastante medíocre, é "muito orgulhoso". Indago por quê — o autor em questão é feio, pobre e sem nenhuma espécie de brilho pessoal. Respondem-me: "Desse orgulho que ofende a Deus"[.] Sorrio: esse orgulho é diferente, é uma força fundamental, um movimento único que flameja em todo o ser. O resto é apenas como na anedota: muita tolice.

*

Uma vez na vida, Deus tenta aos homens que sempre viveram retirados, e cuja obra cresceu como uma flor da solidão: é quando lhes oferece uma possibilidade de sucesso. Mas a ilusão é passageira, serve apenas para fazê-los voltar mais longe, mais fundo.

Deus brincando com os meios do diabo.

*

163. Paul Cézanne (1839-1906), pintor pós-impressionista francês cuja obra teve papel fundamental no desenvolvimento do trabalho de inúmeros artistas do século xx, sobretudo os cubistas.

Um vespertino abriu uma "enquete" para saber "qual o verso que o persegue". Nem sempre o verso que nos persegue é o mais bonito, ou o mais genial. Por exemplo, abrindo uma entrevistazinha por minha conta, ouço do primeiro que me responde: O verso que mais me persegue é "Ser mãe é padecer num paraíso".[164]

*

Outro jornal, em seção a começar, anuncia que o público vive "ávido de saber os pequenos detalhes da vida íntima de seus autores prediletos". Inventemos, pois. Se não somos autores prediletos, pelo menos teremos esse prazer de expor detalhes íntimos — que ajuda ao colunista e nos dá ao mesmo tempo a consoladora impressão de que somos escritores da moda.

[*A Noite*, 28 nov. 1956]
[*Diários*, 2012 e 2013]

47.

Em São Paulo, o crítico Sábato Magaldi proclama que Pedro Bloch e Paulo de Magalhães[165] são nocivos ao teatro brasileiro. Menos do que nomes, acredito que um determinado gênero é nocivo ao nosso bom gosto teatral. Mas isto não é questão de autores, e sim de público. Se alguém prefere marmelada, que adianta querer lhe impingir charlotte russe?

*

Por exemplo, a famosa *A casa de chá do luar de agosto*[166] está batendo todos os recordes de bilheteria. E no entanto, já Manuel Bandeira havia chamado a atenção para essas japonezices sem honestidade, feitas unicamente com o fito de agradar ao gosto do público vulgar.

*

Ao que ouço, Sérgio Cardoso[167] prepara-se para representar em São Paulo o

164. Último verso do poema "Ser mãe", de Coelho Neto.
165. Paulo de Magalhães (1900-1972), jornalista e teatrólogo brasileiro.
166. Peça de John Patrick (1905-1995), de 1956.
167. Sérgio Cardoso (1925-1972), ator brasileiro.

Cyrano de Bergerac de Rostand.[168] Muito bem, Sérgio é grande ator, e o papel requer a fibra de um autêntico talento para ser posto de pé. Mas em que ouvidos doerão a afirmativa de que é uma peça cacete e fraca, que nenhum escritor responsável terá coragem de citar sem as devidas cautelas.

*

É notório que toda atriz que se preza, chegada a determinado ponto de sua evolução artística, ambiciona representar *A dama das camélias*,[169] "clímax" da carreira de nomes hoje históricos do teatro. Mas quem terá coragem para negar que *A dama das camélias* é uma história absurda e de interesse literário mais do que secundário. De onde vem pois, esta ânsia de transportá-la aos palcos.

*

Repasso na memória grandes sucessos do momento: — *A rosa tatuada* de Tennessee Williams e *A morte de um caixeiro-viajante* de Arthur Miller. Isto a que chamam de carpintaria teatral, sim, é possível encontrar nelas. Alguma coisa mais expressiva, não. Ambas, impressas, não chegam a interessar por mais de vinte minutos. E vinte minutos depois já estão completamente esquecidas.

*

Carpintaria teatral é a arte de manter sempre viva a atenção do público. E a atenção do chamado grande público só se mantém pela exibição do que literariamente é mais grosseiro e mais repugnante.

*

Ah, a voga dos grandes autores teatrais. Pirandello,[170] por exemplo, menos do que pelo seu teatro, hoje tão visivelmente marcado pela data, sobreviverá pela época em que foi criado. Os *Seis personagens* [*à procura de um autor*] cheiram terrivelmente a 1925. E absorvida sua teoria da confusão das personalidades, que nos resta? A carpintaria, dirão. Mas as bibliotecas são vastos cemitérios de obras com imponente arquitetura teatral.

*

Eugene O'Neill,[171] que tantos entre nós ainda têm a ingenuidade de supor o

---

168. Edmond Rostand (1868-1918), poeta e dramaturgo francês, famoso pela peça *Cyrano de Bergerac*, de 1897.

169. Romance de Alexandre Dumas Filho (1824-1895), que foi adaptado para o teatro, a ópera e o cinema.

170. Luigi Pirandello (1867-1936), dramaturgo, poeta e romancista italiano.

171. Eugene O'Neill (1888-1953), dramaturgo norte-americano, prêmio Nobel de Literatura de 1936.

suprassumo da qualidade teatral, é um autor que caminha assustadoramente para a obscuridade. Há uma ligeira volta criada pela sua última peça, que dizem de tom autobiográfico. Mas isto passará também, porque O'Neill é um autor de categoria subalterna. Sua carpintaria teatral é pesada e anacrônica.

*

Resta perguntar: como situar o fenômeno? Naquilo que, antes de mim, tantos espíritos ilustres constataram — Nietzsche, Bossuet, Pascal, teatral é como arte um gênero entre outros — que o gênero inferior, o que se destina à mais imediata e mais efêmera das coisas: a emoção das plateias.

Objetarão com Shakespeare. Está certo. Mas Shakespeare não é só um acontecimento do palco, como todo teatro que se preza — é um fenômeno poético.

[*A Noite*, 29 nov. 1956]
[*Diários*, 2012 e 2013]

48.

Em certos dias do mês, muitas pessoas que eu conheço são atacadas pela "doença do antiquário". Caracteriza-se ela por uma súbita e irrefreável necessidade de ver e tocar coisas antigas: prata, madeira ou jaspe.

Conheço de longe esses angustiados: suas mãos tremem, seus olhos brilham. Em tudo e por tudo apresentam aspecto idêntico ao de assaltantes à mão armada.

*

X. telefonou-me, e sua voz é ultrassintomática:

— Descobri um antiquário maravilhoso.

Silêncio da minha parte.

— Você não vem?

— Não posso, o dinheiro anda curto.

— Não é preciso dinheiro, brada do outro lado a voz impaciente. O homem facilita tudo...

É inútil resistir: estamos no dia propício às compras disparatadas.

*

O antiquário recém-descoberto é na Tijuca, num beco escuso, e a casa ainda não tem figuração nenhuma de casa comercial. O homem que nos recebe, um judeu avermelhado e moço, mostra tudo com um largo gesto:

— Peças autênticas, meus senhores — exclama.

Em meu amigo, entre gritos abafados, vai desde logo experimentando o peso de uma fruteira opalina.

*

A um canto, soturno como um profeta que medita sua pregação, um santo nos olha — um legítimo santo português, de botas e olhos de vidro.

— Ah, precipita-se o imprudente. Esta maravilha, quanto custa?

O judeu avalia o calor do entusiasmo, e antes de responder, espera que o mesmo suba alguns graus. Depois:

— Vinte mil cruzeiros.

— Vinte mil cruzeiros? — e o santo treme nas mãos do meu amigo.

Sente-se, sabe-se que ele não possui esta soma. Delicadamente, com um suspiro, repõe a imagem no lugar.

— É caro, é caro demais. Mas a verdade é que é uma peça de museu.

O judeu encolhe os ombros, tranquilo, seguro: tem certeza de que mais tarde, de qualquer modo, o louco virá buscar o santo

Aqui estão três vasos romanos, em opalina cor-de-rosa, com asas douradas a fogo — uma maravilha, segundo meu amigo, cuja febre vai crescendo rapidamente. Muito bem, as jarras custam dez mil cruzeiros. Ele acha que são baratas — e manda separá-las. Um prato antigo, um lampião de pé elegante, duas maçanetas com flores de prata, um copo de chifre, lavrado a ouro.

Ah, é preciso não perder o santo. Tudo isto, somado, sobe à bagatela de noventa contos. Mas o judeu, a esta altura, já se amaciou: que não, deixa tudo por oitenta mesmo.

O amigo assina o cheque — economias de quase um ano.

*

Em casa, esfalfado, ele tomba num sofá, estudando o local onde colocar as peças. E indaga, num transporte, cego:

— Que tal ali? Ou ali, junto à janela?

É quando o telefone toca — um outro amigo, também atacado pela doença dos antiquários. Ouço, do lugar onde estou, um esbravejar confuso, pragas, exclamações. Ele ressurge afinal, pálido, desfeito.

— Que foi? — indago.

E ele:

— Um horror. Meu amigo X. que conhece todos os antiquários do Rio, avisa-me de que caí num logro: tudo que aquele judeu vende é falso, falsíssimo, coisa fabricada aí mesmo na rua da Alfândega.

E olha com ódio as coisas que minutos antes valiam uma fortuna inestimável.

[*A Noite*, 30 nov. 1956]
[*Diários*, 2012 e 2013]

49.

Eu ainda não havia publicado coisa alguma quando encontrei Santa Rosa pela primeira vez. Foi ele quem veio me procurar, mal chegado da Paraíba, com uma carta larga e limpa, que me assustou um pouco. Com ele vinha outro, não me lembro mais quem, creio que Simeão Leal. Eu trabalhava então na A Equitativa,[172] o Santa Rosa vinha me propor um empreendimento que me fascinava: fundar uma revista.

Era o ano de 1933.

*

A revista saiu, um número apenas com o título de *Sua Revista*. Saiu apenas um número porque o gerente desapareceu com o dinheiro da mesma. Mas com Santa Rosa, vinha todo um grupo completamente desconhecido para mim. Valdemar Cavalcanti,[173] Aloísio Branco, Carlos Paurílio.[174] Foi aí que ouvi falar em Graciliano Ramos pela primeira vez: Santa Rosa desenhava a capa de *Caetés*. Com a revista, outro nome surgia, assinando sonetos perfeitamente acadêmicos: Guilherme Figueiredo.[175]

---

172. Lúcio entrou na Companhia Equitativa de Seguros em 1930, trabalhando para Augusto Frederico Schmidt.

173. Valdemar Cavalcanti (1912-1982), jornalista e crítico literário brasileiro.

174. Carlos Paurílio, nome artístico do escritor e jornalista brasileiro Carlos Malheiros da Silva (1904-1941).

175. Guilherme de Oliveira Figueiredo (1915-1997), escritor e dramaturgo brasileiro, irmão do ex-presidente João Baptista de Oliveira Figueiredo (1919-1999).

O resto, eram traduções: Dostoiévski, Ibsen, Pirandello. Creio que mesmo sem a catástrofe do gerente a revista não iria muito longe.

*

Daí em diante, firmou-se muito minha amizade com Santa Rosa. Saíamos juntos quase que diariamente, percorríamos as livrarias, devorávamos tudo o que se referia a teatro.

A primeira peça brasileira encenada pelo Os Comediantes foi de minha autoria,[176] e devo isto aos esforços de Santa Rosa. Depois um sério atrito com Ziembinski, que também dava no Brasil seus primeiros passos, este abandonou o original que tanto o entusiasmara, e voltou-se completamente para o *Vestido de noiva*.

Vendo-me sozinho, e a braços com um diretor que não compreendia muito bem o texto, Santa Rosa dedicou-se completamente à minha causa. No dia do ensaio geral, quando o pano subiu sobre o cenário, não pude deixar de exclamar:

— Parece uma cena preparada para um acontecimento de Ibsen.

Na verdade, o ambiente conseguido era magnífico.

*

Certa manhã já muito longe, na minha casa em Ipanema, surgiu Santa Rosa sobraçando alguns discos. Estávamos possuídos de uma fúria musical, Stravínski, Debussy, Wagner, tudo servia. Numa destas vezes, lembro-me nitidamente que Simeão Leal o acompanhava. E outro moço, Aderbal Jurema.

*

Creio que foi nessa mesma tarde que ele me convidou para ir à casa de um mineiro, sujeito simpático e inteligente. Fui. Fiquei conhecendo Rosário Fusco, que desde então se tornou meu amigo. Mas o conhecimento que aí fiz e que mais me impressionou foi o de Mário de Andrade. Parecia dedicar a Fusco um paternal afeto.

*

Outras loucuras teatrais tentei de parceria com Santa Rosa, outras revistas, outros livros. Minha última peça montada, *Angélica*, não o foi por Santa Rosa, e creio que foi este um dos motivos do seu fracasso. Santa [Rosa], nesses dois últimos anos falava-me constantemente sobre isto — sonhava montá-la de modo

---

176. Trata-se da peça *O escravo*.

espetacular. Tratamos disso várias vezes, no seu atelier de Santa Luzia. Mas não passou da fase de projeto.

*

É difícil rememorar tudo o que andei metido com Santa Rosa[,] porque Santa Rosa andou metido em tudo o que nestes últimos vinte anos se fez neste país. Lendo agora os artigos a seu respeito, não o reconheço. Aníbal Machado tem razão, é difícil imaginá-lo morto.

Mas se o consigo fazer, não acho mal que o faça neste cenário de Nova Délhi. Conserva qualquer coisa de poético e de fabuloso, que calha muito bem com o temperamento deste artista culto e suntuoso, autor de um livro de poesia para jamais inédito: *Rosa dos ventos*.[177]

[*A Noite*, 4 dez. 1956]
[*Diários*, 2012 e 2013]

50.

Entrevistas passam, ficam observações à margem. Recostado, José Lins do Rego fala, e olhando-o sinto que ele não envelheceu propriamente, apenas murchou em certos pontos. Os olhos, sempre vivos, sobrenadam uma matéria já demudando em tons poentes, e que é como uma pátina peculiar à coisa humana.

Melancolia e saciedade são irmãs gêmeas que se misturam ao seu cansaço.

*

O canavial defronte é minguado e triste, mas basta ao fotógrafo para reconstruir a cabeça do autor no seu mundo original.

*

Literatura, decerto, que é a única realidade. Os nomes desfilam como terrenos palmilhados vezes e vezes. Goethe, Verlaine, Claudel. Uns passaram, e são como porões vazios que um dia enfeitamos com móveis que não existem mais.

*

Procuro descobrir onde o romancista imprimiu, na casa que habita, seu toque pessoal, seu sinal de magia e de desordem. Tudo é branco e sem ânsias.

177. O livro permanece inédito.

O que o recorda, mais do que os próprios livros, são os quadros de amigos. Há neles recados que nunca acabaram de ser ditos.

*

Sim, a glória. Mas punge um pouco vê-la chegando sem violência e sem patético. Não imaginemos mortes, nem procissões tatuadas de bronze. A cena é de janelas abertas — na rua soam vozes de crianças.

*

Que terá mudado, que terá anoitecido que nossas palavras não conseguem mais iluminar? Falamos, mas é como se passeássemos em vão num jardim onde todas as flores se vestissem de preto.

Sinto-me, sem saber por quê, que na minha testa escorre uma mancha de sangue.

*

José Lins do Rego ainda inventa os gestos de comunicação — um retrato da Duse,[178] a máscara de Beethoven. Quem somos nós, que assim erramos através do cotidiano estilhaçado?

Insistente, uma rosa de ouro fulgura.

*

O gênio é um navio antigo que espera a noite para partir. Tombadilhos de chuva, a viagem não tem partida e nem chegada. Porque não há viagem: sendo, o navio apodreceu.

*

Criar atmosfera, diz ele, é uma identidade entre mim e Cornélio Penna. Ai, não me sinto, jamais me senti à altura do conceito. Não tenho do autor de *A menina morta* esse ódio ao cotidiano, a ponto de argamassá-lo à face do dever. Essa é a ferocidade dos santos, e o que me dilacera dia e noite, sem descanso, é um temor e um desejo do inferno — qualquer que seja.

*

178. Eleonora Duse (1858-1924), atriz italiana. Lúcio alude ao episódio ocorrido em 4 dez. 1899, em Viena, quando, ao fim da peça *La Femme de Claude*, de Alexandre Dumas Filho, o público não parou de ovacionar e chamar por Duse. Então as cortinas sobem, ela volta ao palco, e uma chuva de flores cai sobre ela. Comovida com a ovação, Duse se curva, colhe as flores e as coloca sobre o busto de Beethoven num canto do palco, dividindo, assim, suas honras com o mais admirável gênio da nação que a aclamava. As cortinas ainda subiriam e desceriam mais vinte vezes, diante dos aplausos sem fim.

Chegar, é um silêncio de cera. O que fica para trás, na bela casa ensolarada, é certeza. Levo a certeza de que fiquei. Em torno a mim, tudo avançou. Esquecido do tempo, estou sempre amanhecendo.

Mas sou o meu silêncio.

[*A Noite*, 7 dez. 1956]
[*Diários*, 2012 e 2013]

51.

O coquetel é num dos últimos andares de um edifício muito alto, e se bem que nenhuma de suas janelas esteja aberta, pressente-se pelo vidro turbado que o mar anda por perto. É possível que não se veja dele uma só fímbria, mas há sempre uma presença de azul que se choca contra a vidraça como um grande pássaro obstinado.

*

No burburinho das conversas percebe-se a voz de muitas celebridades — nascentes e desfalecentes. Gloriazinhas da arte nacional, sem grandes papéis, sem oportunidades no cinema, sem palcos, mas audaciosas, onipotentes como a de uma star da Broadway.

*

Há também, e por que não, autores conhecidos e críticos ilustres. Os primeiros mais conhecidos de que autores, os segundos, pouco ilustres mas muito críticos.

*

Autores e críticos arrastam o peso de uma glória universalmente reconhecida — mas tão sensível que se arrepela à menor brisa, potente e cheia de zelo.

*

Geraldo Gamboa,[179] que exerce com simpatia a função de introdutor social, senta-se a meu lado, e inesperadamente para mim, relembra velhos tempos, amizades que me esqueceram, mas que por mim não foram esquecidas.

Ah, aquele tempo…

179. Geraldo Gamboa (1930-2016), ator de chanchada brasileiro.

*

Havia uma varanda pequena e duas encantadoras figuras femininas que conversavam comigo. Que conversavam livremente e com o maior encanto. Havíamos descoberto o *peppermint*,[180] e o bebíamos pela noite adentro, em copos brancos, com gelo picado e folhinhas de hortelã.

*

Às vezes, incidentemente, falávamos sobre o Egito. Mas o Egito estava longe e não era simpático. Também não fazia falta. Se bem que o pitoresco fosse fornecido exatamente pelo que estivesse ausente, a poesia era grande, e à noite escorria discreta e mansa.

*

Depois as vozes se calaram, sem que eu soubesse por quê. Fiquei, aos poucos, apenas com esse sentimento de uma coisa boa que passou, e que resta, no fundo do coração, misturada a algumas gotas verdes de licor.

*

Bons tempos, Gamboa, e obrigado pela memória.

[*A Noite*, 8 dez. 1956]
[*Diários*, 2012 e 2013]

52.

Como no oceano, ao bar aportam, entre o óleo e o sal todos os detritos. Aquilo de que eu mais gosto é esta luz de cais: nunca é dia. É o que se lê nos olhos dos outros.

*

Imaginei uma carta: meu amor. Depois, pensei que era tarde demais. Mas ter errado, não foi por ter sempre imaginado essas coisas?

O apetite pressupõe uma vontade que, ai de mim, não existiu nem agora e nem nunca.

O entendimento me aniquila.

*

180. Em inglês: hortelã-pimenta.

340

Não poderei dizer que passei a vida em branca nuvem. Tudo me veio às mãos. Mas com que impaciência destruí tudo. O inventado me pareceu muito melhor.

*

Não há vivido, há esgotado. Não vivi, esgotei-me. Nascido doente, sou um convalescente de mim mesmo. Que Deus não me permita a cura.

*

Às vezes imagino que sou um suicida em potencial. Às vezes, não. O que eu vi, dos desesperados, é material tão simples: papel branco como este, e não uísque, mas cerveja. Deus, não sou suficientemente humilde para me destruir.

*

"Adeus, Júlia. Este é o meu último gesto de caridade. Ao me afastar dos vivos, quero sentir que ainda posso sentir um gesto comum aos outros homens. Não acredito que tenha me matado: tornei-me eu mesmo."

*

O gim é irremediavelmente preto. O uísque é cor de vento claro. Mas o vinho tem cor de terra, e dos caminhos da terra, que são inumeráveis.

*

Deus me salve do ruído. É o bar, quando começa.

*

E no fim, por que não dizer — Deus te salve? Este é um diário de amor. Com o fugir das horas, regrido ao estado de ternura.

É o instante de inventar a austeridade.

[*A Noite*, 11 dez. 1956]
[*Diários*, 2012 e 2013]

53.

Uma rua comprida, onde pouca gente passava cheirando estranhamente a magnólia quando chovia. Aquela casa, no centro de um terreno baldio, pintada de amarelo antigo, com janelas azuis. Nunca me diziam quem lá morava. Apenas, apontavam-na como se tivesse algo extraordinário:

— É a casa do alfaiate.

*

Imaginava-o muitas vezes, alto, pálido, os dedos afilados no métier perfeito. E de tanto imaginá-lo, muitas vezes me detive à grade da velha casa, espiando, para ver se descobria sinal de vida.

*

Nada, mas em certa época, na extensão maltratada do jardim, as mangueiras pejavam-se de frutas. Uma nova vida errava, abelhas zumbiam e, não sei por quê, tinha a impressão de que alguém olhava lá de dentro.

*

Lembro-me ainda da surpresa com que em certa manhã, descobri alguém transitando na alameda. Era uma senhora, não muito idosa, apoiada a uma bengala de homem. Caminhava devagar, parava diante de uma ou outra flor, tocava-a com os dedos.

Fiquei olhando-a, pareceu-me tão bonita.

*

Vendo-me, ela fez um sinal de longe, não soube se era um adeus ou um apelo. Ergui a mão também e respondi desajeitadamente. Ela sorriu ainda, concertando os cabelos que já branqueavam. Depois, desapareceu dentro de casa.

*

— É a viúva do alfaiate, disse-me alguém, quando falei da aparição.

— Então o alfaiate já morreu? — indaguei.

— Já, há muitos anos. Morreu na epidemia de gripe.

— E como foi?

— Oh, história antiga.

Essas reticências só faziam crescer mais a minha curiosidade.

*

Um dia disse a mim mesmo: se a vir de novo, entro no jardim. Esperei, esperei manhãs em vão, sob a neblina, a chuva e o sol. Não apareceu mais. Até que o jardim todo recendeu e nos canteiros maltratados as rosas acordaram com inesperado furor.

*

De longe, vi o portão aberto, e duas ou três pessoas que subiam pela alameda. Meu coração bateu forte: estaria lá a viúva do alfaiate? Corri à grade e acompanhei com os olhos os homens que entravam.

*

Soube mais tarde que ela havia morrido. A casa ia ser vendida, apregoada

342

em leilão. Não vi o enterro, que eram horas da minha aula. Mas assim que a sineta tocou, saí correndo a fim de ver se ainda podia me despedir daquela que só vira uma única vez, de longe, e com quem trocara um fugitivo sinal.

*

Muitas vezes mais me detive ante a grade: as rosas se despetalavam, havia uma tristeza maior e a casa vazia, que sempre fora vazia, agora o parecia ainda mais. Dela, desertara um espírito benfazejo que era o da própria poesia infantil.

[*A Noite*, 12 dez. 1956]
[*Diários*, 2012 e 2013]

54.

Não se sabe ao certo o que é o sonho, se bem que muita gente tenha tentado defini-lo. Explicação erudita, ou pura demonstração de poesia, a verdade é que ele escapa a todas as definições.

E convenhamos, sua qualidade específica é exatamente a de ser indefinível.

*

O sonho, diria um místico, é a tentativa de Deus para corrigir a imagem do mundo, impondo-a transitoriamente aos nossos sentidos. Sim, está certo, mas muitas vezes esta imagem é a de um mundo que bem pode ser o de Deus, mas é sinistro e até mesmo da cabeça para baixo.

*

Já o louco ousaria pensar: o sonho é a verdade expulsa pelos homens. É a ordem, impondo sua lei nesse instante máximo de desordem, que é o sono.

*

O poeta diria simplesmente — o sonho é a ordem.

*

Tenho para mim que muita coisa que aparece nos sonhos é apenas memória que se perdeu. Aquele animal, por exemplo, que através do sonho veio latir aos meus pés, é apenas um cachorro antigo, cuja lembrança já se apagou.

Coisas, seres, situações de que não nos lembramos mais, o sonho é um quintal cheio de detritos que nos povoam, irremovíveis, e cuja utilidade já não nos ocorre.

*

Hölderlin, Novalis, Nerval —[181] mais do que poetas do sonho, vítimas do sonho.

É verdade que os fundamentos do movimento romântico estão cravados no sonho — mas um sonho de desespero e de morte.

*

De um poeta moço, que conheci outrora, e que hoje provavelmente já não faz mais versos, é este grito que sempre ressoou dentro de mim:

— "Eu dei ao sonho o que de melhor havia em minha vida..."

*

Jacobsen,[182] que Rilke tanto prezava, intitulou seu livro máximo de *Entre a vida e o sonho*.

Entre a vida e o sonho é o romance de todo mundo.

*

Sonhos premonitórios, sonhos reveladores, sonhos simbólicos — os sonhos sempre mantiveram, ao contrário do que se diz, suas raízes dentro da realidade.

Realidade fragmentada, mas ainda assim realidade. Porque, como Clarice Lispector me disse um dia, não há sonhos engraçados. A catástrofe é a atmosfera peculiar aos sonhos, mesmo os mais inocentes.

*

O sonho... É o que Fanny Brawne[183] jamais pode perdoar a Keats, é o que une ao mesmo tempo essas três vidas marcadas — Schumann, Clara e Brahms. Que une e separa, em suas ilhas de sombra e de segredo.

*

Flor da noite, como o chamou Novalis, ópio lactescente de [Clemens]

---

181. Friedrich Hölderlin (1770-1842), poeta e filósofo alemão; Novalis (1772-1801), pseudônimo de Friedrich von Hardenberg, poeta e filósofo alemão; Gérard de Nerval (1808-1855), escritor francês.

182. Jens Peter Jacobsen (1847-1885), escritor dinamarquês. A primeira edição de *Niels Lyhne* é de 1880. No Brasil foi publicado, em 1945, com o título *Entre a vida e o sonho*. Em 2000, a Cosac Naify publicou uma edição com o nome original.

183. A inglesa Fanny Brawne (1800-1865) se tornou conhecida em razão do relacionamento com o poeta romântico John Keats, fato revelado em 1878, ano de publicação das cartas que Keats lhe enviou.

Brentano, de Ludwig Tieck,[184] de [Friedrich de la] Motte Fouqué[185] aquele lugar que fazia Baudelaire exclamar — e de Melville — na verdade única porta aberta para que aquele lugar que fazia Baudelaire exclamar — a fuga, para qualquer parte, contanto que seja fora deste mundo.

[*A Noite*, 18 dez. 1956]
[*Diários*, 2012 e 2013]

55.

Fim de ano é época de balanço, e como esta seção não é especializada, não tentarei propriamente levar a efeito um balanço, mas apenas rememorar alguns livros que me parecem marcantes neste ano que já vai expirando.

*

Antes de mais nada, e para não adormecer o entusiasmo de uma leitura recente, quero assinalar, desde logo o romance de Fernando Sabino, *O encontro marcado*. Trata-se de um livro admirável; se a princípio hesitamos um pouco na evolução dessa parte tão difícil para quase todos os escritores que é a infância — a infância é domínio da poesia — ainda assim navegamos sem sobressalto através da narrativa, para atingirmos finalmente sua parte mais densa, aquela em que o herói caminha sozinho, e em que o autor atinge momentos excepcionais (lembro ao acaso: a descoberta de Maria Lúcia) para nos dar um diagrama completo e perturbador de sua grande aventura. Aventura interior, podemos dizer desde logo, porque *O encontro marcado* é a violenta história de uma náusea. E não tenhamos dúvida de quem nos traçou páginas tão seguras e eloquentes, mais do que nunca se acha comprometido conosco, não sendo mais possível duvidar de seu talento. Aguardemos, que o Brasil tem grande romancista à vista.

*

Os livros de Gilberto Amado, decerto. Traçam eles, com perícia e sutileza, o retrato de um homem cujo verdadeiro perfil só agora começa a se revelar inteiramente. Podado de todas as exuberâncias e de todos os defeitos oriundos de

184. Ludwig Tieck (1773-1853), escritor, crítico, tradutor e editor alemão.
185. Friedrich de la Motte Fouqué (1777-1843), escritor romântico alemão.

fatos e circunstâncias, tão próprios à mecânica da vida, o que nos surge é realmente um escritor poderoso e firme, que sabe o que quer, de onde veio e para onde vai. O que quer dizer que é coisa que muito pouca gente sabe.

*

De passagem, porque é assunto a que pretendo voltar em minhas próximas anotações, quero assinalar o reaparecimento de Guimarães Rosa, que não considero apenas um acontecimento do ano, mas um acontecimento capital da literatura brasileira. De súbito, e como um astro de primeira grandeza, surge ele com um romance que o coloca lado a lado com as figuras mais indiscutíveis de nosso movimento literário, um Manuel Bandeira, um Carlos Drummond de Andrade, um Octavio de Faria, um Cornélio Penna, um Gilberto Freyre. Um dos raros a que a discussão nada diminui, mas ao contrário, só aumenta e torna mais denso o fenômeno extraordinário de sua presença.

*

Montanha, de Cyro dos Anjos,[186] um dos sucessos de livraria do ano, e que nos traz de volta o escritor seguro de si, inteligente e de bom gosto que já nos dera aquela pequena obra-prima,[187] que são suas evocações de infância.

*

Outros livros, é certo, e que ainda não tive tempo para folhear totalmente — as histórias infantis de Clemente Luz,[188] por exemplo, tão banhadas dessa ternura e desse encanto de quem jamais se afastou completamente das claras zonas da infância; o romance de Mário Palmério,[189] que desde as primeiras páginas já nos leva às veredas genialmente palmilhadas por Guimarães Rosa; as reedições de Bandeira, de Drummond, inúmeros outros enfim, a que voltarei mais detalhadamente, e que em [19]56, tão feliz para a nossa literatura, merecem sem dúvida um lugar de destaque e de apreço.

[*A Noite*, 20 dez. 1956]
[*Diários*, 2012 e 2013]

186. Cyro dos Anjos (1906-1994), professor, advogado, cronista, romancista e memorialista brasileiro. *Montanha* é de 1956.
187. Lúcio se refere ao livro *O amanuense Belmiro*, de 1937.
188. Clemente Luz, nome literário do poeta, cronista e jornalista brasileiro Clemente Ribeiro da Luz (1920-1999).
189. Mário Palmério (1916-1996), romancista, educador e político brasileiro. Lúcio está se referindo ao primeiro livro do autor, *Vila dos Confins*, de 1956.

56.

Prometi, ontem, falar sobre minhas impressões de *Grande sertão: veredas*, o romance de Guimarães Rosa, que me parece marcar de modo espetacular não só o ano de [19]56, mas a própria literatura brasileira.

*

Difícil dizer alguma coisa pela qual se tem uma paixão tão grande. *Grande sertão* é a minha neblina. Desse romance portentoso, realizado de ponta a ponta com a maestria e grandiosidade de um grande poeta, pode-se dizer tudo, menos que não seja uma obra perturbadora e profunda.

*

Grande sertão: veredas é um enigma. Imagino tudo o que gosto, e tudo o que gostei até agora em nossa literatura. Nada me agrada mais do que o livro de Guimarães Rosa. Seu impulso, seu movimento coordenado e profundo, tão absoluto, tão sedutor, tão cheio de "charme" como não existe [em] nenhum outro livro brasileiro...

*

Seus grandes enigmas são enigmas de obra de arte. Não há tradução para eles. Crescem, existem, explodem, e são acontecimentos verdadeiros e definitivos, numa linguagem única e isolada como uma ilha de poesia e de segredo em nossa literatura.

Seus enigmas não são enigmas: são circunstâncias excepcionais de criação. Saudemos seu autor como figura ímpar em nossa literatura — grande poeta, grande rapsodo, grande romancista, grande homem a quem de há muito desejávamos como mediador de águas para sempre separadas.

*

Rapsodo, disse, e todo o romance é uma portentosa rapsódia. Pela primeira vez, e integralmente, com consciência e desafio, temos um poema total, onde a raça — para glória nossa, a das Gerais — pela primeira vez adquire voz.

Grande, imortal poema — que seu mistério, ainda que muito estudado, subsiste, pois é mistério do tempo, e cuja resolução, nem a Deus nem a nós pertence.

*

Poderia relembrar páginas que me calam — os catrumanos, o julgamento de Zé Bebelo, a madrugada no poço com Diadorim — estarei lembrando certo?

É uma pálida ideia de tudo quanto este grande livro me causou.

*

Sua linguagem, terror dos professores. Coisa assim, só vazada nessa linguagem. Uma força toda, um esplendor acontecendo.

Não haveria nenhuma possibilidade deste livro, se não fosse o modo com que é feito. Sua alma está entranhada às suas palavras, e que importa que sejam fabricadas — maior glória para quem teve capacidade de inventá-la.

*

Não acredito que seja um livro regional. É um grande, o primeiro livro totalmente brasileiro. Suas raízes se fundam na paixão e na morte. Deus haja, que tenhamos sempre à nossa altura poemas de tanta grandeza.

*

E louvemos, que este é um homem dos gerais.

[*A Noite*, 21 dez. 1956]
[*Diários*, 2012 e 2013]

57.

Pompeu, moço e magro, quer saber como vai o meu teatro. Digo que não sei. E ao mesmo tempo vou pensando que o re[alizei] [(?)] [Ro]berto Brandão.[190] As luzes da política não do Roberto Brandão. As luzes da política não são tão sedutoras quanto a das gambiarras.

*

Natal em casa, como deve ser, com muita chuva lá fora e pouca cá dentro. A vela amarela vai queimando devagar, enquanto na rua o vento desfolha as folhas das amendoeiras.

---

190. O jornal comete um equívoco e deixa de imprimir a frase completa, provavelmente por não ter conferido os caracteres durante a montagem da placa para a impressão, publicando esse período deste modo: "E ao mesmo tempo vou pensando que o re-/ berto Brandão". Infelizmente, Lúcio não conservou o manuscrito.

348

*

Quando: não sei. A pequena cama de grades, um cheiro bom de maçã. Outra noite de Natal. O medo é que de manhã fosse diferente: nunca foi.

A um canto, com sua estrela de prata, reluzia o pequeno presépio mineiro.

*

Aprende-se coisas difíceis, "boas-festas", "*réveillon*". Ri-se mais, bebe-se mais. Apenas, já não existe aquela ingenuidade tão calada, que nos fazia escutar a noite como se de fato alguém estivesse caminhando lá fora.

*

Natal, sim. As festas iam embora e a gente sentia um apertozinho no coração. Mas tudo voltava aos seus lugares quando se imaginava que o Carnaval já andava perto. Até que misturaram tudo, e de tanta confusão já não se tem mais aquele apertozinho saudoso, mas um sentimento de fastio, como se fossem festas demais para nossas pobres forças humanas.

*

Amelinha[191] me traz um cartão bonito: o martírio de São Cosme e de São Damião. As cabeças caem aureoladas.

Obrigado, Amelinha.

*

Nessa época de balanço, muita gente anda dizendo o que quer. Este, precisamente, afirma que não lhe importa nem o ouro e nem o poder.

Mas durante os trezentos e sessenta e cinco dias de todos os anos não andou atrás de outra coisa.

José Lins do Rego escuta minhas queixas contra o jornalismo. Mas volto a mim:

— Ainda é bom quando se lembra que um Machado[192] também...

Ele atalha vivamente:

— E no *Jornal das Moças*[193] da época, meu caro, no *Jornal das Moças*!

*

---

191. Amélia Bauerfeldt, artista plástica brasileira.

192. Provavelmente Lúcio está se referindo a Machado de Assis.

193. O *Jornal das Moças* era uma revista publicada no Rio de Janeiro e distribuída nas capitais e principais cidades do interior do país, entre 1914 e 1965. Circulava às quartas-feiras. Seu conteúdo, inspirado nas revistas de variedades do século XIX, abordava assuntos, à época, de interesse da esfera feminina.

Guardei para o final esta pequena estrelinha. Caiu de uma árvore que durou acesa a noite inteira, e lá ficou, sem mistério, luzindo na doce claridade da manhã.

Guardei-a para isto — é sua.

[*A Noite*, 28 dez. 1956]
[*Diários*, 2012 e 2013]

58.

Não é sem emoção que piso Paquetá, desde que ali aportei, já lá se vão muitos anos, quando a ilha, inédita, sorri ao meu primeiro deslumbramento de menino.

Se mudou daí para cá, não sei: tenho certeza de que pelo menos eu mudei muito. Mas nunca desço da barca sem o vago sentimento de que me vão acontecer coisas extraordinárias.

E acontecem.

*

O mar, que bate junto às pedras, é sempre novo. Esta lancha sem serventia, cognominada *Mercia*, que descansa à sombra de um flamboyant — pintura que ninguém pintou.

*

A casa de Vivaldo Coaracy, onde fui uma vez, e que a meu ver é a mais bela da ilha. Imagino que lá dentro está o homem que escreveu este livro encantador, as *Memórias da cidade do Rio de Janeiro*.[194] Casa, como o livro, sem idade.

*

Uma autêntica novidade: os balcões de lembranças. Meu Deus, como são feios os objetos destinados a fazer perdurar uma imagem tão bonita quanto a da ilha. Vendessem um pedaço de céu azul, uma flor de flamboyant, um pouco de areia da praia da Moreninha.

*

194. Vivaldo Coaracy (1882-1967), engenheiro, jornalista e escritor brasileiro. Seu livro *Memórias da cidade do Rio de Janeiro* foi publicado em 1955, pela José Olympio.

350

Ah, os casais, imaginemo-los líricos, como são todos os casais do mundo, e como comparecem no colorido destes cartões-postais.

Mas não há dúvida, os casais também mudaram. Sentados na areia, esquecidos de si mesmos e dos outros, não trocam beijos, mas devoram curiosamente pastéis e sanduíches.

Solidão e fome.

*

Mas se o amor não está presente, o álcool está. Paquetá, em certos dias, é um vasto reduto de bêbados. Há os que passeiam em bandos, os que vomitam junto aos postes, os que dirigem "chorinhos", os que dançam sozinhos, os que passeiam de charretes, de roupa de banho e chapéu à cabeça.

Não, positivamente não há gente mais feia no mundo do que aquela que se diverte aos domingos. Indago ansiosamente de meus sentimentos humanitários, mas a única coisa que sinto é uma grande, uma enorme repulsa. Esta gente nem sequer sabe se divertir.

É preciso inventar domingos mais alegres.

*

A casa de Pedro Bruno[195] com um papel pendurado: aluga-se. Outras residências, bonitas e clássicas, com o mesmo papel que o vento bate: aluga-se.

A ilha vai se tornando deserta, ou melhor, cheia de gente que não é mais da ilha.

*

Grandes, bonitas coisas: os robalos que acabam de chegar, e que escorrem ainda, sobre caixotes, uma água fria do fundo do mar.

*

Anoitece. E anoitecendo, Paquetá é bonita de qualquer modo. Há estrelas nascendo na barra distante, e o vento que sopra traz esse bom cheiro de velhas quintas, onde à salmoura característica, mistura-se o cheiro familiar de murta e da hortelã, e qualquer coisa agreste, fechada, que dá à ilha poente não sei que vago tom de mistério primitivo e vegetal.

[*A Noite*, 4 jan. 1957]
[*Diários*, 2012 e 2013]

195. Pedro Bruno (1888-1949), pintor, cantor, poeta e paisagista brasileiro.

59.

Júlia de anil, tua cor é grande acontecimento. Onde vi raiar essa alegria, e comprovei a doce luz do teu olhar, ao regressar da antiga fazenda?

Sonhos meus, Júlia, se eu fosse poeta traria às tuas mãos um soneto, como uma rosa, mas que fosse azul, tão azul quanto teus olhos, não meus, Júlia.

*

Latem os cães, e há uma súbita solidão na rua conhecida no som que o vento traz, inaugura-se a noite, veloz, em pleno dia.

*

Envelhecer amizades. No encontro recente, criar hiatos, mal-entendidos, adeuses prematuros, possibilidades de uma derrota total.

Amanhecer aos poucos, como quem adivinha.

*

Antologia das sensações. Por exemplo, a ascendência do amarelo, um dourado que abdicasse sua aristocracia.

*

História de fantasmas: a valsa fúnebre dançada pela moça de rosto encoberto.

— Quem é você?

A pressão da mão, os dedos frios:

— Depois.

A revelação no jardim, entre girassóis: no alto, uma lua enorme.

*

Não virá ninguém, porque nunca vem ninguém. Somos nós que inventamos as chegadas. Importa? Somos festas acontecendo.

*

Os jogos que invento, para não me saber sozinho. Mas a verdade empurra. Há anos que carrego este edifício nas costas. Confesso: nunca vi o mar.

*

Sucedam-se esmeraldas: eu fico com este só ficar. Sei de terras, sei de coisas que outros são: Deus, dá-me o não progredir.

*

Abraço a árvore, abraço o vento, abraço ontem — de tanto abraçar me sinto eu mesmo as coisas. Neste entardecer, que posso desejar mais, senão esquecer-me assim sobre o que não sou? Vislumbrar é alta dignidade. A vida é um poço por descobrir. Alarga-se, pelo que sabemos.

O céu é saber o poço todo.

*

Quando a palavra começa a voar, é tempo de não prosseguir. Pés amarrados nunca fizeram mal a ninguém. O voo total acontece, mas só nos olhos do cativo.

[*A Noite*, 7 jan. 1957]
[*Diários*, 2012 e 2013]

60.

Ao contrário do que disse o romancista, ser homem é que é perigoso. Viver é um simples acontecimento.

*

Nunca somos totalmente. É preciso nos inventarmos a cada instante. Ontem, inaugurei minha voz. Hoje, começo a inventar meu pé. Antes da próxima noite, terei prontas três quartas partes da minha metamorfose.

Serei eu todo exatamente quando puder morrer.

*

Sim, viver acontece. Mas não é importante. O certo é crescer: feito de galhos, de quinas, de erosões. Sobretudo, o clássico conselho: crescer para o lado de lá.

É no quintal vizinho que se morre bem — sem ter raízes.

*

Agora vou anoitecendo. Sinto azul descer em minhas veias. Vou por aqui e por ali cingindo escuros — mas de qualquer lado, como nesga liberta, sinto que em mim uma estrela cintila.

Não é reminiscência do dia: é uma alvorada que começa.

*

Faço o deserto como quem respira. Mas se a estrela brilha, o chão pouco importa. Pode ser de areia quente e perene.

Estrela, meu guia.

*

Imagino uma floresta de açúcar, um poente adoecido. Lá, entre folhas de mel, vagam tigres solitários, luzindo densos olhos de bruma e de hortelã.

*

História de fantasmas: encontrei-me com ela na varanda e trajava um velho vestido cor-de-rosa.

— O mal, disse-me, é induzir um segredo, mesmo que ele não exista. Morrer vem depois.

E respirava, quente como um pássaro de veludo. Tão liberta!

*

Para quem ergo a taça, não sei — o gesto é tudo.

Passado eu, amor passado — aqui te trago esta primeira gota de champanha. Não me reclames a visão, que já não existimos. Só taça refulja, e quem somos é apenas sombra — um tardar da memória.

*

E no mais, vamos ficando, que o tempo é belo. Há mar e verão — e aproveitamos a areia, que a areia é doce, com corpos que o sol vai tornando morenos e conhecidos.

Se Deus quiser, cada vez mais conhecidos.

[*A Noite*, 8 jan. 1957]
[*Diários*, 2012 e 2013]

61.

É o verão, finalmente. Anunciou-me isto uma vizinha ao lado, esfregando pelo corpo, ao espelho, um bom óleo cor de iodo. No fundo da casa, um canário cantava: e de fora, o que vinha, já era conhecido bafo de asfalto, tão quente, e que mais do que qualquer outra coisa, era a própria voz do verão.

*

Vila dos Confins de Mário Palmério, que leio como todo mundo, parece concretizar ainda mais este curioso fenômeno: a literatura regional está definitivamente se fixando em Minas Gerais.

Esperemos que o Norte corresponda, fazendo surgir romancistas introspectivos.

*

Por falar em romance, Aníbal Machado, com quem me encontrei, declarou-me que considera ultrapassada a época do "romance de angústia". Fiquei pensando, e não compreendi bem. De angústia? Mas ao que sei, angústia é um sentimento inerente à natureza humana. Quereria ele dizer simplesmente que considerava ultrapassada a época do romance?

Neste caso, estamos de acordo.

*

E apesar disto, o fenômeno estaria atrasado no Brasil, como sempre. Tantos romances, e de qualidade, nestes últimos tempos... Para só citar alguns: *Grande sertão: veredas*, *O encontro marcado*, *Montanha*, *Vila dos Confins*.

O que estaria errado em tudo isto?

*

No seu porão da Escola de Belas-Artes, Darel prepara-se ativamente para sua exposição simultânea no Rio e em São Paulo. O gravador, pelos trabalhos que vi, dia a dia está melhor.

*

Não está inteiramente fora das cogitações dos Artistas Unidos, a peça *Sul* de Julien Green, que teria o jovem ator Adriano Reys como ator principal.

*

Outra notícia de teatro que circula com certa insistência é a de que 1957 não terminaria sem que aplaudíssemos Cacilda Becker na interpretação de Lady Macbeth, de *Macbeth* de Shakespeare. O que esperamos seja verdade.

*

E continuemos com o verão, que é bom e muito presente. Está na hora exata de reinaugurar as velhas águas do Arpoador, tomando parte na turma dos Inocentes do Leblon.[196]

Areias cavadas significam dormência e momentâneo abandono, há canais recentes e ilhas que, com o devido respeito, poderemos inaugurar na base da arrebentação.

[*A Noite*, 9 jan. 1957]
[*Diários*, 2012 e 2013]

196. Provavelmente, Lúcio está se referindo ao poema "Inocentes do Leblon", de Carlos Drummond de Andrade, publicado no livro *Sentimento do mundo*, de 1940.

62.

O mal é este, suspira-se pelo verão, e quando este chega, não há coragem para utilizá-lo. Banho de mar é ótimo, mas é preciso antes um treino preparativo, para se acostumar ao rigor da areia — e atravessar o asfalto não é prova a que todo mundo resista. Resta que, depois, tudo vai às mil maravilhas: do fundo da gente, como um hino, sobe um louvor irrestrito ao poder e à benevolência de Deus, que inventou o verão e o mar.

*

No rio que sobe, sonolento e largo, há uma ilhota verde, de ramaria baixa — cajus. E são cajus também que enfeitam as margens, amarelos e vermelhos, sumarentos cajus que os porcos vêm fuçar à sombra dos galhos.

*

Paisagens do Norte, em janeiro, uma saudade me queima — tanta lembrança colorida, como num filme tapete mágico. Mangas de Pernambuco, cajus de Sergipe, melancias da Bahia — uma festa completa, para quem chega, como eu, com os olhos povoados pelo verde mon[ó]tono do Sul.

*

A estrada alta de pó, um pó que sobe com a persistência de uma neblina. Caminho do sertão, disseram-me em Recife, e eu vou olhando os casebres tão idênticos aos que conheço por todo o Brasil, com uma diferença: essas perpétuas cercas de avelóses, que são, dizem-me, a única coisa viva nesta paisagem queimada — e que mais parecem a cercadura seca de terrenos sem vida.

*

Depois das casas que ainda ostentam antigos azulejos, a estrada de novo — e mais adiante, num súbito remanso de que ninguém suspeitaria a existência, um poço. Dez tostões pelo banho, mas a água é funda e boa. E há na beira uma cuia, que serve para ajudar a molhar o corpo.

Por cima, as árvores, inesperadamente reverdecidas, formam uma abóboda.

Aqui, é difícil imaginar a volta.

*

E à medida que o carro avança, vão aparecendo as dunas — tão altas, como igrejas de branco. Dunas e mais dunas, e através do calor, esse sopro contínuo e bom que vem do mar.

*

Assim são as praias do Norte, as praias que eu vi. Assim é o verão.

Custa menos o calor, e o tempo passa sem querer — com um cheiro de caju que lembra o aroma de certos vinhos, a memória de certas campanhas.

*

De novo cajus, e umas mulatas bonitas, de barriga empinada, que carregam biblicamente jarros de barro e moringas nos ombros. Conheço-as, são as "extras" que Cavalcanti utilizou no seu filme *O canto do mar*.[197]

*

E novamente as dunas. Mas os coqueiros vão chegando, as areias vão baixando, é a praia. A luz reverbera com tal intensidade que chega a arrancar lágrimas.

Há no ar um cheiro doce de caldo de cana.

*

Contam-me uma história: um peixe-boi, ferido nos baixios do Espírito Santo, veio dar a esta praia. Grande assim, e da altura de um homem. Apontam-me alguém que passa: aquele ali tirou um retrato ao lado do monstro. E olha, até hoje ainda tem o retrato em casa...

[*A Noite*, 11 jan. 1957]
[*Diários*, 2012 e 2013]

63.

De repente, e sem nenhum aviso prévio, comunicam-me que a Rodésia[198] existe. Cato aflitivamente os pedaços de mapa que vagam pela minha memória, e recomponho afinal uma terra estranha: não sei o que é, mas assim mesmo, mal colada, assemelha-se à Rodésia de que necessito, e que compõe em mim a imagem do que anunciam.

*

197. *O canto do mar* é um filme brasileiro, P&B, realizado em 1953, dirigido por Alberto Cavalcanti.
198. A antiga Rodésia, na região centro-sul africana, é hoje dividida entra o Zimbábue, ao sul, e Zâmbia, ao norte.

Consulto aflito um amigo, e ele me informa que trata-se de uma região da África do Sul, cujo nome vem de uma homenagem a Sir Cecil Rhodes, seu desbravador, assim como Lyautey[199] o é da África do Norte...

Começo a sentir-me sábio.

*

Nota explicativa: a Rodésia, nada tem a ver com a ilha de Rhodes, onde se achava localizado o famoso colosso, nem com as galinhas do mesmo nome, cuja fama provém de sua tradicional cor de fogo e sua carne gosto de peru.

*

Lançados os fundamentos da Rodésia autêntica, recomeço a fabricar a minha paisagem, e o cinema me ajuda particularmente neste trabalho. Palmeiras — palmeiras e *lamourianas cubatas*. As pretas são feias, todo mundo sabe, mas reluzentes e decorativas. (Aviso a um possível portador: pode mandar algumas, para faltas existentes na coleção de Roberto Burle Marx, colecionador de coisas africanas.)

*

Na Rodésia existem estradas de automóvel, que a África é terra que se preza. Mas corre-se o risco de topar serpentes verdadeiras, maiores do que as possíveis jiboias dos campos fluminenses.

E outros animais: leões, hienas e rinocerontes. Concluindo: a Rodésia é região de grandes perigos.

*

Inaugurada por mim à noite, a Rodésia tem sua atmosfera particularmente azul-escuro. Com laivos de cinza e verde, que ficam muito bem numa paisagem selvagem. Mas garanto que bonecas dançarinas da França lá não ficam bem[,] são recordações que um engenheiro sênior deve deixar em Copacabana.

*

Mosquitos. São grandes, pretos e dourados. Cantam de modo muito especial e perfuram os ouvidos do paciente mesmo de longe. Fogem de qualquer classificação, apesar dos esforços do reverendo Jonathan Smith [Green],[200] que em 1873 pereceu atravessando de balsa um dos misteriosos rios da Rodésia.

*

Mas antes de morrer, o reverendo Smith teve tempo para fundar três escolas,

199. Hubert Lyautey (1854-1934), general do Exército francês.
200. Jonathan Smith Green (1796-1878), missionário norte-americano.

nos povoados de Tunkafene, Papalua e Maiormika. Essas três escolas hoje são cidades importantes e, naturalmente, com a ingratidão dos lugares para com seus desbravadores, usam nomes diferentes.

*

Muitas guerras sacudiram o território sulista da Rodésia, mas a guerra nacional de maior memória é a promovida pelo chefe cafuzo Baluta, em prol dos direitos de seus concidadãos. Foram mortos 470 brancos, e no local, hoje, se ergue a próspera cidade comercial de Kalua.

*

No mais, a história da Rodésia é uma história de brancos. Brancos chegando, batendo o pé e dizendo: daqui não saio.

E não saíram. E nós, que não somos nem pretos e nem brancos, vamos chegando: sempre há jeito de se acostumar depressa com o calor. Viva pois a Rodésia, Cecil Rhodes, e todos nós, que não vamos nem ficamos: sonhamos, que é melhor e mais barato.

[*A Noite*, 14 jan. 1957]
[*Diários*, 2012 e 2013]

64.

A tradução que Barreto Borges fez do ensaio de Henry James sobre o romance, e recentemente publicado no [S]uplemento [L]iterário do *Jornal do Brasil*, merece os mais amplos elogios, não só pela oportunidade da ideia, como pelo apuro com que foi feita.

*

Depois da leitura de uma poesia concretista, estou imaginando o que poderia ser o romance concreto — não haverá por aí algum autor iluminado que se candidate ao importante lugar?

*

Wilson de Figueiredo,[201] poeta autor da *Mecânica do azul*, é o último mineiro

---

201. Wilson Figueiredo (*n*. 1924), poeta e jornalista brasileiro, que utilizava o nome Wilson de Figueiredo, como mencionado por Lúcio.

aportado ao Rio. Mas veio quieto, sozinho e sem alarde. Diz, com muito bom senso, que pretende começar de baixo — e convenhamos, é o melhor meio de chegar mais depressa ao alto.

*

Amélia Bauerfeldt continua sua primeira exposição a ser realizada no Ministério da Educação. São trinta quadros, entre desenhos, guaches e pastéis. A data da mostra é que ainda não está marcada.

*

Luiza Barreto Leite, depois de sua violenta entrevista contra a crítica teatral num vespertino, anuncia que está definitivamente disposta a abandonar o teatro. Motivo: saudades muito sérias do jornalismo.

*

Já se acham com o editor José Olympio os originais do novo romance de Octavio de Faria — *O senhor do mundo*.

*

Processou-se qualquer coisa no íntimo daquela árvore: de súbito, em meio às outras, perdeu as folhas, secou, e lá está, triste, sozinha, como uma menina que não tivesse roupa para ir ao baile.

*

Grandes jardins parados — existe aqui um ar antigo que trafega por cima dos canteiros e dos lagos. Begônias, folhas de outros tempos — e até mesmo esse casal de namorados, tão unidos, como um acontecimento que ali tivesse cessado à existência.

*

João Condé anuncia a edição em livro dos seus Arquivos.[202] Haverá um volume especial para escritores que ao mesmo tempo sejam desenhistas.[203]

*

Surpresa: ali, no pequeno jardim que se ergueu da noite para o dia no largo da Carioca, uma retreta. Gente endomingada, de ar burguês e feliz, ouvindo os

---

202. Os livros são: *10 poemas em manuscritos*, com poemas de Carlos Drummond de Andrade, Vinicius de Moraes, Cecília Meireles, Mário de Andrade, Manuel Bandeira, Jorge de Lima e Murilo Mendes; *Assombrações do Recife velho*, de Gilberto Freyre; *10 histórias de bichos*, de Carlos Drummond de Andrade, Graciliano Ramos e Guimarães Rosa, entre outros; e *10 romancistas falam de seus personagens*, com textos de, entre outros, Lúcio Cardoso, Erico Verissimo, Rachel de Queiroz, Graciliano Ramos e Jorge Amado.
203. Este livro, aparentemente, não foi publicado.

acordes da *Cavalaria ligeira* de Suppé.[204] Também isto pareceu-me de outro tempo...

[*A Noite*, 15 jan. 1957]
[*Diários*, 2012 e 2013]

65.

Não acredito, como Moniz Viana,[205] que Humphrey Bogart[206] tenha sido um grande ator. Mas não há dúvida de que na sua filmografia, tão impressionantemente apresentada pelo dito Moniz Viana, arrolam-se alguns filmes de primeira qualidade. São esses, em geral, os que pertencem exatamente aos grandes diretores.

*

Parece que os Artistas Unidos não montarão mesmo a peça de Julien Green, o que é uma pena. Mas quanto à seleção nacional, teremos a peça de Léo Victor *Herança barroca*, de apreciáveis qualidades

Onde andam as tentativas de Martins de Almeida?[207]

*

Um sucesso francês: a adaptação de Faulkner feita por Camus. É curioso de se notar que os enredos de Faulkner, nem sempre bem-sucedidos no cinema, no teatro, ganham em intensidade.

*

Mais uma vez Agostinho Olavo deixará seus planos teatrais para viajar. E é uma pena, porque apesar do fracasso de *O anjo*, possui ele uma *Medeia* muito bem estruturada e, ao que me lembro, mereceu incondicionais elogios de Santa Rosa.

204. *Cavalaria ligeira* é uma opereta em três atos do compositor e maestro croata Franz von Suppé (1819-1895), com libreto de Karl Costa (1832-1907), que estreou no Carltheather, em Viena, no dia 21 mar. 1866.
205. Moniz Viana (1924-2009), jornalista e crítico de cinema brasileiro.
206. Humphrey Bogart (1899-1957), ator norte-americano. Quando Lúcio publicou esta coluna, fazia dois dias que ele havia morrido.
207. Martins de Almeida (1903-1983), jornalista e escritor brasileiro. Criou e editou, com Carlos Drummond de Andrade, *A Revista*, em 1925, que teve um único número.

*

O citado Agostinho Olavo, em rápida conversa comigo, trouxe à baila o nome de João Maria dos Santos. Creio que foi por encomenda minha que ele fez aqui no Brasil seu primeiro cenário. É verdade que já vinha aureolado pela amizade e pela admiração de Louis Jouvert — mas hoje, que seu nome sempre aparece em primeiro plano nos empreendimentos de São Paulo, é bom lembrar esses começos que argamassaram tantas boas intenções...

*

Por falar em boas intenções, Paulo Fleming[208] garante que não é propriamente de boas intenções que o inferno está cheio — presumo que a terra e até o céu também — mas que o inferno, ou melhor o chão do inferno, segundo santo Ambrósio, está inteiramente pavimentado de cabeças de seminaristas.

De maus seminaristas, está-se vendo.

*

Em últimas provas o romance de José Cândido de Carvalho *Olha para o céu, Frederico*, que na época tanto lembrava um José Lins do Rego nascido em Campos.

*

Um problema tipicamente de Cornélio Penna: alguém que sem o conseguir, procura inserir-se no cotidiano. Segundo ele é o tema de seu novo romance *Alma branca*, do qual já se acham escritas cem páginas.

*

O músico Antonio Carlos Jobim, o Tom da música de *Orfeu da Conceição*, comunica-me que tem várias músicas prontas para o Carnaval. E acrescenta:

— Na vida do artista, meu caro, o métier é tudo. A este respeito, muito tenho conversado com Vinicius de Moraes.

*

E esqueçamos hoje, que amanhã será um hoje muito melhor. A temperatura baixa, e segundo soube no Serviço de Meteorologia, há nuvens inesperadas e frias caminhando do Rio Grande do Sul para cá.

[*A Noite*, 16 jan. 1957]
[*Diários*, 2012 e 2013]

208. Paulo Fleming, engenheiro, contista e jornalista brasileiro.

66.

Não sei exatamente quais as consequências de um filme como *Ao balanço das horas*,[209] na realidade uma coisa mediocríssima. Mas há uma verdade a revelar: não é o filme que entusiasma, é a música. E convenhamos: esta é formidável.

*

Cornélio Penna, em recente entrevista, afirma que não possui as características de um escritor mineiro. Ao certo, que é um escritor mineiro? Se o autor de *A menina morta* não possui característica mineira, então não há linha, nem escola, nem corrente mineira — porque foi um pouco a propósito dele que se inventou tudo isto.

*

Cinquenta anos de Marques Rebelo. Evidentemente motivo para grandes festas, se bem que o criador de *Oscarina* já tenha se despedido da literatura várias vezes. E aproveitemos para anunciar que o lendário [*O e*]*spelho partido* está para sair, acrescido de mais um volume — o quinto.[210]

*

Joel Silveira, com o talento que Deus lhe deu, emerge sem pressa nas águas da literatura. Agora está escrevendo um romance, *A mão estendida*.[211]

*

Um ar de festa pelas ruas. Contentes, as árvores ainda sacodem gotas de chuva. E estas zínias, tão inesperadas, vermelhas sobre os canteiros que ainda suam o calor de um sol recente...

*

O homenzinho fala sobre sondagens atmosféricas, e descreve aparelhos com a minúcia de quem pinta uma flor. Escuto-o, e acima do calor do Nordeste que ele apregoa, ouço ventos que passam, e ciclones em formação, que não choverão nunca sobre as raízes mortas da região...

*

---

209. Título original: *Rock Around the Clock* (1956), filme de Fred F. Sears (1913-1957).

210. Trata-se da trilogia *O espelho partido*, da qual fazem parte os romances *O Trapicheiro* (1959), *A mudança* (1962) e *A guerra está em nós* (1968). Lúcio menciona um quinto volume, sugerindo que seria uma pentalogia, mas só saíram mesmo esses três.

211. Esse livro não foi publicado.

Não há dúvida de que Toscanini[212] era um grande regente. E relembre-se seu começo, agora que acaba de morrer. Foi no velho Teatro Lírico, num espetáculo do *Turandot*. O maestro adoeceu, não havia quem o substituísse. Recurso: um jovem modesto que tocava bem um dos instrumentos. Subiu, regeu bem — e desde então havia sido inaugurado Toscanini.

*

Recurso contra o *Rock 'n' roll*. Em alguns cinemas, assim que terminam o filme, tocam imediatamente o *Rêve d'amour* de Liszt.

*

A casa não tinha mais cancela — era apenas uma ruína em meio da estrada. Mas quando o vento soprava, e o velho sabugueiro se inclinava cheio de flores, tinha-se a impressão de que alguém acabava de passar.

*

Decadência dos romancistas franceses. A própria crítica parisiense considera detestáveis os detentores dos últimos prêmios. E lembrar que foi o Goncourt[213] que consagrou Proust...

[*A Noite*, 18 jan. 1957]
[*Diários*, 2012 e 2013]

67.

Era um balcão, comum, numa casa comum, numa volta de rua mais do que comum. Mas nele, um pouco inclinada para fora, uma mulher vestida de azul, provavelmente à espera de um táxi. Sua visão é que era extraordinária: num minuto conseguia transfigurar o balcão, a casa, e até mesmo um pouco da rua — como uma melodia, sua lembrança deslizava até longe, no asfalto.

*

212. Arturo Toscanini (1867-1957), maestro italiano, considerado um dos maiores virtuoses da primeira metade do século xx. É especialmente considerado pelas interpretações das obras de Giuseppe Verdi, Ludwig van Beethoven, Johannes Brahms e Richard Wagner.
213. O prêmio Goncourt de literatura é concedido pela Académie Goncourt, na França, desde 1903.

Velório comum, em sala alugada. O morto, anônimo, não tinha ninguém que o chorasse com verdadeiro sentimento. A madrugada ia nascendo. E ao vento frio, de uma das coroas, pendia um papel que voava — apenas o nome da casa em que fora comprada.

*

O garoto e as garrafas. Havia improvisado um instrumento com várias garrafas dependuradas, umas vazias, outras com diferentes quantidades de líquidos. A música ia indo, ia indo, e de repente vibrava com um som partido e dissonante: tinha-se então certeza de que eram apenas garrafas, garrafas dependuradas.

*

Flores de Barbacena, de Petrópolis, dos arredores, corolas conhecidas e iluminadas de uma chama quente que lembrava o verão. Mas no meio destas, isolada e fria, uma corola pouco familiar — uma flor rebuscada, em rosa pálido, entre as outras como se reclamasse o seu exílio. Um cartão por baixo: chegada de avião da Holanda.

*

A noiva discutia os buquês: todos tão bonitos. A mãe sugeria lírios minha filha que é o mais usado. Ela teimava aquele outro moderno de antúrios. A mãe paciente rebuscava a bolsa. Não podia ser dois mil cruzeiros. A menina suspirava também mamãe…

E a gente quase tinha certeza de que ela queria dizer — assim também não vale a pena casar.

*

O cachorro na praia de pelo aparado, esquisito, tosquiado em forma de leão. Devia imaginar a diferença de sorte. De vez em quando, a dona do animal, arrogante, puxava a correia. Ele latia, um latido manso de animal ferido. Depois, abaixando o focinho, estendia olhos longos para o passeio, onde outros cães, parecendo cães mesmo, vadiavam.

*

Meninos no cinema dizem coisas no escuro. A menina, na frente, voltou-se — psiu! — e um dos meninos, mais afoito, exclamou: só se você me der um beijo…

*

No bonde, a lavadeira ia contando a vida, um despropósito. O marido doente, e as contas aumentando sempre. Os filhos precisavam ir para o colégio, não havia dinheiro em casa. E dizia com um suspiro: nem gostava de entrar lá.

Adivinhava-se a casa, a balbúrdia — e para além da casa, descendo da encosta, o pequeno rio espumoso onde lavava a roupa.

*

E outras histórias sem tempo. Todas vão passando, e basta olhar: como dizia Katherine Mansfield, cada face é um romance. A gente é que esquece muitas vezes de que sabe ler...

[*A Noite*, 22 jan. 1957]
[*Diários*, 2012 e 2013]

68.

O célebre autor acha-se diante de mim, e eu vejo perfeitamente que ele exibe todos os atestados de um imenso, de um definitivo cansaço.

— Ser autor no princípio, disse-me ele, é difícil. No meio da vida é cruel. Mas no fim, posso garantir-lhe que é uma profissão absolutamente impossível: só um louco ou um santo obstinar-se-á a continuar a fazer aquilo que custa tanto esforço, e em que ele não acredita mais.

*

Lembrei-me de Bernanos que, apoiado à sua bengala de inválido dizia:

— Quando o diabo já esgotou contra nós todos os recursos de sua sedução, aproxima-se para nos dizer ao ouvido: tudo o que fez até agora não vale nada...

*

Um dos livros capitais de Bernanos chama-se *A impostura* e trata da história de um padre que, tendo perdido a fé, continua a dizer a missa. Pode ser que se trate de uma impostura no terreno religioso, mas na vida prática, quando perdemos a fé em vários dos valores que antes nos alimentavam, continuar é um ato de heroísmo. Mais até: uma demonstração de caráter, prosseguir atuando como se existissem as imagens que ao correr do tempo foram apeadas...

*

Diz Rachel de Queiroz: "O grande assunto da maioria dos romances nacionais — e eu entre eles, *mea culpa*, eu entre eles! — é a coisa nenhum[a]. Nós [nos] orgulhamos de dizer que no nosso livrinho não acontece nada; é só um retalho de vida...". Um retalho, por que não, para quem aprecia retalhos. Mas para quem

366

gosta de puxar o pano todo, que tapeçaria, que padronagem bizarra e complicada, à espera somente de que saibamos olhar…

*

Descubro num manifesto de poetas-concretistas:[214] *Ulysses* e mais ainda *Finnegans Wake*, o implacável romance-poema de Joyce…

Pronto: está descoberto o romancista-concreto que eu procurava. Pena que Joyce, apesar dos imitadores, seja cada dia tão mais difícil de imitar. Se não, era começar logo, antes que um aventureiro se aposse da coroa.

*

"Marques Rebelo, poeta morto", é o estranho título de um ensaio.[215] E que ótima oportunidade para uma piada do citado Marques Rebelo!

*

Nada existe de mais cansativo do que uma paisagem. Esgotado seu conteúdo de surpresa, quedam como coisas sorvidas e sem utilidade. Ah, a velocidade dos trens, o voo dos aviões… São eles, em última análise, que traçam o ideal das paisagens.

[*A Noite*, 23 jan. 1957]
[*Diários*, 2012 e 2013]

69.

A noite já vai bem adiantada, e não há no ar nenhum estremecimento: imóveis, as árvores aguardam que a escuridão amadureça. Já há uma ameaça para os lados do nascente, e de onde o mar se oculta, sobe um atropelo, como se uma força oculta desejasse acelerar os dínamos do tempo.

Sob uma amendoeira, conversam indiferentes dois policiais.

*

A mulher trouxe um embrulho debaixo do braço, e em silêncio depositou

---

214. Lúcio está se referindo ao "Plano-piloto para poesia concreta", escrito por Augusto e Haroldo de Campos e Décio Pignatari, e publicado na revista *Noigandres*, n. 4, de 1958.
215. Trata-se do livro *Marques Rebelo: Poeta morto*, de Hélio Alves de Araújo, publicado pela Ed. Caderno Sul, de Florianópolis, em 1957.

tudo na beira da calçada. De cócoras, começou o trabalho: uma cuia de barro, um frango morto, uma garrafa de cachaça, charutos.

Não sei para quem era a reza — mas depois que ela se afastou, ainda olhei durante muito tempo o despacho. Havia uma vela acesa, cuja chama se inclinava à passagem da brisa. De longe, era como uma mensagem cujas palavras não tivessem tido tempo de ser traduzidas.

*

Com o oscilar da água o barco desprendeu-se, e ficou boiando, ao léu, um pedaço de corda pendente da proa. Barco, lembrança de faina diurna. E o nome escrito sobre a tábua — Esperança — ora surgia, ora desapareceria, enquanto, diminuindo, ia ele se afastando da margem, e se afastando de nós.

*

Época das amêndoas caírem, e o som, duplicado pelo silêncio, é como se alguém caminhasse, e pisasse as folhas que juncam o passeio. Devagar, as folhas tombam, tombam sempre. E um casal de namorados, que ninguém sabe de onde veio, troca um último beijo, demorado, à sombra da amendoeira que já vai ficando nua…

*

Aquela luz que brilha na distância, perdida na encosta que circunda a lagoa, é a de uma casa onde se realiza uma festa. Ainda chegam sons de orquestra, e a luz, como cansada, dança sozinha no reflexo das águas.

*

Um apito, longe, relembra tempos esquecidos — a guarda noturna. Um barulho de automóvel cresce na rua silenciosa. Os faróis inquietantes perfuram a escuridão. Uma voz conhecida — a do vizinho — despede-se de alguém que não se vê. A chave no portão. O latido do cachorro. Depois o silêncio de novo. E em cima, no quarto de dormir, uma luz que se acende de repente e alguém, exausto, que abre a janela procurando sondar a chegada da manhã.

*

Apagou-se a vela do "Despacho". Um cão vadio vem cheirar os objetos dispostos no passeio. Longe, apagou-se também a luz da casa onde há festa. É a noite absoluta.

*

Grande Deusa escura de Poe e de Novalis, de Fernando Pessoa e de Keats — noite, "deusa antiga", que presença portentosa a tua[,] contínua e transcendente. Dos lados onde o mar respira, como uma bandeira que fosse desfraldada, a luz vem chegando — vem chegando — e desvenda aos poucos a cidade onde suamos e sofremos, e inaugura, para todos, o dia comum e sem relevo.

[*A Noite*, 24 jan. 1957]
[*Diários*, 2012 e 2013]

70.

Encontrei-o há algum tempo, era professor de ginástica e recomendava — nada como a vida frugal e um bom exercício para manter a alma e o corpo.

Tempos depois, surpresa: ainda é professor, mas de rock 'n' roll — e vejo seu retrato numa reportagem recomendando: afinal de contas, uma bebidinha não faz mal a ninguém...

*

A moça diz que sim, ele diz que não. E indaga furioso:

— Afinal, você é ou não é minha noiva?

Ela não diz nem sim e nem não. Mas aos sábados, dizendo que vai [visitar] uma tia que está muito mal no Encantado, ruma direto para o clube do rock — de blue jeans e tudo mais...

*

— Alô, Elvis...

O menino, zangado, exclama:

— Ué, meu nome é Elvio, não Elvis não...

E ela, aliciadora:

— Meu bem, Elvis fica muito melhor. Você nunca ouviu falar em Elvis Presley?

Ele diz que sim, mas com seus botões, promete: depois eu pergunto a mamãe.

*

A mocinha dança o rock 'n' roll como todo mundo, mas usa óculos e tem ares de doutora. Espia por cima do ombro do namorado.

— Que é que você está lendo?

— Este Ibrahim aqui está dizendo que somos geração "coca-cola".[216]

A "doutora" sentencia:

— É verdade, mas com cachaça ou rum...

*

Os dois conversam na varanda:

— Você já "leu" este filme? — e mostra um livro ao amigo.

— Que é?

— *A vida de John Barrymore.*[217]

— Ih... este tal de Barrymore é uma velharia de que papai gosta. Eu queria é saber se o Elvis Presley já tem namorada...

*

Ela chegou em casa com os olhos vermelhos, cabelos despenteados:

— Mamãe, vou dançar na televisão!

A mãe inclina-se um pouco:

— Pode dançar, minha filha, que é gosto seu. Mas não precisa de ir cheirando tanto a bebida...

*

Isto tudo no verão. Como dizia o poeta, o tempo é bom porque não para nunca. A gente sente que são outros nascendo hoje. Mas o que neles é novo, como parece velho, como se sabe que não existirá dentro de mais algum tempo...

Fênix, o tempo é uma rosa que sucede a si mesma.

*

— Estou pensando um nome para me lançar no rádio.

— Não precisa pensar muito, todo mundo que se lança no rádio chama-se Marlene. Marlene qualquer coisa, por exemplo.

---

216. Ibrahim Sued (1924-1995) foi um jornalista, apresentador de televisão, crítico e colunista social brasileiro. Geração "Coca-Cola" é uma expressão depreciativa, provavelmente usada no Brasil pela primeira vez pelo escritor Luis Martins (1907-1981), nos anos 1940, para caracterizar a turma da revista *Clima*: Antonio Candido, Paulo Emílio Sales Gomes, Lourival Gomes Machado e Décio de Almeida Prado. Turma que incomodou tanto que até Oswald de Andrade passou a se referir a eles como os "Chato-Boys". Posteriormente, em 1957 (ano em que Lúcio escreve esta coluna), o jornalista Melantônio Pascoal publica um livro de crônicas com o título: *Geração "Coca-Cola"*, um best-seller instantâneo. Ibrahim deve ter utilizado o termo, em sua coluna de jornal, após tomar conhecimento do livro e não por causa da turma paulista.

217. Suponho se tratar da biografia *Esplendor e decadência em John Barrymore: Vida e época de um grande ator* (1946), de Gene Fowler (1890-1960), publicada pela Ed. Livraria do Globo.

— Pois sim, já se foi este tempo. Acho que vou mesmo me batizar de Marilyn Presley. Que tal?

[*A Noite*, 25 jan. 1957]
[*Diários*, 2012 e 2013]

71.

Nicette Bruno[218] anda procurando peças para o seu repertório. Antes de percorrer o Brasil, fará uma curta temporada no Municipal. Não há dúvida de que Nicette, esplêndida atriz, merece todo o sucesso.

*

Todo mundo anda dizendo que os meninos do livro de Otto Lara Resende são estranhíssimos. E perguntam, por quê, se o Otto é tão bonzinho? Eu, que ainda não li o livro, vou adiantando é, bonzinho, mas eu sempre desconfiei — você já viu como ele olha de lado?

*

Dulcina de Moraes,[219] que atualmente não participa de nenhum elenco, será provavelmente a diretora da peça de estreia de Nicette Bruno.

*

Hugo Tavares, poeta também, anuncia para breve sua monumental história de Eça de Queirós em cinco volumes. Ao que consta, o livro virá enriquecido de vários documentos inéditos sobre a vida do autor de *Os Maias*.

*

Teremos duas reedições de Paulo Barreto: uma, criada por Maria Sampaio, e a outra, por Beatriz Veiga. O original escolhido para "recuperar" (segundo a expressão da moda) o velho João do Rio foi a comédia *A bela madame Vargas*.

*

---

218. Nicette Bruno (1933-2020), atriz e empresária teatral. Estreou na peça *A filha de Iório* (1947) da Companhia Dulcina-Odilon.
219. Dulcina de Moraes (1908-1996), atriz, diretora e empresária teatral, dona da Companhia Dulcina-Odilon e criadora da Fundação Brasileira de Teatro (FBT).

Opinião de Lêdo Ivo sobre a poesia concretista: "Veja a falta que faz um bom curso primário"...

*

Está causando sensação a enquete promovida por um vespertino, em torno das declarações prestadas por Afonso Arinos de Melo Franco sobre o *Grande sertão: veredas* de Guimarães Rosa.[220]

*

O poeta José Paulo Moreira da Fonseca, segundo informações de Celso Kelly,[221] está com uma peça anunciada para representações no TBC de São Paulo.

*

João Cabral de Melo Neto me mandou uma espanhola muito bonita, de Barcelona. O poeta João, de primeira linha desde *O cão sem plumas*, segundo informações diretas está produzindo belíssimas coisas.

*

Em franca carreira ascensional o belo romance de Fernando Sabino *O encontro marcado*. A única pessoa que faz restrições até agora, é o poeta Lêdo Ivo.

[*A Noite*, 28 jan. 1957]
[*Diários*, 2012 e 2013]

72.

Obscuros são os caminhos da tempestade: ela vem de longe, de frias zonas do Sul, filha do território, onde os frutos não amaduravam. El[e] canta, lúcido galo de inverno.

*

A pressa é o seu destino. Como corre, ondulando sua túnica de sombrias

220. Afonso Arinos de Melo Franco, "A travessia de João Guimarães Rosa", *Tribuna da Imprensa*, Rio de Janeiro, 26-27 fev. 1957. Tribuna dos Livros, p. 1.
221. Celso Kelly é o nome profissional do advogado, escritor e crítico teatral brasileiro de *A Noite* Celso Otávio do Prado Kelly (1906-1979). Foi colega de redação de Lúcio em *A Noite*.

ametistas e em seu encalço, acordados ao longo dos povoados, latem os grandes cães que vigiam as hortas e as quintas.

*

Não há muros em seu caminho. Ela passa, e as laranjas se despencam, acendem-se os olhos do girassol, a poeira dança. Como passa, em demanda do norte. Como passa. E como não há muros em seu caminho, ela se enovela e se desenlaça, e de cada vez que assim faz, estreita em seus braços, reses mortas e crianças sacrificadas pelo espanto.

*

Deram-lhe nomes: chamou-se Dulce, Amélia, Ofir. Mas seu nome é escuro e contagioso. É um ácido nome de mulher, que ainda não foi feito, porque é sua essência que ilumina a resina das flores e dá o ácido às uvas que estão sendo inventadas.

*

Disseram que sua pátria era o Egito. Mas foi em fundas caldeiras que se modelou seu ventre, cor de neblina, e suas tetas amarelas, de grande vaca pastando em campos sem fim. Em fundas caldeiras de pedra é que se formou seu primeiro vagido, e foi de lá que se elevou seu grito branco e cativo, em demanda do espaço.

*

Tempestade, filha da música! Como te deténs, ofegante, por cima das altas serranias, espiando a cidade que dorme. E depois, quando te lanças em correrias pelos desfiladeiros, empunhas teu esfarrapado estandarte, e cobres subitamente de noite, as casas esquecidas de teu nome.

*

Um dia, passarás pela última vez. É que a distância não tem meio nem fim — é o correndo para todo o sempre.

Caladas igrejas sobrarão em tua memória — e os quartéis desmoronados, e as ruas atravancadas, e os bancos virados onde os namorados não se sentam mais.

Acorda o cimo, e ninguém espia por entre as palmas que ondulam em sua crista. Não se sabe se é tarde ou se é manhã — inaugura-se tudo de novo, como se a vida apenas começasse.

*

Dos rios cheios vem uma incessante melodia. É o tempo que se faz de novo em horas, em parcelas, em legendas.

Soltos, os cães bebem vorazmente a água morna acumulada nos charcos.

[*A Noite*, 30 jan. 1957]
[*Diários*, 2012 e 2013]

73.

Os meninos que o sr. Otto Lara Resende exibe sob o título *Boca do inferno*[222] possuem na verdade características muito particulares: falam como autênticos meninos mineiros, passeiam numa paisagem que em muitos detalhes se parece mesmo com a de Minas, mas de repente, sem aviso nenhum, começam a agir como heróis de Kafka. Ou melhor, de Kafka não, mas parentes muito próximos desse homem absurdo de Camus, que encontra no "ato gratuito" uma das suas mais autênticas justificativas...

Depois de considerar que o romance de Guimarães Rosa realmente empalidece muito a obra dos romancistas do Norte, penso um pouco melhor e acho apressada a opinião que emiti: sem nada retirar da grandeza do livro do autor de *Sagarana* que me parece conter toda a importância que declarei desde o primeiro minuto, não vejo como misturar as coisas, nem retirar ao Norte o que pertence ao Norte. Com ou sem Guimarães Rosa, a verdade é que o romance do Norte subsiste, e não foi inventado agora, se bem que agora tenha ele recebido seu impulso mais forte, com a presença de um Amando Fontes, de um José Lins do Rego de um Graciliano Ramos, de uma Rachel de Queiroz. Temos um pouco esse gosto de ir anulando as coisas em favor de outras, como se para existir necessitassem elas de ir secando a paisagem em torno. Não, Guimarães Rosa não necessita estiolar ninguém para viver — e é bom que assim seja, pois é o modo mais forte de denunciar a vivacidade e a altura do extraordinário romance que nos ofertou. Mas deixemos a Lins do Rego sua também grande e inso-fismável importância — ele já pertence a um capítulo de nossa história literária, que é sem dúvida dos mais brilhantes e dos mais definitivos.

222. Trata-se do livro de contos *Boca do inferno*, publicado originalmente em 1957, pela José Olympio. Foi reeditado pela Companhia das Letras em 2014.

Depois de Guimarães Rosa, e na esteira desse livro estritamente regional que é *Vila dos Confins*, de Mário Palmério, começo a indagar um pouco o que é precisamente o romance mineiro. Creio que assistimos a um surto regional em Minas, tão violento e tão sério, que ameaça pôr em terra aquilo que tradicionalmente reconhecemos como as características do estilo mineiro. Aquela tristeza que Tristão de Athayde vislumbrou por exemplo num Cornélio Penna, e cuja extensão e interioridade alcança seu ponto mais alto na poesia de Carlos Drummond de Andrade, não tem mais onde se lhe pegue na produção de Minas desses últimos tempos. Nem o romance de Fernando Sabino, nem os contos de Otto Lara Resende resistem suficientemente a uma análise neste sentido. Não correspondem eles à introspecção clássica que orienta toda a trama de um livro como *A menina morta* — antes, excedendo-se para o lado de fora, menos num Fernando Sabino, mais num Otto Lara Resende, é no exterior que vamos reencontrar a paisagem mineira, e é pelo exterior que eles se unem ao livro de Mário Palmério.

E creio poder afirmar sem exagero: ou Minas produz em definitivo um livro altamente condensado em experiência psicológica, ou terá desaparecido, não o romance do Norte, que é inatacável, mas o livro mineiro, de tradição penumbrosa e intimista.

Terá desaparecido, e tenhamos a capacidade de reconhecer, atrelado precisamente àquilo que sempre combatemos no romance do Norte, às suas claridades exteriores.

[*A Noite*, 31 jan. 1957]
[*Diários*, 2012 e 2013]

74.

Quando o céu escureceu, e o vento começou a soprar, pequeno ainda, o homem sentou-se ao meu lado, depois de puxar sua mesa, cautelosamente, um pouco para o fundo. E disse:

— Está vendo? É um furacão que vem aí…

*

Não estranhei o que dizia, mas achei estranha sua maneira de sentar e de pedir ao garçom uma dose de uísque — o jeito era de quem fazia aquilo pela última vez. Reparei que se vestia convenientemente de escuro, que tinha as mãos bem tratadas e um sorriso cansado, meio de lado.

*

— O senhor não acredita, não é? Pois olha, o furacão é um fato. Nunca ouviu falar nele?

Confessei um tanto encabulado que nunca ouvira — andava afastado do noticiário dos jornais.

Ele fez um movimento com a mão:

— Não, este furacão não é d'agora não. Há muito tempo que é célebre.

*

Enquanto ele experimentava a bebida, com essa careta que sempre traz a primeira dose de uísque, fiquei imaginando alguém do qual se pudesse dizer: célebre como um furacão. E o homem, olhando o céu, continuou:

— Não tarda muito. Veja só como as nuvens já estão se acumulando baixas… O negócio vai ser sério, não tenha dúvida.

*

E contou:

— Este furacão veio dando a volta pelo Pacífico. Não ouviu falar numas massas frias que se acumularam sobre Buenos Aires, e que sucediam logo após um acúmulo de massas quentes? Pois é, este furacão é que anda empurrando tudo isto. Veio de lá, deu a volta e agora está chegando.

*

Informou-me ainda que não tinha nome. Nos Estados Unidos é que os grandes pés de vento se chamam Adelaide, Rosa ou Hilda. Cá por baixo, não. Isto era mesmo um ventinho bravo vindo dos Andes. Mas se fosse lá, teria nome. Nós não ligamos a essas coisas, mas podia eu estar certo de uma coisa: os furacões gostam de ser bem tratados.

*

A um determinado momento vi que olhava o horizonte como se tivesse frio. Consultou depois o relógio:

— Está atrasado, disse. Não estou ouvindo soprar direito. O senhor escuta alguma coisa?

Disse que não — nunca tive um ouvido muito apurado para essas coisas de furacão.

*

Daí em diante, olhou-me com certo desprezo. Mais do que isto: com visível desconfiança. Adquirira a certeza de que eu não acreditava em nenhum pé de vento. E para provar que eu me enganava, e dando-me margem talvez para que corrigisse meu erro, de minuto a minuto consultava o relógio, até que se ergueu e disse:

— Já vem...

Pagou apressadamente e saiu, mais encolhido ainda sob o capote do que quando entrara.

*

Não o vi mais, nem sei quem era. Mas no dia seguinte lendo que um furacão destroçara aviões, arrebentara árvores e fizera outras estrepolias com incalculável violência, não pude deixar de relembrar com certo espanto aquele homem — afinal um esquisitão de bar, como tantos esquisitões que frequentam todos os bares do mundo.

[*A Noite*, 6 fev. 1957]
[*Diários*, 2012 e 2013]

75.

Dos lados da igreja, muito antes que as primeiras sombras caíssem, percebia-se a noite chegando. Nos grandes vitrais laterais, a luz tomava um tom forte, afogueado, que fazia do vermelho quase um roxo, e do verde, do amarelo, do rosa, diferentes tonalidades de brasa que luziam com força antes de esmorecer.

*

Havia a rampa, com a grama verde que descia até a rua. Flores, poucas — mas quando soprava o vento, vinha do parque que lhe ficava próximo um cheiro adocicado e forte de jambo, de eucaliptos, de rosas em decomposição.

*

Dentro, a igreja era simples. Foi nela que tentaram me ensinar a ajudar a missa — nunca consegui aprender nada. Lembro-me do turíbulo indo e vindo no preparo da bênção, e uma ou outra andorinha estonteada que àquela hora solene, cortava o espaço sem encontrar lugar de saída.

*

Naturalmente, quando o fim do ano chegava, havia presépio. Mas enquanto ainda estava longe o período das festas, as imagens, de tamanho médio, descansavam no porão de uma casa vizinha àquela em que eu morava. Arrumadas nos cantos, dormiam cobertas cuidadosamente com um pano roxo. Muitas vezes esgueirei no porão escuro, a fim de levantar o pano e olhar as imagens: havia neste prazer uma ligeira ponta de perversidade.

*

Na abóbada, uma grande Nossa Senhora, ladeada de anjinhos. Olhando de baixo, como parecia descomunal, com o seu longo manto azul, as mãos postas, e uma legenda em latim desatada aos pés, cujo texto não me recordo mais...

*

Às vezes, quando nos reuníamos quatro ou cinco mais dispostos, subíamos a íngreme escada que conduzia ao coro, escada cheia de degraus que rangiam, alguns com madeira podre, e que nos dava, pequenos aventureiros, o gosto de uma autêntica aventura.

*

O velho harmônio, mal fechado, colocado bem no centro do coro. Levantávamos a tampa, corríamos as teclas, mas nenhum som brotava, porque não sabíamos usar os pedais. Mas nos domingos, durante a missa, que prazer ouvir o som grave e fundo ecoando lá de cima, e afugentando as andorinhas, numerosas, que desciam a pousar até mesmo no altar-mor.

*

Do coro, subíamos à torre, mais íngreme ainda, onde repousava, enorme, o velho sino de bronze. A corda pendia no vácuo, e víamos o esforço para atingi-la, e se o conseguíamos, com um risco que supúnhamos da própria vida, apenas um ligeiro sonido, um suspiro de adormecido, vinha daquele corpo suspenso, parado, e que no entanto possuía uma alma capaz de vibrar tão festivamente quanto o fazia em certos dias...

*

Voltei lá, muitos anos mais tarde. Tudo pareceu-me acanhado, diferente do tempo em que eu era menino: a Nossa Senhora, o sino, o perigo da torre. Do mato que enchia o jardim, sobressaía uma rosa meio selvagem — uma rosa que, sem dúvida, havia sobrado intata daqueles velhos tempos.

[*A Noite*, 7 fev. 1957]
[*Diários*, 2012 e 2013]

76.

Os concretistas estão realizando no Ministério da Educação sua primeira exposição, composta de duas seções: pintura e poesia.[223] Não é a primeira vez que poesia e pintura se reúnem numa exposição, mas as que se conhecem anteriormente pertencem ao período do surrealismo — e isto não é dizer pouco.

*

Porque sempre que uma arte se desagrega, ela tende a se juntar com outra, como se lhe faltasse forças. O surrealismo, assim que pressentiu sua debilidade, uniu-se imediatamente à música, à plástica, ao *ballet* e até mesmo ao simples fait divers extraído dos jornais.

O concretismo não chega a ter a mesma significação do surrealismo — longe disto — mas convenhamos que como todos os movimentos de quebra de padrão e de insubmissão tem o mesmo charme.

*

Não acho sensato[s] aqueles que pretendem nada ver no concretismo. Há muito e para um observador menos superficial, há mais do que muito — há todo um processo que aí vem eclodir, e que já se arrasta, penosamente, através de várias etapas mal ou bem-sucedidas.

*

É ele, se não me engano muito, o resultado final desse longo processo contra o espírito e o sentimento que a poesia vem ostentando desde alguns anos. A poesia e a pintura, a música e todas as artes acompanhando a evolução materialista do homem, procuram subjugar o que nelas existe de simples inspiração para converter-se em mecânica. Os endeusadores da palavra — a palavra poema, a palavra artesanato, e que tanto influíram nesses últimos anos com sua teoria da construção pura — esses verão com certo espanto que envelheceram, pois a revolta já não é mais contra o espírito. É contra a palavra.

*

Que pretendem pois esses concretistas, que como Ferreira Gullar, dotado

---

223. Trata-se da I Exposição Nacional de Arte Concreta, realizada em dez. 1956, no Museu de Arte Moderna de São Paulo, e entre jan. e fev. 1957, no Ministério da Educação e Saúde, no Rio de Janeiro, que reuniu artistas das duas cidades.

de tão vibrante e singular talento, exibe num livro de dois metros de altura, uma ou duas palavras destorcidas de todos os modos possíveis?

Apenas isso, que é a última expressão de um poema, e sua tentativa máxima: converter-se em visão, em pintura.

*

Não imaginem os ingênuos que o poema chamado "O formigueiro" é uma coisa gratuita. Não. Pretende ele, e é uma pretensão máxima, impor aos olhos e brutalmente, a solução de um poema em forma de um impacto: a palavra formigueiro, desmanchando-se até criar aos olhos do espectador, um tanto aturdido, a ideia central de formigas em movimento.

*

Formigas, bicho — e em torno desse tema simples, constrói-se a visão total do poema, pretendendo fazê-la surgir do caos, através de etapas, numa criação densamente plástica.

Errado? Não sei. Errada é a época em que vivemos. De qualquer modo, fico pensando que, rompida a estrutura que organiza a palavra, estaremos num beco sem saída. A poesia converter-se-á em simples cor, ou som, ou movimento. E então, como essas coisas em última instância pertencem a outras artes, será preciso agregar de novo a palavra: reinventá-la.

*

Em última análise, o concretismo é a tentativa de levar uma arte à sua expressão, não direi mais simples, mas pela mais totalmente pura ou brutal. Que me perdoe meu amigo [Evandro de] Oliveira Bastos, a simplicidade da exposição.

[*A Noite*, 8 fev. 1957]
[*Diários*, 2012 e 2013]

77.

Na grande rampa escura, a moça dizia adeus. Estava sozinha. Não trazia malas, nem coisa alguma, nem nada que denunciasse qualquer espécie de origem — era apenas uma viajante, dessas que se confundem aos outros no cais cheio de gente. Quando me viu, esboçou um gesto — que não chegou a ser um sinal de adeus. Mas senti que toda ela se despedia, e que me olhava, como se olha distante para as pessoas de um porto estrangeiro.

*

Ecos dos concretistas: um crítico, aliás bastante inteligente, comentou:
— Para que esta grita toda? Acabaram recebendo Manuel Bandeira...

*

Às vezes, as pessoas passando. E esse cheiro morno de máquinas cuja pressão está subindo: a paisagem, como tomada de susto, parecendo se aproximar — e as gaivotas sobem e baixam, e deixam escapar um grito rouco, e retornam ao oceano... e as pessoas sobem, felizes e desatentas.

*

O livro *Vila dos Confins* não é propriamente excessivamente elogiado, como o disse um crítico apressado, mas interpretado às pressas. Na realidade, a que outro conceder o lugar do livro de Mário Palmério?

*

As viagens, na sua pureza, são a felicidade absoluta. É um ir de encontro a uma noite que não existe ainda: há nisto, toda uma possibilidade de esquecer quem somos.

*

Fala-se em escândalo. Existem muitos, e por contar. No dia em que me resolver, nenhum cronista social me pega — vou longe. Começaria contando como certa moça bonita, que só eu conheço, inaugurou seu novo apartamento todo pintado a quatro cores.

*

Acho injusto que se escolha *Meus verdes anos*, de José Lins do Rego para representar o Brasil como o livro nacional típico. Do mesmo Lins do Rego, por que não *Banguê*, ou *Fogo morto*.

*

Vi o navio saindo. A esteira aberta no dorso das águas, o fumo escuro, dilacerado pelo vento. Ah, partir assim, sem problemas e sem vontade. Do cais, quantos navios viu Fernando Pessoa atingindo a máxima densidade do oceano? De quantos contou à quilha dura, lastreada de sal grosso?

Ir, ir de vez, como queria o poeta.

*

Nada existe de mais enfadonho do que a política, dizia-me um amigo político. Não se ganha nunca, perde-se às vezes. No mais, é sempre assim — fica-se no mesmo lugar.

*

Vamos ficando, e é o mar que se vai embora aos poucos...

[*A Noite*, 14 fev. 1957]
[*Diários*, 2012 e 2013]

Bibliografia

DIÁRIOS DE LÚCIO CARDOSO

"No meu tempo de estudante…" (depoimento). *Diretrizes*, Rio de Janeiro, ano IX, n. 63, p. 18, 4 set. 1941.

"Confissões de um homem fora do tempo" (depoimento). *Diario Carioca*, Rio de Janeiro, ano XVII, n. 4833, 19 mar. 1944. Caderno Domingo, pp. 3 e 7.

"Diário de terror" (fragmento anotado em caderneta). Rio de Janeiro: ALC, AMLB, FCRB. S.I., s/d., 27 fls. Pasta LC14pi.

"Livro de bordo". Rio de Janeiro: ALC, AMLB, FCRB. S.I., s/d, 4 fls. Pasta LC15pi.

"Minas Gerais". Rio de Janeiro: ALC, AMLB, FCRB. S.I., s/d, 1 fl. Pasta LC61pi.

"Ubá". Rio de Janeiro: ALC, AMLB, FCRB. S.I., s/d, 2 fls. + 2 fls.-cópia. Pasta LC12pi.

"[Há muitos anos]". Rio de Janeiro: ALC, AMLB, FCRB. S.I., s/d, 1 fl. Pasta LC13pi.

"Diário não íntimo". *A Noite*, Rio de Janeiro, ano XLV, n. 15.405, 30 ago. 1956. 2º Caderno, p. 1.

"Diário não íntimo". *A Noite*, Rio de Janeiro, ano XLV, n. 15.406, 31 ago. 1956. 2º Caderno, p. 1.

"Diário não íntimo". *A Noite*, Rio de Janeiro, ano XLV, n. 15.408, 3 set. 1956. 2º Caderno, p. 1.

"Diário não íntimo". *A Noite*, Rio de Janeiro, ano XLV, n. 15.409, 4 set. 1956. 2º Caderno, p. 1.

"Diário não íntimo". *A Noite*, Rio de Janeiro, ano XLV, n. 15.410, 5 set. 1956. 2º Caderno, p. 1.

"Diário não íntimo". *A Noite*, Rio de Janeiro, ano XLV, n. 15.411, 6 set. 1956. 2º Caderno, p. 1.

"Diário não íntimo". *A Noite*, Rio de Janeiro, ano XLV, n. 15.412, 7 set. 1956. 2º Caderno, p. 1.

"Diário não íntimo". *A Noite*, Rio de Janeiro, ano XLV, n. 15.414, 10 set. 1956. 2º Caderno, p. 1.

"Diário não íntimo". *A Noite*, Rio de Janeiro, ano XLV, n. 15.415, 11 set. 1956. 2º Caderno, p. 1.

"Diário não íntimo". *A Noite*, Rio de Janeiro, ano XLV, n. 15.416, 12 set. 1956. 2º Caderno, p. 1.

"Diário não íntimo". *A Noite*, Rio de Janeiro, ano XLV, n. 15.417, 13 set. 1956. 2º Caderno, p. 1.

"Diário não íntimo". *A Noite*, Rio de Janeiro, ano XLV, n. 15.418, 14 set. 1956. 2º Caderno, p. 1.

"Diário não íntimo". *A Noite*, Rio de Janeiro, ano XLV, n. 15.420, 17 set. 1956. 2º Caderno, p. 1.

"Diário não íntimo". *A Noite*, Rio de Janeiro, ano XLV, n. 15.421, 18 set. 1956. 2º Caderno, p. 1.

"Diário não íntimo". *A Noite*, Rio de Janeiro, ano XLV, n. 15.423, 20 set. 1956. 2º Caderno, p. 1.

"Diário não íntimo". *A Noite*, Rio de Janeiro, ano XLV, n. 15.424, 21 set. 1956. 2º Caderno, p. 1.

"Diário não íntimo". *A Noite*, Rio de Janeiro, ano XLV, n. 15.426, 24 set. 1956. 2º Caderno, p. 1.

"Diário não íntimo". *A Noite*, Rio de Janeiro, ano XLV, n. 15.427, 25 set. 1956. 2º Caderno, p. 3.

"Diário não íntimo". *A Noite*, Rio de Janeiro, ano XLV, n. 15.432, 1 out. 1956. 2º Caderno, p. 1.

"Diário não íntimo". *A Noite*, Rio de Janeiro, ano XLV, n. 15.433, 2 out. 1956. 2º Caderno, p. 1.

"Diário não íntimo". *A Noite*, Rio de Janeiro, ano XLV, n. 15.434, 3 out. 1956. 2º Caderno, p. 1.

"Diário não íntimo". *A Noite*, Rio de Janeiro, ano XLV, n. 15.435, 4 out. 1956. 2º Caderno, p. 1.

"Diário não íntimo". *A Noite*, Rio de Janeiro, ano XLV, n. 15.436, 5 out. 1956. 2º Caderno, p. 1.

"Diário não íntimo". *A Noite*, Rio de Janeiro, ano XLV, n. 15.438, 8 out. 1956. 2º Caderno, p. 1.

"Diário não íntimo". *A Noite*, Rio de Janeiro, ano XLV, n. 15.441, 11 out. 1956. 2º Caderno, p. 1.

"Diário não íntimo". *A Noite*, Rio de Janeiro, ano XLV, n. 15.442, 12 out. 1956. 2º Caderno, p. 1.

"Diário não íntimo". *A Noite*, Rio de Janeiro, ano XLV, n. 15.445, 16 out. 1956. 2º Caderno, p. 1.

"Diário não íntimo". *A Noite*, Rio de Janeiro, ano XLV, n. 15.446, 17 out. 1956. 2º Caderno, p. 1.

"Diário não íntimo". *A Noite*, Rio de Janeiro, ano XLV, n. 15.447, 18 out. 1956. 2º Caderno, p. 1.

"Diário não íntimo". *A Noite*, Rio de Janeiro, ano XLV, n. 15.448, 19 out. 1956. 2º Caderno, p. 1.

"Diário não íntimo". *A Noite*, Rio de Janeiro, ano XLV, n. 15.451, 23 out. 1956. 2º Caderno, p. 1.

"Diário não íntimo". *A Noite*, Rio de Janeiro, ano XLV, n. 15.452, 24 out. 1956. 2º Caderno, p. 1.

"Diário não íntimo". *A Noite*, Rio de Janeiro, ano XLV, n. 15.453, 25 out. 1956. 2º Caderno, p. 1.

"Diário não íntimo". *A Noite*, Rio de Janeiro, ano XLV, n. 15.454, 26 out. 1956. 2º Caderno, p. 1.

"Diário não íntimo". *A Noite*, Rio de Janeiro, ano XLV, n. 15.459, 1 nov. 1956. 2º Caderno, p. 1.

"Diário não íntimo". *A Noite*, Rio de Janeiro, ano XLV, n. 15.461, 5 nov. 1956. 2º Caderno, p. 2.

"Diário não íntimo". *A Noite*, Rio de Janeiro, ano XLV, n. 15.462, 6 nov. 1956. 2º Caderno, p. 1.

"Diário não íntimo". *A Noite*, Rio de Janeiro, ano XLV, n. 15.464, 8 nov. 1956. 2º Caderno, p. 1.

"Diário não íntimo". *A Noite*, Rio de Janeiro, ano XLV, n. 15.465, 9 nov. 1956. 2º Caderno, p. 1.

"Diário não íntimo". *A Noite*, Rio de Janeiro, ano XLV, n. 15.467, 12 nov. 1956. 2º Caderno, p. 1.

"Diário não íntimo". *A Noite*, Rio de Janeiro, ano XLV, n. 15.468, 13 nov. 1956. 2º Caderno, p. 1.

"Diário não íntimo". *A Noite*, Rio de Janeiro, ano XLV, n. 15.470, 16 nov. 1956. 2º Caderno, p. 1.

"Diário não íntimo". *A Noite*, Rio de Janeiro, ano XLV, n. 15.474, 21 nov. 1956. 2º Caderno, p. 1.

"Diário não íntimo". *A Noite*, Rio de Janeiro, ano XLV, n. 15.478, 26 nov. 1956. 2º Caderno, p. 1.

"Diário não íntimo". *A Noite*, Rio de Janeiro, ano XLV, n. 15.479, 27 nov. 1956. 2º Caderno, p. 1.

"Diário não íntimo". *A Noite*, Rio de Janeiro, ano XLV, n. 15.480, 28 nov. 1956. 2º Caderno, p. 1.

"Diário não íntimo". *A Noite*, Rio de Janeiro, ano XLV, n. 15.481, 29 nov. 1956. 2º Caderno, p. 1.

"Diário não íntimo". *A Noite*, Rio de Janeiro, ano XLV, n. 15.482, 30 nov. 1956. 2º Caderno, p. 1.

"Diário não íntimo". *A Noite*, Rio de Janeiro, ano XLV, n. 15.485, 4 dez. 1956. 2º Caderno, p. 1.

"Diário não íntimo". *A Noite*, Rio de Janeiro, ano XLV, n. 15.488, 7 dez. 1956. 2º Caderno, p. 1.

"Diário não íntimo". *A Noite*, Rio de Janeiro, ano XLV, n. 15.489, 8 dez. 1956. 2º Caderno, p. 1.

"Diário não íntimo". *A Noite*, Rio de Janeiro, ano XLV, n. 15.491, 11 dez. 1956. 2º Caderno, p. 1.

"Diário não íntimo". *A Noite*, Rio de Janeiro, ano XLV, n. 15.492, 12 dez. 1956. 2º Caderno, p. 1.

"Diário não íntimo". *A Noite*, Rio de Janeiro, ano XLV, n. 15.497, 18 dez. 1956. 2º Caderno, p. 1.

"Diário não íntimo". *A Noite*, Rio de Janeiro, ano XLV, n. 15.499, 20 dez. 1956. 2º Caderno, p. 1.

"Diário não íntimo". *A Noite*, Rio de Janeiro, ano XLV, n. 15.500, 21 dez. 1956. 2º Caderno, p. 1.

"Diário não íntimo". *A Noite*, Rio de Janeiro, ano XLV, n. 15.505, 28 dez. 1956. 2º Caderno, p. 1.

"Diário não íntimo". *A Noite*, Rio de Janeiro, ano XLV, n. 15.510, 4 jan. 1957. 2º Caderno, p. 1.

"Diário não íntimo". *A Noite*, Rio de Janeiro, ano XLV, n. 15.512, 7 jan. 1957. 2º Caderno, p. 1.

"Diário não íntimo". *A Noite*, Rio de Janeiro, ano XLV, n. 15.513, 8 jan. 1957. 2º Caderno, p. 1.

"Diário não íntimo". *A Noite*, Rio de Janeiro, ano XLV, n. 15.514, 9 jan. 1957. 2º Caderno, p. 1.

"Diário não íntimo". *A Noite*, Rio de Janeiro, ano XLV, n. 15.516, 11 jan. 1957. 2º Caderno, p. 1.

"Diário não íntimo". *A Noite*, Rio de Janeiro, ano XLV, n. 15.518, 14 jan. 1957. 2º Caderno, p. 1.

"Diário não íntimo". *A Noite*, Rio de Janeiro, ano XLV, n. 15.519, 15 jan. 1957. 2º Caderno, p. 1.

"Diário não íntimo". *A Noite*, Rio de Janeiro, ano XLV, n. 15.520, 16 jan. 1957. 2º Caderno, p. 1.

"Diário não íntimo". *A Noite*, Rio de Janeiro, ano XLV, n. 15.522, 18 jan. 1957. 2º Caderno, p. 1.

"Diário não íntimo". *A Noite*, Rio de Janeiro, ano XLV, n. 15.525, 22 jan. 1957. 2º Caderno, p. 1.

"Diário não íntimo". *A Noite*, Rio de Janeiro, ano XLV, n. 15.526, 23 jan. 1957. 2º Caderno, p. 1.

"Diário não íntimo". *A Noite*, Rio de Janeiro, ano XLV, n. 15.527, 24 jan. 1957. 2º Caderno, p. 1.

"Diário não íntimo". *A Noite*, Rio de Janeiro, ano XLV, n. 15.528, 25 jan. 1957. 2º Caderno, p. 1.

"Diário não íntimo". *A Noite*, Rio de Janeiro, ano XLV, n. 15.530, 28 jan. 1957. 2º Caderno, p. 1.

"Diário não íntimo". *A Noite*, Rio de Janeiro, ano XLV, n. 15.532, 30 jan. 1957. 2º Caderno, p. 1.

"Diário não íntimo". *A Noite*, Rio de Janeiro, ano XLV, n. 15.533, 31 jan. 1957. 2º Caderno, p. 1.

"Diário não íntimo". *A Noite*, Rio de Janeiro, ano XLV, n. 15.538, 6 fev. 1957. 2º Caderno, p. 1.

"Diário não íntimo". *A Noite*, Rio de Janeiro, ano XLV, n. 15.539, 7 fev. 1957. 2º Caderno, p. 1.

"Diário não íntimo". *A Noite*, Rio de Janeiro, ano XLV, n. 15.540, 8 fev. 1957. 2º Caderno, p. 1.

"Diário não íntimo". *A Noite*, Rio de Janeiro, ano XLV, n. 15.544, 14 fev. 1957. 2º Caderno, p. 1.

Diário. Rio de Janeiro, 1957, 660 fls. + 241 fls. ("Diário" parte não publicada (1942-1947) — cópia. Anexo: Cadernos-diários e notas esparsas. Rio de Janeiro: ALC, AMLB, FCRB.

Diário I. Apres. de Walmir Ayala. Rio de Janeiro: Elos, 1960.

"Diário proibido — páginas secretas de um livro e de uma vida". *Senhor*, Rio de Janeiro, ano 3, n. 11 [na lombada aparece: n. 33.], pp. 68-74, nov. 1961.

"[Trechos do Diário]". *O Cruzeiro*. Rio de Janeiro, ano XL, n. 40, p. 120, 5 out. 1968.

"Inédito do DIÁRIO de Lúcio Cardoso — Ubá". *Suplemento Literário Minas Gerais*, Belo Horizonte, ano III, n. 118, p. 9, 30 nov. 1968.

Diário completo. Rio de Janeiro: José Olympio; INL, 1970.

"Diário completo — (1949 a 1962) — trechos". *Tribuna da Imprensa*, Rio de Janeiro, 21 out. 1973. Tribuna Literária, ano I, p. 13.

"Diário do terror". In: CARELLI, Mario. "Écrits intimes de Lúcio Cardoso". *Caravelle: Cahiers du Monde Hispanique et Luso-Brésilien*, Toulouse, n. 45, pp. 63-78, 1985.

"Diário do terror (um texto inédito)". *Letras & Artes*, Rio de Janeiro, n. 13, jun. 1991, pp. 25-6.

"Diário completo", "Diário de terror", "Pontuação e prece", "Confissões de um homem fora do tempo" e "Depoimento de Lúcio Cardoso a Fausto Cunha". In: CARDOSO, Lúcio. *Crônica da casa assassinada*. Ed. crítica coord. por Mario Carelli. 2. ed. rev. Madri; Paris; México; Buenos Aires; São Paulo; Rio de Janeiro; Lima: ALLCA XX, 1996. pp. 739-41, 743-9, 751-3, 762-3 e 764, respectivamente. (Col. Archivos, 18).

"Diário completo" (trecho). *O Globo*, Rio de Janeiro, 22 jan. 2000. Prosa & Verso, p. 2.

Diários. Ed. de Ésio Macedo Ribeiro. Orelhas de Cássia dos Santos. Rio de Janeiro: Civilização Brasileira, 2012.

Diários. Ed. de Ésio Macedo Ribeiro. Orelhas de Cássia dos Santos. 2. ed. Rio de Janeiro: Civilização Brasileira, 2013.

OBRAS SOBRE OS DIÁRIOS DE LÚCIO CARDOSO

ALBERGARIA, [Maria] Consuelo [de Pádua]. "Diário de Lúcio: O itinerário de um escritor". In: II Congresso Abralic [Literatura e memória cultural], 1991, Belo Horizonte. *Anais...* Belo Horizonte: UFMG, v. III, pp. 207-12.

AMADO, Jorge. "Página de diário sobre um diário". *Leitura*, Rio de Janeiro, ano XIX, n. 42, p. 11, dez. 1960.

ATHAYDE, Tristão de. "O antidiletante". *Jornal do Brasil*, Rio de Janeiro, 6 jan. 1961. 1º Caderno, p. 3.

_____. "O antidiletante". *O Jornal*, Rio de Janeiro, 6 jan. 1961.

_____. "O jesucentrismo". *Jornal do Brasil*, Rio de Janeiro, ano LXX, n. 10, p. 3, 12 jan. 1961.

_____. "Como a planta que volta ao solo antigo". *Jornal do Brasil*, Rio de Janeiro, ano LXX, n. 11, p. 3, 19 jan. 1961.

_____. "O antidiletante". *Suplemento Literário Minas Gerais*, Belo Horizonte, ano III, n. 118, p. 4, 30 nov. 1968.

AYALA, Walmir. "Sobre Lúcio Cardoso: Notas de um diário". *Correio do Povo*, Porto Alegre, 31 ago. 1958.

_____. "Lúcio Cardoso considera-se um grande pecador, porém confia na indulgência divina" (entrevista). *BBB*, Rio de Janeiro, A Estante Publicações, v. VII, n. 4, pp. 172-3, maio 1959.

_____. "Diário: Lúcio Cardoso". *Jornal do Brasil*, Rio de Janeiro, 10-11 set. 1960. Suplemento Dominical, p. 1.

_____. "Servir a Deus e ao diabo". *Jornal do Brasil*, Rio de Janeiro, 24 dez. 1960. Suplemento Dominical.

BANDEIRA, Manuel. "Lúcio Cardoso". *Jornal do Brasil*, Rio de Janeiro, 30 nov. 1960. 1º Caderno, p. 3.

_____. "Lúcio Cardoso". *Folha de S.Paulo*, São Paulo, 3 dez. 1960. 2º Caderno, p. 2.

_____. "Diário de romancista". In: BANDEIRA, Manuel. *Andorinha, andorinha*. Sel. e coord. de textos de Carlos Drummond de Andrade. Rio de Janeiro: José Olympio, 1966. pp. 231-2.

BESANÇON, Guy. "Le Journal intime de Lúcio Cardoso". *Caravelle: Cahiers du Monde Ibérique et Luso-Brésilien*, Toulouse, n. 52, pp. 73-90, 1989.

BESSA, Marcelo Secron. "Os diários de Lúcio Cardoso". *Sui Generis*, Rio de Janeiro, ano IV, n. 40, pp. 21-2, 1998.

CARDOS, Lucios (Arnoldo Mondadori Editore). "Carta a Lúcio Cardoso". Datada: "Milano, 30 de abril de 1962", 1 fl. Rio de Janeiro: ALC, AMLB, FCRB, Pasta LC18cp.

_____. "Carta a Lúcio Cardoso". Datada: "Milano, 18 de junio 1962", 1 fl. Rio de Janeiro: ALC, AMLB, FCRB. Pasta LC18cp.

CARELLI, Mario. "Les Écrits intimes de Lúcio Cardoso". *Caravelle: Cahiers du Monde Hispanique et Luso-brésillien*, Toulouse, Université de Toulouse/Le Mirail, n. 45, pp. 63-78, 1985.

CHRAIM, Rosi Isabel Bergamaschi. *Escrita, morte-vida: Diários com Lúcio Cardoso*. Florianópolis: CCE-UFSC, 2017. 236 pp. Tese (Doutorado em Literatura).

COUTINHO, Luiz Edmundo Bouças. *O depoimento da errância: A experiência da palavra entre o provisório e o permanente*. Rio de Janeiro: FL-UFRJ, 1978. 96 pp. Dissertação (Mestrado em Poética).

_____. *O desastre da imortalidade e a crônica do sujeito na poética do Diário*. Rio de Janeiro: FL-UFRJ, 1985. 174 pp. Tese (Doutorado em Poética).

_____. "O *Diário completo* de Lúcio Cardoso: Um travesti da ficção?". *Revista Carmina*, Rio de Janeiro, n. 1, pp. 3-9, 1989.

_____. "Ideias e provocações no *Diário completo* de Lúcio Cardoso". *Revista Confraria, Arte e Literatura*, n. 6. Disponível em: <http://www.confrariadovento.com/revista/numero6/ensaio03.htm>. Acesso em: 31 ago. 2022.

DAMASCENO, Beatriz dos Santos. *Lúcio Cardoso e a experiência-limite com o corpo e a escrita*. Rio de Janeiro: DL-PUC-RIO, 2010, 135 pp. Tese (Doutorado em Letras).

DAVID-PEYRE, Yvonne. "Introduction à une étude psychocritique de Lúcio Cardoso (1912-1968): Poemes, journaux, intimes, dernier roman". *Arquivos do Centro Cultural Português*, Lisboa: Fundação Calouste Gulbenkian; Paris: ACCP, n. 23, pp. 1005-22, 1987.

DINIZ, Domingos. "Um diário de Lúcio Cardoso". *Tribuna Literária*, Pirapora, dez. 1970. S.I.

DUARTE, José Afrânio Moreira. "Breves notas sobre Lúcio Cardoso". *Estado de Minas*, Belo Horizonte, 1968. Caderno 3ª Seção, S.I.

_____. "Breves Notas sobre Lúcio Cardoso". *Suplemento Literário Minas Gerais*, Belo Horizonte, ano XIII, n. 624, p. 10, 16 set. 1978.

FARIA, Octavio de. "Lúcio Cardoso: Diário". *Jornal do Commercio*, Rio de Janeiro, 5 nov. 1960. S.I.

_____. "Lúcio Cardoso: Primeiras aproximações do diário". *Jornal do Commercio*, Rio de Janeiro, 9 dez. 1960. S.I.

_____. "Lúcio Cardoso: Novas aproximações do diário". *Jornal do Commercio*, Rio de Janeiro, 15 dez. 1960. S.I.

_____. "Lúcio Cardoso: Novas aproximações do diário". *Diário de S. Paulo*, São Paulo, 17 dez. 1960. S.I.

_____. "Lúcio Cardoso: Aproximações finais do diário". *Jornal do Commercio*, Rio de Janeiro, 22 dez. 1960. S.I.

_____. "Carta a Lúcio Cardoso". Datada: "Teresópolis, 13 de abril de 1967", 4 fls. Rio de Janeiro: ALC, AMLB, FCRB. Pasta LC90cp.

_____. "Memória de Lúcio Cardoso (I)". *Jornal do Commercio*, Rio de Janeiro, 27 out. 1968. S.I.

_____. "Memória de Lúcio Cardoso (II)". *Jornal do Commercio*, Rio de Janeiro, 2 nov. 1968. S.I.

FIGUEIREDO, Guilherme de. "Carta a Lúcio Cardoso". Datada: "Rio, 8 de março de 1961", 1 fl. Rio de Janeiro: ALC, AMLB, FCRB. Pasta LC95cp.

FORTUNA, Daniele Ribeiro. "Uma vida em 'branco': Os *Diários* de Lúcio Cardoso". *Revista Ecos*, Cáceres, MT, Unemat, ano 16, v. 26, n. 1, pp. 44-63, 2019.

GUIMARÃES, Adriana Saldanha. "Obra de Lúcio Cardoso precisa ser redescoberta". *Jornal do Brasil*, Rio de Janeiro, 10 out. 1998. Ideias/Livros, p. 2.

GUIMARÃES, Adriana Saldanha . "A caixa de joias: Os papéis de Lúcio Cardoso". *Revista do Centro de Estudos Portugueses* , Belo Horizonte, Faculdade de Letras da UFMG, Dossiê Lúcio Cardoso, v. 28, n. 39, pp. 11-23, jan./jun. 2008.

HOLLANDA, Haroldo de. "Lúcio Cardoso, diário das contradições". *Mundo Ilustrado*, n. 42. S.I.

INOJOSA, Joaquim. "Diário triste". *O Jornal*, Rio de Janeiro, 16 dez. 1970. S.I.

LEITE, Luiza Barreto. "Lúcio Cardoso". *Jornal do Commercio*, Rio de Janeiro, p. 5, 29 set. 1968.

_____. "Diário de Lúcio, em busca de sua alma". *Jornal do Commercio*, Rio de Janeiro, 31 out. 1970. Caderno Folhetim.

LIMA, Diogo Andrade de. *Niilismo, religião e política nos diários de Lúcio Cardoso*. Belo Horizonte: FL-UFMG, 2021. 214 pp. Dissertação (Mestrado em Letras: Estudos Literários).

LIVRARIA José Olympio Editora. "Contrato com Maria Helena Cardoso para a publicação do *Diário Completo* de Lúcio Cardoso". Rio de Janeiro, s/d, 3 fls. Rio de Janeiro: ALC, AMLB, FCRB. Pasta LC01dc.

MEIRA, Mauritônio. "'Diários íntimos' de Lúcio Cardoso serão publicados finalmente: pela Simões". *Jornal do Brasil*, Rio de Janeiro, 31 maio 1960. 1º Caderno, ano LXX, n. 126, p. 6.

_____. "Que é que se pode fazer com rodas?". *Jornal do Brasil*, Rio de Janeiro, ano LXX, n. 127, p. 6, 1 jun. 1960.

MELLO, Dante de. "Diário de Lúcio Cardoso". *Correio do Povo*, Porto Alegre, 25 fev. 1961. S.I.

MENDES, Murilo. "Carta a Lúcio Cardoso". Datada: "Roma, 18 abril 1961", 1 fl. Rio de Janeiro: ALC, AMLB, FCRB, Pasta LC146cp.

MONTENEGRO, Olívio. "Um romance imoral". *Diário de Pernambuco*, Recife, 26 abr. 1959. S.I.

_____. "Um romance imoral". *Diario Carioca*, Rio de Janeiro, 17 maio 1959. Letras e Artes, p. 3.

MOREIRA, Daniel da Silva. *Escritas de si e homossexualidade no Brasil: Os diários de Lúcio Cardoso, Walmir Ayala e Harry Laus*. Juiz de Fora: DL-UFJF, 2017. 319 pp. Tese (Doutorado em Letras: Estudos Literários).

_____. "A fundação de uma escrita autobiográfica dissidente: Os diários de Lúcio Cardoso, Walmir Ayala e Harry Laus e a tematização da homossexualidade". *Litterata: Revista do Centro de Estudos Portugueses Hélio Simões*, Ilhéus, v. 8, n. 1, pp. 42-62, jan./jun. 2018.

MOUTINHO, José Geraldo Nogueira. "Diário (1º) de Lúcio Cardoso". *Jornal da Tarde*, São Paulo, 5 nov. 1961 [ou 5 maio 1961].

"NOTA da Editora". In: CARDOSO, Lúcio. *Diário completo*. Rio de Janeiro: José Olympio, 1970. pp. vi-ix.

OLINTO, Antonio. "Perigos do ócio". *O Globo*, Rio de Janeiro, [1952]. Coluna Porta de Livraria. S.I.

OLIVEIRA, Cinthia Lopes; VOLPINI, Javer Wilson; LISBOA, Adriana Kelly Furtado. "*Diários*: a escrita confessional de Lúcio Cardoso à luz da teoria de Philippe Lejeune". *Revista Entrelaces*, Fortaleza, v. 2, n. 9, pp. 104-21, jan./jun. 2017.

PEIXOTO, Mariana. "Sem medo das profundezas". *Estado de Minas*, Belo Horizonte, 24 set. 1998. Espetáculo/Memória, p. 5.

_____. "Retratos da alma humana". *Estado de Minas*, Belo Horizonte, 24 set. 1998. Espetáculo, p. 1.

_____. "Todas as artes de Lúcio". *Estado de Minas*, Belo Horizonte, 24 set. 1998. Espetáculo, p. 5.

_____. "Literatura superlativa". *Estado de Minas*, Belo Horizonte, 3 fev. 2000. Espetáculos, p. 7.

PIRES, Antonia Cristina de Alencar. "A voragem da escrita: Considerações sobre o diário de Lúcio

Cardoso". In: BRANDÃO, Ruth Silviano (Org.). *Lúcio Cardoso: A travessia da escrita*. Belo Horizonte: Ed. UFMG, 1998. pp. 94-105.

QUINTANA, Suely da Fonseca. "Lúcio Cardoso: *Diário completo*, memórias incompletas". *Revista Brasileira de Literatura Comparada*, Porto Alegre, Abralic, v. 10, n. 12, pp. 297-311, 2008.

RANGEL, Egon de Oliveira. "Em torno do discurso e da perversão". *Cadernos de Estudos Linguísticos — O Discurso e Suas Análises*. Campinas, Unicamp, n. 19, pp. 159-72, jul./dez. 1990.

_____. *Sexualidade e discurso: O verbo feito carne*. Campinas: IEL-Unicamp, 1994. 281 pp. Dissertação (Mestrado em Linguística).

_____. "Em torno do discurso e da perversão". *Cadernos de Estudos Linguísticos — O Discurso e Suas Análises*, Campinas, Unicamp, n. 19, pp. 159-72, jul.-dez. 1990.

REIS, Marcos Konder. "Carta a Lúcio Cardoso". *Suplemento Literário Minas Gerais*, Belo Horizonte, ano III, n. 118, pp. 10-1. 30 nov. 1968.

_____. "Um diário de fogo". *Revista do Livro*, Rio de Janeiro, MEC/INL, ano 13, n. 41, pp. 76-84, abr./jun. 1970.

_____. "Lembrança de um caderno". *Tribuna Literária*, Rio de Janeiro, ano I, pp. 14-5, 20 out. 1973.

REVISTA *do Centro de Estudos Portugueses*, Belo Horizonte, Faculdade de Letras da UFMG, Dossiê Lúcio Cardoso, org. de Ésio Macedo Ribeiro, Silvana Maria Pessôa de Oliveira e Viviane Cunha, v. 28, n. 39, pp. 9-174, jan./jun. 2008.

RIBEIRO, Ésio Macedo. "Os Diários de Lúcio Cardoso". *Musa Rara e Adjacências*. Disponível em: <www.musarara.com.br%2Fos-diarios-de-lucio-cardoso>. Acesso em: 1 out. 2012.

_____. "*Poesia completa* e *Diários* de Lúcio Cardoso: As edições". *Revista Ariticum*, Montes Claros, Unimontes, v. 6, n. 2, pp. 29-41, dez. 2012.

ROCHA, Hildon. "Diário e solidão de um romancista". *Anuário da Literatura Brasileira*, Rio de Janeiro, ano 2, n. 2, pp. 71-3, 1961.

_____. "Diário e solidão de um romancista — Lúcio Cardoso — sua história e sua obra". In:_____. *Entre lógicos e místicos*. Rio de Janeiro: São José, 1969. pp. 109-22.

_____. "Lúcio Cardoso — confissões sem omissões…". In: _____. *Memória indiscreta: De Getúlio, Juscelino, Prestes etc. a Drummond, Vinicius, Bethânia etc.* Rio de Janeiro: Francisco Alves, 1981, pp. 216-28.

SABINO, Fernando. "Sobre livros". *Jornal do Brasil*, Rio de Janeiro, 2 dez. 1960. 1º Caderno, p. 7.

SANTOS, Cássia dos. *Uma paisagem apocalíptica e sem remissão: A criação de Vila Velha e da Crônica da Casa Assassinada*. Campinas: IEL-Unicamp, 2005. 282 pp. Tese (Doutorado em Teoria e História Literária).

_____. "Vicissitudes de uma obra: O caso do *Diário* de Lúcio Cardoso". *Revista do Centro de Estudos Portugueses*, Belo Horizonte, Faculdade de Letras da UFMG, Dossiê Lúcio Cardoso, v. 28, n. 39, pp. 51-78, jan./jun. 2008.

_____. *Um punhal contra Minas*. Campinas: Mercado de Letras, 2022.

_____. "Escatologia e mito cosmogônico na obra romanesca de Lúcio Cardoso", 2022, 25 pp. Inédito.

SANTOS, Odirlei Costa dos. *Retratos do mal(-)estar no Diário completo, de Lúcio Cardoso*. Juiz de Fora: FL-UFJF, 2005. 97 fls. Dissertação (Mestrado em Letras — Teoria da Literatura).

_____. "Imagens do amante/amador em *Diário completo*, de Lúcio Cardoso". *Ipotesi — Revista de*

Estudos Literários 15, Juiz de Fora, Universidade Federal de Juiz de Fora, v. 9, n. 1/2, pp. 113-22, jan./jun. e jul./dez. 2005.

SANTOS, Odirlei Costa dos. "Considerações sobre *Diário de terror*: A provocação na meta-escrita de Lúcio Cardoso". *Espéculo — Revista de Estudos Literários*, Madri, Universidad Complutense de Madri, n. 40, 2008. Disponível em: <https://webs.ucm.es/info/especulo/numero40/cardoso.html>. Acesso em: 11 maio 2022.

SILVA, Alvaro Costa; WERNECK, Paulo. "Cardos de luz — Lúcio Cardoso e a tradição literária do diário íntimo". *Folha de S.Paulo*, São Paulo, 20 mar. 2011. Ilustríssima, pp. 4-5 e 10 ("Estranho dom").

SIMÕES, Maria de Lourdes Utsch Moreira. "O diário de Lúcio Cardoso". *Suplemento Literário Minas Gerais*, Belo Horizonte, ano VI, n. 234, p. 7, 20 fev. 1971.

SOUSA, Rafael Batista de. *Itinerário de um escritor: Projeto estético e interpretação da nação no Diário completo de Lúcio Cardoso*. Brasília, DF, Universidade de Brasília, Instituto de Letras, 2019. 246 pp. Tese (Doutorado em Literatura).

SILVEIRA, Alcântara. "O diário de Lúcio Cardoso". *O Estado de S. Paulo*, São Paulo, 2 set. 1961. Suplemento Literário, p. 1.

_____. "O diário de Lúcio Cardoso". *Suplemento Literário Minas Gerais*, Belo Horizonte, ano III, n. 118, p. 12, 30 nov. 1968.

_____. "Diário íntimo, uma forma de autoconhecimento". *O Estado de S. Paulo*, São Paulo, 18 ago. 1974. Suplemento Literário, p. 6.

SOLEDADE, Juliana. "Lúcio Cardoso: Um ser para a morte ou a leitura de um diário filosófico". Disponível em: <http://www.verbo21.com.br>. Acesso em: set. 1999.

STAROSTA, Isaac. "A morte que nos acompanha". *Correio do Povo*, Porto Alegre, ano IV, v. VII, n. 168, 6 mar. 1971. Caderno de Sábado, p. 5.

VIANNA, Lúcia Helena. "Lúcio Cardoso, o sujeito ex-cêntrico". *Gragoatá: Revista do Programa de Pós-Graduação em Letras*, Niterói, Universidade Federal Fluminense, n. 17, pp. 151-69, 2. sem. 2004.

OUTRAS OBRAS DE LÚCIO CARDOSO

Maleita. Capa de Santa Rosa. Rio de Janeiro: Schmidt, 1934.

Salgueiro. Capa de Santa Rosa. Rio de Janeiro: José Olympio, 1935.

A luz no subsolo. Capa de Santa Rosa. Rio de Janeiro: José Olympio, 1936.

Mãos vazias. Capa de Santa Rosa. Rio de Janeiro: José Olympio, 1938.

Histórias da lagoa grande. Il. de Edgar Koetz. Porto Alegre: Globo, 1939. (Col. Burrinho Azul).

Morro de salgueiro (*Salgueiro*). Trad. do português e pref. de Benjamín de Garay. Buenos Aires: Claridad, 1939.

"10 poemas de Lúcio Cardoso". *Cadernos da Hora Presente*, Rio de Janeiro; São Paulo; Belo Horizonte, ano I, n. 3, pp. 122-9, jul./ago. 1939.

O desconhecido. Capa de Santa Rosa. Rio de Janeiro: José Olympio, 1940.

Céu escuro. Il. de Jeronymo Ribeiro. Rio de Janeiro: Vamos Lêr!; A Noite, 1940.

Poesias. Rio de Janeiro: José Olympio, 1941.

Dias perdidos. Capa de Santa Rosa. Rio de Janeiro: José Olympio, 1943.

Novas poesias. Capa de Santa Rosa. Rio de Janeiro: José Olympio, 1944.

Inácio. Rio de Janeiro: Ocidente, 1944.

O escravo. Rio de Janeiro: Zélio Valverde, 1945.

A professora Hilda. Rio de Janeiro: José Olympio, 1946.

O anfiteatro. Rio de Janeiro: Agir, 1946.

"Inácio". In: CONDÉ, João (Org.). *Dez romancistas falam de seus personagens*. Pref. de Tristão de Athayde. Rio de Janeiro: Edições Condé, 1946. pp. 55-7.

"O filho pródigo". *Colégio — Revista de Cultura e Arte*, São Paulo, ano II, n. 5, pp. 41-87, 1949.

O enfeitiçado. Capa de Luís Jardim. Apres. de M. S. [Carlos Moreira Souto]. Rio de Janeiro: José Olympio, 1954.

"Arquivos Implacáveis: o romancista responde a 10 perguntas indiscretas". *O Cruzeiro*, Rio de Janeiro, 8 fev. 1958. S.I. [Entrevista a João Condé].

"Arquivos Implacáveis: flash". *O Cruzeiro*, Rio de Janeiro, 19 abr. 1958. S.I. [Entrevista a João Condé].

"Colchão velho" (conto). *O Estado de S. Paulo*, São Paulo, 23 ago. 1958. Suplemento Literário, ano II, n. 95, p. 3. (Il. de Darcy Penteado).

Crônica da casa assassinada. Desenho da capa de Darel. Rio de Janeiro: José Olympio, 1959.

"Como nasceu a sua vocação? — Depoimento do romancista Lúcio Cardoso". *Correio da Manhã*, Rio de Janeiro, 9 maio 1959. Literatura, S.I. [Depoimento a Renard Perez].

"[Apresentação]". In: SALDANHA, Ione. Rio de Janeiro, Museu de Arte Moderna, 1959. S.I. Catálogo de exposição, MAM.

"[Apresentação]". In: SALGADO, Zélia. Rio de Janeiro, Museu de Arte Moderna, 1960. S.I. Catálogo de exposição, dez. 1960, MAM.

"[Apresentação]". In: NOLASCO. Rio de Janeiro, Galeria Módulo Arquitetura e Decoração, 1960. S.I. Catálogo de exposição, 10 maio 1960, GMAD.

"Lúcio Cardoso (patético): 'Ergo meu livro como um punhal contra Minas'". *Jornal do Brasil*, Rio de Janeiro, 25 nov. 1960. Caderno B, "Vida Literária", p. 2. [Depoimento ao INTERINO: Fausto Cunha].

"Lúcio Cardoso rejeita prêmio de romance do INL e dá suas razões!". *Jornal do Brasil*, Rio de Janeiro, 6 dez. 1960. Caderno B, "Vida Literária", p. 2. [Entrevista a Mauritônio Meira].

"Apresentação do pintor Toni Fertonani". In: FERTONANI, Toni. Rio de Janeiro, [?], 1961. Catálogo de exposição, 1961, Galeria Penguin.

"O filho pródigo". In: NASCIMENTO, Abdias do. *Dramas para negros e prólogo para brancos: Antologia do teatro negro brasileiro*. Il. da capa de Mário Cravo. Rio de Janeiro: Teatro Experimental do Negro, 1961. pp. 29-72.

"Morador Lúcio Cardoso, de Ipanema". *Chuvisco*, Rio de Janeiro, n. 36, fev. 1961. [Entrevista concedida a Tatí Bueno].

O Aleijadinho. Tiradentes. Il. de Fernando Pieruccetti. Rio de Janeiro: MEC, s/d. (Col. Brasil, n. 1, Série As Figuras, v. I).

Fernão Dias Pais. Heroínas brasileiras. Il. de Barboza Leite & Fernando Pieruccetti. Rio de Janeiro: MEC, s/d. (Col. Brasil, n. 2, Série As Figuras, v. II).

Dois sábios (Padre Bartolomeu de Gusmão e Osvaldo Cruz). Ana Neri. Il. de Ênio Damázio. Rio de Janeiro: MEC, s/d. (Col. Brasil, n. 3, Série As Figuras, v. III).

Vieira. Anchieta. Il. de Ênio Damázio; Fernando Pieruccetti. Rio de Janeiro: MEC, s/d. (Col. Brasil, n. 4, Série As Figuras, v. IV).

Rosa da Fonseca. A Preta Ana e Jovita. Il. de Ênio Damázio. Rio de Janeiro: MEC, s/d. (Col. Brasil, n. 8, Série As Figuras, v. VIII).

Joaquim Nabuco. José do Patrocínio. Il. de Fernando Pieruccetti. Rio de Janeiro: MEC, s/d. (Col. Brasil, n. 27, Série As Figuras, v. XII)

Álvares de Azevedo. Gonçalves Dias. Il. de Fernando Pieruccetti. Rio de Janeiro: MEC, s/d. (Col. Brasil, n. 28, Série As Figuras, v. XIII).

Machado de Assis. Castro Alves. Il. de Fernando Pieruccetti. Rio de Janeiro: MEC, s/d. (Col. Brasil, n. 29, Série As Figuras, v. XIV).

Mauá. Il. de Fernando Pieruccetti. Rio de Janeiro, MEC, s/d. (Col. Brasil, n. 30, Série As Figuras, v. XV).

I-Juca-Pirama. Adaptação do poema de Gonçalves Dias. Il. de Fernando Pieruccetti. Rio de Janeiro: MEC, [1961]. (Col. Educar, n. 5, Série Ficção, v. II).

Iracema. Adaptação do romance de José de Alencar. Il. de Fernando Pieruccetti. Rio de Janeiro: MEC, s/d. (Col. Educar, n. 13, Série Ficção, v. IV).

Índios e negros do Brasil. Il. de Fernando Pieruccetti. Rio de Janeiro: MEC, s/d. (Col. Brasil, n. 21, Série Os Hábitos, v. I).

O ouro. Il. de Fernando Pieruccetti. Rio de Janeiro: MEC, s/d. (Col. Brasil, n. 23, Série Os Hábitos, v. III).

O vaqueiro nordestino. Jangadeiros do Nordeste. Il. de Fernando Pieruccetti. Rio de Janeiro: MEC, s/d. (Col. Brasil, n. 24, Série Os Hábitos, v. IV).

O Descobrimento. Os jesuítas. Il. de Fernando Pieruccetti. Rio de Janeiro: MEC, s/d. (Col. Brasil, n. 11, Série Os Acontecimentos, v. I).

O Quilombo dos Palmares. Guerra dos Mascates. Il. de Fernando Pieruccetti. Rio de Janeiro: MEC, s/d. (Col. Brasil, n. 15, Série Os Acontecimentos, v. V).

A descoberta de Minas. Borba Gato. Il. de Fernando Pieruccetti. Rio de Janeiro: MEC, s/d. (Col. Brasil, n. 16, Série Os Acontecimentos, v. VI).

O Grito do Ipiranga. Il. de Ênio Damázio. Rio de Janeiro: MEC, s/d. (Col. Brasil, n. 17, Série Os Acontecimentos, v. VII).

"[Apresentação]". In: SALDANHA, Ione. Rio de Janeiro: Galeria Relevo, 1962. Catálogo de exposição, Galeria Relevo, S.I.

O mistério dos MMM. Coord. e apres. de João Condé. Rio de Janeiro: O Cruzeiro, 1962.

"[Prefácio]". In: AYALA, Walmir. *Cantata* (poemas). Pref. de Lúcio Cardoso. Rio de Janeiro: Edições GRD, 1966. p. 5.

Três histórias da província (Mãos vazias, O desconhecido e A professora Hilda). 2. ed. Pref. de Maria Alice Barroso. Rio de Janeiro: Bloch, 1969.

Três histórias da cidade (Inácio, O anfiteatro e O enfeitiçado). 2. ed. Pref. de Marcos Konder Reis. Rio de Janeiro: Bloch, 1969.

O viajante (inacabado). Ed. e intr. de Octavio de Faria, nota de Adaucto Lúcio Cardoso. Rio de Janeiro: José Olympio, 1973.

"Depoimento". *Ficção*, Rio de Janeiro, Ed. Ficção, v. II, n. 2, pp. 71-2, fev. 1976. [Depoimento a Fausto Cunha].

Poemas inéditos. Apres. e ed. de Octavio de Faria. Pref. de João Etienne Filho. Rio de Janeiro: Nova Fronteira, 1982.

"Marcos Konder Reis: A poesia". In: REIS, Marcos Konder. *Praia brava*. 2. ed. Rio de Janeiro: Cátedra/Pró-Memória; Brasília: INL, 1983. pp. 9-13.

Chronique de la maison assassinée (*Crônica da casa assassinada*). Trad. do português (Brasil) e posf. de Mario Carelli. Paris: A. M. Métailié; Mazarine, 1985. (Bibliothèque Brésilienne).

"A voz do um profeta". In: FONSECA, Edson Nery da (Org.). *Três poetas brasileiros apaixonados por Fernando Pessoa: Cecília Meireles, Murilo Mendes e Lúcio Cardoso*. Recife: Fundação Joaquim Nabuco/Massangana, 1985. pp. 31-44. (Documentos, 24).

"Apresentação". In: SALDANHA, Ione. *Resumo de 45 anos de pintura*. Rio de Janeiro: Individual Bank Chase, 1988. 24 pp. Catálogo de exposição, 12 set. a 1 out. 1988, Anna Maria Niemeyer Galeria de Arte, Galeria Paulo Klabin e Galeria Saramenha, p. 16.

Crônica da casa assassinada. Ed. crítica coord. por Mario Carelli. Espanha, Archivos/CSIC, 1991. (Col. Archivos, 18).

Inacio (*Inácio*). Trad. do português (Brasil) e apres. ["INACIO, l'ensorceleur"] de Mario Carelli. Paris: A. M. Métailié, 1991. (Bibliothèque Brésilienne).

O desconhecido e Mãos vazias. 3. ed. Pref. e sel. de André Seffrin. Apres. de Leo Gilson Ribeiro. Rio de Janeiro: Civilização Brasileira, 2000.

Inácio, O enfeitiçado e Baltazar. Pref. e org. de André Seffrin. Apres. de Nelson de Oliveira. Rio de Janeiro: Civilização Brasileira, 2002.

Chronique de la maison assassinée (*Crônica da Casa Assassinada*). 2. ed. Trad. do português (Brasil) e posf. de Mario Carelli. Paris: Éditions Métailié, 2005. (Collection Suites).

Teatro reunido. Org. e posf. de Antonio Arnoni Prado. Curitiba: Ed. UFPR, 2006.

Poesia completa. Ed. crítica de Ésio Macedo Ribeiro. São Paulo: Edusp, 2011.

Contos da ilha e do continente. Org. de Valéria Lamego. Rio de Janeiro: Civilização Brasileira, 2012.

Diários. Ed. de Ésio Macedo Ribeiro. Rio de Janeiro: Civilização Brasileira, 2012.

Chronicle of the Murdered House. Trad. de Margaret Jull Costa e Robin Patterson. Intr. de Benjamin Moser. Rochester, NY: Open Letter, 2016.

Crónica da casa assassinada. Lisboa: Compasso dos Ventos, 2018.

Crônica da casa assassinada. Pref. de Chico Felitti. Textos de Clarice Lispector e Ésio Macedo Ribeiro. São Paulo: Companhia das Letras, 2021.

Kroniek van het vermoorde huis. Trad. de Harrie Lemmens. Amsterdam: De Arbeiderspers, 2022.

OBRAS SOBRE A VIDA E A OBRA DE LÚCIO CARDOSO

ALMEIDA, Teresa de. *Lúcio Cardoso e Julien Green: Transgressão e culpa*. São Paulo: Edusp, 2010.

ARATICUM — Revista do Programa de Pós-Graduação em Letras/Estudos Literários da Unimontes. Org. de Ivana Ferrante Rebello e Almeida e Fábio Figueiredo Camargo. Montes Claros, Unimontes, v. 6, n. 2, 2012. [Número dedicado ao centenário de Lúcio]. Disponível em:

<https://www.periodicos.unimontes.br/index.php/araticum/issue/view/118>. Acesso em: 1 jan. 2013.

BARROS, Marta Cavalcante de. *Espaços de memória: Uma leitura de Crônica da casa assassinada, de Lúcio Cardoso*. São Paulo: Nova Alexandria, 2002.

BARROS, Maria de Lourdes Cardoso de. "Meu irmão, Lúcio Cardoso". *Suplemento Literário Minas Gerais*, Belo Horizonte, ano XIII, n. 628, pp. 8-9, 14 out. 1978.

_____. "Depoimento — Paulo César Saraceni — Lúcio Cardoso". *Poesia etc.*, Rio de Janeiro, ano 1, n. 3, p. 3, fev. 1998.

BRANDÃO, Jacyntho Lins (Org.). *Literatura mineira: trezentos anos*. Apres. de Antonio Carlos Secchin. Belo Horizonte: BDMG Cultural, 2020.

BRANDÃO, Ruth Silviano. *Mulher ao pé da letra: A personagem feminina na literatura*. Belo Horizonte: Ed. UFMG/SMC, 1993.

_____. "Lúcio Cardoso: A travessia da escrita". In: _____. (Org.). *Lúcio Cardoso: A travessia da escrita*. Belo Horizonte: Ed. UFMG, 1998. pp. 25-45.

CADERNOS Brasileiros (revista), Rio de Janeiro, ano VII, n. 3, maio/jun. 1965.

CAMARGO, Fábio Figueiredo. *Escrever o pai é escrever-se*. Uberlândia: Vórtex, 2021.

CARDOSO, Elizabeth. *Feminilidade e transgressão: Uma leitura da prosa de Lúcio Cardoso*. São Paulo: Humanitas, 2014.

CARDOSO, Maria Helena. *Por onde andou meu coração*. Pref. de Octavio de Faria. Notas da editora e de Walmir Ayala. Rio de Janeiro: José Olympio, 1966.

_____. *Por onde andou meu coração*. 2. ed. rev. Pref. de Octavio de Faria. Notas da editora e de Walmir Ayala. Capa de Lúcio Cardoso. Rio de Janeiro: José Olympio, 1968.

_____. *Vida-vida* (memória). Nota de Clarice Lispector. Rio de Janeiro: José Olympio; MEC, 1973.

_____. *Por onde andou meu coração*. 5. ed. Pref. de Andréa Vilela e Octavio de Faria. Nota de Walmir Ayala. Rio de Janeiro: Civilização Brasileira, 2007.

CARELLI, Mario. "Octavio de Faria, témoin de la vie et de l'oeuvre de Lúcio Cardoso". *Bulletin des Études Portugaises et Brésiliennes*, Paris, n. 44/45, pp. 341-87, 1985.

_____. *Corcel de fogo: Vida e obra de Lúcio Cardoso (1912-1968)*. Trad. de Júlio Castañon Guimarães. Rio de Janeiro: Guanabara, 1988.

COSTA, Carla. *O espaço da casa e as configurações do feminino: Uma leitura de Lúcio Cardoso*. Monee, Illinois: Ed. da Autora, 2022.

DAMASCENO, Beatriz. *Lúcio Cardoso em corpo e escrita*. Rio de Janeiro: Eduerj, 2012.

DOERING, Daniela. "Internationales im Rathaus". *Berliner ZTs.*, Berlim, 22 jun. 1991. S.I.

"ESCRITOR sofre novo derrame". *O Estado de S. Paulo*, São Paulo, 14 set. 1968. S.I.

"EVOCAÇÃO de Lúcio Cardoso". *Cultura*, Rio de Janeiro, Conselho Federal de Cultura, ano 2, n. 15, pp. 65-9, set. 1968.

"EXPOSIÇÃO de Lúcio Cardoso". São Paulo: Galeria Atrium, 1966. S.I. Catálogo de exposição.

"FILME preserva o passado de BH". *Estado de Minas*, Belo Horizonte, 11 ago. 1992. S.I.

HERZ, Carsten. "Kosmos hinter treppenstufen". *Tagesspiegel*, Berlim, 22 jun. 1991. S.I.

"KINDERFEINDLICHE krankenhausplanung". *Tagesspiegel*, Berlim, 23 jun. 1991. S.I.

"LIVROS novos — O livro de Job — Tradução de Lúcio Cardoso". *O Cruzeiro*, Rio de Janeiro, ano XVI, n. 18, p. 18, 26 fev. 1944.

"LÚCIO/ a fé no desespero". *Jornal do Brasil*, Rio de Janeiro, 25 set. 1968. Caderno B, p. 1.

"LÚCIO Cardoso". *Suplemento Literário Minas Gerais*, Belo Horizonte, ano III, n. 109, p. 1, 28 set. 1968.

"LÚCIO Cardoso" (número especial dedicado a LC). Coord. geral e editoria de Lúcia Miners. *Tribuna da Imprensa*, Rio de Janeiro, 21 out. 1973. Tribuna Literária, ano 1, 16 pp.

"LÚCIO Cardoso de novo é vítima de derrame cerebral". *Correio da Manhã*, Rio de Janeiro, 14 set. 1968. S.I.

"LÚCIO Cardoso é sepultado no Rio". *O Estado de S. Paulo*, São Paulo, p. 10, 25 set. 1968.

"LÚCIO Cardoso está melhor mas ainda inconsciente". *Jornal da Tarde*, São Paulo, 16 set. 1968. S.I.

"LÚCIO Cardoso está passando muito mal". *Folha de S.Paulo*, São Paulo, 14 set. 1968. S.I.

"LÚCIO Cardoso — *Mãos vazias*: 30 Anos". *Suplemento Literário Minas Gerais*, Belo Horizonte, Ed. especial, ano III, n. 118, 30 nov. 1968, 18 pp.

"LÚCIO Cardoso o que doou". *Correio da Manhã*, Rio de Janeiro, p. 10, 17 dez. 1968.

"LÚCIO Cardoso — vida e obra dez anos depois". *Suplemento Literário Minas Gerais*, Belo Horizonte, Ed. especial, org. de Márcio Almeida, ano XIII, n. 628, 14 out. 1978. 12 pp.

"LÚCIO Cardoso volta hoje a Minas após 43 anos para apresentar os seus quadros". *Jornal do Brasil*, Rio de Janeiro, 23 set. 1966.

MARTINS, Maria Terezinha. *Luz e sombra em Lúcio Cardoso*. Orelhas de Gilberto Mendonça Teles. Goiânia: UFG; Cegraf, 1997. (Col. Orfeu).

MEIRA, Mauritônio. "Lúcio Cardoso rejeita prêmio de romance do INL e dá suas razões!". *Jornal do Brasil*, Rio de Janeiro, p. 3, 6 dez. 1960.

_____. "O barroco em Lúcio Cardoso". *Jornal de Letras*, Rio de Janeiro, n. 251, jun. 1971. Caderno 1, pp. 4-5.

MIRANDA, Mariana. *Clarice Lispector entre cartas: Sua correspondência com Lúcio Cardoso, Fernando Sabino e outros*. São Paulo: Dialética, 2022.

MORAIS, Franklin. *Lúcio Cardoso, Cornélio Penna e a retórica do Brasil profundo*. São Paulo: Dialética, 2021.

MOURA, Flávio. "Dostoiévski mineiro". *Veja*, São Paulo, ano 33, n. 44, 1 nov. 2000. "Livros", p. 138.

NEVES, José Alberto Pinho et al. (Orgs.). *Lúcio Cardoso: A escrita sem limites*. Juiz de Fora: Museu de Arte Murilo Mendes; EDUFJF, 2016.

NEVES, Zanoni. *Lucio Cardoso, Maleita et Pirapora: Historicité et culture populaire traditionnelle dans l'oeuvre de Lucio Cardoso*. Paris: Éditions Universitaires Européennes, 2015.

OPINIÃES — Revista dos Alunos de Literatura Brasileira. São Paulo, FFLCH-USP, ano 9, n. 17, jul./ dez. 2020. ["60 anos da *Crônica da casa assassinada*"]. Org. de Ana Maria Amorim Correia, Eduardo Marinho da Silva, Érica Ignácio da Costa, Frederico van Erven Cabala e Livia Azevedo Lima. Disponível em: <https://www.revistas.usp.br/opiniaes/issue/view/11604>. Acesso em: 20 dez. 2020.

"'PLANÈTE Couleur' — ausdruck der lebensfreude". *NordBerliner*, Berlim, 22 jun. 1991. S.I.

"PLANÈTE Couleur — peintres d'exceptions". Paris; Berlim: Association Internationale des Arts (Aida), 1989 e 1991. S.I. Catálogo de exposição.

"RATHAUS Wedding Informiert". Berlim, 18 jun. 1991. S.I.

REVISTA do Centro de Estudos Portugueses, Belo Horizonte, Faculdade de Letras da UFMG, Dossiê Lúcio Cardoso, org. de Ésio Macedo Ribeiro, Silvana Maria Pessôa de Oliveira e Viviane Cunha, v. 28, n. 39, pp. 9-174, jan./jun. 2008.

RIBEIRO, Ésio Macedo. *O riso escuro ou o pavão de luto: Um percurso pela poesia de Lúcio Cardoso.* Pref. de Ruth Silviano Brandão. Apres. de Valentim Facioli. São Paulo: Edusp; Nankin, 2006.

RODRIGUES, Leandro Garcia (Org.). *Lúcio Cardoso: 50 anos depois.* Belo Horizonte: Relicário, 2020.

"ROMANCISTA morre depois do segundo derrame cerebral". *Correio da Manhã*, Rio de Janeiro, 25 set. 1968. S.I.

ROSA E SILVA, Enaura Quixabeira. *A alegoria da ruína: Uma análise da Crônica da casa assassinada.* Apres. de Antonio Arnoni Prado e Vicente Ataide. Curitiba: HD Livros, 1995.

_____. "Prazer mortal: Tensão erótica na narrativa de Lúcio Cardoso". In: _____. *Prazer mortal: Lições de literatura brasileira.* Pref. de Vilson Brunel Meller. Maceió: Edufal, 1997. pp. 15-37.

_____. *La Condition humaine dans l'oeuvre de Lúcio Cardoso: Entre Éros e Thanatos, l'allégorie baroque brésilienne.* Paris: Diffusion Septentrion Presses Universitaires — Thèse à la carte, 2001.

_____. "Angélica: Uma personagem fáustica na dramaturgia de Lúcio Cardoso". In: AQUINO, Ricardo Bigi; MALUF, Sheila Diab (Orgs.). *Dramaturgia e teatro.* Maceió: Edufal, 2004. pp. 141-52.

_____. *Lúcio Cardoso: Paixão e morte na literatura brasileira.* Pref. de Bernard Emery. Apres. de Luiz Gutemberg. Maceió: Edufal, 2004.

_____. *Do traje ao ultraje: Uma análise da indumentária e do sistema de objetos em Crônica da casa assassinada.* Maceió: Edufal; Cesmac, 2010.

RUPPEL, Ulrike. "Kunstwerke von behinderten malern". *Berliner Morgenpost*, Berlim, 22 jun. 1991. S.I.

SANTOS, Cássia dos. "Polêmica e controvérsia: O itinerário de Lúcio Cardoso de *Maleita* a *O enfeitiçado*". *Sínteses: Teses*, Campinas, Unicamp, v. 3, pp. 271-82, 1998.

_____. *Polêmica e controvérsia em Lúcio Cardoso.* Pref. de Vilma Arêas. Campinas: Mercado de Letras; São Paulo: Fapesp, 2001.

SANTOS, Hamilton dos. *Lúcio Cardoso, nem leviano, nem grave.* São Paulo: Brasiliense, 1987. (Col. Encanto Radical, 79).

SANTOS, Odirlei Costa dos. *Litania dos transgressores: Desígnios da provocação em Lúcio Cardoso.* São Paulo: Dialética, 2021.

7FACES — Revista de Poesia. Org. de Pedro Fernandes de Oliveira Neto e Cesar Kiraly, Natal, ano 4, n. 7, jan./jul. de 2013. Número em homenagem a Lúcio Cardoso. Disponível em: <http://www.revistasetefaces.com/2013/>. Acesso em: 10 out. 2013.

SILVA, Carlos Roberto da. *A estetização da doença na ficção de Lúcio Cardoso.* Portela, Portugal: Lisbon Press, 2022.

SILVA, Guilherme Ferreira. *Formas de evasão em Lúcio Cardoso.* São Paulo: FFLCH-USP, 1972. 93 pp. Dissertação (Mestrado em Sociologia).

SIMÕES, Maria de Lourdes Utsch Moreira. "Lúcio Cardoso, um mito?". *Suplemento Literário Minas Gerais*, Belo Horizonte, ano v, n. 212, p. 1, 19 set. 1970.

WERNECK, Humberto. *O desatino da rapaziada: Jornalistas e escritores em Minas Gerais.* 2. reimpr. São Paulo: Companhia das Letras, 1997. pp. 102, 114 e 127.

OBRAS DE REFERÊNCIA

A BOOK of Days for the Brazilian Literary Year. Rio de Janeiro: Fundação Biblioteca Nacional, 1993. p. 165.

ABREU, Estela dos Santos. *Ouvrages brésiliens traduits en france = Livros brasileiros traduzidos na França (1988)*. 4. ed. atual. Rio de Janeiro: Ed. do Autor, 1998. p. 32.

AIRA, César. *Diccionario de autores latinoamericanos*. Buenos Aires: Emecê, 2001. p. 122. (Obras Notables).

AUGÉ, Paul et al. *Petit Larousse*. 13 ed. Paris: Larousse, 1963.

AYALA, Walmir. *O Brasil por seus artistas. Brasil Through its Artists*. Ed. bilíngue. Rio de Janeiro: Nórdica; São Paulo: Círculo do Livro, [1980]. pp. 44-5.

_____. *Dicionário de pintores brasileiros*. 2. ed. rev. e ampl. por André Seffrin. Curitiba: Ed. UFPR, 1997. p. 83.

BIBLIOGRAFIA brasileira — 1938-1939. Rio de Janeiro: MEC/INL, 1941. p. 52.

BIBLIOGRAFIA brasileira — 1941. Rio de Janeiro: MEC/INL, 1952. p. 87.

"BIBLIOGRAFIA de Lúcio Cardoso". *Suplemento Literário Minas Gerais*. Belo Horizonte, Ed. especial. Org. de Márcio Almeida e Gutemberg da Mota e Silva, ano XIII, n. 628, p. 11, 14 out. 1978. 12 pp.

BIBLIOTECA nacional: 1810 — 1910 — 1980: Catálogo da exposição comemorativa dos 170 anos de existência da Biblioteca Nacional e 70 anos da sua atual sede. Rio de Janeiro: Biblioteca Nacional. Catálogo de Exposição, org. de Seção de Promoções Culturais, 1980, Biblioteca Nacional, p. 62.

BRAZILIAN Author Translated Abroad. Rio de Janeiro: Fundação Biblioteca Nacional, Dep. Nacional do Livro, 1994. pp. 53-4.

CAFEZEIRO, Edwaldo (Coord.). *Índice de autores e peças da dramaturgia brasileira*. Rio de Janeiro: MEC/DAC; FUNARTE/SNT, 1977. tomo 1, letra C, pp. 47-8.

CARELLI, Mario. "Lúcio Cardoso". In: LAFFONT-BOMPIANI. *Le Nouveau Dictionnaire des Auteurs: De Tous les Temps et de tous les pays*. Nova ed. atual. Paris: Robert Laffont/Centre National des Lettres, 1994. v. 1, pp. 560-1.

CARPEAUX, Otto Maria. *Pequena bibliografia crítica da literatura brasileira*. 3. ed. Rio de Janeiro: Letras e Artes, 1964. pp. 326-7.

CAVALCANTI, Carlos (Org.). *Dicionário brasileiro de artes plásticas*. Rio de Janeiro: MEC/INL, 1973. v. 1, p. 354.

COELHO, Jacinto do Prado (Dir.). *Dicionário de literatura*. 3. ed. Porto: Figueirinhas, 1976. v. I, p. 209.

COUTINHO, Afrânio; SOUSA, J. Galante (Dir.). *Enciclopédia de literatura brasileira*. 2 v. Rio de Janeiro: MEC/FAE, 1990. v. I, p. 388.

_____ (Dir.). *Enciclopédia de literatura brasileira*. 2. ed. rev., ampl., atual. e ilust. sob a coord. de Graça Coutinho e Rita Moutinho. São Paulo: Global; Rio de Janeiro: Fundação Biblioteca Nacional/DNL; Academia Brasileira de Letras, 2001. v. I, p. 432.

COELHO, Nelly Novaes. *Dicionário crítico da literatura infantil/juvenil brasileira — 1882-1982*. São Paulo: Quíron, 1983. pp. 508-11.

_____. *Dicionário crítico da literatura infantil e juvenil brasileira — séculos XIX e XX*. 4. ed. rev. e aum. São Paulo: Edusp, 1995. pp. 615-6.

"DADOS biobibliográficos". *Suplemento Literário Minas Gerais*, Belo Horizonte, ano III, n. 118, p. 2, 30 nov. 1968.

DICIONÁRIO Cravo Albin da música popular brasileira. Disponível em: <http://www.dicionario mpb.com.br>. Acesso em: 3 ago. 2022.

Dicionário enciclopédico Koogan Larousse Seleções. v 2, S.I.

DUTRA, Waltensir; CUNHA, Fausto. *Biografia crítica das letras mineiras*. Rio de Janeiro; MEC/INL, 1956. p. 108. (Biblioteca de Divulgação Cultural, V).

ENCICLOPÉDIA Delta universal. Rio de Janeiro: Delta, 1980. v. 3, p. 1749. v. 3.

ENCICLOPÉDIA Itaú Cultural — literatura brasileira. Disponível em: <http://www.itaucultural. org.br/aplicexternas/enciclopedia_lit/>. Acesso em: 3 ago. 2022.

ENCICLOPÉDIA Mirador internacional. São Paulo; Rio de Janeiro: Encyclopaedia Britannica do Brasil, 1975. v. 4, pp. 1700-1 e 1720.

ENCYCLOPAEDIA Britannica. Disponível em: <http://www.britannica.com>. Acesso em: 3 ago. 2022.

ENCYCLOPEDIE Larousse. Disponível em: <http://www.larousse.fr>. Acesso em: 3 ago. 2022.

"ESCRITORES brasileiros: filmografia". *Filme Cultura*, Instituto Nacional de Cinema, Rio de Janeiro, ano VI, n. 20, pp. 42-4, maio/jun. 1972.

EWALD FILHO, Rubens. *Dicionário de cineastas*. São Paulo: Global, 1977.

GARSCHAGEN, Donaldson M. (Coord.). *Enciclopédia Barsa*. Rio de Janeiro; São Paulo: Encyclopaedia Britannica Editores, 1977. v. 4, p. 73.

LAROUSSE cultural — Brasil A/Z — Enciclopédia alfabética em um único volume. São Paulo: Universo, 1988. p. 173.

LEITE, José Roberto Teixeira. *Dicionário crítico da pintura no Brasil*. Rio de Janeiro: Artlivre, 1988. p. 105.

LITERATURA infanto-juvenil brasileira. Catálogo da exposição Comemorativa do Ano Internacional da Criança, org. de Seção de Promoções Culturais. Rio de Janeiro: Biblioteca Nacional, 1979. p. 30.

"LÚCIO Cardoso — *CHRONIQUE de la maison assassinée* e *INACIO*". Catálogo da Éditions A. M. Métailié. Bibliothèque brésilienne, Paris, 1989, pp. 12 e 14.

"LÚCIO Cardoso". In: LUFT, Celso. *Dicionário da literatura portuguesa e brasileira*. Porto Alegre: Globo, 1967. pp. 66-7.

MAIA, Pedro Américo (Coord.). *Dicionário crítico do moderno romance brasileiro*. Belo Horizonte: Grupo Gente Nova, 1970, pp. 129-34.

MONTEZ, Ângela Barros (Coord.). *Autores brasileiros — Biobibliografias (1ª Parte)*. Rio de Janeiro: Fundação Biblioteca Nacional/DNL, 1998. p. 121.

MORAIS, Frederico. *Cronologia das artes plásticas no Rio de Janeiro, 1816-1994*. Rio de Janeiro: Topbooks, 1995. pp. 250, 260, 278 e 428.

"NOTAS biobibliográficas". *Suplemento Literário Minas Gerais*, Belo Horizonte, ano III, n. 109, p. 1, 28 set. 1968.

O ROMANCE brasileiro. Divisão de Publicações e Divulgação. Catálogo de Exposição, org. de Seção de Exposições Rio de Janeiro, Biblioteca Nacional, dez. 1974, p. 38.

PAES, José Paulo; MOISÉS, Massaud (Orgs.). *Pequeno dicionário de literatura brasileira*. São Paulo: Cultrix, 1967. pp. 65-6.

PAES, José Paulo; MOISÉS, Massaud (Orgs.). *Pequeno dicionário de literatura brasileira*. 2. ed. rev. e ampl. São Paulo: Cultrix, 1980. pp. 99-100.

PEIXOTO, Mario. *Ipanema de A a Z: Dicionário da vida ipanemense*. Colab. de Marcelo Câmara. Rio de Janeiro: AACohen, 1999. p. 117.

PEREZ, Renard. "Lúcio Cardoso". In: _____. *Escritores brasileiros contemporâneos*. 2. ed. rev. e aum. Rio de Janeiro: Civilização Brasileira, 1971. v. II, pp. 225-44.

PLACER, Xavier (Org.). *Modernismo brasileiro — Bibliografia (1918-1971)*. Rio de Janeiro: Biblioteca Nacional, 1972. pp. 133, 161, 211, 214, 238 e 343. (Col. Rodolfo Garcia).

PONTUAL, Roberto. *Dicionário das artes plásticas no Brasil*. Rio de Janeiro: Civilização Brasileira, 1969, p. 108.

PUCHEU, Alberto; MEIRA, Caio (Orgs.). *Guia conciso de autores brasileiros: Brazilian Authors Concise Guide*. Rio de Janeiro: Fundação Biblioteca Nacional/DNL; São Paulo: Imprensa Oficial do Estado, 2002. pp. 255-6.

RANGEL, Rosângela Florido; LEITÃO, Eliane Vasconcellos (Orgs.). *Inventário do arquivo Lúcio Cardoso*. Rio de Janeiro: FCRB; MinC, 1989. (Série AMBL, 4).

REBELO, Marques. *Antologia escolar brasileira*. 2. ed. rev. e atual. Rio de Janeiro: MEC/Fename, 1975, pp. 14-5.

RIBEIRO, Ésio Macedo. "Bibliografia anotada (1934-2005)". In: _____. *O riso escuro ou o pavão de luto: Um percurso pela poesia de Lúcio Cardoso*. Pref. de Ruth Silviano Brandão. Apres. de Valentim Facioli. São Paulo: Edusp; Nankin, 2006.

_____. "Bibliografia anotada (1934-2010)". In: CARDOSO, Lúcio. *Poesia completa*. Ed. crítica de Ésio Macedo Ribeiro. São Paulo: Edusp, 2011.

SANDRONI, Laura Constancia Austregésilo de Athayde (Coord.). *Bibliografia analítica da literatura infantil e juvenil publicada no Brasil 1965-1974*. São Paulo: Melhoramentos; MEC, 1977. pp. 90-1.

SOUZA, Geraldo (Org.). *Cavaleiros da luz: Trabalhos crítico-históricos sobre os patronosos da Academia Curvelana de Letras*. Belo Horizonte: Armazém de Ideias, 1997. pp. 47-129.

TEYSSIER, Paul. *Dictionnaire de littérature brésilienne*. Paris: Presses Universitaires de France, 2000.

YOLANDA, Regina. *O livro infantil e juvenil brasileiro: Bibliografia de ilustradores*. São Paulo: Melhoramentos; Brasília: INL, 1976. pp. 25 e 53.

WIKIPÉDIA — A enciclopédia livre. Disponível em: <https://pt.wikipedia.org/wiki/L%C3%BAcio_Cardoso>. Acesso em: 3 ago. 2022.

OBRAS GERAIS

ANDRADE, Mário de. *Dicionário musical brasileiro*. 2. ed. Coord. de Oneyda Alvarenga e Flávia Camargo Toni. Belo Horizonte: Itatiaia, 1989.

AUSTEN, Jane. *Orgulho e preconceito*. Trad. e intr. de Lúcio Cardoso. Rio de Janeiro: José Olympio, 1940. (Col. Fogos Cruzados, 1).

AYALA, Walmir (Org.). *Novíssima poesia brasileira II (antologia)*. Capa de Lúcio Cardoso. Rio de Janeiro: Cadernos Brasileiros, 1965.

BARING, Maurice. *A princesa branca*. Trad. de Lúcio Cardoso., Capa de Luiz Jardim. Rio de Janeiro: José Olympio, 1946. (Col. Fogos Cruzados, 63).

BRONTË, Emily. *O vento da noite*. Trad. e pref. de Lúcio Cardoso. Capa e il. de Santa Rosa. Rio de Janeiro: José Olympio,1944. (Col. Rubaiyat, 14).

_____. *O vento da noite*. Trad. e pref. de Lúcio Cardoso. 2. ed. (bilíngue). Org. e apres. de Ésio Macedo Ribeiro. Rio de Janeiro: Civilização Brasileira, 2016.

CARNEIRO NETO, Dib. *Crônica da casa assassinada & Depois daquela viagem*. São Paulo: Giostri, 2014.

DEFOË, Daniel. *Os segredos de Lady Roxana*. Trad. e pref. de Lúcio Cardoso. Rio de Janeiro: Pongetti, 1945. (Col. As 100 Obras Primas da Literatura Universal, 52).

_____. *As confissões de Moll Flanders* (1722). Pref. de Lúcio Cardoso. Rio de Janeiro: José Olympio, 1943. (Col. Fogos Cruzados, 17).

FARIA, Octavio de. *A sombra de Deus*. Capa de Lúcio Cardoso. Rio de Janeiro: José Olympio, 1966.

FRANCO, Afonso Arinos de Melo. "A travessia de J. Guimarães Rosa". *Tribuna da Imprensa*, Rio de Janeiro, ano IX, n. 2150, 26-7 jan. 1957. Tribuna dos Livros, p. 1.

GOETHE, Johann Wolfgang von. *Memórias I — poesia e verdade*. Trad. de Lúcio Cardoso, feita de acordo com a versão francesa da baronesa A. de Carlowitz. Estudo de Agripino Grieco. Rio de Janeiro: José Olympio, 1948.

KÂLIDÂSA. *A ronda das estações*. Trad. de Lúcio Cardoso. Rio de Janeiro: José Olympio, 1944. (Col. Rubaiyat, 13).

LEROUX, Gaston. *O fantasma da ópera*. Trad. de Lúcio Cardoso. Rio de Janeiro: O Cruzeiro, 1944. (Coleção Mistério, 2).

O'FLAHERTY, Liam. *O assassino*. Trad. de Lúcio Cardoso. Rio de Janeiro: O Cruzeiro, 1945.

OLIVEIRA, Júlio José de. *Absalão (1959-1962)*. Capa de Lúcio Cardoso. Rio de Janeiro: O Menestrel, n. 1, mar. 1965.

O LIVRO de Job. Trad. de Lúcio Cardoso, Il. de Alix de Fautereau. Rio de Janeiro: José Olympio, 1943. (Col. Rubaiyat, 11).

REIS, Marcos Konder. *O muro amarelo* (poesia). Capa de Lúcio Cardoso. Rio de Janeiro: José Álvaro, 1965.

SECCHIN, Antonio Carlos. "A história de um livro". *Valor*, São Paulo, 29-30 jun. e 1 jul. 2012. "Outros escritos", pp. 34-5.

SILVA, Lúcia Ribeiro da. *Jogo fixo*. Pref. de Walmir Ayala. Capa de Lúcio Cardoso. Rio de Janeiro: José Olympio, 1966.

SINCLAIR, Upton. *O fim do mundo*. Trad. de Lúcio Cardoso. Capa de Raul Brito. Rio de Janeiro: José Olympio, 1941. (Col. Fogos Cruzados, 5).

STOKER, Brahm. *Drácula: O homem da noite*. Trad. de Lúcio Cardoso. Rio de Janeiro: O Cruzeiro, 1943. (Col. Mistério, 1).

TOLSTÓI, Léon. *Ana Karenina*. Trad. de Lúcio Cardoso. Rio de Janeiro: José Olympio, 1943.

_____. 2. ed. Trad. de Lúcio Cardoso. Prep. de texto, posf. e cronologia da vida e da época de Tolstói de Ésio Macedo Ribeiro. Rio de Janeiro: José Olympio, 2022.

3 NOVELAS russas ("A primavera da vida", de Gárin; "Ivan, o imbecil", de Tolstói, e "A mulher do outro", de Dostoiévski). Trad. de Lúcio Cardoso. Rio de Janeiro: A Noite, 1947.

VANCE, Ethel. *Fuga*. Trad. de Lúcio Cardoso. Capa de Raul Brito. Rio de Janeiro: José Olympio, 1940. (Col. Fogos Cruzados, 2).

ZAMIATIN, Eugênio. "A caverna", trad. de Lúcio Cardoso. In: BRAGA, Rubem (Coord. e apres.). *O livro de ouro dos contos russos*. Pref. de Aníbal M. Machado. Notas biográficas de Valdemar Cavalcanti. Superv. de Graciliano Ramos. Rio de Janeiro: Companhia Editora Leitura, 1944. pp. 425-33. (Col. Contos do Mundo, 1).

OBRAS DE CRÍTICA TEXTUAL

CAMBRAIA, César Nardelli. *Introdução à crítica textual*. São Paulo: Martins Fontes, 2005. (Col. Leitura e Crítica).

CARVALHO E SILVA, Maximiano de. "Crítica textual — conceito — objeto — finalidade". *Confluência — Revista do Instituto de Língua Portuguesa*, Rio de Janeiro, n. 7, pp. 57-63, 1. sem. 1994.

_____. "Notas e comentários". *Confluência — Revista do Instituto de Língua Portuguesa*, Rio de Janeiro, n. 19, pp. 118-32, 1. sem. 2000.

_____. "Bibliografia e crítica textual — notas e comentários II". *Confluência — Revista do Instituto de Língua Portuguesa*, Rio de Janeiro, n. 20, pp. 103-15, 2. sem. 2000.

_____. "Bibliografia e crítica textual — notas e comentários III". *Confluência — Revista do Instituto de Língua Portuguesa*, Rio de Janeiro, n. 21, pp. 46-69, 1. sem. 2001.

CASTRO, Ivo. *Editar Pessoa*. Ed. crítica de Fernando Pessoa. Lisboa: Imprensa Nacional — Casa da Moeda, 1990. (Coleção Estudos, 1).

CUNHA, Celso. "Ligeiras observações sobre a tipologia dos erros ou variantes em crítica textual". Separata de: *In Memoriam — Vandick L. de Nóbrega*. Rio de Janeiro: Sepe, 1985. pp. 47-58.

ELIA, Sílvio. "A crítica textual em seu contexto sócio-histórico". In: III Encontro de Ecdótica e Crítica Genética, 1993, João Pessoa, *Anais...* João Pessoa: UFPB/APML/Fundação Espaço Cultural da Paraíba/Fundação Casa de José Américo/CNPq, 1993, pp. 57-64.

GRÉSILLON, Almuth. *Elementos de crítica genética: Ler os manuscritos modernos*. Trad. de Cristina de Campos Velho Birck et al. Superv. da trad. de Patrícia Chittoni Ramos Reuillard. Pref. à ed. brasileira de Philippe Willemart. Porto Alegre: Ed. da UFRGS, 2007.

GUIMARÃES, Júlio Castañon. "Nota filológica: Procedimentos de edição"; "Estabelecimento de texto" e "Alguns procedimentos na produção do texto". In: CARDOSO, Lúcio. *Crônica da casa assassinada*. Ed. crítica coord. por Mario Carelli. Espanha: Archivos/CSIC, 1991. pp. XXVI--XXXVII, 1-618 e 645-55.

LEONEL, Maria Célia de Moraes. "Procedimentos adotados para a edição". In: IV Encontro Internacional de Pesquisadores do Manuscrito e de Edições: Gênese e Memória, 1995. *Anais...* Org. de Philippe Willemart. São Paulo, Annablume, APLM, 1995, pp. 167-173.

LOPEZ, Telê Porto Ancona. "Textos, etapas, variantes: O itinerário da escritura". *Revista do Instituto de Estudos Brasileiros*, São Paulo, IEB-USP, n. 31, pp. 147-59, 1990.

_____. "Nos caminhos do texto". In: ANDRADE, Mário de. *Macunaíma o herói sem nenhum caráter*. Ed. crítica coord. por Telê Porto Ancona Lopez. 2. ed. rev. Madri; Paris; México; Buenos Aires; São Paulo; Rio de Janeiro; Lima, ALLCA XX, 1996. pp. XXV-LXIII. (Coleção Archivos, 6).

PEREIRA FILHO, Emmanuel. *Estudos de crítica textual*. Rio de Janeiro: Gernasa, 1972. (Col. Estudos Universitários, 5).

SPAGGIARI, Barbara; PERUGI, Maurizio. *Fundamentos da crítica textual — história — metodologia — exercícios*. Rio de Janeiro: Lucerna, 2004.

SPINA, Segismundo. *Introdução à edótica: Crítica textual*. São Paulo: Cultrix; USP, 1977.

Índice remissivo

Ésio Macedo Ribeiro

A

Abreu, Casimiro de, 61, 103, 156

Adonias Filho, 260, 277

Adriano, Públio Élio, 180

Aguiar, Augusto, 296

Aguilar Muñoz, Manuel, 103

Alain-Fournier: *Le Grand Meaulnes*, 12

Alemán Valdés, Miguel, 309

Alencar, Humberto de, 33

Allain, Marcel: *Fantômas*, 108

Almeida Filho, Augusto de, 43, 70, 100, 272

Almeida, Fialho de, 98

Almeida, Margarida Lopes de, 311; *Recital*, 311

Almeida, Martins de, 361; *A Revista*, 361

Amado, Gilberto, 70, 281, 311, 345

Amado, Jorge, 360

Amar, Leonora, 309; *Veneno*, 309

Ambrósio, santo, 362

Amelinha *ver* Bauerfeldt, Amélia

Andrade, Ayres de, 295

Andrade, Carlos Drummond de, 346, 355, 360, 375; *A Revista*, 361; "Inocentes do Leblon", 355; *Sentimento do mundo*, 355

Andrade, Mário de, 259, 336, 360; *Macunaíma*, 259

Andrade, Oswald de, 291, 370

Andrade, Sérgio, 263

Angel, Zuzu, 95

Anjos, Cyro dos, 346; *Montanha*, 346, 355; *O amanuense Belmiro*, 346

Antipoff, Helena Wladimirna, 272

Araújo, Hélio Alves de: *Marques Rebelo: Poeta morto*, 367

Assis, Machado de, 153, 349

Athayde, Tristão de, 39, 375

Augusto, João, 14

Ayala, Walmir, 114, 125, 130

B

Bach, Johann Sebastian, 40

Bagdocimo, Antonieta, 106, 109, 300

Bagdocimo, Máximo, 106, 109, 310

Baggi, 98

Balzac, Honoré de, 12, 65, 72, 80-2, 133, 151,

159, 257, 264, 287, 326; *A comédia huma-na*, 80, 82, 257; *A duquesa de Langeais*, 257; *Esplendores e misérias das cortesãs*, 80-1; *Ferragus*, 257; *Ilusões perdidas*, 72; *Pierrette*, 82

Bandeira, Manuel (poeta), 37, 331, 346, 360, 381

Barrès, Maurice, 22

Barreto, Lima, 235

Barreto, Paulo, 371

Barros, Adhemar de, 79

Barros, Antônio Carlos de Mariz e, 109

Barros, Cláudio de, 260

Barros, Everaldo de, 305

Barros, Maria de Lourdes Cardoso de, 30

Barroso, Gastão: *A pensão da dona Stela*, 258

Barrymore, John, 276, 370; *Svengali*, 276

Barthelmess, Richard Semler: *The Noose* (*Segredo da morte*), 99; *The Patent Leather Kid* (*Entre luvas e baionetas*), 99

Bastos, Evandro de Oliveira, 291, 380

Baudelaire, Charles, 51, 345

Bauerfeldt, Amélia, 326, 349, 360

Becker, Cacilda, 253, 355

Beckett, Samuel, 94

Beddoes, Thomas Lovell, 97

Beethoven, Ludwig van, 22, 45, 54, 338, 364

Benvinda, D. (professora), 288

Berlioz, Hector: *A danação de Fausto*, 322

Bernanos, Georges, 47-8, 51, 78-9, 132, 263, 366; *A impostura*, 366; *Journal d'un curé de campagne*, 47; *Les Enfants humiliés*, 78; *Monsieur Ouine*, 47, 51

Beyle, Henri-Marie *ver* Stendhal

Bíblia, 210

Blake, William, 95

Blandina (d.) (Mangaratiba), 162

Blandina (d.) (Tijuca), 116

Bloch, Pedro, 258, 331; *Dona Xepa*, 258

Bloy, Léon, 86

Boehme, Jacob, 98

Bogart, Humphrey, 361

Bonaparte, Napoleão, 52

Bonfioli, Igino, 116; *Despertar de um horizon-te*, 116

Bopp, Raul, 262

Borba, Osório, 317

Borges, Barreto, 359

Bos, Charles Du, 17, 118

Bossuet, Jacques-Bénigne, 333

Boswell, James, 55, 129; *Amores em Londres*, 55; *The Life of Dr. Samuel Johnson*, 55, 129

Botto, António, 261

Bourget, Paul, 306; *André Cornélis*, 306; *Un Divorce*, 306

Bow, Clara, 320

Braga, Rubem, 324

Brahms, Johannes, 179, 344, 364

Branco, Aloísio, 335

Brandão, Roberto, 348

Brawne, Fanny, 344

Breitbach, Joseph, 287

Brentano, Clemens, 316, 345

Britto, Orlando, 297

Bruno, Nicette, 371; *A filha de Iório*, 371

Bruno, Pedro, 351

Bruxa, A (jornal), 261

Burle Marx, Roberto, 12, 260, 281, 307, 358

Byington, Maisa, 318

Byron, Lord, 165

C

Café Filho, 283

Câmara, Jayme Adour da, 262

Camargo, Iberê, 263, 303

Campos, Augusto de, 148, 291; *Noigandres* (n. 4), 367; "Plano-piloto para poesia con-creta", 367

Campos, Haroldo de, 148, 291, 367; *Noigandres* (n. 4), 367; "Plano-piloto para poesia concreta", 367

Campos, Roberto, 291

Camus, Albert, 361, 374

Candido, Antonio: *Clima*, 370

Candinho, 274

Capote, Truman, 41

Cardoso, Adaucto Lúcio, 27, 29, 51, 125-6
Cardoso, Fausto, 37, 126
Cardoso, Joaquim Lúcio, 22, 28, 30, 126
Cardoso, José Lúcio, 28
Cardoso, Lúcio: *10 romancistas falam de seus personagens*, 360; *A Bruxa* (jornal), 261; *A luz no subsolo*, 23, 104, 187, 191; *A mulher de longe* (filme), 24, 45, 57; *A professora Hilda*, 16; *Angélica*, 129, 336; *Contos da ilha e do continente*, 96; *Crônica da casa assassinada*, 14, 35, 59, 80-1, 134, 144, 148, 165, 193, 223, 230, 235; *Despertar de um horizonte*, 116; *Diário completo*, 130-1, 171; *Diário I*, 106, 114, 248; "Diário não íntimo", 76; *Diários*, 76, 171; *Histórias da lagoa grande*, 187; *Inácio*, 16, 18; *Maleita*, 187; *Mãos vazias*, 187; *O anfiteatro*, 16; *O desconhecido*, 127, 166, 187; *O enfeitiçado*, 139; *O escravo*, 336; *O viajante*, 15, 17-9, 22-3, 31, 35, 37, 92, 96, 100, 102, 104, 106, 108, 129, 134-5, 165, 168, 192-3, 289; *Poesia completa*, 93, 98; *Poesias*, 187; *Porto das Caixas* (argumento), 289; *Reaparição*, 20; *Salgueiro*, 187; *Sua Revista*, 64, 335
Cardoso, Maria Helena, 40, 91, 97, 103, 116, 126
Cardoso, Maria Wenceslina, 39, 74, 81, 83, 86-7, 95, 97, 103, 114, 117, 125, 127, 258, 287
Cardoso, Sérgio, 331
Cardoso Filho, Joaquim Lúcio *ver* Cardoso, Lúcio
Carelli, Mário: *Corcel de fogo: Vida e obra de Lúcio Cardoso (1912-1968)*, 35
Carlito, 32
Carneiro, Ferdy, 168; *A casa assassinada*, 168; *O viajante*, 168
Carol, Sue, 319
Carrero, Tônia, 259
Caruso, Enrico, 116
Carvalho, José Candido de, 274, 289, 362; *O coronel e o lobisomem*, 274; *Olha para o céu, Frederico*, 326, 362; *Porto da angústia*, 289
Castelo Branco, Camilo, 299
Castelo Branco, S., 70, 310, 315-6
Castro, Almir, 12
Castro, Jorge de, 275
Cavalcanti Neto, João Uchoa: *João*, 256
Cavalcanti, Alberto de Almeida, 12, 45-6, 57, 357; *O canto do mar*, 58, 357
Cavalcanti, Carlos Povina, 317
Cavalcanti, Valdemar, 335
Cervantes, Miguel de, 119
Cézanne, Paul, 76, 330
Chaplin, Charles, 67
Chesterton, G.K., 93
Chevalier, Ronald de, 174, 197
Claudel, Paul, 80, 337
Clístenes, 41
Coaracy, Vivaldo, 350; *Memórias da cidade do Rio de Janeiro*, 350
Coccioli, Carlo, 100, 146
Cocteau, Jean, 78, 254; *Opium: Journal d'une désintoxication*, 78
Coelho Neto, 262, 265, 278, 331; *Obras completas*, 265; *Rei negro*, 262; "Ser mãe", 331
Coleridge, Samuel Taylor, 97
Conceição, Maria José da, 28
Condé, João, 272, 330, 360; *10 romancistas falam de seus personagens*, 360
Corção, Gustavo, 38, 51; *Lições de abismo*, 38
Costa, Jayme, 310
Costa, Karl: *Cavalaria ligeira*, 361
Cristo, Jesus, 27, 39, 78, 98, 110-1, 112-5, 117-8, 123, 126, 142, 155, 165, 176, 283-4
Cruzeiro, O (revista), 272
Cunha, Euclides da, 280
Cunha, Fausto, 191
Cunha, Pedro Octávio Carneiro da, 263

D

Damata, Gasparino, 275
Dante Alighieri, 44; *A divina comédia*, 44
Darel, 148, 254, 294, 318, 322, 325-6, 355
Dazinha *ver* Netto, Alzira de Souza

Dê *ver* Djanira
Dean, James, 296
Debussy, Claude, 336
Dekker, Thomas, 85
Del Vasto, Lanza: *Judas*, 36
Delay, Jean: *La Jeunesse d'André Gide*, 73
DeMille, Cecil, 257; *A ferreteada* (*The Cheat*), 257
Diario Carioca (jornal), 235
Diário da Noite (jornal), 11
Diário de São Paulo (jornal), 262
Dickens, Charles, 12, 87, 93, 264; *O mistério de Edwin Drood*, 87
Dina *ver* Netto, Leopoldina de Souza
Djanira, 282
Dostoiévski, Fiódor, 36, 46, 72, 77, 115-6, 323, 336; *Diário de um escritor*, 36, 175; *O adolescente*, 116; *Os irmãos Karamázov*, 77; *Recordações da casa dos mortos*, 115
Dourado, Waldomiro Autran, 46, 93; *Nove histórias em grupo de três*, 93; *Tempo de amar*, 46
Doyle, Arthur Conan: *As aventuras de Sherlock Holmes*, 161
Drake, Temple (personagem), 150
Du Maurier, George, 276; *Trilby*, 276
Duarte Filho, João, 269; *O sertão e o centro*, 269
Duarte, Anselmo, 309; *O pagador de promessas*, 309; *Veneno*, 309
Dumas Filho, Alexandre: *A dama das camélias*, 332; *La Femme de Claude*, 338; *O visconde de Bragelonne*, 306
Durst, Walter George: *O sobrado*, 290
Duse, Eleonora, 338; *La Femme de Claude*, 338

E

Eisenstein, Serguei Mikháilovitch, 21; *Ivan, o terrível*, 21-2
Elvio (menino), 369
Eneida, 253, 318
Estado de Minas (jornal), 116
Eurípides, 135

F

Fanzeres, dr., 270
Faria, Octavio de, 24-5, 27, 31, 46, 87, 103-4, 122, 143-4, 265, 278, 288, 308, 311, 346, 360; *O lodo das ruas*, 308-9; *O retrato da morte*, 143; *O senhor do mundo*, 288, 360; *Tragédia burguesa*, 278
Faulkner, William, 25, 30, 92, 149-52, 176, 179, 257, 265, 283, 361; *Absalão, Absalão*, 150; *Sanctuary*, 150; *Sartoris*, 150; *The Town*, 179
Ficção (revista), 193
Fielding, Henry, 93
Figueiredo, Guilherme, 335
Figueiredo, João Baptista de Oliveira, 335
Figueiredo, Wilson, 359; *Mecânica do azul*, 359
Flaubert, Gustave, 151; *A tentação de santo Antão*, 151
Fleming, Paulo, 362
Foeppel, Elvira, 265, 311; *Chão e poesia*, 311
Fonseca, José Paulo Moreira da, 372
Fontes, Amando, 280, 374; *Os Corumbas*, 281
Fontes, Hermes, 261
Fontes, Lourival, 257
Fouqué, Friedrich de la Motte, 345
Fowler, Gene: *Esplendor e decadência em John Barrymore: Vida e época de um grande ator*, 370
France, Anatole, 154
Francis (jovem inglês), 111
Franco, Afonso Arinos de Melo, 372
Franco, Francisco, 39
Frank, Anne: *Diário*, 124
Fregolente, Ambrósio, 29, 273, 327
Freud, Sigmund, 154
Freyre, Gilberto, 346, 360
Fusco, Rosário, 19, 22-3, 25, 146, 277, 336

G

G., frei *ver* Gastão, frei
Gagárin, Iúri, 160
Gamboa, Geraldo, 339-40
Garbo, Greta, 256-7

García Lorca, Federico, 17

Gastão, frei, 32

Genet, Jean, 14, 27, 41, 91, 317; *O balcão*, 317

Ghiu, Alcebíades, 274, 309; *Contrabando*, 309

Gide, André, 42, 46, 73, 95, 118, 132, 277; *Ainsi soit-il ou Les Jeux sont faits*, 132; *Journal*, 118, 287; *Les Cahiers d'André Walter*, 277

Gil, Augusto: "Balada da neve", 293

Giudicelli, Raul, 40, 48

Gleichenstein, Ignaz von, barão, 54

Gluck, Zolten, 311-2

Goeldi, Oswaldo, 147-8, 258, 294-5, 301

Goethe, Johann Wolfgang von, 23, 316, 337

Gógol, Nikolai, 103, 278; *Almas mortas*, 278

Gonçalves, Almachio Diniz, 319

Gonçalves, Dercy, 304

Gonçalves, Eros Martim, 12

Goulart, João, 79

Gourmont, Remy de, 271

Goyen, Charles William, 72, 127, 129; *Ghost and Flesh*, 129

Grajinera, Vanessa Netto, 69

Green, Jonathan Smith, 358

Green, Julien, 105, 127, 141, 144, 191, 287, 308, 317, 355, 361; *A sombra*, 317; *Journal*, 30-1, 141, 143; *L'Ombre*, 127; *O malfeitor*, 287; *Sul*, 308, 355

Greene, Graham, 51

Guardini, Romano, 39, 47

Guderian, Heinz Wilhelm, 257

Guersant, Marcel: *Jean-Paul*, 56

Guimaraens, Alphonsus de, 262

Guimarães, Júlio Castañon, 35

Guimarães, Napoleão de Alencastro, 283

Gullar, Ferreira, 255, 264, 379; "O formigueiro" (poema), 264, 380; *O formigueiro* (livro), 264

Guy, Orlando, 20

H

Hamann, Johann Georg, 122

Hardenberg, Friedrich von *ver* Novalis

Hardy, Thomas, 93; *Le Trompette major*, 93

Haro, Rodrigo de, 159, 239

Hayward, Susan, 303

Hecht, Harold, 274

Hecker Filho, Paulo, 130

Herculano, Alexandre: *O bobo*, 98; *O monge de Cister*, 98

Hogg, James: *Memórias e confissões íntimas de um pecador justificado*, 52

Hölderlin, Friedrich, 344

Holland, Vyvyan, 307; *Oscar Wilde and His World*, 307; *Son of Oscar Wilde*, 307

Homem, Homero, 292

Homero: *Odisseia*, 314

Housman, Alfred Edward, 193

Hugo, Victor, 254; *Os miseráveis*, 306

Huxley, Aldous, 30, 46; *Admirável mundo novo*, 30

I

Ibsen, Henrik, 336

Ivan (amigo), 277

Ivo, Lêdo, 80, 265, 327, 372

J

J. P., 179-80

Jacob, Max, 271

Jacobsen, Jens Peter, 344; *Niels Lyhne (Entre a vida e o sonho)*, 344

Jaffa, Van, 254, 290

James, Henry: *A taça de ouro*, 279; *As asas da pomba*, 279; *Carnets*, 73; *Diário*, 73-4, 276, 279, 359

Jandira (prostituta), 319

Jango *ver* Goulart, João

Jesus *ver* Cristo, Jesus

Joana D'Arc, santa, 263

João do Rio: *A bela madame Vargas*, 371

Jobim, Antonio Carlos, 296, 301, 362

Johnson, Ben, 85

Jones, Zuleika Angel *ver* Angel, Zuzu

Jornal das Moças, 349

Jornal de Letras, 272

Jornal do Brasil, 177, 193, 359

Jouhandeau, Marcel: *De l'Abjection*, 143

Joyce, James: *Dedalus*, 163; *Finnegans Wake*, 367; *Os mortos*, 92; *Ulisses* (*Ulysses*), 163, 367

Júlia (amiga?), 341, 352

Jünger, Ernst, 83, 86-7, 265; *Journal II — 1943-1945*, 83

Juraci, dona, 280

Jurema, Aderbal, 336

K

Kafka, Franz, 68, 72, 255, 268, 374; *Journal*, 106

Keats, John, 292, 344, 368

Kelly, Celso Otávio do Prado, 372

Kierkegaard, Søren, 180, 283; *Diário*, 283

Kirme, 286

Kubitschek, Juscelino, 79, 262, 303

L

Lacerda, Carlos, 79

Lacerda, Gustavo de, 270

Lacerda, Luiz Carlos, 176; *A mulher de longe*, 24, 45, 57; *Introdução à música do sangue*, 176

Lamego, Valéria, 96

Lampedusa, Giuseppe Tomasi di: *O leopardo*, 149

Lancaster, Burt, 259, 274

Laus, Harry, 310

Lazzarotto, Napoleon Potyguara *ver* Poty

Le Fort, Gertrud von: *Os círios apagados*, 310

Leal, Simeão, 308, 335-6

Léautaud, Paul, 70, 223, 253, 260, 271, 275; *Journal*, 260

Lelena *ver* Cardoso, Maria Helena

Lewin, Willy, 300

Lima, Jorge de, 44, 254, 270, 360; *A mulher obscura*, 44; *Invenção de Orfeu*, 44

Lima, Negrão de, 44

Lima, Vicente de Paula, 69, 145

Lins, Álvaro, 16

Lins, Darel Valença *ver* Darel

Lispector, Clarice, 141, 162-4, 299, 308, 327, 344; *A cidade sitiada*, 162; *A maçã no escuro*, 162, 299, 326; *Laços de família*, 308; "Uma galinha", 163

Liszt, Franz: *Rêve d'amour*, 364

Lobo, Fernando, 263

Lott, Teixeira, 79

Lourdes, Maria de (criada), 82

Luz, Carlos, 283

Luz, Clemente Ribeiro da, 346

Lyautey, Hubert, 358

M

Macedo, Joaquim Manuel de: *A moreninha*, 296, 308; *As mulheres de mantilha*, 132

Machado, Aníbal M., 72, 82, 291, 337, 355; *A morte da porta-estandarte e Tati, a garota*, 291; *Cadernos de João*, 82; "O iniciado do vento", 291

Machado, Lourival Gomes: *Clima*, 370

Magaldi, Sábato, 23, 69, 331

Magalhães, Paulo de, 331

Magno, Paschoal Carlos, 302, 317, 320; *Drama da alma e do sangue*, 320; *Pierrot*, 320

Mallarmé, Stéphane, 148

Mangabeira, Otávio, 24

Manhã, A (jornal), 272

Mann, Daniel: *The Rose Tattoo* (*A rosa tatuada*), 259

Mansfield, Katherine, 279, 366

Marceau, Félicien: *Honoré de Balzac et son monde*, 326

Marcier, Emeric, 141, 281, 287, 289, 294, 298, 300, 308, 326

Margarida (amiga de infância), 284

Maria (não identificada), 40

Maria Clara, d., 43

Maria de Lourdes (criada), 82

Maria, Antônio, 263

Marlowe, Christopher, 85, 95-6

Martins, Luis, 370

Mattoso, Maria Odília de Queirós, 128

Mauriac, François, 47

Melí, 275

Melo Neto, João Cabral de: *O cão sem plumas*, 372

Melville, Herman, 17, 129, 345; *Mardi*, 17; *Os diários de viagem*, 129

Menchise, Victor, 300

Mendes, Cassiano Gabus: *O sobrado*, 290

Mendes, Murilo, 44, 255, 285, 302, 360

Miller, Arthur, 272, 332; *A morte de um caixeiro-viajante*, 332

Miranda, Carmen, 304

Missa em dó maior, opus 86, 45n

Mogilka, Vera Margot, 43; *Crucial*, 43

Monroe, Marilyn, 271-2

Monteiro, Adolfo Casais, 277

Monteiro, Pedro Aurélio de Góis, 257

Montherlant, Henry de, 122-3, 132-3

Moraes, Dulcina de, 371

Moraes, Lygia da Cruz e Mello, 15, 256

Moraes, Vinicius de, 15, 289, 301, 308, 360, 362; *Orfeu da Conceição*, 289, 296, 308, 362

Morais, Eneida Costa de *ver* Eneida

Morais, Nilton Cardoso de, 12

Morel, Edmar, 270

Moreyra, Álvaro, 317-8; *Pregões do Rio antigo na voz de Álvaro Moreyra*, 318

Moses, Herbert, 319

Mozart, Wolfgang Amadeus: *Sinfonia nº 41 em dó maior, K. 551* (*"Júpiter"*), 285

N

Nabuco, Joaquim: *O abolicionismo*, 70

Nássara, 260

Navarra, Ruben, 287

Neruda, Pablo, 330

Nerval, Gérard de, 344

Neto, Simões Lopes: *Contos gauchescos*, 132

Netto, Alzira de Souza, 97-8

Netto, Eudóxia de Souza, 26, 76, 95, 97, 119, 294

Netto, Leopoldina de Souza, 95

Netto, Pedro de Souza, 95, 97

Netto, Vanessa Leite *ver* Grajinera, Vanessa Netto

Netto, Zuleika de Souza *ver* Angel, Zuzu

Ney, Nora, 263

Nhanhá *ver* Cardoso, Maria Wenceslina

Nietzsche, Friedrich, 138, 180, 222, 333; *Vontade de poder*, 138

"Ninguém me ama" (canção), 263

Nogueira, Hamilton, 27

Noite, A (jornal), 76, 254, 256, 258-9, 262, 264-5, 267, 269-70, 272, 274, 276, 278, 280, 282, 284, 286, 288, 290-1, 293, 295-6, 298-9, 301-2, 304, 306-7, 309-10, 312-3, 315-6, 318, 320, 322, 324-5, 327-9, 331, 333, 335, 337, 339-41, 343, 345-6, 348, 350-1, 353-5, 357, 359, 361-2, 364, 366-7, 369, 371-2, 374-5, 377-8, 380, 382

Nolasco, 303, 312

Norma (moça suicida), 148

Novalis, 344, 368

Novos Baianos, 304

O

O'Neill, Eugene, 332-3

Olavo, Agostinho, 271, 310, 361-2; *Medeia*, 361; *O anjo*, 310-1

Olavo, dr., 134

Oliveira, José Carlos de, 177, 197

Olivier, Laurence: *Ricardo III*, 104

Olympio, José, 20, 134, 260, 360

Ottoni, Décio Vieira, 45

P

Palmério, Mário, 346, 354, 375, 381; *Vila dos Confins*, 346, 354-5, 375, 381

Pascal, Blaise, 333

Pascoal, Melantônio: *Geração "Coca-Cola"*, 370

Patrick, John: *A casa de chá do luar de agosto*, 331

Paulhan, Jean, 305; *Nouvelle Revue Française*, 305

Paurílio, Carlos, 335

Pavese, Cesare, 91

Péguy, Charles Pierre, 46

Peines, La Niña de los, 17

Peixoto, Afrânio, 301, 308, 311, 326; *Bugrinha*, 301, 308, 311; *Fruta do mato*, 301, 311; *Maria Bonita*, 301, 311

Peixoto, Alzira Vargas do Amaral: *Getúlio Vargas, meu pai*, 149

Peixoto, Mário, 159

Pelegrino, Hélio, 281

Penna, Cornélio, 25, 60, 107-9, 115, 127, 128, 181, 286, 326, 338, 346, 362-3, 375; *A menina morta*, 107, 115, 338, 363, 375; *Alma branca*, 107, 326; *Alma branca e outros escritos*, 107; *Dois romances de Nico Horta*, 107; *Fronteira*, 107; *Repouso*, 107; *Romances completos*, 107

Pentagna, Léa Josephina, 114, 122

Pentagna, Vito, 14-5, 17-8, 23-5, 50, 64, 91, 114, 120-2, 124, 126, 130, 142

Pereira Filho, José Olympio *ver* Olympio, José

Pereira, Daniel Joaquim, 134

Pereira, Maura de Senna: *O parto sem dor*, 269

Pessoa, Fernando, 261, 263, 368, 381

Pignatari, Décio, 148, 367; *Noigandres* (n. 4), 367; "Plano-piloto para poesia concreta", 367

Pilatos, 18, 198

Piovene, Guido, 257

Pirandello, Luigi, 332, 336; *Seis personagens à procura de um autor*, 332

Poe, Edgar Allan, 95, 368

Pompeu (amigo?), 348

Pons, Gianni: *Veneno*, 309

Portinari, Candido, 272

Poty, 258, 272

Pound, Ezra, 91, 95-7, 291

Prado, Clô: *Miloca recebe aos sábados*, 258

Prado, Décio de Almeida: *Clima*, 370

Presley, Elvis, 369-70

Proença, Manuel Cavalcanti: *9 histórias reiúnas*, 302, 310; *Uniforme de gala*, 302

Proust, Marcel, 12, 42, 46-7, 82, 260, 268, 284, 323, 364

Púchkin, Aleksandr, 11

Q

Quadros, Janio, 78

Queirós, Eça de, 235, 371; *Os Maias*, 371

Queiroz, Rachel de, 25, 116, 360, 366, 374; *Beata Maria do Egito*, 116

Quincey, Thomas de, 97

R

Racine, Jean-Baptiste, 253

Ramalhete, Clóvis, 235

Ramos, Fernando, 292

Ramos, Graciliano, 115, 256, 335, 360, 374; *Caetés*, 335; *Memórias do cárcere*, 115

Rangel, Lúcio, 176

Rebelo, Marques, 320, 363, 367; *A guerra está em nós*, 363; *A mudança*, 363; *O espelho partido*, 321, 363; *O Trapicheiro*, 363; *Oscarina*, 363

Regina Maria *ver* Xavier, Regina Maria Melgaço de Paula

Rêgo, José Lins do, 13, 20, 81, 83, 337-8, 349, 362, 374, 381; *Banguê*, 381; *Fogo morto*, 381; *Menino de engenho*, 13; *Meus verdes anos*, 381

Reinaldo, 166, 168

Reis, Marcelle Jaulent dos *ver* Reynal, Beatrix

Reis, Marcos Konder, 23, 46, 279

Renoir, Jean: *A besta humana*, 322

Resende, Otto Lara, 254, 308, 371, 374-5; *Boca do inferno*, 374

Revista da Semana, 149

Revista de Antropofagia, 262

Reynal, Beatrix, 148

Reys, Adriano, 308, 355; *Cheri*, 308

Rhodes, Cecil, 358-9

Ribeiro, Benedito Valadares, 282

Ribeiro, Ésio Macedo, 95; *O riso escuro ou o pavão de luto: Um percurso pela poesia de Lúcio Cardoso*, 95

Ribeiro, Odette Pinto Valadares, 282

Rilke, Rainer Maria, 276, 279, 344

Rimbaud, Arthur, 80

Rocha, Augusto de Rezende, 126

Rocha, Hildon, 39

Rodrigues, Augusto, 272

Rodrigues, Nelson, 15, 23, 167, 177, 253, 289; *Valsa nº 6*, 15; *Vestido de noiva*, 336

Romano, frei, 125

Romero, André, 283

Rondeaux, Madeleine, 277

Roniquito *ver* Chevalier, Ronald de

Rosa (amiga), 293

Rosa, João Guimarães, 141, 163, 258-9, 268, 278, 290, 312, 324, 346-7, 360, 372, 374-5; *Corpo de baile*, 258-9, 290, 323; *Grande sertão: veredas*, 163, 267, 312, 347, 372; *Sagarana*, 323, 374

Rosa, Santa, 64, 83, 277, 335-7, 361; *Sua Revista*, 64, 335

Rossellini, Roberto, 178

Rostand, Edmond: *Cyrano de Bergerac*, 332

Rubio, Pérez, 121

S

Sabino, Fernando, 23, 40, 298, 308, 345, 372, 375; *O encontro marcado*, 345, 355, 372

Sachs, Maurice: *Le Sabbat*, 25

Sade, marquês de, 52; *Justine ou os infortúnios da virtude*, 52

Saldanha, Ione, 254, 279

Saldanha, Rubem de Agra *ver* Navarra, Ruben

Sales Gomes, Paulo Emílio, 370

Salomon, Ernst von: *O questionário* (*Der Fragebogen*), 88

Saltikov-Schedrin: *A família Golovliov*, 67

Sampaio, Maria Elisa de Andrade, 371

Sampaio, Oswaldo: *A estrada*, 310

Santos, Carmen: *Inconfidência mineira*, 281

Santos, Cássia dos, 35, 171

Santos, Éder, 116

Santos, Francisca Gomes dos, 95

Santos, João Maria dos, 362

Santos, Nelson Pereira dos: *Rio, 40 graus*, 274

Sanz, José, 260

Saraceni, Paulo César, 168, 289, 308-9; *A casa assassinada*, 168, 289; *O viajante*, 168; *Porto das Caixas*, 289

Sardo Filho, 297

Sartoris, família (personagens), 150

Sartre, Jean-Paul, 70

Schliemann, Heinrich, 70

Schlumberger, Jean: *Madeleine et André Gide*, 73, 277

Schmidt, Augusto Frederico, 12, 22, 44, 284, 291, 335; "Canção da breve serenidade", 12

Schubert, Franz, 50, 179

Schumann, Clara, 344

Schumann, Robert, 296, 344

Sears, Fred F.: *Ao balanço das horas* (*Rock Around the Clock*), 363

Seixas, Tomás, 279

Shakespeare, William, 13, 23, 85, 91, 333, 355; *Hamlet*, 292; *Macbeth*, 355; *Otelo*, 13

Silva, Carlos Malheiros da *ver* Paurílio, Carlos

Silva, Djanira da Motta e *ver* Djanira

Silva, H. Pereira da: *Retrato psíquico de Balzac*, 326

Silva, Vítor Oliveira e *ver* Vítor, Léo

Silveira, Ênio, 106

Silveira, Joel, 273, 278, 363

Soares, José Luiz, 256

Solano López, Francisco, 138

Sonata para violoncelo e piano nº 3 em lá maior, 69n

Sousa, Otávio Tarquínio de, 260

Sousândrade, 291

Southey, Robert, 97

Souvestre, Pierre: *Fantômas*, 108

Souza, Leal de, 260

Stamato, Yonne, 256; *A imagem afogada*, 256; *Porque falta uma estrela no céu*, 256; *Symphonia da dor*, 256

Stendhal, 154-5; *O vermelho e o negro*, 155

Stone, Harry, 274

Stravínski, Ígor, 336

Sued, Ibrahim, 370

Suplemento Literário Minas Gerais, 171

Suppé, Franz von: *Cavalaria ligeira*, 361

Sutpen, Thomas (personagem), 150
Swanson, Gloria, 257

T

Talmadge, Norma, 257, 320; *Kiki*, 320
Tauzin, Sebastião, frei, 298
Tavares, Adelmar, 317
Tavares, Hugo, 275, 371
Távora, Juarez, 262
Tchékhov, Anton Pávlovitch, 131
Teixeira, Anísio, 291
Tennyson, Alfred Lord, 11
Thibault, Jacques Anatole François *ver* France, Anatole
Tidoce *ver* Netto, Eudóxia de Souza
Tieck, Ludwig, 345
Timberg, Nathália, 273
Tolstói, Liev, 133, 323
Tomás de Aquino, São, 98
Torga, Miguel, 277, 311
Toscanini, Arturo, 364
Trevisan, Armindo, padre, 123, 134, 143
Tribuna da Imprensa, 372

U

Unamuno, Miguel de, 39, 119

V

Valente, Assis, 304; "Brasil pandeiro", 304
Valério (amigo), 70
van Gogh, Vincent, 20, 76, 94; *Campo de trigo com corvos*, 20
Vargas, Alzira *ver* Peixoto, Alzira Vargas do Amaral
Vargas, Getúlio, 11-2, 24, 62, 79
Veiga, Beatriz, 371

Verdi, Giuseppe, 364
Verissimo, Erico, 290, 360; *O tempo e o vento*, 290
Verlaine, Paul, 76, 95, 337
Verneuil, Henri: *Os amantes do Tejo* (*Les Amants du Tage*), 264
Viana, Moniz, 262, 361
Vítor, Léo: *Círculo de giz*, 316; *Herança barroca*, 361
Vitória, Iracema, 304

W

Wagner, Richard, 336, 364
Weil, Simone, 94
Weininger, Otto, 104, 155
Whitman, Walt, 143; *Folhas de relva*, 143
Wilde, Oscar, 307; *O retrato de Dorian Gray*, 307
Williams, Fred, 303-4
Williams, Tennessee: *The Rose Tattoo* (*A rosa tatuada*), 259, 332
Winckelmann, Johann Joachim, 70, 95-6
Wolfe, Thomas, 111
Woolf, Virginia, 141, 151, 163, 235, 284; *As ondas*, 163; *Diário*, 134; *Mrs. Dalloway*, 141, 163
Wordsworth, William, 97

X

Xavier, Regina Cardoso de Paula, 125, 175
Xavier, Regina Maria Melgaço de Paula, 111
Xisto, Manoel *ver* Williams, Fred

Z

Ziembinski, 336
Zizina *ver* Xavier, Regina Cardoso de Paula

Ésio Macedo Ribeiro é doutor em literatura brasileira pela USP, escritor e bibliófilo. Autor de, entre outros, *E Lúcifer dá seu beijo* (1993), *Marés de amor ao mar* (1998), *Brincadeiras de palavras: A gênese da poesia infantil de José Paulo Paes* (1998), *Pontuação circense* (2000), *O riso escuro ou o pavão de luto: Um percurso pela poesia de Lúcio Cardoso* (2006), *40 anos* (2007), *Estranhos próximos* (2008), *Drama em sol para o século XXI* (2011), *É o que tem* (2018), *Um olhar sobre o que nunca foi:* (2019), *Augusto 90 de fevereiros Campos* (2021) e *Presente* (2021); e organizador e editor da *Poesia completa* (2011), dos *Diários* (2012) e das traduções de Lúcio Cardoso de *O vento da noite* (2016), de Emily Brontë, e de *Ana Karenina* (2021), de Liev Tolstói, e, com Marília de Andrade, de *Maria Antonieta d'Alkmin e Oswald de Andrade: Marco zero* (2003).

ESTA OBRA FOI COMPOSTA PELA SPRESS EM MINION E IMPRESSA EM OFSETE
PELA LIS GRÁFICA SOBRE PAPEL PÓLEN SOFT DA SUZANO S.A.
PARA A EDITORA SCHWARCZ EM MAIO DE 2023

A marca FSC® é a garantia de que a madeira utilizada na fabricação do
papel deste livro provém de florestas que foram gerenciadas de maneira
ambientalmente correta, socialmente justa e economicamente viável,
além de outras fontes de origem controlada.